九江市佛教协会 主编

庐山论坛

佛教与中国文化峰会论文集

社会科学文献出版社
SOCIAL SCIENCES ACADEMIC PRESS (CHINA)

首届庐山论坛参会人员合影

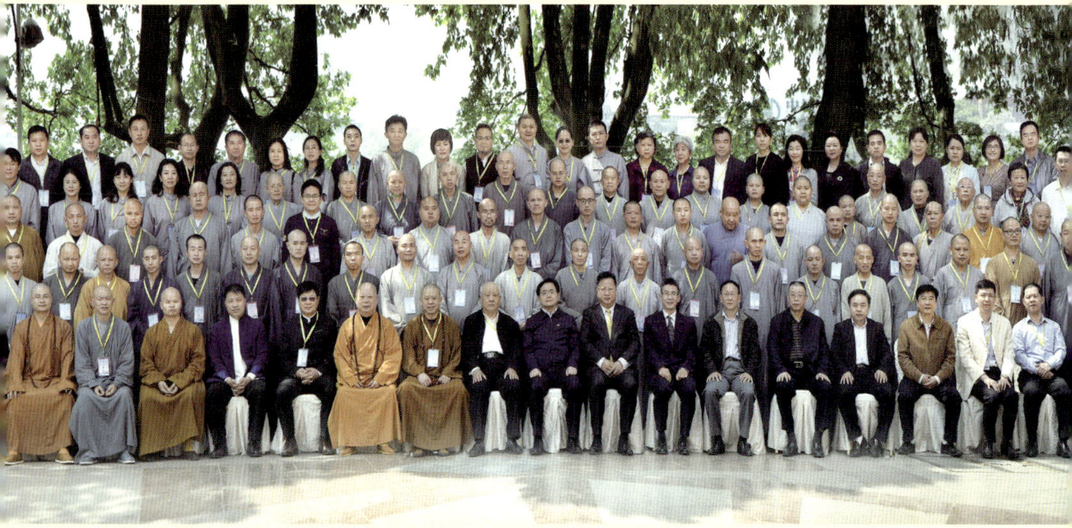

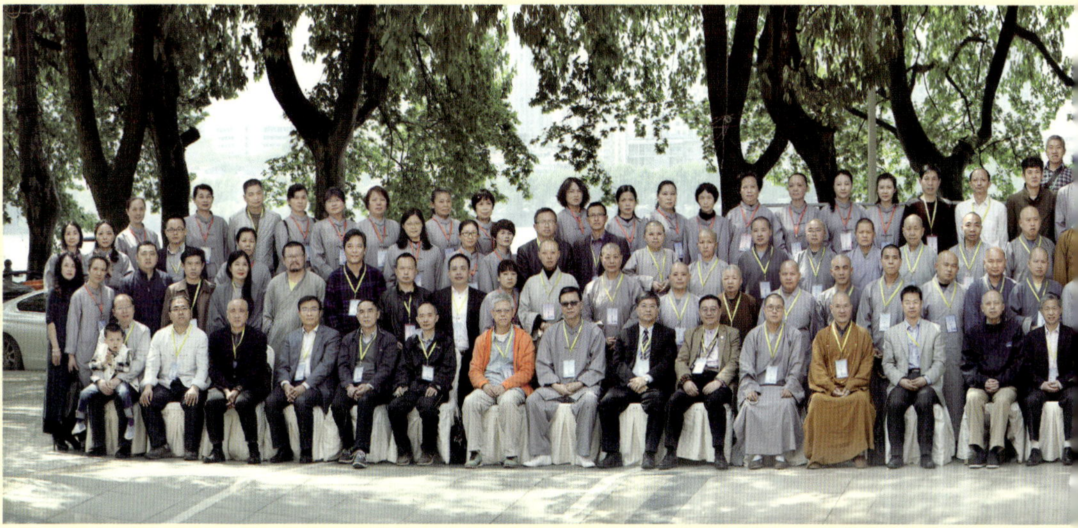

首届庐山论坛会场（1）

首届庐山论坛会场（2）

首届庐山论坛会场（3）

《庐山论坛》编委会

总顾问　许嘉璐　曹国庆　王守常

顾　问　廖奇志　彭　敏

主　任　释辉悟

副主任　张　武　高　斌　普　钰

编　委　杨曾文　温金玉　蔡卫宁　欧阳存凤　曾建华
　　　　　张雪松　李勤合　彭瑞花　通　绪　通　祺

目录
CONTENTS

序 …………………………………………………… 许嘉璐 / 001

在庐山论坛——佛教与中国文化峰会上的致辞 …………… 释辉悟 / 001
秉承地藏法音　再次解放思想
　　——首届庐山论坛贺词 …………………………… 许嘉璐 / 002
在庐山论坛——佛教与中国文化峰会上的致辞 …………… 曹国庆 / 005
在庐山文化论坛上的讲话 …………………………………… 释纯一 / 007
在庐山论坛——佛教与中国文化峰会上的致辞 …………… 彭　敏 / 011
宋代在庐山的著名禅师 ……………………………………… 杨曾文 / 013
中国人对佛教文化的贡献 …………………………………… 魏道儒 / 023
佛教伦理可为全球伦理构建之基石 ………………………… 释本性 / 032
佛教是中国文化自信的三大资源之一 ……………………… 吕建福 / 041
走向世界：当代中国佛教应有的自信与担当 ……………… 刘元春 / 048
信仰背后的哲学
　　——关于净土宗相关理论问题的断想 ………………… 李利安 / 059
传承中华优秀传统文化，佛教界大有可为
　　——谈谈佛教对九江区域文化、经济的促进作用 …… 王丽心 / 067
中国佛教的圆融、自信精神及其价值 ……………………… 邱高兴 / 074
九江禅宗法脉衍扬及历史影响 ……………………………… 释纯闻 / 084
大觉怀琏禅师生平事迹略述 ………………………………… 徐文明 / 101

庐山慧远大师"结社念佛"对后世的影响 …………… 陈剑锽 / 113
庐山慧远的弟子考索 …………………………………… 杨维中 / 130
九江佛教对佛经汉译的贡献 …………………………… 黄国清 / 141
慧远与"南国律学道士":《佛影铭》撰写因缘新考 ……… 王邦维 / 154
梁《高僧传》作者慧皎与九江佛教
　　——兼论六朝僧人的墓葬 ………………………… 张雪松 / 165
偶然、必然与无尽因果,慧远的果报哲学 …………… 麻天祥 / 177
白云守端生平及其禅法思想 …………………………… 释普钰 / 185
智者大师及其弟子在庐山的弘化和修行 ……………… 释心皓 / 218
庐山烟雨浙江潮
　　——智者大师庐山之行与天台宗的创立 ………… 陈　坚 / 232
智𫖮菩萨戒思想研究 …………………………………… 彭瑞花 / 250
中国初期禅门中的《维摩经》 ………………………… 龚　隽 / 271
庐山弌咸与《禅林备用清规》 ………………………… 温金玉 / 287
东林常总与圆悟克勤禅法合论 ………………………… 段玉明 / 301
效法东林遗事的庐山净土结社活动拾影 ……………… 黄公元 / 310
憨山德清的《观老庄影响论》 ………………………… 韩焕忠 / 331
中国都市佛教发展的可行模式
　　——以慈氏文教基金的经验为例 ………………… 王联章 / 343
"虎溪三笑"的文化成因与文化策略 …………………… 李宁宁 / 354
海印老人与海会寺净土宗风 …………………………… 李勤合 / 366
普度众生与建立人类命运共同体 ……………………… 董子竹 / 379
论坛学术总结 …………………………………………… 温金玉 / 382

序

许嘉璐[*]

1600多年前，慧远大师在庐山创白莲社，立中国佛教净土宗，其影响延续至今。净土宗的创立，标志着佛教作为西土异质文化在中华文化这一肥沃土壤里开始落地生根，是佛教中国化过程中的一个里程碑。

佛教中国化是佛教思想教义与中华思想文化互为补益，和合共生的过程。这一过程既是佛教自心解脱、"普度众生"的价值追求所致，也是中华文化以人为本、多元开放、乐于借鉴特质的体现。远公居庐30余年，推动了佛教理论和实践在中土的创新发展，也为后世中华儒释道三教圆融树立了光辉典范。

1600年后，首届"庐山论坛——佛教与中国文化峰会"在庐山之麓成功举办。此次峰会以坚定文化自信、推动中国佛教再次解放思想为核心旨要，为中国佛教加快"走出去"步伐提供强有力的思想支撑。峰会汇聚了众多高僧大德、学界泰斗、宗教工作者和檀越信士，献智献策于佛教发展，取得了可喜的成果。如果说远公在庐山结社已为印度佛教"走进来"做了理论与实践的开拓，那么今日之庐山论坛则是在为中国佛教"走出去"凝聚共识、催己精进、解放思想、再创辉煌而奉献智慧。

我认为，首届庐山论坛达成了以下重要共识。

一、坚定自信：中国是世界佛教的中心。经近2000年的佛教中国化过程所孕育的中国佛教，早已成为中华文明的独特标识，也早已远播世界，泽被他国。如果说此前的中国佛教"走出去"，多是他国"取经"于中国，附以自己的阐释，转手而传至亚洲之外的，那么今后中国佛教"走出去"，就应该是我们主动地把中国人自古至今对佛教经典实践、研究、阐发、深化的结晶"送达"于所有愿意了解、接受佛教的各国民众心中。

---

[*] 许嘉璐，第九届、第十届全国人大常委会副委员长，中国文化院院长。

世界时势风云变幻，永无歇止，而近四个世纪变化尤为迅捷。先是欧洲不同教派、民族、公国多年混战；待各方均精疲力竭时，暂时和缓了约百年；其间逐渐出现工业化浪潮，同时靠着工业生产的武器，推行殖民主义，迅速把西方的"普世价值"撒播到世界各地。曾几何时，这一"普世价值"在推动人类文明进步的同时所造成的人类灾难（战争、道德危机），竟以比殖民运动更快的速度席卷全球，西方颓势已见，东方活力渐显。与此相应，西方现代文化之果——享乐主义、物质主义、个人中心主义……日益使人失魂落魄、麻木不仁；各国智者（包括专家学者、神职人员、宗教信徒等）纷纷指出，唯有摆脱物欲羁绊，认识世界真相，转识成智，回归人之为人的本性，了然我之为我的初心，从而有效遏制邪念恶行，人类方能得救，世界才能和平。因缘际会，显然现在宇内所急需者，正是中国佛教千百年来所坚持的要旨。因此，中国佛教在这一历史阶段充分自信地、怀着同体大悲的宏愿"走出去"，正是中华文明和中国佛教对人类应有的责任和担当。

二，与时俱进，解放思想。佛教中国化的过程也是一个"苟日新，日日新，又日新"的过程。日日新，就是要在原有的本源和基础上，随着时空的流转而调整、提高、发展，以适应和此前已不一样的现实。与时俱进，有时要改变过去已经习惯了的方式方法、规则制度。"习惯是最可怕的力量。"不突破旧的，事物就不能前进；突破之，实际上也是对自我的突破和超越。中国佛教要做到创新性发展和创造性转化，舍突破与超越绝无他途。"解放思想"，此之谓也。例如，正本清源，回归佛教无神论的原旨，就需要解放思想；学习佛陀和中国历代高僧大德的种种方便法门，少一些佛教的专门术语，多一些与当下生活、社会贴近的语言，也需要解放思想；学习慧远以"格义"方式讲明佛理，何尝不需要解放思想？打破宗教与自然科学之间的森严壁垒，沟通互证，共同探讨宇宙和人生的真谛以服务众生，同样需要解放思想……以中国佛教"走出去"为契机，中国佛教主动加强与世界其他宗教和文明的对话交流，才能够不断实现自我的丰富与完善。

三，培养僧才，期待大家。佛教传入中国后，其博大精深的义理极大地提高了中国人的逻辑思维能力，加强了对无限宇宙的认识。中国每个时代伟大的思想家大都研究过佛教义理，历代高僧都为中华思想文化的繁荣发展做出了重要贡献。历史走到今天，我们应该更自觉地、更大规模地重视培养高素质、复合型僧才；中国需要贯通古今、汇通儒道、通晓中西的大家。中国佛教要"走出去"，就需把僧才培养视为短板，抓紧抓实。僧才培养的体制、机制、方式、方法也需不断革新，在"量"的基础上实现"质"的飞跃。期望若干年之后，在中国大地上和世界宗教思想舞台上出现多位中国当代宗教思想家——具有全球影响力的僧人、居士的大家。

四，深研教理，贡献智慧。我们身处伟大的时代，世情、国情都在发生着前所未有的巨大变化。这一巨变的鲜明特征就是以中国为代表的东方在崛起，以欧美为代表的西方在衰落。习近平主席提出"共同构建人类命运共同体"这一命题，就是中华文明对人类未来命运的重要贡献。中国佛教（特别是大乘佛教）精神，既关注个体和他人的觉悟，又以慈悲智慧着眼于族群和人类的觉悟。中国佛教思想中有着对命运深刻的洞见，也有着对生命价值的终极追求，其中蕴含的哲理和智慧与儒、道相融相合，是人类宝贵的思想财富，对于人类思考和探究未来的命运极具借鉴意义和指导意义。

两天的庐山论坛时间虽短，但提出的论题和恳切的交流却意义重大。如果说慧远大师在庐山为中国佛教培植沃土，使之生根发芽，那么今天，当中国佛教已经成长为参天大树并结出中华文明累累硕果时，庐山论坛的使命就在于将这些硕果与天下人共享！

历史呼唤着、期待着中国佛教的第四次思想解放，希望以此次论坛为契机，有越来越多的高僧大德、学界同人和檀越信士能够积极参与关于佛教思想解放的大讨论，也希望相关的宗教工作者能够重视论坛成果。思想解放非一届论坛所能毕其役，希望庐山论坛继续办下去，一届有一届的使命，一届有一届的贡献！

"地狱不空，誓不成佛。"愿我辈秉承地藏法音，砥砺前行！

2017 年 7 月 18 日于北戴河

在庐山论坛——佛教与中国文化峰会上的致辞

释辉悟[*]

尊敬的各位法师、各位领导，尊敬的各位专家学者、各位嘉宾朋友：

今天，来自全国各地的300多位法师、领导、专家学者，各方嘉宾齐聚九江，以佛教与文化自信为主题，举行庐山论坛——佛教与中国文化峰会，这是佛教界一次盛会，因缘殊胜，意义深远。值此，我代表九江市佛教协会，向莅临会议的各位法师，各位领导、专家学者，各位嘉宾，表示热烈的欢迎和衷心的感谢！

九江，是有2200多年历史的文化古城，佛教同儒家文化、道家文化融合发展，形成了具有中国特色的佛教文化。九江佛教历史悠久，高僧辈出，祖庭文化星光灿烂，祖师文化代代相传，是全国佛教的重点地区，是佛教中国化的历史传承者、弘扬者和见证者，是宗教中国化的成功典范。首届庐山论坛峰会，是传承中华优秀传统文化，探讨佛教文化，增强文化自信，分享思想成果的一次高层次、高规格的中国文化峰会，党和政府十分关心，高度重视；佛教界极为关注，热情期待。因此，我们应该有所担当、有所作为，要继承爱国爱教的优良传统，贡献优秀的文化资源，以独特的思想智慧，开创弘法利生新局面。

本次文化峰会，将有各级领导做重要讲话，各位专家学者发表精彩的演讲和学术论文，希望参加会议的各位法师、居士和与会人员要珍惜法缘，在传统文化、佛教文化清净祥和的气氛中汲取营养，丰富自己。在新的历史条件下，为加强佛教文化建设和美好的精神家园，做出新的贡献。

祝愿庐山论坛——佛教与中国文化峰会取得圆满成功！

祝愿各位领导、各位嘉宾身心健康，六时吉祥！

---

[*] 释辉悟，江西省佛教协会咨议委员会主席，九江市佛教协会会长。

秉承地藏法音　再次解放思想
——首届庐山论坛贺词

许嘉璐

各位高僧大德，诸山长老，各位领导，各位嘉宾：

今天在佛教重地举行"佛教与中华文化峰会"，峰会复冠以"首届庐山论坛"之名，实为择佳时、具远见、思深邃之盛会。论坛各个议题，无论是"佛教与文化自信""佛教与中华传统文化"，还是"中国佛教的未来发展""九江佛教传统"，都是中国佛教乃至中华传统文化当下所紧迫需要研究的课题。之所以说"紧迫需要"，是因为遍布全球的物质主义、享乐主义、自我主义已把人类自身推到了绝路。救治之道，唯有唤醒沉醉昏迷的人心，回归人之为人的本性。可喜的是，现在了然这种情势的清醒者渐渐多了起来。此次论坛的举行，即是一次明证。这次盛会既云"峰会"，相信诸位高僧大德一定会围绕着如何帮助各国众生走出自我和欲望之海、从身体与精神备受折磨且乐不知返的麻木中解脱出来，贡献自己的智慧。这将是无边的、莫大的功德。

我在日前论坛的筹备会上曾经提到，中国是，起码应该是世界佛教的中心，因此中国佛教应该加快"走出去"的步伐；这不但是继续提高佛教对维护并促进中国社会主义社会和谐繁荣的需要，也是普度整个人类，引领人类走出种种风险与危机所需要的。就此，我有以下几点想法，简述于下，敬请诸位高僧大德批评指谬。

1. 加大研究之深度，努力培养严守戒律、虔敬事佛、学兼内外、通晓中西之僧才。中国与世界均需佛学影响国际思想界之当代大师，若其人不出于华夏，则可谓中国佛教未尽其责。欲达此目的，急需出家人和在家学者密切沟通，佛家、儒家、道家的教义、学理互参互释、相促相生。回顾历史，凡大德高僧，无不出儒入释道或出释道而入儒，精熟内外经典，这也是中华文化显著特色之一。慧远大师云"流心叩玄扃,感至理弗隔";复云"妙同趣自均,一悟超'三益'",都是在提倡内外交融而互补。到近代,净土宗师印光,则更直言:"仁义礼智备于我,喜怒哀乐岂是情。逢缘遇境能荐取,堪报佛恩度众生。"说明三教融于一身,弘法度人的方便随处可得,功德所施不限于自身及周边也。

2. 教理教义之阐发与弘扬,均与时代特点水乳交融。佛教西来,之所以两千余年兴衰相替,却始终浩浩不绝者,随时随缘以应时事更迭之故耳,以今语言之,即与时俱进。此亦即佛教中国化所经历之过程。

今世时代情势如何?其最重者,莫若世界格局、秩序之根本变革。关于美国霸权下之世界秩序是否正在终结的问题,多个国家之争论方兴未艾。虽然莫衷一是,但从这一论辩中却可获得几点与佛教事业有关的启发。

此次格局之变,乃人类由长达万年之"对抗"转向迄今所罕见之"对话"阶段。而佛教,则自释尊初转法轮时起,即以对话为与人沟通之唯一手段,此正世界旧秩序所缺者。

佛教所倡,乃在内求诸心,度己度人。"明心见性""度脱众生"二语,或可括其教理。而此尤为世界新格局所急需者。世界此一巨变,正乃佛教之一大因缘;娑婆之浊乱,人欲之恣肆,远超中国汉、唐之末,我辈岂可不奋力为之?

3. 我辈应以地藏菩萨"若不先度罪苦,令是安乐,得至菩提,我终未愿成佛"之精神,导人以八正。而现世渴望菩提者,已非限于阎浮;佛祖所云三千大千世界、阿僧祇劫足以验证今世之宇宙观,谨奉佛法者自当心阔无极。我在论坛筹备会上尝谓,继六朝佛学与玄学结合(包括慧远大师所倡"沙门不敬王者"等论),宋、明融三教而有理学、心学,以及近代太虚大师据地藏等菩萨法音而力倡人间佛教之一脉,则今之佛法顺应数百年来之思维自单极、二元对立转向因缘和合、大慈大悲、人人般若的新境界,则当为中国佛教之第四次思想解放之机。

所谓思想解放,姑列我以为首要者数端,以供参考:一为佛理与当今科学发现相印证,以其时其地人人可解之语词表述佛之所说;一为回归佛教原初无神且以言神说鬼为外道之论(不排斥世俗之以佛为神);一为可沿格义之经验,创造出新时代之"新格义",以便佛法广布;一为主动与世界其他宗教对话切磋。

佛教光被世界、浸润他国，既涉信仰，又含伦理、思维、风俗习惯，难矣哉！而难中尤难者，为在一向具有统一信仰之地，另一文化之传入并获首肯，总需数百年之功。唯幸佛法自释尊时起，即不强使他人信奉之。中国佛教已往之外传，如入新罗、百济、高丽、日本、越南，皆因其所需而引进。身处现代，佛法远播于他洲，当亦如是。"坚牢地神白佛言：'地藏菩萨教化六道一切众生，所发誓愿劫数如千百亿恒河沙。'"地藏难乎哉？我辈既持不可思议、不可言说之恒心，天地宇宙间尚有难事乎？愿与各位高僧大德共勉！

祝论坛诸事圆满吉祥！

2017 年 4 月 17 日

在庐山论坛——佛教与中国文化峰会上的致辞

曹国庆[*]

尊敬的各位领导、专家学者、嘉宾朋友们：

大家好！

雅士云集，匡庐生辉，今天我们在这里隆重举行"庐山论坛——佛教与中国文化峰会"，这是九江乃至江西佛教史上具有重大意义的一次盛会，值此殊胜因缘，我谨代表江西省委统战部、江西省民族宗教事务局表示热烈的祝贺！并向莅临峰会的各位嘉宾朋友表示热烈的欢迎！

千百年来，江西成为中国佛教净土宗、禅宗的阐化基地，东晋太元九年（384），慧远大师从荆州顺江而下来到匡庐，为庐山的绝胜所倾倒，息心东林，建寺安僧，凿池种莲，结白莲社，于大藏教中，拈出无量寿经，倡导念佛法门，得到僧俗四众、名士高贤的景从。继而延请梵僧庐山译经，使庐山成为南方译经第一道场，一度成为南方佛教中心。慧远大师将老庄思想与佛教般若经典融会贯通，其学其德世所崇敬。道安大师为其印证："道流东国，其在远乎。"自达摩西来，教外别传，直指人心，一花五叶后，江西成为禅宗圣地。临济、曹洞、沩仰、法眼宗和上栗杨岐、修水黄龙等诸山自成宗派，与湖南、湖北遥相呼应，禅和子走江湖成为宗门典故。除此之外，佛教兴丛林，立清规也出自江西。马祖道一禅师兴丛林，天下效仿，百丈禅师所立清规至今仍是佛门律仪纲维。

佛教是传入我国最早的一种外来宗教，也是对中国社会文化发展影响最大的外来文化之一。2000多年来，佛教在中国的传播并不是一帆风顺的，在经历"沙门不敬王者"的讨论后，开始实现由印度佛教向中国佛教的转变。

---

[*] 曹国庆，江西省委统战部副部长，江西省民族宗教事务局局长。

作为一种外来文化，佛教在历次遭受挫折之后，都能重新复苏并获得新的发展。这得益于历代高僧大德通过不断的实践，将佛教与中国文化有机结合，使佛学富含更多的中国文化元素；得益于佛教通过不断调适，使佛教更适应中国社会的发展。从南北朝到唐代，佛教在中国形成了八大具有中国特色的佛教宗派。其中最具中国特色，本土化程度最深的是禅宗和净土宗，禅宗甚至成了中国佛教的代名词。基本上在1000多年前，佛教在中国就已经实现了中国化、本土化。当代，赵朴初、一诚、传印等高僧大德，积极推动"人间佛教"的建设，这是佛教坚持中国化方向的新努力。时至今日，世界局势和社会格局的巨大变化，国际形势的错综复杂，给宗教掺杂了诸多本不应有的成分，造成了一些负面的影响，这不利于宗教健康有序的发展。习近平主席指出："积极引导宗教与社会主义社会相适应，一个重要的任务就是支持我国宗教坚持中国化方向，只有坚持中国化方向的宗教，只有实现了中国化的宗教，才能更好与我国社会主义社会相适应。"这一深刻论述，揭示了宗教与社会主义社会相适应的本质和规律，使相适应有了更加清晰的具体目标、实现途径和评价标准。坚持中国化方向，宗教就必须在政治上自觉认同、在文化上自觉融合、在社会上自觉适应，与社会发展同步，与时代进步同频，成为社会建设的和谐因素和国家建设的积极力量。

正是基于这一理念，江西省佛教协会咨询委员会主席、九江市佛教协会会长辉上悟下老和尚与中国文化院、北京三智书院达成共识，立足九江，发起了本次以"佛教与中国文化"为题的庐山论坛，得到了清华大学、北京大学、复旦大学等国内外诸多高校顶级佛学专家的响应。今日盛会可以说是群贤毕至、众善云集，论坛必将汇集我们意想不到的宏论华章，令现前大众醍醐灌顶，相信论坛成果会为讲好"中国宗教故事"，增强文化自信发挥积极作用并产生深远影响。

嘉宾朋友们，庐山论坛的开启，是九江佛教走向全国乃至全世界的良好开端，希望以此次论坛为契机，随着时节因缘的具备，我们能再次相聚浔阳，面对匡庐，共同致力于优秀传统文化的发展和弘扬，为建设富裕美丽、幸福江西，为实现"两个一百年"奋斗目标和中华民族伟大复兴的中国梦做出新的更大贡献。

最后，祝"庐山论坛——佛教与中国文化峰会"取得圆满成功！祝与会嘉宾身心康泰，六时吉祥！谢谢大家！

2017年4月22日

在庐山文化论坛上的讲话

释纯一[*]

尊敬的各位领导，尊敬的大德法师、专家学者，各位嘉宾，各位朋友：

大家上午吉祥，阿弥陀佛！

欣逢盛世，佛日增辉，在这充满朝气、人间四月天的美好时节，沐浴着佛陀的慈光，我们相聚在美丽的庐山北麓、长江之滨，隆重举行"庐山论坛——佛教与中国文化峰会"。这是九江佛教界的一件大事，江西佛教界的一件盛事，也是全国佛教界的一件喜事！对于促进庐山佛教与中国传统文化内涵的发掘与探索，展示庐山佛教的魅力，提升庐山佛教文化的自信，乃至多元文化资源的整合有着重要而深远的意义！受学诚会长的委托，我谨代表中国佛教协会对本次论坛的隆重举办表示最热烈的祝贺！去年 8 月 20 日，庐山市举办了"万衫论坛"，取得了丰富的学术成果。今天，规模更大、层次更高的"庐山论坛——佛教与中国佛教自信"法筵重开，相信会收获更好更多的学术成果。

众所周知，庐山是一座美丽的名山，她不仅风景秀丽，文化内涵丰厚，更集文化名山、佛教名山、教育名山、政治名山、建筑名山于一身，被选为中国第一个"世界文化遗产"名山，并被誉为"中华文明发祥地之一"。自从殷周时期匡氏兄弟在庐山隐居修炼，羽化而去，庐山这座美丽的江南名山，便平添了无穷的神秘色彩，因而得名"匡庐"。后来居上的隐士，代不乏人，著名的田园诗人陶渊明就是其中的杰出代表。也可以说，庐山是一座中华隐逸文化的名山。从"借得名山避世哗"的隐居之庐的感慨，到 20 世纪初世界 25 个国家风格迥异的庐山别墅群的兴建，足见

---

[*] 释纯一，中国佛教协会副会长，江西省佛教协会会长，南昌佑民寺方丈。

一斑。去年，我在参加"庐山·万衫论坛"时，就发出如下感慨："庐山最可贵之处就是她的人文气息与人文情怀，乃至终极关怀！"国学泰斗季羡林老先生曾经指出，"庐山是中国'人文圣山'"。庐山留给我们的人文精神特质就是：内敛、开放、多元、包容、自信，超越而富有诗意，和谐共享，生生不已。自司马迁登山以来，南有慧远，北有陆修静，还有著名的田园诗人陶渊明，留下了名传万世的"虎溪三笑"公案，拉开千年不绝如缕的人文精神探索序幕。可以说，儒释道文化在庐山异彩纷呈、交相辉映、互相唱和，开展了一场动人心弦、波澜壮阔，长达1800余年的心灵探索之旅，无数的文人墨客留下了浩如烟海的丹青墨宝与山水画卷，写下了许多脍炙人口的动人诗词歌赋，在绵延500里的崇山峻岭中，无论是文人墨客还是宗教大师，都留下了许多灵光闪耀、穷究天地、追溯本源的历史印记，以及别开生面的历史人文精神画卷。这就是庐山文化的精髓，也是庐山精神的写照。

自东晋以来，陶渊明、李白、白居易、苏轼、王安石、黄庭坚、陆游、朱熹、康有为、胡适、郭沫若等1500余位文坛巨匠先后登临庐山，以其豪迈激情、生花妙笔，留下4000余首千古绝唱。据不完全统计，歌咏庐山的诗词歌赋自古至今共有2万余首，其中有名有姓的诗人就有一两万人。庐山的审美价值，从绘画领域也足以窥见一斑。明代著名画家沈周和唐寅都曾以庐山作为审美载体，由于视角各异，表现出的风格也各不相同。庐山人文之圣，难以尽述；庐山风景之美，难以尽表。北魏地理学家、散文学家徐霞客曾经指出，"五岳归来不看山，黄山归来不看岳"。曾记得，在一本书上看到，似乎是黄山谷先生，讲了一句震撼心灵的话，他说，"庐岳归来不看黄"，那就意味着"庐山归来，天下无山"。足见庐山的奇、绝、秀、美、幽，冠甲天下。正如白居易所说的："庐山奇秀甲天下。"李白也说："遍观天下名山，无出其右者。"可见，庐山确实是一座举世公认的美丽而富有诗意、人文价值极高的名山。

唐代诗人李白，五次游历庐山，常至青莲寺读书，他的《望庐山瀑布》流传至今。而与佛教结缘甚深的北宋诗人苏轼则在庐山留下了两首千古绝唱，一首是《题西林壁》："横看成岭侧成峰，远近高低各不同。不识庐山真面目，只缘身在此山中。"一首是在弥留之际，他给小儿子苏过手书的一首偈语——《观潮》："庐山烟雨浙江潮，未到千般恨不消；到得还来别无事，庐山烟雨浙江潮。"流传广泛，影响深远。这是他学佛前后不同的心路语境，平添无限禅意，既是对清原惟信"见山是山，见山不是山，见山是山"的初参、熟参、透参的诗意领悟与诠表，又是彰显马祖道一核心思想"平常心是道"话头的诗意栖居。当然，他还有一首七言禅诗："溪诗尽是广长舌，山色无非清净身；夜来八万四千偈，他日如何举似人？"更是境界超然，如来禅与祖师禅融会。

总之，庐山总是赋予人们无尽遐思、无尽灵感、无尽创造力、无尽精神财富！足见庐山人文圣山的独特魅力，不可穷尽！

而作为一座佛教名山，庐山在中国佛教史上，更是不可替代的宝山。民间历来有"庐山到处是浮图""僧屋五百住庐峰"等美誉。山上有大林寺、天池寺等名蓝古刹，山下除东林寺外，还有五大丛林——归宗、海会、秀峰、万杉、栖贤，历代高僧辈出，文人荟萃。公元4世纪，慧远大师始建东林寺，首创观像念佛的净土法门，竺道生大师在庐山精舍，开创"顿悟说"，使佛教不断创造性地走中国化的道路，代表着佛教中国化的大趋势。佛陀跋多罗在东林寺译出60卷《华严经》，临济义玄禅师曾在大天池寺驻锡道场，鉴真大师在第五次东渡日本时，还来到东林寺礼祖，并传授戒法，明代四大高僧中有憨山等三位大师在此修持。1932年，太虚大师在庐山大林寺成立"世界佛教联合会"，有英、法、德、荷等17个国家的代表参会。会上太虚大师当选为首任会长，并召开了"世界佛教徒联谊会"，成为今天世界佛教论坛的滥觞之举。仅一个庐山大林寺，就凝聚了净土、禅、天台、三论四宗的祖庭于一身。东林慧远、四祖道信（在大林寺隐居达10年之久）、天台智者、三论宗兴皇法朗均在大林寺驻锡。近代虚云、弘一、太虚、印光大师都在大林寺留下了阐禅演教的足迹。密宗方面则有诺那呼图克图在小天池建道场。日本著名的中国佛教史学者牧田谛亮教授，在20世纪30年代，曾经五次来华考察我国佛教遗迹，其中两次专门考察庐山佛教，他在《中国佛教史迹考》里面就总结指出，"庐山应该列入中国佛教五大名山，并排在四大名山之首"。这是他通过两部专著得出的结论。

庐山的山水是诗化的山水，庐山的风景是人文的风景！希望庐山文化论坛在各位大德法师、专家学者的智慧推动下，立足当代，谋划未来，梳理过去，推陈出新，迈向更加美好的未来。我想，通过此次会议，庐山文化将会更加自信，庐山佛教更加自信。

最后，祝会议取得圆满成功！与会大众身心康泰，六时吉祥！

2017 年 4 月 22 日上午

在庐山论坛——佛教与中国文化峰会上的致辞

彭 敏[*]

尊敬的各位领导、高僧大德、专家学者，嘉宾朋友们：

大家上午好！

"人间四月芳菲尽，山寺桃花始盛开。"在这美好的时节，我们迎来了"庐山论坛——佛教与中国文化峰会"的隆重召开，国内外著名高校佛学专家、名山古刹高僧大德欢聚一堂，共同探讨佛教与中国文化的融合发展，这是一次宗教与传统文化的盛宴。值此因缘际会，我谨代表九江市委、市政府对论坛的举行表示热烈的祝贺！向应邀莅临盛会的嘉宾朋友们表示诚挚的欢迎！

九江雄蟠赣北，濒江扼湖，山水得天独厚。下辖17个行政区域，面积1.88万平方公里，人口500万。九江历史悠久，秦始皇统一中国后设36郡就有九江郡。西汉灌婴筑浔阳城，距今2200多年。九江是中国的"三大茶市"之一，"四大米市"之一；近代被开辟为通商口岸。九江历来是四省通衢、九派汇集的人文圣境，因其独特的区位优势，孕育出了悠久灿烂的传统文化。早在东晋时期，慧远大师在庐山东林寺开佛教结社之先河，将老庄文化与佛教般若思想融会贯通，使庐山成为中国佛教净土宗的发祥地和南方佛教中心。此后，陶渊明、谢灵运、李白、白居易、苏轼、黄庭坚等诸多文豪为九江各大寺院留下了数以千计的名篇诗赋，佛教界的高僧大德也在文坛上留下了许多点睛佳作。在九江，宗教文化与传统文化珠联璧合，相映生辉。

文化是一个民族的脊梁，文化引导一个民族的繁荣昌盛。习近平主席强调："弘扬中国传统文化，增强文化自信。"去年习近平总书记在全国宗

---

[*] 彭敏，江西省九江市人民政府副市长。

教工作会议上，进一步对坚持我国宗教中国化方向作出了深入系统的阐述。为积极响应习近平主席系列讲话精神，中国文化院、北京三智书院、九江市佛教协会联合举办庐山论坛——佛教与中国文化峰会，可以说是顺风扬帆。

此次论坛在九江举行，得到了许嘉璐院长、国家宗教事务局、省民宗局、中国佛教协会、省佛教协会的一致推举，对此表示衷心的感谢！我们相信，以庐山为依托的宗教传统文化，结合各位专家的智慧结晶，本次论坛一定会取得丰硕的成果，并为弘扬中国传统文化、坚持宗教中国化的发展方向，集聚更多的正能量。

最后预祝论坛取得圆满成功，祝与会嘉宾身体安康，吉祥如意！

谢谢大家！

2017 年 4 月 22 日

宋代在庐山的著名禅师

杨曾文

摘　要：本文对宋代云门宗善暹、居讷、了元和临济宗常总等著名禅僧在庐山传法事迹及他们与士大夫的交游进行了介绍。

关键词：云门宗　临济宗　善暹　居讷　了元　常总

作者简介：杨曾文，中国社会科学院荣誉学部委员、世界宗教研究所教授、博士生导师，著有《日本佛教史》《唐五代禅宗史》《宋元禅宗史》《隋唐佛教史》等。

唐末五代，即从8世纪后期至10世纪中期的近200年期间，中国以慧能创立的南宗为主体的禅宗迅速兴起，而在进入宋代以后发展成为佛教诸宗的主流派，"禅门五宗"中的云门宗、临济宗和曹洞宗先后盛行于大江南北，广泛地传播于上下各个阶层之中，对中国社会乃至思想文化产生了极为深远的影响。

九江位于长江中游地带，长期为江州的政治中心，自古以来既是重要的政治、经济发达的港口城镇，也是江南人文荟萃的大都会之一，在中国佛教发展史上也占有重要地位。现九江市及其管辖范围内的庐山胜景和修水县、永修县等地皆拥有著名禅寺，曾有不少德高望重、闻名遐迩的禅宗高僧在这些地方驻锡传法，在中国佛教史和文化史上留下浓墨重彩的绚丽篇章。

庐山不仅风景秀美，而且富有浓郁的文化底蕴，自东晋高僧慧远驻锡东林寺以来，历代有高僧到此游历或传法。进入宋代，庐山的开先寺、归宗寺、东林寺、圆通寺等寺有云门宗、临济宗的高僧在此驻锡传法。

现根据我的考察，仅介绍下述几位著名禅师在庐山传法的事迹及他们与士大夫交游的佳话。

一　庐山开先寺善暹禅师

宋初，禅宗五宗中以云门宗最为盛行，此后才有临济宗、曹洞宗的相继兴起。在云门之下二世、三世时，著名的有蕲州（治今湖北黄梅县）五祖山的师戒，随州（治今湖北随州市）智门寺的光祚（？~1031），筠州（治今江西高安市）的洞山晓聪（？~1030），明州（治今浙江宁波）雪窦寺的重显（980~1052）等人。在鼎州（治今湖南常德）德山传法的慧远属于云门下三世，弟子善暹禅师驻锡传法于庐山开先寺达18年之久。

善暹，临江军（治今江西樟树市）人，嗣法于德山慧远，以禅辩迅捷著称，丛林誉之为"海上横行暹道者"。在参谒云门下三世、明州（治今浙江宁波）雪窦寺重显期间，深受重显的赏识。重显曾推荐他到明州住持金鹅寺。他无意前往，便书二偈于壁离开，偈有曰："不是无心继祖灯，道惭未厕岭南能。""今朝得到无心地，却被无心趁出山。"意为自己并非不想继祖传法，只是感到修道尚未胜任弘传岭南六祖慧能大师禅法的地步，虽然已蒙印可领悟"无心"禅旨，然而正是立足"无心"才决意离山出走。

晚年，经信众一再要求才决定到庐山住持开先寺。他在开堂升座的仪式上对信众说：

> 千圣出来也只是稽首赞叹，诸代祖师提挈不起。是故，始从迦叶迄至山僧，二千余年，月烛慧灯，星排道树，人天普照，凡圣齐荣。且道承什么人恩力？老胡（按：指佛）也只道：明星出现时，我与大地有情同时成道（按：即成佛）。如是，则彼既丈夫我亦尔，孰为不可？良由诸人不肯承当，自生退屈。（《续传灯录》卷二[①]）

然后，他充满自信地表示，既然当年释迦牟尼佛能与"大地有情同时成道"，自己当然也能成佛，只要敢于承当，一切人也能成佛。这反映了禅宗强调自信、自悟的禅法特色。

[①] 《续传灯录》，不著撰人。此外，在（宋）惟白《建中靖国续灯录》卷3、（宋）普济《五灯会元》卷15等书也有详略不同的记述。

有僧出问："说佛说祖雪上加霜，如何是默默之机？"他答："口边吃棒！"僧刚要再议，他便大喝一声。僧又问："一棒一喝犹是葛藤（按：指语言，谓不足于表达真谛实相，犹如缠树之葛藤），瞬目扬眉拖泥带水，如何是直截根源？"他只回答："速！"僧问："恁么，则祖师正宗和尚把定。"他答："野渡无人舟自横。"又问："如何是祖师（按：菩提达摩祖师）西来意？"他说："洛阳城古。"僧说："学人不会。"他说："少室山高。"从中可以看到善暹继承禅宗的以"棒喝"启示参禅者，注重引导信众自修、自度，直探心源，不重经教，发挥"直指人心，见性成佛"禅旨的传法风格。

善暹门下弟子很多。最著名的有先后住持庐山开先寺、归宗寺和丹阳金山寺、焦山寺（在今江苏省镇江），南康军云居山真如寺（在今江西永修县）等寺的佛印了元，在汴京（今河南开封）住持属于皇家寺院相国寺智海禅院的正觉本逸二人。

二　庐山圆通寺居讷及其与士大夫的交游

圆通居讷（1010～1071），字中敏，俗姓蹇，梓州中江（在今四川省）人，出家后游方于今湖北、湖南一带，在襄州延庆山参云门下三世子荣禅师，得到契悟，并嗣其法。此后应知南康军（治今江西南昌）程师孟之请，到庐山住持归宗寺，不久迁住圆通寺，逐渐知名于丛林。[①]

《建中靖国续灯录》卷5载有一段居讷与参禅弟子的对话，深蕴禅机，语锋峻烈。

> 问：如何是和尚家风？
> 师（按：指居讷）云：紫霄峰畔归宗寺。
> 僧曰：忽遇客来，将何祗待？
> 师云：游山玩水。
> 问：祖刹重兴时如何？
> 师云：人在破头山（按：禅宗四祖道信曾在黄梅破头山传法）。
> 僧曰：一朝权在手。

[①] 据《禅林僧宝传》卷26《居讷传》。

师便打。

师云：三乘十二分教（按：概指三乘一切佛法）还曾道着么？

良久。

云：吃茶去！

从这里，源自南宗顿教，直承石头、马祖禅法以来的回避正面问答、问东答西，棒喝交替的参禅风格跃然纸上。

宋代文人学士与僧人交往是十分普遍的现象。据载，居讷曾在圆通寺接待过著名儒者欧阳修、苏洵，有过友好交谈、思想交流。

欧阳修（1007～1072），字永叔，庐陵（在今江西吉安）人，号醉翁，晚年又号六一居士。自进士入仕，仁宗庆历三年（1043）知谏院，擢知制诰，支持范仲淹、富弼等推行"庆历新政"。庆历四年（1044）任河北都转运使，翌年因受诬告左迁，出知滁、扬、颍州，后复学士，留守南京（今河南商丘市南），在外十余年，其间因母去世曾回乡庐陵守丧。服除被召回朝廷，官至枢密副使、参知政事。奉诏修《唐书》（《新唐书》），撰《五代史记》，谥文忠，有《欧阳文忠集》行世（《宋史》卷319《欧阳修传》）。欧阳修曾撰《本论》三篇，批评佛教为"中国患"，认为儒家的礼义为"胜佛之本"。然而据南宋志磐《佛祖统纪》卷45大段引述蜀沙门祖秀《欧阳文忠公外传》称，庆历四年六月欧阳修左迁滁州，翌年归庐陵途经九江时，曾入庐山东林圆通寺参谒居讷禅师，与他"论道"。

据载，居讷"出入百家而折衷于佛法"，对唐代韩愈和欧阳修"攘斥佛老"提出异议，最后告诉他说：

佛道以悟心为本，足下屡生（按：意为一再轮回）体道，特以失念，生东华为名儒，偏执世教，故忘其本。诚能运圣凡平等之心，默默体会，顿祛我慢，悉悔昨非，观荣辱之本空，了死生于一致，则净念当明，天真独露，始可问津于此道耳。

据载，欧阳修听后"肃然心服"。① 这一记载是否可信呢？从时间来

---

① 《大正藏》卷49，第410～412页。

看，欧阳修是在庆历五年八月从河北都转运使左迁知滁州而不是四年；从情节上看，欧阳修在左迁知滁州之际，回庐陵探亲途经九江入庐山会见居讷，彼此就佛法、儒学进行讨论也是可能的。然而是否如《佛祖统纪》所记载的那样居讷连珠炮似的严厉斥责韩愈、欧阳修的排佛，颂扬佛法，是大有疑问的。

此后，欧阳修与居讷仍保持着联系。《建中靖国续灯录》卷5还记述，欧阳修还朝之后，"每问南来士人，曾见讷禅师否？"清康熙二十二年刊《南昌通志》卷25记载，居讷为纪念与欧阳修的通宵达旦之谈，曾修建"夜话亭"，时已圮废。

眉州眉山（属今四川）苏洵（1009～1066），在宋仁宗庆历五年（1045）赴汴京举进士不中，回途经浔阳入庐山，也曾参谒居讷谈论佛法。后来其子苏轼再入庐山时，特地到圆通寺参访。

宋仁宗在京城建十方净因禅寺，召请居讷入住传法。然而居讷以目疾婉辞，举荐与自己同辈的怀琏"禅学精深"在己之上，请朝廷改召怀琏前往。怀琏后来从宋仁宗赐受"大觉禅师"之号。

居讷在庐山圆通寺任住持20多年，后来移住黄梅（属今湖北）四祖寺、开元寺，年老退居于宝积岩。宋神宗熙宁四年（1071）三月去世，年六十二。

三 佛印了元和周敦颐、苏轼

佛印了元（1032～1098），俗姓林，字觉老，佛印是号，饶州浮梁（在今江西景德镇市）人，家世业儒。出家后，到庐山开先寺礼云门下三世善暹为师，因问答敏捷受到赏识。19岁时参谒庐山圆通寺居讷。居讷欣赏他文笔"骨格已似雪窦（按：重显）"，请他接替原来由怀琏担任的书记职位。在江州（治今九江）承天寺住持职位空缺时，推荐了元前往就任。

此后，了元逐渐出名，在40年间历任淮山斗方寺、庐山开先寺和归宗寺、丹阳金山寺和焦山寺（皆在今镇江）、江西的大仰山寺住持，并且四次任南康军云居山真如寺（在今江西永修县）的住持，在僧俗信徒当中拥有很高的声誉，与著名士大夫周敦颐和苏轼、苏辙兄弟及秦观等也有密切交往。

周敦颐（1017～1073），字茂叔，道州营道（在今湖南道县西）人，历任南安军司理参军、桂阳和南昌知县、虔州通判、知郴州、广东转运判官、提点刑狱、知南康军等。著《太极图说》《通书》，"推明阴阳五行之理，命于天而性于人者"（《宋史》卷四二七《道学·周敦颐传》），是道学创始人，程颢、程颐兄弟幼时曾从其受业，两宋理学家承继其说并发扬之。

周敦颐大概在任南昌知县时因喜庐山风景优胜，环境幽静，在莲花峰下筑屋居家，将屋前之溪以故乡的濂溪之名称之，世人以此为其号。当时了元禅师正在庐山，地处濂溪上游，二人往来密切，"相与讲道，为方外交"。周敦颐曾举《中庸》的语句问他："天命之谓性，率性之谓道。禅门何谓无心是道？"了元以"满目青山一任看"作答，其意是触目是道，处处是道。周敦颐从中受到启悟，一日见窗前草生，自语"与自家意思一般"，作偈呈了元。曰：

> 昔本不迷今不悟，心融境会豁幽潜。
> 草深窗外松当道，尽日令人看不厌。①

前两句蕴含禅宗的迷悟不二、心境融通的思想。他慕东晋慧远在庐山东林寺结白莲社邀集僧俗信众念佛之事，让了元成立并主持青松社，作为谈禅说法之所。

周敦颐在任虔州（今江西赣州）通判期间曾遭到谗告，然而他处之泰然。了元闻知此事，特作诗从庐山派人送给他。诗曰：

> 仕路风波尽可惊，唯君心地坦然平，
> 未谈世利眉先皱，才顾云山眼便明。
> 湖宅近分堤柳色，田斋新占石溪声，
> 青松已约为禅社，莫遣归时白发生。

诗称仕宦之途风险多，赞周敦颐心地坦然，不图名利，醉心山川景致，告诉他在庐山的旧居周围有青青堤柳，潺潺溪声，劝他早日归山，欢聚禅社。此后，了元又送诗给周敦颐劝他归山，其中有句："仙家丹药谁能致，佛国乾坤自可休，况有天池莲社（按：此当指阿弥陀佛西方净土）

---

① 明朱时恩辑《居士分灯录》卷下。

约,何时携手话峰头?"认为佛教自有使人安乐长生的妙义,盼望与他再次相聚禅社,共话庐峰胜景。①

苏轼(1037~1101)在元丰二年(1079)底被贬为黄州团练使、通判,在此达五年之久。② 黄州(治所在今湖北黄冈)与庐山隔江斜向相对。在了元任庐山归宗寺住持时,与苏轼互有书偈往来。③ 了元后住持金山寺(在今江苏镇江)。苏轼奉命离开黄州,在前往筠州(治今江西高安县)看望弟苏辙之后,赴阳羡、常州途中,曾应了元之请特地参访金山寺,写下多首优美诗句,与了元建立了深厚的情谊。④

了元于宋哲宗元符元年(1098)去世,年六十七岁。翰林学士蒋之奇(1031~1104)为他撰碑。弟子有临安府百丈庆寿院净悟、常州善权寺慧泰、饶州崇福寺德基等人。

四 东林寺常总与苏轼

常总(1025~1091),广惠、照觉皆受自皇帝赐号,俗姓施,嗣法于临济宗黄龙慧南,曾住持洪州靖安县(在今江西)泐潭禅寺,被信徒称为"马祖再来"。宋神宗元丰三年(1080)降诏洪州将庐山原属律寺的东林寺改为禅寺,常总应请出任东林寺住持。元丰六年(1083)相国寺改建完成,诏赐在东侧的禅院为慧林禅院,西侧的为智海禅院,召请常总入京住持慧林禅院。然而常总以病坚辞不赴,朝廷没有强请,并赐给袈裟和"广惠"的师号。宋哲宗时又赐常总"照觉禅师"之号。常总在东林寺长达十二年,将寺院进行扩建,使之成为庐山最大一座规模宏伟的禅寺。⑤

元丰七年(1084)四月,苏轼奉诏改授汝州团练副使,离开黄州。在过江前往筠州探望弟苏辙之前,先至庐山游玩十余日,见山谷奇秀,目不暇接,以为绝胜不可描述,山峦形胜之处有开先寺、栖贤寺、圆通寺、归宗寺等著名神寺坐落其间。山间僧俗听闻苏轼到来,皆表示欢迎。苏轼先

---

① 宋仲、温晓莹著《云卧纪谈》卷上。
② 《四部备要》本《东坡七集》前载王宗稷编《东坡先生年谱》。
③ 《东坡续集》卷六载有苏轼与佛印了元的短书九封,其中前三封从内容看像是写于此时。
④ 关于苏轼与了元的交往,详见杨曾文《宋元禅宗史》第七章第四节,中国社会科学出版社,2006。
⑤ 关于常总,详见杨曾文《宋元禅宗史》第四章第五节之四,中国社会科学出版社,2006。

参访开先寺，应住持之请作七言绝句一首，又作五言诗《开先漱玉亭》一首。苏轼因父苏洵曾参访过圆通寺，与居讷谈论过佛法，在参访圆通寺时特写《宝积献盖颂》诗赠给住持仙长老，其中有"此生初饮庐山水，他日徒参雪窦禅"。在《初入庐山三首》的诗后记述说："圆通禅院，先君旧游也。"并说寺中有蜀僧宣逮禅师曾见过他父亲。① 此后，苏轼又参访栖贤寺，写五言诗《栖贤三峡桥》一首。②

他在庐山期间最后参访东林寺，参谒常总，并在此住宿，夜间与常总禅师谈论禅法，对常总所说"无情说法"的道理进行参究，有所省悟。黎明，他将悟境以偈写出献给常总，曰：

溪声便是广长舌，山色岂非清净身。
夜来八万四千偈，他日如何举似人。③

诗中的"广长舌"原是指佛的"三十二相"之一，谓佛之舌广而长，柔软红薄，能覆面至发际，也用以指佛开口说法的形象；"清净身"是指法身；"八万四千偈"是指无量的佛法，偈是佛经文体之一，一般有韵，佛经原典常用偈颂的多少计经文篇幅的大小，如说般若类经典"多者云有十万偈，少者六百偈"，《大涅槃经》的"胡本"有二万五千偈等④。苏轼的诗意为：既然无情能够说法，那么山峦秀色皆是佛的清净法身的显现，山间小溪潺潺的流水声也意味着佛在说法，可是对昨夜山川宣说的无量佛法，以后如何向别人转述呢？

在常总陪他参访西林寺时，他在寺壁上题诗曰：

横看成岭侧成峰，到处看山了不同。

---

① 《佛祖统纪》卷45，《大正藏》卷49，第411页中；《东坡集》卷十三。
② 苏轼访庐山，参考《佛祖统纪》卷45，《大正藏》卷49，第411页中；苏轼的诗载《唐宋八大家全集》本《苏轼集》卷13。
③ 载《唐宋八大家全集》本《苏轼集》卷13《赠东林总长老》，另见惠洪《冷斋夜话》卷七〈东坡庐山偈〉、南宋正受《嘉泰普灯录》卷23及明朱时恩《居士分灯录》卷下《苏轼传》等。
④ 参考（南朝梁）僧祐《出三藏记集》卷8载僧睿《小品经序》、未详作者《大涅槃经记》，《大正藏》卷55，第55页上、第60页上。

不识庐山真面目，只缘身在此山中。(《题西林壁》)①

身在庐山，看到的是庐山千姿百态的景色，然而若要真正看清庐山面目，还要走出庐山。诗中有画，诗中蕴含哲理：只有走出局部才能认识事物的整体，超越现象才能看清事物的本质。惠洪《冷斋夜话》卷7《般若了无剩语》载，黄庭坚看到此诗评论说："此老人于般若横说竖说，了无剩语，非其笔端有舌，安能吐此不传之妙哉！"按照般若空义，世界万有具有共同的本质，所谓"诸法一相，所谓无相"。无相是表述"空"的常用的概念。只有超越于万有之上才能把握空寂无相的"实相"。从这一点来说，苏轼此诗也许是受到佛教的影响。

古来禅宗史书皆将苏轼看作常总的嗣法弟子，实际上未必如此。从他与禅僧的关系看，他与云门宗僧云居了元的情谊最深。然而他也确实对东林常总怀有很深的敬意。他在看了常总的画像后所写的《东林第一代广惠禅师真赞》中，对常总评价很高，说：

忠臣不畏死，故能立天下之大事；勇士不顾生，故能立天下之大名。是入于道亦未也，特以义重而身轻，然犹所立如此，而况于出三界，了万法，不生不老，不病不死，应物而无情者乎？
堂堂总公，僧中之龙，呼吸为云，嚏欠为风，且置是事，聊观其一。戏！盖将拊掌谈笑，不起于坐，而使庐山之下化为梵释龙天之宫。②

认为常总已经达到超离三界，了悟诸法真谛，超越于生死的局限，虽顺应世间却又不受俗情制约的境界，是世间尚未入"道"（此实指佛道）的忠臣、勇士不能比的。他甚至把常总形象地比作僧中可以呼风唤雨的龙，将他主持扩建的东林寺比作天宫、龙宫。

苏轼入朝任官后，与常总也有书信往来。常总曾派人赠茶给他，请他书写《东林寺碑》，并告诉他自己患臂痛。现存苏轼回复常总两封信，他

---

① 王松龄据1919年涵芬楼以明万历赵开美刊本为底本的校印本点校，中华书局1981年出版《东坡志林》卷1。《四库全书》本《冷斋夜话》卷7《般若了无剩语》的第二句作"远近看山了不同"；《唐宋八大家全集》本《苏轼集》卷13作"远近高低无一同"。
② 载中华书局校本《苏轼文集》卷22。

在信中向常总介绍医治臂痛的药方，从信中语气看，他尚未动笔书写碑。①

元祐六年（1091）九月，常总令人鸣鼓集众，结跏趺坐说偈曰："北斗藏身未是真，泥牛入海何奇特，个中消息报君知，扑落虚空收不得。"②言毕泊然去世，年六十七。弟子将他的全身安葬于雁门塔之东。

宋代是中国历史上继隋唐以后文化高度发达繁荣的王朝，无论在哲学、史学、文学、艺术还是佛教、道教等各个领域皆得到新的发展，达到前所未有的高峰。这自然与当时的经济、政治措施和环境有直接关系，同时也应看到，儒释道三教的交流和会通在其中起到重大作用。中国儒家的新形态——理学，本来就是在旧有儒学的基础上吸收佛、道二教的思想而发展起来的，不少儒者、理学家皆有与佛僧或道士交往的经历。以上所提到的禅僧与著名儒者士大夫的交游只不过是其中一小部分例子。

2017年3月28日于北京华威西里自宅

---

① 《与东林广惠禅师二首》，载中华书局校本《苏轼文集》卷61。
② 《建中靖国续灯录》卷12《常总章》。

中国人对佛教文化的贡献

魏道儒

摘　要：中国人对佛教文化的贡献是长期的、巨大的、不可替代的、具有世界意义的。正因为有了这样的贡献，佛教才能从一个地方宗教发展成为亚洲宗教，进而发展成为世界宗教；当代世界佛教才能具有这样的内在精神和外在风貌；我们今天才能对佛教历史文化具有如此丰富的知识。加强研究中国人对佛教文化的保存、弘扬和丰富，有利于树立对中华民族传统文化的自觉、自信和自尊，有利于为今天中国文化走向世界提供可资借鉴的历史经验。

关键词：中国人　佛教文化　中国撰述

作者简介：魏道儒，中国社会科学院学部委员，世界宗教研究所研究员。

迄今为止，有关佛教文化方面的各类研究成果已经很多。中外学者对古今中外佛教众多的重要历史事件、人物、典籍、思想等都有系统研究，对许多既有学术价值又有现实意义的重要问题都有深入探讨。但是，关于中国人对佛教文化的贡献问题，不仅没有比较全面、系统的研究，甚至没有引起应有的关注。

我们几乎没有想到过这样一些问题：如果没有中国人对佛教文化的贡献，佛教能不能从一个地方宗教发展成为亚洲宗教，进而发展成为世界宗教？如果没有中国人对佛教文化的贡献，当代世界佛教能不能具有这样的内在精神和外在风貌？如果没有中国人对佛教文化的贡献，我们能否说清楚世人现在具备的佛教历史文化知识会贫乏到怎样的程度？

关于中国人对佛教文化的贡献，我们可以从不同方面、多种视角探索、分析和总结。我们在这里从三个方面简要说明中国人对佛教文化的贡献，是提纲式的，粗线条的，并不细致，希望达到抛砖引玉的目的。

一 中国人保存了佛教文化资料

中国人对佛教文化的第一个重要贡献是保存了佛教文化资料，其主要工作有两项：第一项是翻译佛教典籍，第二项是撰写历史著作。

中国人翻译域外佛教典籍，最主要的是汉语翻译和藏语翻译，两者共同构成了人类历史上伟大的文化创造工程，成为人类文化交流史上的奇迹。从保存佛教文化资料的角度考察，汉译和藏译所具有的特点、价值和影响是不完全相同的。汉译佛教典籍在保存佛教文化资料方面有三个显著特点。

第一，汉译佛典工作开始时间早，延续时间长，译出经典丰富。

汉译佛教典籍从公元前2年的大月氏使者伊存口授《浮屠经》开始，一直延续到北宋末年，总共有1000多年的历史。其中，大规模的翻译从东汉末年开始，到北宋前期基本结束，大约有800年。一般认为，总共翻译的经律论三藏有1690余部6420余卷[1]。由于藏译佛教典籍从7世纪之后开始，所以，如果没有汉文资料，从公元前后大乘佛教兴起到公元7世纪的佛教历史就根本无法复原，古印度[2]佛教从起源到13世纪消亡的历史就会留下很多空白。

第二，从东汉末年到北宋末年，汉语翻译佛典工作具有连贯性，能够反映古印度广大地区佛教经典出现的具体过程，反映古印度佛教发展的趋势和脉络。

从东汉末年到北宋末年的800年左右时间里，中国人翻译佛经没有长时间的中断，翻译事业有着跟踪域外佛教发展进程的特点。在很多时段，翻译过程与域外典籍的产生过程基本保持同步。比如，东汉末年的

---

[1] 关于总共翻译出多少典籍，不同意见是比较多的。赵朴初认为："中国汉族佛教翻译事业相续了十个世纪，翻译过来的经律论共有一千四百余部，四千七百余卷，著名的本国和外来的译师不下二百人。"赵朴初：《中国的佛教》，《赵朴初文集》（上卷），华文出版社，2007，第180页。

[2] 我们今天讲的"古印度"大体包括现在的印度、孟加拉国、不丹、尼泊尔、阿富汗、巴基斯坦等国家的范围。

支娄迦谶译出了第一部华严类经典——《兜沙经》,直到刘宋永初二年(421)翻译出华严类经典的总集——60卷《华严经》,在其中的大约两个半世纪里,陆续翻译出了十几部华严类单行经。根据现代学者研究,这些单行经译为汉文的先后是与它们在域外产生的早晚相一致的。[①] 因此,不依靠汉译佛典,从公元1世纪到公元10世纪域外佛教的历史发展脉络、思想教义演变轨迹就没有可能梳理清楚。这种跟踪记录佛教历史和思想足迹的特点是汉文翻译独有的,是包括藏语翻译在内的任何文字佛教经典都不能替代的。

  第三,某些重要佛经翻译家所译出的经典,能够从整体上反映那个时代域外佛教经典的基本内容和佛教思想的基本面貌。

  从东汉末年到北宋末年,某些译经家在搜集佛教原典时务求完备,并且力求把搜集的原典都翻译出来,所以,他们译出的经典能够反映那个时代域外佛教经典和思想的基本轮廓。比如,西晋的翻译家竺法护,游历西域学通36种语言,广求佛经回国翻译约47年(266~313),译出经典品类多、数量大,几乎囊括了当时西域地区流传的所有重要佛教典籍。他搜集和翻译佛典之完备,可以从他译出的华严类典籍中得到证明。他译出的《等目菩萨所问三昧经》属于华严类单行经,60卷《华严》都没有收录该经,直到唐代译出的80卷《华严》才收录,名为《十定品》。由此一例,可见他搜集经典之完备。以后唐代的玄奘、义净、不空等人,在搜集和翻译经典方面,都有这个特点。各个时代重要佛经翻译家追求全面、广泛搜集和翻译佛教典籍,不仅在客观上为中国人完整保存佛教资料提供了可能,而且使中国人保存的佛教文化资料来源多种多样。汉译佛经的来源不仅有古印度的梵语、巴利语文献,还有数量众多的中亚各民族语言的文献,从而能够最大限度地反映古代亚洲多民族的佛教情况。

  与汉译佛经相比较,藏译佛经开始时间比较迟,延续时间比较短,但是数量也是很庞大的。藏译古印度佛教经典开始于公元7世纪。到14世纪基本结束。大规模的翻译集中在从8世纪到13世纪这500年间。一般认为,藏译佛教典籍总共有5900余种,约有三百万颂,大体相当于汉译典籍的一万卷[②],其中的绝大部分是译自梵文典籍。从保存佛教文化资料的角

[①] 魏道儒:《中国华严宗通史》,江苏古籍出版社,2001,第2~22页。
[②] 由于汉译和藏译"卷"的字数是有差别的,并不能说藏译典籍的字数超过汉译典籍。

度考察，藏译佛典比汉译佛典更完整地保存了8世纪以后古印度佛教文献，尤其弥补了10世纪以后汉译经典的不足。因此，藏文佛典与汉文佛典有互补作用，两者珠联璧合，共同完成了对域外佛教文化资料的完整保存。没有这两种佛教资料，人们对13世纪就湮灭的古印度佛教历史就知道得很少了。

中国人保存佛教文化资料的第二个方面工作，是撰写了具有不可替代性的佛教历史著作。记载佛教历史的著作在汉、藏两种文字中都有，其中最负盛名的，应该是东晋法显、唐代玄奘和义净的著作。法显的《佛国记》首次实录了自陆路游历古印度，再由斯里兰卡经南洋群岛航归的伟大旅程，至今仍是研究当时中亚、南亚和东南亚历史、文化和宗教的最重要著作。玄奘把自己亲见的110国和传闻的28国情况记录下来，撰成《大唐西域记》12卷，该书至今仍然是研究当时古印度和中亚史的最重要著作。从保存佛教历史文化资料的角度来讲，没有法显、玄奘的这两部著作，我们今天不仅不了解他们那个时代域外佛教的基本情况，也无法确定释迦牟尼的出生地蓝毗尼园，早期生活地迦毗罗卫等位于何处。义净在室利佛逝撰写了两部著作，其一是《南海寄归内法传》，记录所见所闻的印度和南海诸国佛教情况，包括僧人的日常生活、僧团制度和修行规定等。其二是《大唐西域求法高僧传》，记述从贞观十五年（641）到天授二年（691）56位求法僧的事迹。这两部著作对研究7~8世纪的印度、南亚和东南亚地区的历史、宗教具有不可替代的价值。

20世纪50年代，赵朴初先生把世界上流行的佛教按语种划分为三个系统，即"汉语系统的佛教"、"藏语系统的佛教"和"巴利语系统的佛教"①。在这三个语言系统中，"巴利语系统的佛教"在典籍规模、教义内容、适应范围、流传地区等方面都不能与号称"大乘佛教"的前两者相提并论。从保存佛教文化资料的角度考察，前两者都基本保存了后者典籍的基本内容，而后者却没有前两者最基本的历史资料。所以，没有"汉语系统的佛教"和"藏语系统的佛教"，佛教就不仅称不上世界宗教，甚至称不上严格意义上的亚洲宗教。

---

① 赵朴初先生说："如果按照语文来分类，世界佛教可分为三个系统：汉语系统的佛教、藏语系统的佛教和巴利语系统的佛教"。赵朴初：《佛教在中国》，《赵朴初文集》（上卷），第145页。

二　中国人弘扬了佛教文化

　　中国人对佛教文化的第二个重要贡献是弘扬了佛教文化。从"汉语系统佛教"的发生、发展角度考察，中国人弘扬佛教文化的工作包括"求法取经"和"弘法传经"两个方面。所谓"求法取经"，指的是中国人把域外佛教文化传到中国；所谓"弘法传经"，指的是中国人把具有中国特色的佛教文化传到其他国家。"求法取经"运动使中国成为最大的佛教输入国，这个过程始于三国时期，历经东晋到隋唐的几次高潮，一直延续到宋明时期。"弘法传经"运动使中国成为最大的佛教输出国，这个过程从隋唐时期开始，一直连绵不断地延续下来。隋唐时期既是中国佛教理论创造达到顶峰的重要时期，也是中国成为当时世界佛教中心的定型时期，更是中国实现从最大佛教输入国向最大佛教输出国转变的关键时期。

　　佛教从公元前2世纪前后传到我国的新疆地区，西汉末年传入内地，此后200多年，到中土传播佛教的都是来自古印度和中亚各国的信仰者。三国时期，与佛教学说以独立姿态进入中国思想界同步，与佛教在中国进入大发展时期相适应，出现了立志去古印度的求法取经者。中国人西行求法，一般认为始于三国时期的朱士行。东晋时期，众多僧人或为求法，或为朝拜圣地而西去古印度，形成了中国历史上第一个西行求法高潮。隋唐时期，西行求法者也不少，并且出现了对中印两国文化交流影响巨大的人物，最著名的就是玄奘。在千年赴印留学求法史上，玄奘为祖国争得的荣誉，在古印度享有的盛名，在译经方面取得的成就，为中印两国文化交流做出的贡献，无人出乎其右。求法运动在宋代仍然进行。乾德四年（966），宋太祖派遣僧人行勤等157人西去印度，这是中国历史上朝廷派遣的规模最大的出使印度团队。在北宋初的六七十年间，到古印度取经并且返回者有138人。这个阶段虽然求法运动依然高涨，但是对中国佛教自身的影响已经不大了。宋代以后，去印度的僧人就很稀少了。明朝曾派官僧到印度，并没有取得什么成就，这与从13世纪开始佛教在印度本土逐渐消亡有关系。从三国的朱士行到明朝的官僧，1000多年间，历代西行者出于求取真经、解决佛学疑难问题、促进本国佛教健康发展、瞻仰圣地等不同目的，或者自发结伴，或者受官方派遣，怀着虔诚的宗教感情，勇敢踏上九死一生的险途，把域外佛教传播到中国。没有这些西行求法者，中国就不可能在唐代成为当时世界佛教的发展中心。鲁迅先生曾经把法显、玄奘这些"舍身求法的人"与"埋头苦干的人"、"拼命硬干的人"、"为民请命的人"称为"中国的脊梁"①。人的信仰可以有不同,但是那种热爱祖国,为了真理和事业不畏艰险,百折不挠,甚至勇于献身殉道的精神,始终是推动一个民族发展的不竭动力,始终值得赞美和弘扬。

从隋唐到明清的千余年间,中国人持续把佛教从中国传播到了日本、韩国、东南亚等地。近代以来,中国人又把佛教弘扬到亚洲之外的各大洲许多国家。中国人向国外弘法传经延续时间之长、参与人数之多、事迹之感人、成效之巨大,几乎可以与西行求法运动相提并论。但是,国内外学术界研究中国人"弘法传经"要比研究中国人"求法取经"滞后很多,投入人力少,推出成果少,在许多方面研究薄弱,在许多方面甚至是空白。比如,对于历代赴日本、新罗以及东南亚各地弘法的高僧群体研究很不够,还没有像历代赴日本弘法高僧考、历代赴新罗弘法高僧考、历代赴越南弘法高僧考、历代赴东南亚弘法高僧考之类的著作,也没有近代赴欧美弘法高僧考之类的著作。

一方面,我们应该看到,中国人的"弘法传经"与"求法取经"一样,是整个世界佛教文化交流史上光辉灿烂的阶段,可以作为人类文明交流互鉴取得伟大成就的典范;另一方面,我们也要认识到,中国人在"弘法传经"过程中所弘的"法"所传的"经",与"求法取经"过程中所取的"法"所取的"经"已经不是一回事,中国人在其中的身份也完全不相同。中国人把梵文、巴利文及古代西域多种民族文字的佛典翻译成汉文,本身就是进行了一次文化上的再创造,同时,又经过与中国传统文化相结合,创造了新经典,提出了新思想,形成了有中国特色的佛教。"求法取经"是创造性地接受古印度的宗教经典和思想教义,"弘法传经"是传播中印两种文化交流互鉴后的宗教文化成果和宗教思想结晶。对于中国人来说,前者主要是作为学生的学习过程,后者主要是作为老师的教授过程。"弘法传经"的过程不仅仅是传播佛教文化的过程,而是以佛教文化为载体,全面弘扬、传播中华物质文明和精神文明的过程。

---

① 鲁迅先生在《中国人失掉自信力了吗?》一文中说:"我们从古以来,就有埋头苦干的人,有拼命硬干的人,有为民请命的人,有舍身求法的人……虽是等于为帝王将相作家谱的所谓'正史',也往往掩不住他们的光耀,这就是中国的脊梁。"

三　中国人丰富和发展了佛教文化

　　中国人对佛教文化的第三个重要贡献是丰富和发展了佛教文化。两千多年来，中国人丰富和发展佛教文化是全方位、多角度的，大体可以概括为撰写新典籍（历代大师的佛教著作）、倡导新教义（新的生活理论、传教理论、修行理论）、建立新宗派（域外佛教没有的新宗派）、打造新圣地（与佛菩萨信仰相联系的名山、宗派的祖庭）、塑造新偶像（在原有崇拜系统基础上增添的新崇拜对象）、创造新艺术（建筑艺术、雕塑艺术、绘画艺术、书法艺术等）六个方面。这六个方面中的每一方面都有着丰富多彩的内容、源远流长的历史、跨越国界的影响和历久不衰的价值。

　　这里，我们仅从汉传佛教"撰写新典籍"方面考察，就可以看到中国人在丰富佛教文化方面创造了怎样的奇迹。中国人撰写的佛教著作习称"中国撰述"。从东汉末年开始，中国人就撰写佛教方面的著作，两晋以后数量急剧增加。到唐代初年，根据《法苑珠林》记载，"中国撰述"已经达到3000卷左右。中国撰述的种类很多，有经典注疏、史籍僧传、总集类书、经录音义、语录灯录等。总的说来，到隋唐时期，中国撰述以"经典注疏"的数量最为庞大。所谓"经典注疏"，是研究、阐发和弘扬外来经典的著作。域外佛教经典自汉代开始翻译成汉文以后，就逐渐产生了各类注经解经著作。注解经典有不同的目的，或为阐发经义，或为另立新说，或为授徒传法，或为记录师言。注解经典的形式多种多样，或随文释义，常称为"义疏"；或概括经典核心思想，常称为"悬谈"；或划分经典章节段落，常称为"科文"；或记录祖师讲解经典，常称为"述记"；或汇编已有的经典注释著作，常称为"集"等。隋唐时期，以解经注经为主要形式的佛教理论创造达到后代无法企及的高峰，许多注疏著作成为建立宗派学说体系的基本典籍。比如，智顗的《法华文句》《法华玄义》等通过解释《法华经》，奠定了天台宗的教理基础。智俨注释《华严经》的多种著作，基本完成了华严宗的核心教义。道宣注解《四分律》的多种著作，构建了南山律宗的理论体系。隋唐以后的各朝代，虽然也有大量经典注疏著作，种类也比较丰富，范围也比较广泛，但是各种解经注经著作都没有什么理论创新，基本以传播佛教基础知识和转述前人成果为主。

　　从唐末五代开始，随着禅宗成为中国佛教最大的宗派，禅宗典籍大量涌现，逐渐成为"中国撰述"的主体部分。禅宗典籍的种类也很多，其主体部分是"语录"。禅宗语录是弟子辈对祖师说法内容、传禅机缘的记录。编撰禅师语录起源于唐代，最盛行于宋代，流风所及，遍于元明清禅林。不但名震一方的宗师有语录行世，无所影响的禅师也有语录流传。禅宗"语录"原本大致同于《论语》记录孔子语的体裁，重于记言，轻于记行，尤其侧重记录禅师在开示后学过程中流传广泛的名言警句。被称为禅宗"宗经"的《六祖坛经》，实际上就是慧能的"语录"。在唐代以后，语录内容有不断增加的趋势。一般"语录"中包括小参、法语、示众、茶话、机缘、勘辨等内容。有些"语录"中加上了禅师的书信、诗文、各类著述等，成了禅师个人的著作全集。还有些"语录"中更加上禅师的行状、塔铭，以及与禅师有关的他人著作。这些语录往往称为"全录""广录"。

在这些"中国撰述"中，无论经典注疏还是禅宗语录，不少著作在接受、筛选和变革域外佛教思想的基础上提出新思想，倡导新教义，成为新的经典，有着取代一些汉译经典地位的趋势。这些经典在古代传到韩国、日本和东南亚一些地区，到近现代传到欧美许多国家。

中国撰述的数量有多少，很难统计出确切的数字，所以有不同的说法。其中，赵朴初先生的说法比较有代表性。他估算，汉文藏经（包括正藏和续藏）内的中国撰述有15000卷左右，是汉译典籍的三倍多。①

"中国撰述"就是对古印度佛教的发展，就是对佛教文化的贡献。相对于域外传来的古印度佛教，现在流行于世界的"汉语系统佛教""藏语系统佛教"可以概括为三个方面的内容：第一，经过筛选、变革而继承的古印度佛教内容；第二，吸收、融摄的中华民族固有文化内容，其中以儒家文化和道家文化为主；第三，在中印两种文化交流互鉴中创造的新内容。中国人丰富发展佛教文化的过程，本质上就是用中华固有文化对域外佛教文化进行变革、重塑、熏陶和滋养的过程，无论汉传佛教还是藏传佛教，都没有例外。就汉传佛教而言，域外佛教文化与儒家文化和道家文化相融合，形成了具有中国特色的汉传佛教文化。没有中华文化的加入，当今世界佛教就不会有这样丰富多彩的内容，就不会有现在这样的内在精神和外在风貌。

---

① 赵朴初指出："汉文藏经内有近三千部（包括正藏、续藏），二万余卷，其中从梵文、巴利文翻译过来的经律论有一千四百余部，四千七百余卷，其余的是中国古代大师们所造的论和著述。"赵朴初：《佛教在中国》，《赵朴初文集》（上卷），第144~145页。

我们应该用世界的眼光审视中国佛教，从中国的立场上考察世界佛教，对中国佛教在世界佛教中的地位、作用、价值有更全面、更深刻的认识。中国人对佛教文化的贡献是长期的、巨大的、不可替代的、具有世界意义的。加强研究中国人对佛教文化贡献的具体过程、具体途径、具体方式和具体内容，有利于树立对中华民族传统文化的自觉、自信和自尊，有利于为今天中国文化走向世界提供可资借鉴的历史经验。

佛教伦理可为全球伦理构建之基石

释本性[*]

一 佛教伦理有构建全球伦理取之不尽的资源

众生共业,世界是个共同体。

全球化、科技化的今天,物质文明迅猛发展,但传统的精神文明优势,正从人心与地球逐渐消失。为此,心灵危机、信仰危机、道德危机、伦理危机等随之产生,世界性危机、全球性难题,因之正在汇集,不断加剧。如核武危险、气候变暖、恐怖袭击、智能犯罪、人口膨胀、物种灭绝、海洋酸化、流行病猖獗等。可说是危机四伏,困境重重,难题成堆,苦难无数!斯蒂芬·霍金也因此提醒人类说:"这是我们星球最危险的时刻。"

东方智慧或者说东方文明,很强调一点:平衡。今天,物质文明与精神文明的协和组成已被打破,这是所有问题症结的关键所在。于是,为了人类的延续与共生,回归信仰、重建伦理,尤其是全球化背景下的全球伦理,也就是重构精神与物质世界的平衡便显得特别重要。

早在1990年,天主教学者孔汉思就出版了《全球的责任:寻求新的世界伦理》一书,提出了"没有世界伦理就没有生存,没有宗教和平就没有世界和平,没有宗教对话就没有宗教和平"的观点。

1993年8月,来自世界各地的6500名代表在美国芝加哥召开第二届"世界宗教议会"大会,会议指出,当代人类苦难的根源在于当代人类的道德危机,"没有新的全球伦理,便没有新的全球秩序"。会议讨论通过了《走向全球伦理宣言》,认为全球伦理的基础,是"关于一些有约束力的价

---

[*] 释本性,福建省佛协副会长兼秘书长,福建开元佛教文化研究所所长,福州开元寺方丈。

值观、不可或缺的标准以及根本的道德态度的一种最低限度的基本共识"。

1996年3月,在维也纳召开了讨论"全球伦理"的构想及标准的大会,发布了《关于"寻求全球伦理标准"的结论与建议》,即《维也纳宣言》(以下简称《宣言》)。

《宣言》认为,"世界各种信仰的合一远远多于他们的相异。它们都赞同克己、义务、责任和分享,都赞同谦卑、怜悯和正义的美德"。《宣言》号召,世界不同的宗教以开放的胸襟,为人类所面临的困境取得一致意见。各大宗教共同推进全球标准,使一些基本伦理规范(即"金规则")得以在世界范围内传播,以之作为人类所需共同遵循的基本伦理准则,共同承担现代社会人类所需要的伦理责任。

近来,俄罗斯总统普京宣布要增强俄罗斯的核打击能力,美国总统特朗普亦誓言,美国必须大幅提升军事核潜力。现今,美国拥有7000多枚核弹头,俄罗斯更多。特朗普还放话:那就来一场军备竞赛吧。无疑,世界成了核武库,进一步陷入危险中。问题当然远不止于此,为此,一直以来,很多国家的政治家、哲学家、宗教家、伦理学者等都在关注"全球伦理"这一重大课题。但是,从目前的成果来看,由于参与人群大多是西方哲学与文化背景者,在全球伦理的构建中,东方文明和智慧的声音比较微弱。

比丘本性认为,东方文明——尤其是佛教——应该对构建全球伦理的主张和声音做出积极回应,佛教丰富的取之不尽的伦理资源,是构建全球伦理之基石,可以也应该为全球伦理的构建做出积极贡献。

中国近代最具世界性眼光之一的佛教高僧太虚大师曾指出,佛教伦理道德是人类最完美的伦理道德之一。他说:"人类道德,古今中外的宏哲,罔不详言。举要言之,儒家的仁义礼乐,道家的慈俭不争,耶教的博爱,希哲的中和,佛法的五戒、十善,均可为人类道德的标准。但其中能型范万世者,厥维儒教的仁义礼乐与佛法的五戒、十善。"

他还说:"平常人以为佛法是消极的、寂灭的,其实佛法是使一切恶业消灭,将人心改造,使之向真实美善前途发展,发展最圆满了就是佛。"又说:"若明白佛法,不种善因,不得善果。要实现其好之理想,必须建立人生道德的基础,当下就成为好的行动,将世界邪说之风扫尽无余。"

世界著名历史学家、英国汤因比博士也曾指出:要解决21世纪的社会问题,唯有中国的孔孟学说和大乘佛法。

二 佛教伦理的中心主轴与十大核心理念

"缘起性空论"是佛教教义的基石,也是佛教伦理的中心主轴。

缘起观认为,世界上一切现象的产生与存在,都是各种因缘聚合的结果。每一个个体、每一个部分都不可能孤立地存在,都需要依赖其他部分或其他个体才能存在并发挥作用。一切事物、一切人都是相互依存的,个人活在人与人、人与社会、人与自然关系网络之中,人应以全面的眼光,在关爱自己的同时,也对其他人、其他事物予以普遍的关爱,这样才能保证自己健康、和谐、可持续的存在与发展。

从缘起观出发,佛教更进一步指出,世界上的一切个体,包括人和事物,都只是相对、暂时的存在,正所谓"此有故彼有,此生故彼生;此无故彼无,此灭故彼灭"。即一切的人、事、物都是因缘聚集而生,因缘消散而灭,没有永恒不变的实体,佛教称此为"性空",自性本空。大乘佛教的缘起性空有人空、法空两个层面,即人无我和法无我。

无我论在伦理道德领域,具有十分重要的意义。无我论可以消解"自我中心主义",帮助建立人与人之间的和谐关系;可以消解"民族中心主义",帮助消除种族歧视和民族仇杀;可以消解"人类中心主义",帮助建立人与自然的和合共生。

佛教深悟性空、无我,又高度重视缘起、因果。佛教认为因果律是宇宙的普遍规律,善因善果,恶因恶果,人、人类的命运都是由自己决定的,"诸恶莫作,众善奉行"的思想,是佛教伦理的基本内容。遵循扬善抑恶的伦理道德,是对自己生命的负责。

从缘起性空的思想出发,佛教又认为一切众生平等,一切众生皆有佛性,皆将成佛。无论男女老少,无论什么国家什么种族,甚至包括所有动物在内的一切生命,在佛陀心中都是平等的,都被佛平等地关爱,就是所谓的"无缘大慈,同体大悲"。这种彻底的平等思想,可以消解彼此对立,避免相互排斥,有利于各民族的友好往来和世界的和谐和平。

这种基于人性的具有共性的全球伦理,在佛陀的教言中,随处可见,归结之,即是融合了仁爱与博爱的慈爱,也就是融会了东方文明与西方文明精髓的大爱精神,涵盖了生命伦理、家庭伦理、社会伦理、生态伦理等诸多方面,以缘起性空为中心主轴,彰显于佛陀的慈悲、智慧、忍让、包容、自省、忏悔、中道、圆融、和合与共生等十大核心理念中。同时，这十大核心理念，亦为佛教的核心理念。

比丘本性认为，佛教的初心与使命，就是为了拯救危机，突破困境，解决难题，消除苦难。慈爱的彰显，全球伦理的构建，需要南北传佛教的交融合作，肝胆相照；需要东西方文明的对话互鉴，风雨同舟！

三　佛教伦理十大核心理念的内涵

（一）慈悲与智慧

佛教认为，人人皆有佛性，也就是说，人人都有慈悲善良的本性、本心，不过众生被无明烦恼遮障，显发得不够充分。"关爱众生、利乐有情"贯穿了佛陀的一生。《佛说观无量寿经》中说："佛心者，大慈悲是。"佛陀一生都是在解除众生的苦恼，给予众生安乐。

《大智度论》中说："慈悲，佛道之根本。""大慈与一切众生乐，大悲拔一切众生苦。"《华严经》中说："诸佛如来，以大悲心为体故。"《网明菩萨经》中说："大悲为一切诸佛菩萨功德之根本。"《增壹阿含经》中说："诸佛世尊，成大慈悲；以大悲力，弘益众生。"可以说，大慈悲是佛陀的根本精神，也是佛教的根本精神。佛教是大慈悲和大智慧的宗教，大乘佛教的核心精神就是"悲智双运"。

佛教认为智慧有两种：一种是世智俗慧，如擅长辞辩、善于策划、长于经营管理等，这种智慧建立在人类经验的基础之上，是相对的、有限的、有漏的。比如发明创造的智慧，这会给工作生活带来方便，但也会给人类带来灾难，如原子弹等大规模杀伤性武器的发明创造。

另一种是能够断除烦恼的大智慧，即般若智慧。般若是佛教的一种特殊智慧，是证得宇宙人生真相的绝对无漏的智慧，能真正观照、安住于缘起性空的真理，离一切分别、一切对待，能使人超脱相对、对立的二元世界，使人从种种痛苦、烦恼、邪见、无明中解脱出来。

《大智度论》中说："般若者，秦言智慧。一切诸智慧，最为第一，无上无比无等，更无胜者。""遍知诸法实相慧名般若波罗蜜。"

《六祖坛经》中说："般若者，唐言智慧。一切处所，一切时中，念念不愚，常行智慧，即是般若行。一念愚即般若绝，一念智即般若生。"

佛教认为，世间的一切烦恼和痛苦都来源于人们不了知缘起性空的真理，而产生二元相对的意识和分别心。人由分别心而起我执、法执，生贪、嗔、痴三毒，因惑造业，因业受苦，在无边的苦海中不得解脱。要彻底解决人的问题，就必须以无分别的、平等的般若智慧，从根本上去除分别心。如《信心铭》中说："至道无难，唯嫌拣择，但无憎爱，洞然明白。"

佛教不排斥世俗智慧创造的物质财富，也不否定必要的物质生活，而是提醒人类不要沉溺于物欲，迷执于表相，不能以不正当的手段损人利己。因为以般若智慧来观照，"自他不隔于毫端"，人我平等无二，关爱别人就是关爱自己，伤害别人就是伤害自己。通达般若大智慧，自然就会行慈悲利他之行。

要构建全球各个国家、各个民族间的平等相待和互相尊重的良好国际环境，需要更多的人怀有一颗慈悲智慧之心，佛教自利利他的大慈悲和大智慧在此极具特殊重要的价值。

（二）忍让与包容

佛教将我们所在的世界称为"娑婆世界"，也就是"堪忍""能忍"的世界，要忍让、包容，才可以在这个世界生存。难行能行，难忍能忍，"忍"在佛法修持中是一种大境界，"忍辱"是大乘佛教所行的六度之一。

佛陀证知到世间万事万物都是"缘起缘灭"，人类所有的行为、言语、想法亦如是，人间所有的爱恨情仇也好、是非好坏也好、钱财名位也好、毁谤谩骂也好，都是变化无常的，不应该执着。如果能够参透并安住不生不灭、本来空寂的实相，便不论任何境界现前，都能以静制动，以不变应万变，"灭却心头火自凉"，从而不随世间缘起缘灭的现象浮沉起伏、患得患失。

《佛说二十四章经》中记载，沙门问佛陀说："什么人的力量强大？"佛陀回答说："忍辱的人力量强大。"

《六祖坛经》中说："让则尊卑和睦，忍则众恶无喧。"

佛教高僧寒山和尚问拾得禅师："世人谤我、欺我、辱我、笑我、轻我、贱我、厌我、骗我，如何处治乎？"拾得禅师回答："只是忍他、让他、由他、避他、耐他、敬他、不要理他。再过几年，你且看他。"

汉传佛教寺院山门的殿堂正面多供奉笑呵呵的大肚子弥勒佛，弥勒佛像两边还常有楹联，赞叹弥勒佛："大肚能容，容天下难容之事；慈颜常笑，笑世上可笑之人。"还有一首有名的弥勒佛《忍辱偈》云："老拙穿衲袄，淡饭腹中饱，补破好遮寒，万事随缘了。有人骂老拙，老拙只说好；有人打老拙，老拙自睡倒；涕唾在面上，随他自干了，我也省力气，他也无烦恼，这样波罗蜜，便是妙中宝。若知这消息，何愁道不了！"弥勒佛可谓佛教"忍让与包容"的典型代表。

有忍让的智慧，就能对人对事都包容和接纳，其实，世间一切相互联系，相互依存。包容、接纳别人就是包容、接纳自己，给人方便也就是给自己方便。如果世界上人人都能奉行忍让与包容，能让舍自己的利益，包容别人的过失，容纳不同的见解，何愁世界不太平安乐？

（三）自省与忏悔

佛陀在佛经中说，有两种勇士：一种是善护身口意，诸恶莫作，众善奉行，洁净无瑕；一种是虽失去正念，造恶犯错，但能追悔，勇于发露忏悔，这种人也能重获清净。

"人非圣贤，孰能无过"，关键在于能不能正视自己的错误与过失，勇敢地承认错误，改正错误。"省"就是反省、省察，是自我反思、自我督促、自我提升的自觉行动。自省与忏悔，就是改过自新，改往修来。

佛教认为，自省与忏悔可以让人清醒地面对自己的人生，发觉自己的缺陷和不完美，认识到自己的罪业；忏悔可以转化罪障、消除烦恼、洗净罪垢、开发心性光明、聚集正能量。千百年来，汉传佛教发展成熟了各种不同的忏悔仪轨，如《慈悲三昧水忏》《大悲忏》《药师忏》《法华忏》《梁皇宝忏》《八十八佛洪名忏》《净土忏》《地藏忏》《宝王三昧忏》等，广行于世。

《金光明经》中说："所谓金光，灭除诸恶，千劫所作，极恶重罪，若能至心，一忏悔者，如是众罪，悉皆灭尽，我今已说，忏悔之法，是金光明，清净微妙，速能灭除，一切业障。"

《大乘本生心地观经》中说："若覆罪者，罪即增长，发露忏悔，罪即消除。"

《业报差别经》中说："若人造重罪，作已深自责，忏悔更不造，能拔根本罪。"

《六祖坛经》中说："忏者，忏其前愆，从前所有恶业、愚迷、憍诳、嫉妒等罪，悉皆尽忏，永不复起，是名为忏；悔者，悔其后过，从今以后，所有恶业、愚迷、憍诳、嫉妒等罪，今已觉悟，悉皆永断，更不复作，是名为悔；故称忏悔。"

忏悔与自省是内心觉醒反照的功夫，是去恶向善的方法，是净化身心的力量，当前社会乱象纷陈，就是因为人们的贪嗔炽盛，不知反省自己，一味指责、教训、攻击别人，制造矛盾，争斗不息。"不怕无明起，只怕觉照迟"，自省与忏悔，可以让自己的内心得到安宁、清凉与自在，也可以化世界的怨恨为共存，化世界的暴戾为祥和。

也因此，佛门有自恣法、自恣日，僧众于七月十五日，结夏安居圆满，于众中，任由众人恣举自己所犯之过失，自我反省，对众忏悔。

（四）中道与圆融

佛教的中道，是中正不偏的意思，不偏于空，也不偏于有，不落二边，圆满融通，圆融无碍，不偏执、无滞碍，消融一切矛盾。

龙树菩萨在《回诤论》中说："空自体因缘，三一中道说。"意思就是说，一切有为法都是因缘所生的假有，本性是空，因此不要执着假相，但也不能执着空，缘起法是幻有、假有，但也并非虚无，空中有妙有。非空非有，空有不二，就是中道。《中论》说："众因缘生法，我说即是空，亦为是假名，亦是中道义。"《杂阿含经》也说："离此二边，处于中道而说法。"不落有无二边，就是缘起的中道。

佛教认为，人容易片面地对事物独下判断定论，产生偏执。其实世间万物，都没有绝对的定性，一切都是相对的、变化的。中道阐释的是不落两边的正中的道路，能避免偏激的观念和行为。佛陀曾比喻说，上游的木材如果要顺利地运送到下游，要顺着水流而行，不靠岸搁浅，也不沉没到水底，才能到达目的地。又曾比喻说，比如弹琴，如果琴弦太紧，声音粗涩；琴弦太松，则声音沉闷；不松不紧，声音才会美妙。

在修行实践中，佛陀开示了不苦不乐的中道，《过去现在因果经》说，佛陀告诉五比丘："行在苦者，心则恼乱；身在乐者，情则乐着。是以苦乐，两非道因……行于中道，心则寂定……我已随顺中道之行，得成阿耨多罗三藐三菩提。"自我虐待的无意义苦行，或放纵感官享受的沉溺乐行，都不能得到心灵的解脱自在，唯有依中道的智慧而行才能解脱。

在生活实践中，中道圆融的智慧能帮助我们看到真相，如实了知当下的情境，观察它的缘起缘灭、依存关系，不固执在某种思想观点上，不局限在某种经验模式上，而以超然、开阔的视野，多角度、多层面地认清事物的真实状况。诸如福祸相依、退步原来是向前、以小博大等至理。

行于中道，圆而融之的精神，在今天这个多元化、多极化、各种观点对立胶着的世界里，尤其显得重要、可贵。

（五）和合与共生

佛教是非常注重整体观、大局观、一体观的宗教，强调共同体意识，"天地与我并生，万物与我为一"的和合、共生思想，在佛教里得到了充分的理论支持和淋漓尽致的实践发挥。

佛教讲"无缘大慈，同体大悲"，讲"一佛出世，千佛护持"，讲"心、佛、众生，三无差别"。最能体现佛教和合共生思想的，是《华严经》"一即一切，一切即一"的法界观。

《华严经》中说："三千大千世界，非以一缘，非以一事，而得成就，以无量缘、无量事，方乃得成"，"彼一众生身，无量因缘起，如知一无量，一切悉亦然"。华严法界观，将宇宙万物、一切众生视为一个有机统一的整体，十方三世、一切事物现象相互依持、相互涵摄、相互影响，每一个人、每一个物、每一件事，都是重重无尽的因素和条件相互影响、制约、作用的结果。

所有国家、所有民族、所有的人民，都共生、共处于一个大缘起的"因陀罗网"中，既各具个性，又互相依存，密不可分，牵一发而动全身。天地万物，甚至佛与众生，都具有联系性、一体性、平等性。整个宇宙法界、一切生命都是相互关联的生命共同体。可以说，只有贯彻和合共生的思想，大自然才能生态平衡；只有贯彻和合共生的思想，人类才能和平相安。

佛教中以"和合与共生"作为伦理原则而实践的，"六和敬"是具有代表性的实例。

世界佛教的三大语系，即巴利语系、汉语系、藏语系的僧团，都将"六和敬"作为集体生活的伦理规范。

"六和敬"即身和同住，口和无诤，意和同悦，戒和同修，见和同解，利和同均。就是说，大家在行为上，不侵犯他人，彼此照顾，和合共住；在言语上，说话亲切，言辞柔和；在精神上，不计较得失，心意和悦；在制度上，进退有节，仪礼有据；在思想上，舍去分别执着，达成共识，共同成就；在经济上，均衡分配，避免不公。

《大般涅槃经》中说："诸弟子修和敬法，不相是非，互相尊重。"奉行"六和敬"的僧团，肯定能和合、安乐、清净、向上。

四　结语

福州开元寺前方丈宝松和尚鉴于美苏两大超级大国为争霸权，作核武竞争，危及人类生存，为拯救人类，宝松和尚发大誓愿，"祈祷世界和平，消弭核战争"。1962年1月29日，宝松和尚主持7天"祈祷法会"后，率徒广稀法师，一同舍身自焚，以示抗议，以警世人。他遗嘱弟子"戒杀、放生"。全球性危机与世界性难题的解决，需要全球伦理，同时，需要大家的共同努力，甚至牺牲！

去年（2016）9月，首届"21世纪海上丝绸之路佛教论坛"在福州举办，比丘本性作了"勇当世纪先锋，为全球伦理的构建贡献佛教智慧"的致辞，希望就"全球伦理"的构建事业，作些呼吁，希望引起东方世界的重视，并予推动，以此因缘，为予阐释，便有了本文。

比丘本性相信，以缘起性空为主轴的佛教伦理，其慈悲、智慧、忍让、包容、自省、忏悔、中道、圆融、和合、共生等十大核心理念，完全可以作为全球伦理的"金规则"推而广之：奉行此"金规则"的家庭，一定能够幸福美满；奉行此"金规则"的团体，一定能够团结向上；奉行此"金规则"的国家，一定能够富强康乐；奉行此"金规则"的世界，一定能够和平、和美、共生、共荣！

佛教是中国文化自信的三大资源之一

吕建福

摘　要：佛教虽为域外传入，但经两千年的中国化过程，已经融入中国思想文化，与儒、道共同构成中国传统文化，是中国建立文化自信的三大资源之一。其实佛教从文化属性上来说起源于汉藏语系藏缅语族的民族文化，释迦牟尼族属藏缅语族的尼泊尔民族，他是在汉藏语系民族的思想文化基础上创立佛教，高举人文主义和理性主义旗帜，反对雅利安人的婆罗门教和达罗毗荼人的沙门思潮，其思想文化体系反映汉藏语系民族的心理结构和文化情愫，又超越一般的民族文化界限，因而深受汉藏语系民族的信仰，中国成为佛教的第二故乡，经过两千多年以后也只有汉藏语系民族固守佛教文化传统，可以说中国是佛教的主人，我们有佛教的智慧和精神资源，完成佛教的现代化，足可以重建中华民族的精神家园和现代文化，实现中国复兴之梦。

关键词：佛教　汉藏语系　文化自信　现代佛教

作者简介：吕建福，陕西师范大学教授，博士生导师。

文化自信是习近平主席继道路自信、理论自信和制度自信之后提出的又一个中国特色社会主义自信理论，意味深长。习近平主席多次指出增强文化自觉和文化自信，是坚定道路自信、理论自信、制度自信的题中应有之义，是更基础、更广泛、更深厚的自信。因为文化或者"文明，特别是思想文化是一个国家、一个民族的灵魂，无论哪一个国家、哪一个民族，如果不珍惜自己的思想文化，丢掉了思想文化这个灵魂，这个国家、这个民族是立不起来的"。[①] 可见文化自信中最重要的是思想文化自信，而中

[①]《文化自信——习近平提出的时代课题》，新华网《学习进行时》栏目"讲习所"文章，新华网 2016 年 8 月 5 日发布。

华民族的思想文化源远流长，远则有五千年丰厚积淀的华夏文明，近则有两千年相互交融的儒释道三教文化。三教合一是中国传统文化的精神面貌和基本特征，也是今天中华民族复兴的基础，是实现强国之梦的思想源泉。

儒释道三教是中国文化自信的三大资源，也是中华民族思想文化的标识。儒释道三教在长期的历史发展过程中相互碰撞、相互妥协、相互影响，形成中华民族特有的思想文化结构和心理状态，这就是人们常说的以儒治世、以佛治心、以道治身的有机结合，三者缺一不可。但近代以来儒释道三教合一的传统文化受到社会变革和西方文明的严重挑战，一度作为封建制度的产物和科技文明的对立面被废弃、被否定，这种负面影响和心理阴影一直伴随到今天，成为影响文化自信的一种心理障碍。其中佛教作为一种外来思想文化和宗教信仰，受到更多的质疑，往往排除在中华传统文化之外，不能不引起注意。故本文认为佛教与儒道一样同是中国文化自信的三大资源之一，同样是中国优秀传统文化中必不可少的思想源泉。

一 佛教属于汉藏语系民族文化体系

佛教不仅因为传播到中国形成传统文化的组成部分，而且从源头和思想文化体系上来说也与中华民族文化有着密切关系，它起源于汉藏语系民族，属于汉藏语系民族的文化体系。印度文明主要由三大文明体系构成，其一为土著的达罗毗荼文明体系，主要以南印度为主分布各地。其二为外来的雅利安文明体系，主要以恒河流域为主分布各地。其三为土著的汉藏语系文明体系，或称喜马拉雅地区文明，主要分布于喜马拉雅山北麓为主的北印度以及东印度。佛教的创始人释迦牟尼出生于尼泊尔，族属汉藏语系藏缅语族民族，其族裔今称尼瓦尔人，主要分布于加德满都谷地，操汉藏语系藏缅语族语言，属于蒙古人种南亚类型。尼瓦尔人至今仍信奉佛教，包括上座部、大乘和金刚乘，其中释迦家族以金寺为中心，供奉释迦牟尼佛及过去佛，传承金刚乘。出身于尼瓦尔民族的释迦牟尼在中印度创立佛教，完全以汉藏语系民族的思想文化为基础，不仅反对雅利安人的婆罗门教，同时也反对达罗毗荼人的其他沙门思潮，其四谛、三法印的学说体系，其民主、平等的僧伽组织，充满人文主义和理性主义的思想倾向，集中反映了汉藏语系民族的思维模式，与同属一个文明体系、也同时兴起的中国诸子百家思潮有着惊人的相似！

佛教虽兴起于印度，却发展于西域，最终落脚于中国以及东南亚。佛教在公元前3世纪的阿育王时期，冲破印度的羁绊，向西域发展，在中亚与同样具有人文主义和理性主义思想倾向的希腊人不期而遇，于是佛教文化与希腊文化相结合，形成了最具哲学思辨和逻辑的一切有部哲学以及大乘空、有两派学说。也产生了佛教造像艺术，从此释迦牟尼佛也被塑造成深目卷发的欧罗巴人种形象！在希腊艺术所及的地方，佛陀的形象远离其真实的蒙古人种特征。

然而佛教经过两千年的繁荣昌盛之后，在历史长河中如同昙花一现，在印度消失了，也在中亚消失了，却在中国及其文化波及的东亚和东南亚完整地保留下来了，这是为什么呢？正是因为佛教的文化根基在中国，佛教文化属于汉藏语系文明体系！中国和东南亚地区的主要民族操汉藏语系语言，中国内地的汉民族语言属于汉藏语系的汉语语族，青藏高原、喜马拉雅山地区直至缅甸和中国西南地区的民族操汉藏语系的藏缅语族，东南亚的泰国、老挝、越南和中国中南以及东南地区的民族大多操苗瑶语族和壮侗语族。只有东南亚的柬埔寨民族操南岛语系语言，东亚的朝鲜半岛和日本的民族所操语言介于阿尔泰语系和南岛语系之间，非汉藏语系语言。但这些民族的文化深受汉藏语系民族文化影响，也信奉佛教。由此可见，汉藏语系的民族普遍信奉佛教，佛教文化彰显汉藏语系民族的思想文化特色。如果说汉藏语系语言表现的是汉藏语系文明原始文化的共同特征的话，那么佛教文化则是表现汉藏语系文明古典文化的共同特征。

东南亚的汉藏语系民族信奉小乘佛教，继承了部派佛教的传统，这是因为早期佛教首先就近传到喜马拉雅山脉及其向东延伸山脉的南麓地区，阿育王时期派遣的佛教使团就曾到达金地缅甸。最早接受佛教的东南亚民族也是与释迦牟尼族属的尼泊尔人同属的藏缅语族民族，其次则是与之接近的苗瑶语族民族以及壮侗语族民族。东南亚的汉藏语系民族信奉部派佛教，不仅因为传入较早，更因为他们的思想文化与释迦牟尼佛所属的民族文化比较接近，其人文特征和理性思维比较一致。

中国接受佛教比较晚，直至公元前后才从西域辗转接受，其佛教后来以大乘为主，是因为受到西域佛教的影响，也就是说一方面受到希腊式佛教哲学的影响,另一方面受到波斯文明和希伯来文明的影响,其宗教信仰的成分越发浓厚。从中国方面而言,一方面春秋战国时期确立的世俗文化主体接受了佛教的人文和理性思想,另一方面由此造成汉代宗教信仰缺失状态也促成大乘神秘主义信仰的流传,道教也因此并时而起。

二 中国是佛教的主人

佛教虽创建于印度,也在印度逐渐发展起来,但并没有真正深入印度社会的底层和内核,也并没有改变印度人的思维模式和文化结构。植根于印度社会的思想文化是达罗毗荼人的土著信仰和雅利安人的吠陀—婆罗门教,或者说古典时期以来印度的主流文化属于吠陀—婆罗门教文明,印度的基础文化属于达罗毗荼文明。在佛教的冲击下,印度的这两种文明在碰撞、对立中达成妥协,相互融合,形成印度教。佛教在印度社会并没有深厚的根基,其人文主义和理性主义思想文化与印度根深蒂固的宗教思想文化背道而驰,因而佛教在印度往往浮在表层文化,只在非婆罗门种姓和商人阶层、知识阶层流行,最终在印度销声匿迹。而佛教在中国的境遇与印度完全不同,中国成为佛教的第二故乡,是佛教的主人,佛教也完全融入中国的社会文化之中,与儒道共同组成三教合一的传统文化。

佛教自汉魏传入中国,至南北朝时期已成为世界佛教的中心,敦煌、云冈、龙门、麦积山石窟相继开凿,其中云冈石窟佛龛造像之多,史载有道人年八十,礼像为业,一像一拜,至于中龛而亡,可见造像之多以致礼拜至中途而亡者。《魏书·释老志》载北魏首都洛阳,佛经流通,大集中国。凡经典有415部,合1919卷。而所在编户相从入道,有僧尼二百余万,寺院三万有余,"自中国有佛法,未之有也"[1]。城中永宁寺宏大壮丽,常景碑称赞"须弥宝殿、兜率净宫,莫尚于斯"[2]。《洛阳伽蓝记》载其九层佛塔,去地千尺,京师外百里尚能遥见之。登临俯瞰,视宫内如掌中,临京师若家庭。有西域波斯国沙门菩提达摩,见其金盘炫日,光照云表。宝铎含风,响出天外。歌咏赞叹,实是神功。自云年150岁,历涉诸国,

---

[1] (唐)魏收:《魏书》卷114,中华书局,第3048页。
[2] (北魏)杨衒之:《洛阳伽蓝记》卷1,范祥雍点校本,上海古籍出版社,第343页。

靡不周遍,而此寺精丽,阎浮所无也,极物境界亦未有此,口唱南无,合掌连日①。可见中国作为世界佛教中心的盛大状况,远远超出印度和西域诸国。其时学派林立,高僧如云。洛阳有昙无最,《续高僧传》记载:"最善弘敷导,妙达《涅槃》《华严》,僧徒千人,常业无怠。天竺沙门菩提留支见而礼之,号为东土菩萨。尝读最之所撰《大乘义章》,每弹指唱善,翻为梵字,寄传大夏,彼方读者皆东向礼之为圣人矣。"②亦可见中国佛学之发达,反而为印度人、希腊人学习膜拜。

至隋唐统一时期,宗派竞起,佛学鼎盛,中国的佛教中心地位也为印度所承认。玄奘在那烂陀寺,高论雄辩,外道折服,小乘拥戴为解脱天,大乘称赞为大乘天,也就是印度佛教公认其权威地位。玄奘在印曾梦见那烂陀寺房院荒废,并系水牛,无复僧侣。文殊菩萨化作金人,预言戒日王以后印度荒乱,尽为灰烬,嘱其早返中国,据说后来果如所言。其中金人预言不过是说将来印度佛教衰落,希望在于中国。至武周、开元时(684~741),释迦家族后裔善无畏在那烂陀寺发三乘之藏,究诸部之宗,说龙宫之义理,得师子之频申,名震五天,尊为称首。而其师达磨鞠多在寺掌定门之密钥,佩如来之密印。传说朝受供于中国白马寺,至午返回那烂陀寺时,钵中油饵尚温,粟饭余暖。尽授总持教于善无畏,并嘱其与中国有缘,前往弘法。③随后另一位那烂陀寺高僧金刚智,学通瑜伽唯识论、南宗般若论,而承事龙智,秉受瑜伽密教,史称内外博达而偏善总持,于此一门罕有其匹。他随缘游化,随处利生,闻大支那佛法崇盛,遂泛舶东逝,达于海隅。传说在南印度受观世音菩萨授记,可往中国礼谒文殊师利菩萨,彼国于汝有缘,宜往传教,济度众生。④中唐时又有北印度人乔答摩氏般若三藏,也到那烂陀寺学习大乘经论,再到南印度受瑜伽密教。尝闻支那大国,文殊在中,遂东赴大唐,誓传佛教⑤。这都可见当时中国佛教影响之大,印度高僧都心向往之,纷纷前来弘法,中国作为拥有极佳佛缘的佛教中心地位由此可见一斑。

---

① (北魏)杨衒之:《洛阳伽蓝记》卷1,范祥雍点校本,第344页。
② (唐)道宣:《续高僧传》卷23,《大正藏》第50卷,第624页下。
③ (唐)李华:《大唐东都大圣山寺故中天竺过善无畏三藏和尚碑铭并序》,《大正藏》第50卷,第290页下。
④ (唐)圆照:《贞元新定释教目录》卷17,《大正藏》第55卷,第875页中。
⑤ (唐)圆照:《贞元新定释教目录》卷17,《大正藏》第55卷,第891页下。

也就在隋唐时期，中国不仅从印度、西域输入佛教，而且作为佛教中心向外输出佛教，新罗、日本、安南、爪哇诸国纷纷到中国求法，中国成为东亚以及东南亚国家大乘佛教的祖庭，是佛教名副其实的第二故乡。唐宋时期佛教也传入西藏，形成藏传佛教。至元代，藏传佛教也开始向外传播，从青藏高原传播到蒙古草原、东北、华北大地。近代以来，则向欧美地区传播。如今遍布世界各地的大乘佛教，不是汉传佛教就是藏传佛教，由此可以说中国就是今天大乘佛教的主人。

其实中国佛教在历史上也流传过小乘佛教，佛教初传中国时，大、小乘同时传播，西域贵霜王朝的大月氏人支娄迦谶、安息国的波斯人安世高分别将大乘和小乘系统地传入中国。从汉魏直至东晋十六国时期，部派佛教的四部《阿含经》完整地传译为汉文。南北朝直至唐初，小乘佛教的经论也不断传译，从真谛到玄奘也都翻译部派佛教的论典。小乘时代的毗昙学流行于魏晋时期，成实学派、俱舍学派流行于南北朝时期。而中国佛教遵循的戒律以声闻戒为主、大乘戒为辅，只有隋唐时期从中国再传日本、新罗的佛教则以大乘戒为主。中国的汉文大藏经几乎包括了南传巴利文大藏经的绝大多数经典，大乘、小乘经典都具备。中国的藏文大藏经又包罗了印度后期的密教经轨，也翻译了晚期大乘学派的论典，如此中国汉藏文大藏经具有比较完整的佛教经典内容。

所以从佛教资源上来说，中国佛教包罗了小乘、大乘、密乘三方面的经典，中国作为佛教的主人当之无愧，无论从历史上还是从今天来说，中国掌握佛教思想文化的所有资源，中国最有资格代表佛教。

三　中国佛教的现代化

佛教作为中国传统文化的组成部分，是中国文化自信的三大资源之一，但既然是资源，就不能直接拿来用，尚需整理、加工和转化，使其焕发出新的活力，真正成为今日中国的思想文化品牌，用于建设现代文明，还要走出国门，解决世界性问题，服务于全人类。

佛教传入中国以后，虽然经典悉数翻译，但最终成为中国思想文化则是有选择性的，这就是所谓佛教的中国化问题。中国化的传统佛教能否面对现代中国的问题，走出国门时又能否面对现代世界的问题，存在很大的疑问。可以说中国化的佛教很难适应现代社会，也很难适应现代世界。不言而喻,现代中国需要现代化的佛教,现代世界也需要现代化的世界佛教。实际上这是中国大陆佛教的短板,因为中国大陆佛教的现代化进程被中断,或者说中国传统佛教没有完成其现代化过程,没有完成转型的任务。相比而言,港台佛教和东亚佛教已经完成现代转型的过程,因而日本佛教、韩国佛教、台湾地区佛教是具有现代性的佛教,他们的经验教训可以借鉴。

总结中国台湾地区、日本、韩国的佛教经验,佛教现代化过程大致有如下几点。

其一,佛教僧人接受现代教育,具有现代知识素养和学术素养,国民教育系列的高学历人才成为佛教的主体,如此佛教才能站在时代前沿,引领现代潮流,才能发展现代化的佛教。实现这一目的的途径,除了高学历者从事佛教工作之外,佛教团体主办现代型大学是一条成功经验。佛教徒既是大学教授,又是寺院高僧,跨越僧俗两界的双料人才是现代佛教的象征。佛教团体主办国民系列大学,将佛教的思想文化融入现代人文教育,使僧人、居士具备现代知识和理念,也使现代学子具有佛教智慧和素养。

其二,建设全方位的现代佛教体系,打破传统佛教壁垒,消除民族化、本土化佛教的局限,倡导佛教的整体性、全局性、共同性。无论南传佛教还是北传佛教,无论汉传佛教还是藏传佛教,无论小乘还是大乘或者密乘,去粗取精,去华就实,古为今用,他为我用,都成为现代佛教的组成部分。佛教是最早形成的世界宗教体系,其思想、理念、教义、制度、文化本来具有世界性,现在就是要重新回到佛教的世界性传统,或者在更高层面上提升民族化佛教。佛教最早就是一种学说体系和思想文化体系,其学术性、思想性、文化性特点更适合现代社会,需要提升和发展。同时佛教作为一种宗教信仰,维护其出世的清净性,如同莲花出污泥而在清流之上,引领健康积极的潮流,所谓世俗化、人间化的倾向可以休止矣。

其三,传统话语的现代化以及现代知识系统的建立,尽管佛教融入了中国传统文化,中国传统文化也转换为现代文化,但就佛教话语系统而言,仍然存在古代与现代的隔膜,不为现代人所接受。佛教话语如何成为现代语言,台湾佛教通过经典的白话文翻译作过尝试,需要参考。佛教话语的现代化,还需要与现代西方文化体系进行话语转换,这一点南传佛教和藏传佛教作了尝试,值得借鉴。

走向世界：当代中国佛教应有的自信与担当

刘元春

摘　要： 走向世界，是当代中国佛教应有的文化自信与社会担当。"一带一路"的提出与推进，为当代中国佛教走向世界提供了难得的机遇。中国佛教界应当志存高远，要具有世界眼光与进取精神，在世界文明进程中积极传播富有中国特色的信仰理念与实践精神；中国佛教界要有文化自信，要展现自己的人文情怀与担当精神，既不能妄自尊大，也不能妄自菲薄，而是要积极地主动地乘势而出，在新的文化时空中培植中国文化的"法脉"，发挥中国大乘佛教普利世界的人文精神；中国佛教界要提升自身素质，彰显独特作用与良好形象，在"走出去"与"请进来"的"民间外交"中，要不断提升与完善自身形象，将纯正的信仰转化成自立立世的实践，更好地发挥积极维护世界和平和发展的独特作用。

关键词： 当代中国佛教　世界视野　文化自信　提升素质

作者简介： 刘元春，上海社会科学院佛教研究中心秘书长。

当代中国佛教，一直在努力地走向世界。从"黄金纽带"的提出，到四次世界佛教论坛的举办，都标志着当代中国佛教已经积极地落实着走向世界的善愿。2013年9月和10月，中国国家主席习近平在出访中亚和东南亚国家期间，先后提出共建"丝绸之路经济带"和"21世纪海上丝绸之路"（简称"一带一路"）的重大倡议，让古丝绸之路焕发新的生机活力，对加强不同文明交流互鉴，促进世界和平发展具有十分重大的意义。这为当代中国佛教"走出去"，提供了难得的机遇。但机遇与挑战从来都是共生并存的，我们必须直面现实，理性思考。

一 佛教界应当志存高远，具有世界眼光和进取精神

实现中华民族伟大复兴的中国梦，给整个中华民族明确了一个高远的奋斗目标和辉煌的未来。当今时代，经济全球化、政治多极化、文化多元化深入推进，世界上不同文明的交流交融交锋日益凸显，世界各国通过世界市场、全球性问题等紧密地联系在一起。在我国为实现中华民族伟大复兴的中国梦奋力前行的同时，其他国家和地区也着眼于本国、本地区的发展与未来，提出了各具特色的梦想。从这个角度说，中国梦是世界梦的有机组成部分，与其他国家和地区的梦想殊途同归，共同指向人类繁荣美好的未来。中国梦的实践与实现，将促进世界上不同文明"各美其美、美人之美"，从而为不同文明"美美与共""天下大同"做出积极贡献。

宗教信仰有一个普遍的特点，就是富有跨越时空的诉求，无论是个人的人生价值追求，还是对社会生活形态的设想，多可以用"远大"来概述。不过，不论是"极乐世界"也好，还是"天堂"也好，都是用"现世"或"今生"的价值标准来评判的，用现实世界的善恶是非去取舍的。你的心量有多高远，你的世界就有多阔大。这一道理，对某一个体信仰者如此，对某一信仰群体也是如此。

信仰群体都是一个个信仰个体组合而成的，而个体信仰者的信仰价值诉求千差万别也是很自然的。即使在同一宗教信仰活动中，也存在不同的信仰心理需求，这都是应当宽容和值得尊重的。但是，个人生活在群体中，群体生活在社会整体中，个人的梦想与群体的梦想相依相存，群体的梦想与整体的梦想相辅相成，宗教之终极关怀与社会的最高理想相生相融。作为一个以"救济"社会为己任的社会信仰群体，能够尽力将自己的信仰纳入共同的社会理想之中，汇聚社会正能量，发挥"助推器"作用，理应是宗教界的本分。高远之志向是宗教界能够走得好、走得远的前提。

中国梦植根中华优秀传统文化，中华优秀传统文化推崇自强不息、厚德载物，同时倡导天下为公、追求天下大同。这些优秀思想为中华民族伟大复兴之中国梦的建构提供了丰富养料，使中国梦与中华优秀传统文化血脉相连。中国宗教也植根在博大精深的中华传统文化之中，彰显着中国人

民的文化信仰，同时也构筑着世界宗教文化信仰的精神，推动着世界宗教信仰的健康发展。这是历史的事实，更是未来的前景。因此，中国宗教界应当具有充分的文化自信，展现出世界视野；应当具有系统的全局观念，树立博大的最高追求。这就是说，中国宗教界要敢于面向世界，自信、自尊、自立、自主、自强，在世界文明进程中积极传播富有中国特色的信仰理念与信仰精神，乃至成为引领世界宗教文化信仰健康发展方向的有生力量，展现出豪迈之风采。

同时，"全球化"也为包括佛教在内的中国文化的世界性视野提供了机遇和挑战。全球化不仅是一种经济现象，而且是一种文化现象、政治现象。全球化不是某一时段上的状态，而是一种不断变化的进程，它没有最终的状态和归宿。因此，全球化就是人类不断地跨越时空障碍和制度、文化等社会障碍在全球范围内实现充分的沟通和达成更多的共识与共同行动的过程。全球化是一个多维度、统一和多样并存的过程。实际上，全球化在推动统一性增强的同时，也为更多地参与主体提供了发言的机会和展示自己特点的条件，使它们有可能根据其他参与者的情况来确定自己的身份；而且，统一性也会强化参与主体的自我认同意识。说它是一种文化现象，是因为国际社会存在共同的利益，人类文化行为、文化创造具有普遍性、共同性，文化完全可以超越不同的国家、民族、社会制度、意识形态诸方面的分歧，打破时空和种族、地域限制，形成全球文化。全球文化要求从全球意识把握人类文化发展的普遍规律、揭示文化共性的意义。它意味着对霸权主义的排斥，但也对偏居一隅、抱残守缺观念的唾弃。[1] 共性隐含在个性之中，个性能在共性中展现。全球文化实际上是文化个性在全球化进程中展现的同时寻求文化的共性，使蕴含的共性潜质发挥世界性价值。这种关于全球化的认识，有助于拓展中国佛教走向世界的广阔视野。

其实，若从历史的视角看，中国佛教早就"文化全球化"了。但是，就现实的视角看，中国佛教尚未展示出应有的风采。其原因是复杂的，但面对风势强劲的西方文化的冲击，中国佛教界缺乏自信与自尊，或许是重要的内在因素。因此，中国佛教界的自信与自尊，成了中国佛教在世界上发挥更大更积极作用的思想前提。

佛教传入中国，与中国民族文化交融而形成中国佛教，进而传入东亚

---

[1] 胡元梓、薛晓源主编《全球化与中国·编者的话》，中央编译出版社，1998，第2~3页。

东南亚，而在印度佛教衰落之后成为世界佛教文化的中心。佛教在东方各民族各文化系统之间广泛地交流传播，使古代东方成为一个文化上统一的整体，佛教智慧成为东方文化精神。佛教已经是中国传统文化主体之一，曾经对中国社会的历史与文化产生了重大影响，也对人类文明的发展做出了重大贡献。不过，中国佛教自汉唐及元明清，由盛转衰，渐渐淡出了社会主体文化。近现代以来，中国佛教由于长期处于内忧外患之中，表现出"自我消遣"的被动状态，缺乏走向世界的胸怀和气魄，佛教界固守着传统的惰性及不良的倾向导致的信仰主体的缺失，使中国佛教在面临机遇与挑战之时，尚显力不从心。这是中国佛教界要理性面对并切实改变的事实。

随着中国改革开放不断强盛，佛教也与时俱进，以崭新的姿态迈向全世界。面对世界的不安定不和平以及人心浮躁、道德沦丧等严峻现实，中国佛教界勇敢地站出来承担起历史责任。我们知道，中国佛教一直扮演着友好使者的角色。30多年来，大陆佛教界与台港澳地区佛教界密切往来，起到了国家统一"佛教先行"的作用。同时，中国佛教界还积极加强与周边国家特别是日本、韩国与东南亚国家佛教界的友好交流。1993年9月，赵朴初提出了中、日、韩三国佛教界"黄金纽带"的构想，至今已经扩大成中国与南亚、东南亚各国的"黄金纽带"的友好关系。同时，当代中国佛教最引人注目的一件大事，就是连续四届世界佛教论坛的隆重举办，并且取得了圆满的成就，产生了巨大的影响。这是当代中国佛教走向世界，积极投身于推动社会文明与维护世界和平的标志。可以想见，随着世界佛教论坛以及其他世界性佛教会议的持续举办，中国佛教必将不断深化和推进"和谐""和平"的世界性命题，为增进世界不同文明之间的对话、减少文明隔膜与冲突做出更大的贡献。

二 佛教界要有文化自信，展现人文情怀和担当精神

2014年4月1日，习近平主席在联合国教科文组织总部的演讲中，从"推动文明交流互鉴，需要秉持正确的态度和原则"，谈到中华文明发展的过去与未来，"将按照时代的新进步，推动中华文明创造性转化和创新性发展，激活其生命力，把跨越时空、超越国度、富有永恒魅力、具有当代

价值的文化精神弘扬起来"；同时，他指出"中华文明是在中国大地上产生的文明，也是同其他文明不断交流互鉴而形成的文明"。中华文明不仅是中华民族多元文化相辅相成的结晶，也是与世界其他民族文化相融相摄的结果。因而，多元多彩，平等包容，和谐仁爱，积极向上，彰显了中华文明的文化精神与时代风貌。这种文化的精神与特质，让我们在推进中华文明迈向世界的进程中，既不能妄自尊大，"必须秉持平等、谦虚的态度"，也不能妄自菲薄，而"生搬硬套、削足适履"，做到真正的尊重和珍视，"了解各种文明的真谛"，"了解在这些文明中生活的人们的世界观、人生观、价值观"。这应当成为佛教界走向世界"需要秉持正确的态度和原则"。

习近平主席演讲中较多篇幅论述了"具有中国特色的佛教文化"及其"独特的佛理理论"，并指出佛教"给中国人的宗教信仰、哲学观念、文学艺术、礼仪习俗等留下了深刻影响"。同时，中国佛教对东亚文明以及世界文明所产生的重大影响，也已经是历史的事实。不过，特别值得我们关注的是，习近平主席由法门寺地宫出土的"琉璃器"引发的"思考"，蕴含着十分深邃的思想以及迫切的现实期待："我在欣赏这些域外文物时，一直在思考一个问题，就是对待不同文明，不能只满足于欣赏它们产生的精美物件，更应该去领略其中包含的人文精神；不能只满足于领略它们对以往人们生活的艺术表现，更应该让其中蕴藏的精神鲜活起来。""精美的物件"，固然是文明的载体，固然是"对以往人们生活的艺术表现"，但是，如果只"满足于"器物欣赏的层面，那是远远不够的，甚至是十分遗憾的；而应当更加珍视"形而上"的"人文精神"，并让这种人文精神"鲜活起来"，"让收藏在博物馆里的文物、陈列在广阔大地上的遗产、书写在古籍里的文字都活起来"，通过"创造性转化和创新性发展"，"为人类提供正确的精神指引和强大的精神动力"。

事实上，面向世界的未来，以中国文化为主体的东方文化精神，已经越来越引起全世界有识之士的关注和推崇。20世纪中后期以来，深切关怀世界和平、发展和人类未来的人们，本着超拔出自身立场和超拔东西方差异的宏观精神，在东西方两大文化体系之间，自由而理智地展开了跨世纪的对话。日本的池田大作先生与英国历史学家汤因比（1889～1975），意大利罗马俱乐部创始人贝恰（1908～1984），英国牛津大学教授、前国际宗教社会学会会长威尔逊（1926～），以及苏联莫斯科大学校长罗古诺夫

(1926～)，美国前国务卿基辛格（1923～），著名国学家季羡林（1911～2009）等人之间多层面的探讨，最为引人注目。对未来世界文化发展趋向，他们总体的观点是相通的。①

他们认为，西方文化建立在"一神性主宰"宗教理念上，而演绎出的那种极端利己主义价值观念，使人们只尊重特定的民族、特定的信仰者、特定的阶级的生存、利益和发展，而且肆无忌惮地毁灭其他生命。然而，东方文化中"多神教"思想，其实是对一切生命的普遍尊重，又因而转化成相互友爱的社会伦理，所以，和平的内涵是东方文化最显著的个性。中华民族的传统美德中，与人为善、和睦相处等道德观念，形成了社会及个人的行为规范。当然，东方文化中的封建性特点，容易产生对个人创造性的压抑，也容易导致文化的停滞，这也正是近代中国落后于西方的一个根本原因。不过，稳定才能发展，和平应是发展的目的。因而，未来世界社会文化发展的重心在于东方文化。其中，佛教（中国化的大乘佛教）将承担重要角色。

佛法可以在人们的心灵中建立高深的智慧和宽大的慈悲精神，使整个生命系统在协调之中安详平静，又具有一种合理的生命动力。佛法中依正不二、佛性平等、菩萨心行等种种智慧和精神，正是救治社会人心的良药，那种实践意义上的涅槃之境和现实意义上的极乐净土，正是真正意义上的和平。特别是，佛法强调人类要从深层心理上和具体实践中，彻底消除"我执"，实现精神世界的转染成净、转凡成圣，将成为建立持久和平的根本。因而，汤因比先生期待这种宗教理念，"被整个世界接受"。②

汤因比与池田大作在《展望二十一世纪——汤因比与池田大作对话录》中曾指出："从鸦片战争到中国共产党统一大陆之前，世界各国都以轻蔑的态度对待中国，无所顾忌地欺负中国。……虽然如此，像今天高度评价中国的重要性，与其说是由于中国在现代史上比较短时期中所取得的成就，毋宁说是由于认识到在这之前两千年时间所建立的功绩和中华民族

---

① 参见池田大作系列对谈，比如《展望二十一世纪——汤因比与池田大作对话录》，国际文化出版公司，1985；《二十一世纪的警钟》，中国国际广播出版社，1988；《和平·人生与哲学》，中国国际广播出版社，1988；《畅谈东方智慧》，四川人民出版社，2004；《对话的文明：谈和平的希望哲学》，四川人民出版社，2007；《社会与宗教》，四川人民出版社，1991。
② 《展望二十一世纪——汤因比与池田大作对话录》，第35页。

一直保持下来的美德的缘故。"他认为,"在漫长的中国历史长河中,中华民族逐步培育起来的世界精神"以及儒佛道等传统文化世界观中所蕴含的"人道主义""合理主义"思想特质,能够成为世界"文化上的主轴"。这种民族文化的潜质,配以"始终富有迈向世界"的魄力,使中国在数千年的世界文明史上长期处于"世界榜样"的地位。作为一位严谨理性的历史学家,在他1974年饱含激情地谈论中国文化将肩负起21世纪世界和平命运的时候,中国还在经受着"文化的浩劫",可见有关想法绝不是应时之作,而是由衷的深思熟虑。放在我们今天的语境,这至少应当成为我们"文化自觉"和"文化自信"的基本内涵。

有了文化自觉和文化自信,就要具有面向世界、走向世界的胆略,敢于开拓创新,弘扬我们富有"世界精神"的民族文化,以及彰显着"合理主义"的文化信仰及其相对应的人生信仰。在世界文化全球化的发展进程中,中国佛教文化也不应墨守成规、故步自封,不能在多元文化异花授粉、循环往复的交流中再次缺位。也就是说,面对当下世界文化日益频繁的双向交流,我们不能只是消极的或被动的抗拒或接受,而是要积极的主动的乘势而出,因势利导,走出国门,在新的文化时空中培植中国文化的"法脉",扎根、开花、结果,共襄人类文明盛举。回顾世界人类文化发展历史,任何一个文化信仰体系都是在不断"放射"中发扬光大的,都是在不断"融会"中健康成长的。也可以说,正是文化的"外向性",导致社会发展的"开放性",进而促进生命群体的"和谐性"。当然,文化尤其是宗教文化传播的方式往往不同,其中中国文化总是运用和平方式,在互相尊重、相辅相成中潜移默化的,这也正是以汤因比为代表的众多西方有识之士推崇中国文化,尤其是中国大乘佛教信仰精神的一个关键因素。因此,中国佛教界走出国门,不能局限在某些狭隘意识层面,而要展现出人文情怀、时代担当、世界眼光。

我们知道,当代高僧巨赞法师(1908~1984)曾提出"新佛教运动",进一步落实人间佛教精神,表现出激扬的热情与切实的作为。他在《先立乎其大者——佛教的人生观之二章》一文中,引述《孟子·告子》篇中"先立乎其大者"的意义,举例明朝大忠臣于谦等人坚韧不拔的英雄气概,引用《梁高僧传》卷12中释法进"割肉救民"的胸襟与无畏精神,认为只有这样才能"立乎其大":"尊重自己,不怕艰苦,不贪小利,才能立得稳,立得久,才能显得出肝胆、胸襟和担当来。""要把整个生命投入全宇宙的滚滚洪流之中，以开发其无穷尽的宝藏，而争取自他物我的欣和无间。菩萨行是从这里出发的，也只有这样才能说得上肝胆。"他认为，担当、胸襟、肝胆，其实都可以包含在"血性"两个字中。他引用宋佛印了元禅师"三世诸佛，无非有血性的汉子"之名言，认为"有血性的汉子，不愿意随俗俯仰，空过一生，纵使没有读过书，不识一个字，也有胸襟。有血性的汉子，以遮遮掩掩、将将就就为可耻，故有肝胆。有血性的汉子，不把自己看得太起码，乃有担当"。"所谓血性，实在就是人性，人之所以为人者在此。我们从这里立定脚跟，成佛作祖，绰绰有余。"他说，法显、玄奘、鉴真、义净等大师，就是这种有血性的汉子。这样的有血性的汉子，才能"立"！"那么，一个真正的佛教徒，应该有'为天地立心，为生民立命，为往圣继绝学，为万世开太平'的胸襟和担当。……佛教同人们，我们在这时候，谈信佛，谈改造佛教，决非单是为了佛教，而是通过我们对于佛教的确切认识，和真实信仰，要为天地立心，为生民立命，为往圣继绝学，为万世开太平。佛教同人们，我们应该使这个最伟大的理想付之实现，不能草草地混过一生，就算了事。"①

巨赞大师苦口婆心的论述，根本在于他要匡正佛教时弊，推动佛教徒要跟上时代步伐，使佛教不至于变成脱离社会脱离世间而成为个人消极避世、迷信无能、昏聩度日的工具。面对社会现实的境遇，佛教徒首先要志存高远，有胸襟、有肝胆、有担当，做有血性的人；能够用佛法真理，化导人心，纯正生命，奉献社会，净化人间。这不仅是针对佛教信仰者个人的，也是针对佛教信仰群体的，实际上应当成为当今中国佛教生存与发展之本。

三 佛教界要提升自身素质，彰显独特作用和良好形象

中国佛教源流于印度佛教，但是已经中国化了的佛教是独具特色的，这应是我们基本的文化自信。而这种文化的自信来自历史上高僧大德、圣哲先贤们的精进与智慧，成就于他们的志愿和担当。他们的智慧与成就是我们宝贵的财富，使我们必须珍视和借鉴的资源。

---

① 朱哲主编《巨赞法师全集》，社会科学文献出版社，2008，第 930~937 页。原发表在《弘化月刊》1950 年第 6 卷第 108、109 期。

当前，中国佛教面临这样的矛盾：一方面，从表象上看，当今的佛教繁荣发达，寺院兴建的热潮此起彼伏，佛教景区的圈建争先恐后，名山大寺"上市"的呼声阵阵，开光升座的新闻连连，盛世佛兴；但另一方面，从佛教信仰的主体精神上看，佛教界却日益承受社会诟病的压力，借佛敛财现象猖獗，假冒僧侣恶俗盛行，正常的佛教事业障碍重重，造成了实实在在的生存与发展危机。出现这种现象，原因是复杂的。在商业化泛滥的"时代因缘"中，佛教界应当坚守着佛教信仰的根本精神，理应坚守纯正的信仰品格，凸显"人间佛教"化导世俗、服务社会的精神特质，不能徒有其表，而要戒除空谈与喧嚣，抗拒奢华与低俗，要力争避免被误解、被绑架、被利用，旗帜鲜明，自立立世。或者说，佛教界要"重塑形象"，这是能够担当社会责任与走向世界的关键。

随着社会城市化发展的不断推进，都市佛教界信仰行为与品格的"模范效应"，也将越来越大。因此，都市佛教界也必将担当起更大更多的社会责任。探究都市佛教未来发展方向，必须固守佛教信仰实践之根本，可以概括为"三本三要"。三本如下。一是终极关怀，信仰之本。终极关怀是任何宗教的最基本特质，是宗教发挥持久魅力的根本所在，是宗教信仰的精神内核。二是人格高尚，修行之本。信仰是对人类精神追求的整合与陶冶，其根本目的是塑造出高尚的人格。三是辅助弱势，化俗之本。社会现实的苦难，以及人类乃至所有众生界存在的不平等、不合理、不圆满现象，正是佛教创立的基本出发点。对社会现实消极面的体察与批判，并积极寻求解决的办法和途径，是佛教的本色和职责，也正是佛教生命力之所在。所谓"三要"，就是为了能够固守根本，起到应有的社会作用，必须处理好的三个重要问题。三要如下：一是媚俗与庸俗化问题。主要针对都市佛教活动中本末倒置的不良现象。不能保持和宣扬自己的宗教品格和主体信仰，大搞相似佛法，媚俗与庸俗，正是佛教衰落的历史教训，被社会轻贱的直接根源。二是浮躁与贵族化问题。主要针对都市佛教个人修行中的奢靡风气。三是势利与冷漠化问题。主要针对都市佛教徒社会责任中的道德缺陷。

对应于以上所说的"三本三要"，佛教界在落实人间佛教的进程中，进一步提升自身信仰观念与信仰行为的协调统一，尽量做到以下"三性"。第一，精神品位的超越性。信仰在本质上的一个突出的特性就是它的超越性，即信仰将从物质世界提升到精神世界，从现实世界提升到理想世界，从事实存在提升到价值存在。佛教的超越精神不只是对个人安身立命的生存意识的超越,对人类现有生存方式的超越,更重要的是对二元对立的逻辑思维方式的超越。它不是以心灵安宁和以创造性思维为满足的有限超越,是以觉悟大千世界本真而驰骋于各种对立之中,更重视自心认同、人性陶冶和道德淳化的无限超越。第二,具体行为的能动性。一种信仰,正是在信仰者精神自主的体验中,才会使自身生命的意义和价值得到肯定与承认。佛教倡导信仰者要"自觉觉他",就是要发挥能动性,在不断"自净其意"的修学中,调适与确立入世的行动与目标。第三,社会效益的普遍性。一种宗教信仰实践的社会效益,不能只是有益于个别群体或者部分群体,而应当普利群生,而使之成为神圣的、持久的、美好的、无限的社会行为楷模。这是中国佛教走向世界的基本保障与内在力量。①

我们知道,民间外交在公共外交中显得越来越重要,而宗教民间外交也越来越引起重视,甚至被有关国家或社会势力作为传输其政治信仰和利益企图的工具,通过一些巧妙的方式和途径,持续地甚或是强力的推行。中国佛教界"走出去",为了社会发展与人类和平,积极参与多种形式的世界宗教文化交流与对话,宣传共建和谐世界主张,让世界人民从佛教的视角感受中国文化崇尚和谐、追求和平的思想精髓与人文关怀,树立我国和平、开放、包容的形象,发挥了"宗教在民间外交方面的独特作用"。

相比而言,中国文化尤其是宗教文化传播中的民间外交活动,以往还多停留在传统的交流形式上,比如只是停留在某种形式的你来我往,显得过于"外交化",而缺乏针对现实问题的深层次的交流与探讨,往往给人"司空见惯"的感觉,由此造成有关社会人士的"审美疲劳"也是在所难免,大家希望宗教文化的民间交流"不可走形式主义,一定要精耕细作","要立足于长远,不能急于一时"。其实,中国文化传播发展历史中,有很多值得今天学习借鉴和继承发扬的经验与榜样,单以中国佛教为例,就有许多具体的实例。中国佛教主要是在"请进来"与"走出去"的"民间外交"中,在持续不断的"求法"与"传法"的双向推进中,逐步成长与完善的,进而发展成为世界佛教的主体和中心的。以玄奘为代表的求法者和与鉴真为代表的传法者,他们无不是在博通三藏、精研宗门之后,自

---

① 刘元春:《化导与反思:佛教的入世之道》,中国社会科学出版社,2004,第301~317页。

觉的将纯正的个人信仰转化成社会担当，将悟彻的生命智慧升华为文化精神，将深切的人文关怀凝聚成普度众生的愿行，不惟成为"中国的脊梁"，而且也可以说是"世界佛教文化的脊梁"。

佛教《法华经·方便品》中也有"诸佛世尊，唯以一大事因缘故，出现于世"，也是启示佛教信徒们首先有具备弘法利生的大志愿大气象。中国佛教"走出去"，不是低级玩赏，不为个人包装，而以弘扬中国文化为己任，以推动世界和平与人类文明为使命；只有这样的志向，才能走得稳、走得远。同时，任何一种文化体系都涵盖丰富，既有与其他文化体系相通的价值趋向，也有独特鲜明的个性特质。在异质文化环境中，要想深入人心，引起共鸣，既要善于"随缘"，又要坚持"不变"，要能够形质相辅，突出亮点。即如人与人交流，不但会说，还要会听，知己知彼，方不失本分。这就需要看清、选准，将资源优势转化成"品牌效应"，凝聚持续发展的力量。"打铁还需自身硬"，这也是可以用在中国佛教界走向世界并产生正能量的"硬道理"。近年来，中国佛教界开展"教风建设"等活动，正是基于这样的考量。作为一种人生信仰体系，佛教信仰者自身的品格直接影响着其群体的社会形象，在互联网时代尤其值得时时警醒。就佛教而言，"人成即佛成，是名真现实"，只有当你人格、僧格、佛格三位一体的时候，才能让人高山仰止、心行相随，才能事半而功倍，达成我们自立立世的善愿，在世界上树立当代中国佛教的美好形象。

信仰背后的哲学

——关于净土宗相关理论问题的断想

李利安

摘　要： 净土信仰涉及生命的来世问题、往生的彼岸问题、依赖的力量问题等，而这些问题又与生命的形态、世界的类型以及超凡力量等宗教哲学的基本问题相关。从宗教哲学的角度来审视净土信仰，会发现一些信仰背后的秘密。正是那些隐藏在信仰背后的哲学，既支撑着净土信仰的全部体系，也塑成净土信仰的全部特性，从而对净土宗在中国的命运变迁产生深刻的影响。

关键词： 净土　信仰　理论　断想

作者简介： 李利安，西北大学玄奘研究院院长、佛教研究所所长、中国统战理论研究会理事、中国宗教学会理事、陕西省宗教工作专家、陕西省统一战线智库专家、国家社科基金重点项目"宋元明清时期中国汉地观音信仰研究"课题主持人。

一　净土宗的核心理论问题在哪里

净土宗是中国佛教各宗派中在民众之中最流行的一个宗派。在佛教历史上被认为是易行道，信仰简单，理论简单，方法简单，目标简单，没有什么玄之又玄的东西。直到现在，我们都可以发现这样一种现象，信仰和修行净土法门的一般都是这几类人：患病的、临终的、老年的、没有文化的人，或者是妇女。当然，我们也会经常这样解释：在净土信仰者当中也有很多精英人士，包括很多知识分子和社会上层人士。但不可否认的是，从总体上来看，占绝大部分的还是弱势群体，或者从社会阶层来说，绝大部分属于社会底层。这个现象是值得我们注意的，我们该如何解释这种现象，如何应对人们因此而产生的对净土法门的误解呢？

从理论的角度来看，净土宗既有自身独特的理论，也有佛教其他理论的交融与支撑，从而形成一个完整的净土理论与信仰体系。对于净土宗，学术界一般都比较关注什么理论呢？目前我们看到的成果主要还是局限在自力与他力的学说，难行与易行的学说，各种念佛方式的研究，各种净土的比较，净土与禅及其他佛教学说的关系研究，等等。这些研究的确具有学术的意义，但从净土宗自身的理论阐释体系和信仰建设来说，学术性热点可能并非宗教理论尤其是宗教信仰建设的重点，这些问题难以解释净土信仰的核心问题。如自力和他力，只是解释了在修行中所依据的力量方面，净土法门与禅宗法门的不同；难行与易行的理论也只是分清楚了佛教内部实现终极目标的难易不同。这些理论的研究能有助于一般人对来世、对净土、对阿弥陀佛心生净信吗？我觉得很难，因为这些理论的研究并未对净土宗的核心问题或者说是最根本的问题进行解释。

如果从学理的角度来讲，净土宗是要解决来世问题的。如此，就会有人要问，来世与我又有什么关系呢？如果来世就是我从今世要走到的未来一世，但我从过去世走到今天的时候，现在的我对过去世的我并不知道，如此，未来的我怎么知道现在的我或现在的我怎么相信未来的我呢？所以，净土宗的关键信仰是如何让现世人相信来世。这个问题目前还没有上升到哲学或类似于西方神学的理论体系层面来进行解释，尽管信仰角度的说法自古以来并不匮乏。在净土的思想中，净土不是秽土，净土是不同于我们所居住的这个世界的另外一个国土。从哲学角度来讲，这其实就是对世界的看法：我们所居住的这个地方是一个世界，此外还有另一个世界。如果是这样，问题便又来了：另一个国土、净土的世界那么美好，我们又如何能相信它的存在？我觉得这个问题也是必须解决的，也就是要以现代的思维面对现代的人群，阐释那个世界的合法性、合理性，找出能够让人信服的依据，建构一种理论体系，支撑这种信仰实践。对于这个问题，佛教学术界也是一直不够重视的。还有就是，我们人在这样一个世界里，又如何能够往生到那个十万亿国土之外的世界去呢？我们对这个问题也没有具体解决。过去，佛教的传统是认为只要凭借他力就可以实现。至于他力到底是一种什么样的力量？他力是如何存在的？他力与人的生命趋向为何能发生关系？我认为这都属于信仰的核心问题，而在佛教学术发展的历史上，一直是疏于对它们的解读与论证的。我们看看西方的基督教。基督教的《圣经》并不是在逻辑的前提下展开的，而是以文学的方式或一般记事的方式展开的，形式上看很多地方也是比较零碎的。但到了中世纪及中世纪以后，基督教神学理论高度发达，涌现出一批神学家，不厌其烦地、十分细密周全地对《圣经》进行各种论证，尤其是"三位一体"神学理论的出现，竭力论证上帝的存在、天堂的存在以及人与上帝之间的关系，论证我们今世的现实生活和未来的天国之间的联系。基督教始终围绕这些核心的神学理论来加强信仰。而佛教的理论，在中国始终是以"禅"的理论为基础，并不是以"净土"为主。在印度的早期佛教，主题也是与"禅"相关的净心理论，而不是"净土"的理论。所以，净土宗从产生开始，其自身的理论一直是很薄弱的，学术界长期以来的研究也在一定程度上偏离了净土宗信仰与修行实践所涉及的核心理论问题。

当然，在那样一个时代，讲来世，讲净土，讲佛的保佑力量，人们很容易信服；而在现在再讲净土宗所涉及的这些信仰，大家是怀疑的，甚至是不信的。因为时代在变化，今天的科学在飞速发展，各种思想学说不断在教化我们，微信里边的"心灵鸡汤"背后也含有很多哲学的思想并可能激发人们进一步深刻反思；同时宗教文化也呈多元化发展，人们可选择的信仰对象也就更多。所以在当今的时代，古代的"信就可以了"是很难再让人信服的。过去，我们认为这些信仰是不用论证的，因为它是出于佛陀所说，属于"圣言量"，信就可以了。但在今天，面对社会与文化的发展和人们思想的多元，我们必须论证这些说教。

二　几个净土理论问题的断想

当代净土宗存在的一些问题都可以上升到哲学的高度来进行审视。很多人说今天的净土宗是没有文化的，因为没有多少哲学的内涵，没有丰富的义理思辨。但我们回顾历史，就会发现，这样的说法是过于简单粗糙的。净土宗在东汉末年最早传入中国，三国时其思想的输入基本已经完备，但从东汉末年经二百多年才出现了一个慧远，身边集聚了一批有钱有闲有文化积淀和理论思维水平的人，开启了中国历史上净土信仰与实践的先河。可见净土的思想在中国是长时间被搁置的，即使在西晋时曾出现过几个零散的信仰者，但都不成规模。净土信仰为什么长时间被中国人所拒绝？这值得我们好好思考。净土宗看似一种纯粹信仰性的宗派，其实，这种信仰涉及几个重大的理论问题，需要我们认真思考。

第一个理论问题是宇宙观的问题，也就是如何来看待世界，如何看待宇宙。中国人传统的世界观是天圆地方，认为华夏民族处在世界的中央，故自称"中国"。中国人用五服来划分整个世界的地理空间结构，形成一个狭隘的、单一的、自我中心的世界格局。然而净土宗的世界观是在无尽的三世流转的时间链条中、在无尽的十方空间中，有无数个世界；在这个世界上，中国人也不在其中央，而属于偏地；这个世界没有中国人想象的那么美好，这个世界是充满苦难的，而且只是暂时性的存在，因为任何一个世界都要经历成、住、坏、空四个发展阶段，最后走向灭亡。净土宗的世界观和宇宙观是一个完整的体系，并与佛教的宇宙观和世界观完全呼应，圆融一体。这对中国人的传统思想是一次巨大冲击，中国人难以接受。

第二个问题就是生命观引发的冲突。即使有人相信了净土的世界观，即认可"大千世界"这一宇宙结构，也相信世界有好坏之分，而我们不幸存在于一个坏世界当中，但能否相信好世界与坏世界之间可以建立一种联系，这可能又是一个问题。在英国著名科学家霍金的眼里，同样有比地球更好的世界，也有比人的智慧更高的生命体的存在。但霍金认为人类不要去寻找另外一个世界，因为他认为比地球更好的那个地方的那些比人更有力量的生命体可能是没有道德的，他们会毁灭地球，毁灭人类。但净土宗认为，比地球更好的地方是可以寻找的，比人类更有力量的生命体也是可以信赖的，借助于更高智慧的生命体所拥有的某种力量，人类就可以前往那个美好的世界。人之所以能够借助这种力量，之所以能移民于十万亿世界之外的那个世界，是因为人的生命绝非仅仅是看得见摸得着的血肉之躯，人的生命还有超越物质形态之外的存在形态。在那种存在形态中，穿越时间和空间就不是什么问题了。可见，净土宗信仰中还存在一个生命观的问题。对此，中国人也难以理解。从中国传统的生命观来看，阴阳五行、五脏六腑、经络变化等都是着眼于自然性的生命，带有理性的色彩；而与此稍微不同的便是相信祖先灵魂的存在，相信人死后会成为鬼。在此基础上，灵和肉的关系是可以进一步演化成精神与物质的关系的，灵魂独立存在，意味着精神可以独立于物质而存在。但中国人仅此而已，没有进一步的探讨现世生命的精神性以及这种精神性和我们生命的终极存在的那样一种脱离物质依赖之后的生命形态之间的关系。而佛教是有这样的理论的，这就是佛教的生命观。佛教的生命观的内容是非常丰富多彩的，但很多内容却是零星地散布在不同的佛教经典当中。学术界对这些有关生命的思想并没有进行全方位的、系统的、深刻的论证，也没有用这种论证来支撑一种灵性生命存在的信仰，并在认可了灵性生命存在之后来奠定净土宗的理论基础。也就是说，只有在超越肉体之后的另一种生命的状态中，超越十亿国土才是可以成立的。如果这个问题不能解决，净土宗就将是难信难修的法门，也可能会被认为是一种"迷信"。所以，我觉得生命观是净土宗一个极为重要的理论前提，也是不得不面对、不得不解决的。正因为一直缺乏学理的论证，所以尽管佛经中有很多说教，但我们中国人还是很难以接受佛教的生命观，如五蕴，这是用来解释生命基本结构的，五蕴中的五分之四是精神性的元素。再如十二因缘，这是解释前世今生的流传过程的，以超越物质之外的一种生命状态作为主线来前后贯通。再如佛性、如来藏，或者叫本觉、自性等，这是关于生命的本真，圣洁的最高也是最终极的存在，也是超越物质形态的一种生命存在或生命力量。中国的文化中，没有这种生命观，而这种生命观问题的冲突若无法解决，净土宗的理论在中国也就无法构建起来，净土信仰也就难以为一般人所接受。

　　第三个问题则是力量观，也可以称之为能量观，就是如何看待与我们自己相关的力量尤其是外在的力量。如果有了一个彼岸的世界，有了一种灵性的生命，两者之间如何实现沟通呢？这就必须要有一种力量来搭建一个桥梁。净土信仰体系中有这样的力量，这就是阿弥陀佛的本愿之力。但是，我们如何能相信这种力量呢？通常情况下，我们只是相信人的理性层面的力量，也就是人间的力量，或物质的力量，而难以相信超人间的力量，超物质的力量。任何物质都是有力量的，也都是可以发挥作用的，何况有情识的众生。在众生当中，人的力量是大于动物的力量的，而动物的力量也是多种多样的，有高低的不同。所以在宇宙当中，力量是一定划分层次的，那么人是不是最高力量的拥有者？人能否掌握了绝对的力量呢？能不能在这个本来相对的世界里，由原本相对存在的人获得一种绝对的力量呢？答案应该是否定的。从逻辑上来讲，在相对的世界里只能获得相对的力量。那么既然是相对的，就一定还有比人更高的力量，甚至在相对之外存在的绝对的力量。这些力量能否与生命个体之间发生关联呢？这些问题还可以慢慢论证。

　　从东方宗教的观念来看，除了大自然当中存在的那种巨大的力量之外，还有一种超人间的力量，如无中生有的无、派生万有的道、万法深处的真如、肉体之中的灵魂、众生本有的佛性、命运背后的业力等。与此同时，生命个体的力量既存在于物质的层面，也可能存在于精神的层面，所谓心力，精神的能量，往往比身体的力量对生命具有更强劲的支撑或破坏，可见无形无状的精神完全可以演化成一种现实的力量，这种力量甚至还能穿越理性的范畴，演变成一种超人的力量。至于这种精神力量从何而来，这个问题一定非常复杂，非常玄妙。可能有多种不同的因素共同激发着这种力量的诞生。从儒家的文化传统来看，一个人一旦至善至美，就会超凡入圣，而成圣成贤就可能被赋予神圣的力量，有可能转化成神，成为人们膜拜与敬仰的对象。中国民间的很多神就是这样炼成的，也就是说，若一个人至善的时候可能转化成神。再看佛教故事中的"孙悟空"，一个筋斗云十万八千里，火眼金睛，神通广大，让人们联想到，若一个人彻底的悟空，他就有了超人间的力量，成为一种神明。2015年中国发射了一个宇宙探测器，名叫"悟空"，使命是探测宇宙中的暗物质。这个名称也很有意思，空到极致即成神，这是自古以来的一种造神原则。这也是《心经》会被神化的一个重要原因，《心经》里面原本讲"空"的"般若波罗蜜多"在经文最后部分已经被视为"大神咒""大明咒""无上咒""无等等咒""能除一切苦"的这样一种超人力量。这也反映出，在佛教的信仰中，人的智慧若达到极点时，也一定会具有超人的力量。另外，愿力也是如此。如观音菩萨在佛前发愿，若不能解救一切众生的苦难则绝不证成菩提。发愿之后，观音菩萨瞬间千手千眼具足，而这种具足实际上就意味着获得了超凡入圣的力量。这表明，愿力也可以生发神圣。总之，在佛教的传统中，至空可以生神圣，至净可以生神圣，至善也可以生神圣。大愿、大悲、大智等都可以通向神圣。这也是整个东方宗教文化的普遍现象。由此可见，这种超人间的力量是从意念而来的，是从德行而来的，是从智慧而来的，是精神深处激发出的一种神奇的力量。

再看我们日常生活中的一些体验，我们的勇敢、坚强，我们战胜困难的力量往往不是来自自己的物质性生命，而是来自我们的精神。在佛经的记载当中，这样的力量可以超越肉体与物质的羁绊，成为一种超人的力量。至于这种力量是如何产生的？不同的人会有不同的途径，我们都可对其进行总结。再看历史上的众多佛教信仰者产生神圣力量的感应故事，从中我们可以得知这种力量是一种内外合一的力量，并不是单一的个体所发出的力量。它不会是单一内在的，也不可能是单一外在的，而是力力相应、力力衔接、心心相印、彼此沟通之后的呼应,是连接起来的一种力量。如玄奘在西天取经的路上,昏迷在沙漠当中时,想起了观音菩萨,并至诚地呼唤菩萨的救度,然后他清醒过来,振作起来,继续前行,终于走出死亡之地。我相信这并不是观音菩萨让玄奘站了起来,而是玄奘作为一个生命个体,在坚定的信仰与至诚的呼唤中,与观音内外呼应从而激发出生命的潜力,产生了不可思议的力量,从而站了起来,挽救了自己的性命。历史上大量的感应故事,若是仔细分析的话,其实都是内外两种力量相互呼应的过程。阿弥陀佛的本愿之力与净土信仰者往生净土的愿力也是一种内在融会的过程。当然这种力量一定是精神深处生发出来的灵性力量,而不是物质性生命所生发出来的物质层面的力量。由此来看,这种力量也是一种神秘的现象,是精神深处生发出来的一种外在的力量。这可以说是精神与物质的关系,也可以说是灵与肉的关系,这也是一个古老的哲学问题。

三 净土理论的重要性

总之,净土宗所涉及的宇宙观、生命观、力量观等哲学问题,或者说是宗教学范畴里所说的此岸与彼岸的问题、今世与来世的问题、自力与他力的问题、灵魂与肉体的问题、理性与超理性的问题、相对与绝对的问题等,说到底都是在宗教哲学的语境下来论证信仰存在的合法性问题。如不论证,在当代社会条件下,空喊"圣言量"可能是疲软无力的。以"佛经说的"来支撑信仰在古代社会行得通,在今天可能难以接引更广泛的信众。基督教在简单教义之外诞生了博大精深的神学,佛教在博大精深的教义之外流向粗俗肤浅的说教。这也可能正是为什么西方基督教尽管教义简单却能吸引全球22亿信仰者,而佛教拥有精致的理论却不足5亿人信仰的重要原因。这个事实值得我们认真反思。

所以,所谓净土宗的核心问题,其实都可以放在哲学的视野下来进行认真的、深刻的思考。这就又回到了佛教研究的现状。研究佛教信仰似乎显得不高大上,研究佛教的哲学、文献学、文学、历史等始终是佛教学术研究的主流。当然,这些年也有比较新颖的佛教社会学、佛教地理学、佛教心理学、佛教人类学等新兴学科的研究。但最根本的研究还是要在宗教哲学这个意义下来重构佛教的哲学或者说是形塑佛教的神学。说到佛教的神学，可能很多人不喜欢这个词，或者直接反对佛教有什么神学。这里的神是广义的，是一切超理性、超人间性存在的统称。佛教神学要把阿弥陀佛信仰、观音菩萨信仰以及净土信仰等等包含其中。在目前学术界对其重视不足的背景下，我想应该突出佛教信仰的研究，这也是我的研究团队多年来一直关注的重点。其中，对文殊、观音、普贤、弥勒、罗汉的研究，每一种都已有十几万字以上的作品，在此基础上，我们还将继续向前推动。目前承担的一个国家社科基金重点项目将在已经完成的唐之前的观音信仰研究的基础上，对唐以后的观音进行全面、系统的探索，为观音信仰研究画上一个完满的句号。在此过程中，我们将与佛教的义理及佛教的传统信仰进行衔接，以不损伤佛教的信仰并论证和支撑佛教的信仰为前提。我相信，通过对佛教信仰的研究，净土宗的很多核心问题将会越来越具有理论的趣味，净土宗的信仰也会越来越具有理论的支撑，并为越来越多的现代人所理解。

传承中华优秀传统文化，佛教界大有可为

——谈谈佛教对九江区域文化、经济的促进作用

王丽心

摘　要：中国迎来改革开放之时，各地在佛寺恢复重建中，同时也在开掘传统文化，为民族文化整理、研究、弘扬奠定了复兴的基础。当前佛教对区域文化、经济的促进作用，传承中华优秀传统文化，佛教界仍然大有可为。

关键词：佛教　区域文化　地方经济

作者简介：王丽心，《法音》期刊社责任编辑。

引　言

2017年1月下旬，中共中央办公厅、国务院办公厅印发了《关于实施中华优秀传统文化传承发展工程的意见》。《意见》中强调，在五千多年文明发展中孕育的中华优秀传统文化，积淀着中华民族最深沉的精神追求，代表着中华民族独特的精神标识，是中华民族生生不息、发展壮大的丰厚滋养，是中国特色社会主义植根的文化沃土。

外来的佛教是在汉代儒学强化，其他学术僵化，社会上笼罩信仰危机的情况传播到中国的，其与中国本土文化的碰撞、调和、融会，成为支撑中华文明的立柱。佛教以独一无二的义理——平等、因果、智慧、慈悲、圆融，扩展了中国人民和中华民族正命生活和精神深度。

现实的生活，物质极端的丰富而发达，外部世界所引诱人欲望的事物层出不穷，加倍了人心的不古，远离了清净的本心，这使更多的人无法感受幸福，甚至在精神痛苦中煎熬。经济的飞速增长也让未来的发展处在一个十字路口，向什么样的方向发展呢？

一 佛教健康发展是构筑中国精神、中国价值、中国力量重要的支撑

佛教能否继续发挥自身的优势作用,应该是不错位也不缺位。

所谓不错位,即要干自己本职工作,不要将非佛教的东西掺杂其中,衍生为相似佛法。更要注意避免被世俗所化导,甚至与世俗同流合污。佛教界自身健康发展是构筑中国精神、中国价值、中国力量重要的支撑。

所谓不缺位,即社会的有序发展,要求人们有更高层次的认识,也需要宗教信仰的意志指导和约束日益膨胀的贪心,佛教有对治的方药。要利用佛教的超世俗的道德规范,引导人们的良心回归。

二 佛教文化与区域文化的整合

(一) 佛教文化与区域文化的整合

佛教在传播中注重佛寺的规划和建设,建成一个净土世界,使四众及香客能够体觉佛国的真实,故有"天下名山僧占多"的实际,其目的是:

> 虽知诸佛国,及与众生空。
> 而常修净土,教化于群生。
>
> ——《维摩经·佛道品》

为了使众生能就近找到理想的佛国,佛教在建造寺庙时充分展示佛教的义理,希冀接引更多的人群。朝山就是修行,即曰:灵光视域中,问游人遍历名山,何如接引群生,迢迢一路神仙掌;秀色传天下,愿过客高登极境,勿负阐场众妙,叠叠千峰拥佛头。

僧人每天的早晚功课、日常生活,对外界来说都是希望知道的,特别是佛教的庆典,如佛菩萨圣诞等,都要举行极为隆重的活动。"宗教信仰能使人对宇宙万物和人在其中的存在产生一种情感,而庆典也正是源于更为正规的

宗教仪式"。这样一种的情感，也正存在于我们真正的内心深处。

"天下名山僧占多"都是依托于当地自然环境。寺院分布在广阔的区域中，僧人们巧妙地利用山体形态，借助水面和树木等自然景观的因素，凭借人力的开凿、挖池、植树，使山麓周围与寺院处于审美价值的环境中。潺潺溪流、青青翠竹、郁郁松柏、无边芳草、清新空气、湛蓝天空，与紧张的市井生活相比，自然是两重天地。

九江地区自然界的美景，以它的和谐及静穆给人一种安详感，使人排解忧患的思绪，产生心理的净化。花开花落，月亏月盈，自然界以它的生生不息、周而复始的运行节律，使人安之若素。人们未必能参透大自然的真谛，但是人们也未必不能体悟大自然的真谛，如果有人文的引导，这一切就可能完全不同了。

2016年《法音》第二期刊载了花传国、易水霞《慧持大师柴桑五寺的历史变迁》的文章。慧持是慧远的胞弟，爱庐山之清静，于是驻锡龙泉精舍。在柴桑修建天池寺、胜果寺、广仁寺、多佛寺、高良寺多所寺院。慧远、慧持大师是中国居士佛教的缔造者，是佛教中国化的先驱，他成为庐山的名片。庐山与众多名僧名士的交集，那留下多少可以挖掘的潜力股呢？

（二）利用休闲文化做好弘法文章

旅游是无烟产业，它以自然生态与人文生态作为追索览胜，开拓人们视野的精神休闲产业。旅游的核心是满足人们的休闲需求。

人们游历中往往要注"悦形"，自然天成的景物，这是山水审美的初级层面。而山水审美第二层面则是"逸情"，是在主体"悦形"基础上，对所获取的风景信息进行处理，达到"物我相亲，情景交融"的境界。山水审美的终极层面是"畅神"，它是以天地为庐，思接千载、视通万里的境界。

佛教的净土思想能将审美活动引申到哲学高度，导引任运自在的禅境。从审美意识来说，空灵是禅，含蓄是禅，淡雅是禅，向上是禅，向善是禅。生活中的禅意无处不在，这一切是对人们的休闲生活有重要的启迪的。"我们每个人本来都应该生活得非常轻松愉快，潇洒自在，但我们大多数人并没有这样感受，相反地，都觉得生活得很累很累。如果我们从生活中找回禅的精神，让生活与禅打成一片，融为一体，我们的生活便如诗如画，怡适安详。"

体彻到这个境界，就要自心呈现净土世界，圣贤告示我们：整顿内心更胜于清理外界。利用寺院文化服务人群，它比说教更具可操作性，同时更新了传教的方式，使人在一种自由平等的活动中，得到道德的熏陶。

佛教与区域文化的整合，利用旅游做好弘法文章，这对整个社会都是有积极意义的。

（三）做好弘法文章——寺院的硬件与软件建设

佛教传入汉地，寺院成为信众完全依止的场所。佛寺又是宗教文化的载体，是僧众的生活和修持的场所，同时肩负着对社会的责任。

首先，寺院就是弘法利生的道场。信士、香客及旅游者都可以通过寺庙的有形、无形的文化载体，感受宗教的氛围并注入道德理念，这一般是潜移默化的。而作为旅游者则渴望一种新鲜感，特别是对"人神活动"的场所，一切都是感觉那样的神秘，需要了解、探知，以满足其心理需求。宗教在一定的范围，有固定场所和固定宗教仪式，这为旅游者增添了旅游的内容。

做好弘法文章要有高僧的主持："少有人知菩萨道，世间只是重高僧。"在中国的百姓中，于佛法少有了知义理的，却重在崇拜人间菩萨道的行者——高僧。做好弘法文章要有良好的道风：道风，道之化人如风之靡草，称为道风。《无量义经·德行品第一》："道风德香熏一切。"道风犹言道心，指求无上道之心，亦即菩提心，所谓利益他人之心。僧人要坚持念佛、打坐、忏悔、学习的学修体系，在教理、教义上深入及弘法上实践有所收获，必须要在封闭的功能区学修。在寺院的布置上及人文环境上，加强复合寺院的氛围，使香客能够体会寺院的"净静敬"，这有利于佛教发挥弘法功能。

佛教界应该加强自身建设，纯净佛教；继续开展好每年一度的讲经交流法会和获奖法师巡讲示范讲经制度；在古籍管理、保护方面做好工作；在旅游胜地及涉域广的寺院，要以佛菩萨圣诞、日常的课诵法会、禅修、公益慈善事业来弘扬佛教文化；还要利用"我们的节日"，作创新发展，合理性转化的活动，引导游人在休闲中感知中国文化魅力。佛教的最大优势是德化，通过激励人们超越凡俗生活，借以表达对信仰终极价值的尊敬，对人心的净化，促进整个人类文明的合理转型承担责任。

三 佛教界要协助做好区域文化的调查与规划

（一）佛教界要协助做好区域文化的调查与规划

如何合理地使用、调配、协调九江市丰富的资源，如何保护民族文化优秀遗产，成为一个日益迫切的问题。这些压力，有形无形地成为一种动力，九江市对自己的文化环境和文化发掘，必须做出符合时代要求的动态考察和战略思考。其中包括宗教文化的规划与引导的问题。

必须要有一套科学完整的文化发展规划，诸如九江文化的战略定位与发展对策、文化体制改革、优秀文化的复兴计划等。这一点要对自己区域内的文化状况有一个调查摸底，为制订规划积累第一手资料。

（二）利用文化促进多元经济的发展

世界银行指出：文化是经济发展的重要组成部分，文化也将是世界经济运作方式与条件的重要因素。这意味着经济与文化在不断接近以后开始走向融合甚至部分整合，一种新的经济类型或者经济发展模式——文化经济诞生了。

佛教文化经济学主要进行三点考虑：

人的贪执是分析的前提；

规范行为是分析的对象；

破除贪执是分析的中心目标。

佛教经济学的建构是以对"人"的研究为切入点，衍生出理论体系来的，是通过追求人尚未养成的德性、提升人的品格来建立正确的生活方式，从而规范经济行为的。

文化对生活有什么作用？众说纷纭。

这可在诗歌里举两个例子。唐代张继所作《枫桥夜泊》仅28个字，从古遗今，形成了超妙广告语，寒山寺至今常盛不衰，日本友人为了欣闻"夜半钟声"，不惜跨洋来叩闻新年钟声。唐杜牧《清明》中的"牧童遥指杏花村"，造就了一个名牌。可见文化是可以转化成经济效益的。

文化是人类的创造，是人类把自己内在的精神活动，通过各种可见、可闻、可感、可说、可触的形式（有形）表现出来。我们所说的所有"文化遗产"的无形方面既包含人类的技术、思想，也包含着其创造者的价值意识、道德观念、审美特性、精神需要等观念性的东西。随着历史的发展，这些观念性的东西有的保留下来，有的消失，见物不见人。具有历史、艺术和科学价值的文物、古遗产、古墓群、古建筑、石窟、石刻、壁画等是有形的物质，而日常生活的活动主体与表达方式都消失在人们的记忆中。佛教生活即使被人类淡忘，但人们可以通过与传承者对话、交流、参与、体验、学习等来理解文化遗产的意义和价值，从中得到真切的感受、教育和感悟。这一系列的过程也是文化的消费，这既是文化生长点，也是经济增长点。在非物质文化遗产传承工作中，善于提炼题材，把有益思想、艺术价值与时代特点和要求相结合，运用多媒体和新媒体互联网技术，与全国佛教界媒体同人合力，做出丰富多彩、喜闻乐见的文化产品吸引更多的人来投入其中；利用现代管理方式，加强科技的投入力量，使寺院管理更加专业化、更加人性化、更能够推动佛教这个优秀文化的发展。

（三）九江可以打造"休闲文化"这张牌

倡导宗教情怀是指有因缘者，无此因缘者则倡导"休闲文化"，两者互为补充，互为兼容，共同作用。既然宗教文化与休闲文化有重合性，因此，我们可以从寺庙文化中设立一个项目，挖掘其社会需要的积极层面，使之传统的文化借助旅游项目发展而传播，寺院本身由于人气的生成，完善了自养，旅游则带动一方的经济，这本是双赢的局面。

中国都市百姓看电视、新媒体是其主要的休闲方式，如果电视缺乏吸引力，酗酒、赌博、养宠物、网购、看盘，则占有主要的自由可支配时间。

目前这种休闲状况，给宗教界怎么样的思考呢？九江可以打造"休闲文化"这张牌，为中国人的文化活动提供优质服务。

（四）避免商业气息的浓重

商业气息的浓重，以及宗教仪式演变成僵化刻板的例行公事，让人厌倦，宗教信仰必要的神秘感，已经无影无踪，因此，新鲜感消失，最终危及朝山圣地的声望，如果掺杂一些不良现象，则更具破坏力，这是对整个文化资源的破坏。我们当前的旅游市场所存在的现象，能否对号入座，检讨自身，调整失误，一定是亡羊补牢之举。

结　语

近日，全国政协常委、中国佛教协会会长学诚法师做客人民网"强国论坛"，以"新形势下如何推进宗教文化建设"为题，与网友进行在线交流。在谈到宗教文化如何与社会主义文化相适应时，学诚会长表示，在新时期里，宗教文化要与社会主义文化相适应，就要将宗教中国化推向与时代文化、国情民意相符顺的新境界。"真正具有文化自信的宗教，不会害怕与时代文化的交融和共鸣；反过来说，也只有在时代浪潮的洗礼中，宗教的生命才能常新，宗教的价值才能长久"。

在当代中国迅猛发展的征程中，佛教文化的优势明显，对延续和发展中华文明、促进人类文明进步、构建人类命运共同体，仍然可发挥独特的作用，在传承中华优秀传统文化发展工程上，仍然可以大展宏图。佛教界应该积极响应党和政府的号召，借势而上，应对于社会深刻变革、对外开放日益扩大、互联网技术和新媒体快速发展、各种思想文化交流交融交锋更加频繁的时代，肩负起历史责任。佛教界一直是中华优秀传统文化的建设者、继承者、弘扬者。寺院是中国传统教育、文化的载体，本身又是融会华梵的熔炉。对信徒来说，寺院是对凡俗生活人们的身心交瘁、老化的修复和治疗场所；对社会而言，寺院于文化、艺术、慈济的殊胜之处，逐渐起到了一种净化身心、道德规范，提升了民众品质的作用；寺院还是传统文化储藏基因库，无论是在文化繁荣昌盛的时代，还是佛教处于低谷的时刻，都为保护非物质文化遗产、传承中华文脉做出了不可磨灭的贡献。中国迎来改革开放之时，各地在佛寺恢复重建中，同时也在开展传统文化，为民族文化整理、研究、弘扬奠定了复兴的基础。传承中华优秀传统文化，佛教界大有可为。

中国佛教的圆融、自信精神及其价值

邱高兴

摘　要：佛教作为一种思想与信仰的力量，历久弥新，直到今天，仍不断地影响着现代人的观念与行为。佛教以圆融的思想、自信之精神植根在中华大地上。回望佛教发展的历程，反思中国佛教之精神，不仅重历古人精神与信仰生活，还可以获得一种现代启示，更是建立当今中国文化自信的重要资源。

关键词：圆融　自信　文化自信

作者简介：邱高兴，中国计量大学教授，吉林大学博士生导师。

一　中国佛教的圆融境界

圆融是天台和华严都十分推崇的境界，都自认为其教法为"圆教"。就天台宗而言，牟宗三先生曾讲："依照天台宗的判教，最高的标准是圆教，修行的最高境界亦是圆教……那么，何谓圆教？何谓非圆教？何以前面所说的只是别教而非圆教？这圆不圆实在是一个很有趣的大问题；而这个问题，在西方哲学中，是不曾出现的。……所以圆教观念，可以说是佛教在中国的发展过程中，所提出的一个新观念。"① 圆教，圆即不偏、圆满，此教为上根人所说，是至上圆满之理，无有缺失。圆教是天台宗人对佛法的一种历史的看法，但又不局限于历史。纯粹的历史是单向度的、局限性的，从时间上看，教义由简单到复杂，它是一个线条；从空间上说，它是扁平的，此非天台宗所理解的"圆"。天台的"圆"不是直线，不是线条，亦不是扁平的，从其最广义上讲，此圆，包括以下两意：其一，包

---

① 牟宗三：《中国哲学十九讲》，上海古籍出版社，1997，第295~296页。

容一切；其二，融通一切。此两意互为补充，并以后一意为核心。包容一切，即是天台宗教义之"一念三千"。所谓三千，是天台宗人对大千世界的一种表达，具体可作如下之解：首先，依凡圣不同做划分，有天、人、阿修罗、地狱、饿鬼、畜生六道，声闻、缘觉、菩萨、佛四圣，共十法界。每一法界代表一个世界，此十个世界地位不同，等级不同，但并非固定不变，随缘或上升或下降或示现，各有不同。六道中低层次的地狱、畜生由于修行可上升为佛，佛为教化众生也可变化为六道。换句话说，一个世界中即潜在地包含了其他九个世界，又有变化为其他九界的可能性。这样十界互具，成为百界。此百法界每个又分为三种世间，即国土世间、众生世间和五阴世间。国土世间是众生所依住的地理环境，众生世间是有情众生所构成的世界，五阴世间是由色、受、想、行、识构成的物质和精神世界。因此就构成三百法界。进一步的，天台宗认为一切现象都可从相、性、体、力、作、因、缘、果、报、本末究竟等十个方面加以分析，并认为此十个方面是实相的内容。那么三百法界各有此十方面的特点，总起来为三千世界。智顗说："夫一心具十法界，一法界又具十法界、百法界；一界具三十种世间，百法界即具三千种世间，此三千在一念心。"① 此处"三千"之数为虚指，言万法之多，不是说是世界只有这三千种法。理解了三千的含义，则"一念心"之心亦非实指，如唯识"心生一切法"之心，仅是借用。因为法界互具，故"三千在一念心"，只是在这个意义上使用。

通过"一念三千"的表达，天台宗建立了圆教的宇宙观。在这个宇宙中，"十法界"确立了世界基本面貌，六凡四圣十种生存的样态构成了世界的外在基本结构。"十如"则界定了世界的基本性质，相、性、体、力等十个方面分别构成了世界的内在结构。在这两个内外的框架中，天台的世界得以建立。

相对而言，融通一切是天台宗圆教中更重要的思想。"一念三千"作为这一说法的理论前提，从融通一切的角度，便可解释为"性具三千"。那么性具三千如何体现了圆融的思想呢？性，本性，体性；具，具有，具备。性具三千，一方面是说三千法之体性、实相本自具备，不假外求，无须依一个外在的它物作为自身的依持；另一方面，此实相与作为现象的三千之法也非相生的关系，不是实相产生现象，更不是现象生起实相，二者

---

① 《摩诃止观》，《大正藏》第46卷，第54页上。

是相即、互具的关系，这一思想孰为独特。这种思想不同于《大乘起信论》所设计的"真如心"作为本体的体系，也不同于一切现象依持于阿赖耶识的说法。天台宗人认为上述二说，无论把重心放在"纯净"之体上，还是放在"杂染"的源上，都无法避免"生起"的缺陷，纯净说陷于自生，杂染说陷于他生，不够圆满。那么在天台的世界观中，现象是自然存在的，并且这种存在不是孤立的、封闭的，而是互相连接、互相包含、互相开放的圆融体系。所谓连接，指六道（天、人、阿修罗、畜生、饿鬼、地狱）乃至四圣（声闻、缘觉、菩萨、佛）的不同存在展现了丰富的现象样态，这些样态互相连接构成了丰富的世界整体。所谓包含，指"一念三千"所代表的一法摄三千法的包容精神。所谓开放，指由"十界"构成的表象世界是一个敞开的世界，人的生活空间不只体现在人的世界中，天的世界也不只局限在天的世界中，六道和四圣在天台的世界观中是流动的变量，它们随着修行进程而居在不同的层次，因此较低的存在有向较高的境地攀升的潜在的能量，天台宗人也正是在这种潜在性中发现了生存的现实性，换言之，生存的多样性（十界）本身是现实和无可选择的，我们可选择的只是在这种现实性中发掘存在的真实意义与价值。

由上所述，天台宗建立的是一个圆教的世界观，此圆教首先通过判教得以确立，再通过"一念三千"和"性具"之说进一步展开。在此世界中，存在的方式是圆融的，因为它们是互相连接、互相包含、互相开放的。

同天台宗一样，华严宗也建立了自己的圆教体系。在华严宗人看来，圆教，包括"别教一乘"的《华严经》和"同教一乘"的《法华经》。华严宗人认为前者不与其他教法相共，超越其他诸教；后者虽也讲圆教教义，但却混同于其他教法。因而，五教之说认为只有《华严经》才真正称得上一乘圆教，不与其他教法相同得最上乘的佛法。

在华严宗人看来，《华严经》之所以被称为一乘，是因为其中包括无上的圆融精神。六相圆融和十玄无碍构成了这种圆融的主要内容。而这种圆融的实现必须依据"法界缘起"这个基本教义。华严宗二祖智俨曾说："今且就此《华严》一部经宗，通明法界缘起，不过自体因之与果。所言因者，为方便缘修，体穷位满，即普贤是也；所言果者，为自体究竟寂灭圆果，十佛境界，一即一切。"[1] 如果说智俨这段表达还略显晦涩的话，三

---

[1] 《华严一乘十玄门》，《中国佛教思想资料选编》第二卷第二册，中华书局，1983，第19页。

祖法藏的说法就相对明确一些:"夫法界缘起,如帝网赅罗,若天珠交涉,圆融,自在,无尽,难名。"(《华严三宝章》)法界一词有时指现象,有时指本体,有时二者兼有。"缘起"是佛教特有的宇宙论和本体论,那么华严宗的法界缘起首先也是要构造一种本体论和世界观。此本体论的特点据法藏的表达应该是一个"网",它就像印度神话中帝释天宫中所悬挂的宝珠网一样,环环相扣,珠珠相连,每一宝珠都能映照出其他所有宝珠,天珠交涉,无穷无尽。此网用智俨的话说即是"十佛境界,一即一切"。从上面的描述看,这个法界之网是一个立体的"网",是一种圆融之相,此圆相的象征意义在于法界的圆融无碍。华严理论中"理事无碍"的概念是这种圆融思想更明确的表达,"事",指人的视野中的对象与行动,华严宗以"事"指代"物",具有很深的哲学意义,这实际上就是讲,被我们指为物的东西,乃是经我们认识处理后的结果,即现象。就这一点讲,和德国哲学家康德的观点有些类似,但是不同于康德的是华严宗认为并不存在一个完全与我们认识隔绝的"物自体",法之自体即是"一真法界",此"一真法界""即是诸佛平等化身,从本以来,不生不灭,非空非有,离名离相,无内无外,惟一真实,不可思议"。也即是说这是一个超越常识的世界,但此超越在华严宗的思想中是即常识而超越的,换言之,是内在的超越。华严宗经常讲"一切即一,一即一切",这不仅是数量上一与多的表达,而且是本体和现象关系的一种说明。借用法藏"金师子"之喻,即"说此师子,以表无明;语其金体,具彰真性"。就"金师子"作为整体来讲,无"金体"不成,无"师子"不显,此乃理事的圆融。

　　对华严宗人来讲,"理事无碍"仅是初步,"事事无碍"才是纯圆的境界。从常识上,一件事或物指它在一定的时空中发生和存在,这也就意味着它充满了该时空,并排斥其他的事与物,因而事事之间是相碍而非圆融的。那么华严宗怎么样解释它提出的这个和常识相冲突的理论呢?法藏在《华严经探玄记》中列出了十条理由,其中最重要的两个方面是:一是万物相待生起,互相连接,如网相似;二是万物一体,法性融通,如宝珠之网,同为宝珠结成。因而才会叠相辉映,重重无尽。从中我们看出,圆融非是消解自性,取消事与物时空上的客观存在。否则,这个圆融之网,就不是一个网,而是混沌一体,这也不再是圆融,因为有差别才有相融的可能,无差别虽无相碍,但却谈不上相融。宗密说:"若唯约理,即无可相碍，亦无可遍容。"讲的即是此层含义。对这种意义上的圆融，法藏作了如下的表述："师子眼、耳、支节，一一毛处，各有金师子。一一毛处师子，同时顿如一毛中。一一毛种，皆有无边师子，又复一一毛，带此无边师子，还入一毛中。"据说法藏为了使大家更清楚地理解他所说的圆融无碍的境界，曾作过一次演示。用十面镜子，摆在东、南、西、北、东北、东南、西北、西南、上、下这十个方位，每面镜子之间相隔约一丈的距离，镜面相对，而后在中间安放一尊佛像，点上蜡烛照亮它，于是十面镜子互相映射、摄入，一面镜子中不仅可以包容其他九面镜子本身的镜像，而且可以显现这些镜子中所摄佛的影像，"互影交光"，结果是所有的十面镜子的景像，都具有无限的景深，佛影重重而无尽。这种形象的表达更充分说明了华严圆融实现的方式是借助传统佛教的因缘之网，灌注了华严万物一体的观念。借此，事的存在方式和意义，既不需要像大乘空宗那样全盘否定，也不必像常识那样完全肯定。虽然事物之间的因果联系否定物作为现象存在的独立价值，但华严宗通过它设计的圆融体系又将物的真实性通过物性互显的方式加以确立。方东美先生曾指出，华严宗的哲学是一个"万有论"的体系，它积极肯定万有是真实的，同时也是有价值的。当然其中的价值与真实是建立在圆融的因陀罗网中的。

总体而言，华严宗成功地用其圆融的学说对传统佛学进行了改造，建立了一个立体的圆融网络，一切存在都是其中的一个节点，该节点之于网络整体，是一中之多，并且融入其中，同时该节点又是支撑点，网络的整体意义透过这些散布的点得以体现和成立。这不仅仅是华严的宇宙观和世界观，更是人生观。华严视野中的人类，既渺小又伟大，既空虚又实在，对人的地位进行恰当定位的同时，又为人的自立奠定了基础，因为千变万化，要成佛的是人，就它的宗教意义说，缩短了天国与人间的距离，增强了信徒成佛的信心。

二　中国佛教之自信精神

1. 自信之依据：人人皆有佛性说

佛性，是一个含义复杂的概念。从它的梵文原意看，佛是觉悟义，性乃界义。界又有二义：领域义和本原义。由第一义，佛性是指佛的全部领域，众生的修行至此结束，功德圆满，从因果关系上，由众生的角度，佛性是修行之果，实践后的果地。由第二义，此佛境虽不是众生的空间，但从存有论的角度看，一切法的存在的依据是法性，众生亦不例外，这也就是说，众生就显示而言尚不是佛，但其存在的本原却与佛无二。结合佛性的这两种含义，在以后印度佛教的发展中，佛性衍生出"性得佛性"和"修得佛性"两种不同理解，"性得佛性"类似于中国佛教中的"本有"说，从佛性的本原义推论出佛性为一切众生所具；"修得佛性"类似于中国佛教中的"当有"说，从佛性的领域义得出佛性是后天修行获得，因而也就必然和众生的素质相关，可能会有部分众生由于根机的障碍而永不能成佛。这两种意义的相互激荡，使佛性和种姓概念相连，《阿毗达磨俱舍论》说："法种族义，是界义。""界声表种族义"，这种论述将印度的种姓制度对人性结构的看法引入佛教，用来强调这样一点：由于个别人不具备成佛的人性结构，所以像一阐提人（此类众生罪孽深重，诽谤佛法）等不能划入佛种姓这个阶层中。中国佛教中唯识宗严格地坚持这种看法。

就中国佛教而言，对佛性问题的强烈关注是从竺道生开始的。在竺道生之前，流通于中土的佛教经籍一般都主张一阐提人不能成佛。公元418年，六卷本的《泥洹经》译出后，有如下的经文："佛身是常，佛性是我，一切众生（除去一阐提人外）皆有佛性。"这种说法在以前的大乘经中从未有过，立即引起了人们的注意。竺道生通过对经文上下的贯通，认为经中虽明确排除了一阐提人成佛的可能性，但就全经的基本精神看，这种结论可能是误译造成的，因此他孤明先发，提出一阐提人既是有情，就当成佛。此说一出，就被众僧视为邪说，受到排挤。但是全本的四十卷《涅槃经》译出后，果然有一阐提人也能成佛的说法，大家遂认可了道生的说法，并称他为"涅槃圣"。

关于佛性的各种认识在此后并没有取得完全的统一，但基本上分为两个系统：一是天台、华严、禅宗等受《大乘起信论》的"众生心"思想的影响，普遍把"真常心"作为佛性，主张一切众生皆有佛性，成为中国佛教中的主流思想。二是唯识宗以"无漏种子"作为佛性，坚持"五种性"说，认为一部分人不能成佛。此说过于拘泥于印度有宗的思想，逐渐被人们冷落与遗忘。

从上述佛性思想的发展思路看，人性越来越成为其中的主要内容，佛性从哲学的层面言，代表着真善美的结合，人性即佛性揭示的内容就是人性善，这一点和儒家的性善论殊途同归。同时这也就和基督教"原罪"说泾渭分明。一般上说基督教主张人对上帝背叛的原初之罪，人因为此种根上罪恶而不能自救，只有上帝才是唯一的救世主。而在绝大多数的中国佛家看来，人解脱虽有"缘"相助，但其"因"却在自身。自救是关键，外缘是辅助，自度、自觉、自立是在人性即佛性和人人皆有佛性基础上推演出的必然结论。

2. 自信之实践：日用心行处即是道

人人皆有佛性的理论是自立的前提与基础，进一步的问题便是：如何使这个理论在实践中得到贯彻、实现。在回答这个问题时，禅宗打破了一个传统的世界，建立了一个崭新的世界。

如果说天台宗和华严宗的这些问题的回答停留在教法、教理的理论层面的话，那么号称"教外别传"的禅宗则以其极富实践色彩的活动昭示了自性自度的佛教真谛。为了真正地把佛性建立在现实的人性中，而不是陷于理论的探讨，这种以佛教实践为主要旨趣的宗派首先要剿灭的就是外在于人的语言文字。据传，在灵山法会上，释迦牟尼向大众说法，忽然他一言不发地拈一枝莲花向听众示意，与会者面面相觑，不知世尊何意，此时唯有大迦叶破颜微笑。世尊当即宣布："我有正法眼藏，涅槃妙心，实相无相，微妙法门，不立文字，教外别传，总持任持，凡夫成佛，第一义谛，今方咐嘱摩诃迦叶。"在这个传说为禅宗开端的标志性仪式上，释迦牟尼拒斥言说的态度鲜明表现出来了。"以心传心"，心灵的相互印证是成佛的关键。"心印者，达摩西来，不立文字，单传心印，直接人心，见性成佛。"语言文字是人类创造的精神成果之一，是人们思想与感情的模拟表达。但在禅宗看来，觉悟和解脱作为人类的普遍理想固然可以用语言和概念加以表达，但这种传达必须建立在个人的体验上，而神秘的宗教体验是拒绝把语言作为中介的，即"不立文字"。因此对禅宗来说，打破枷锁，建立自信，首先要做的便是破除经典的权威。云门宗曾有一偈："大智修行始是禅，禅门宜默不宜喧。万般巧说争如实？输却云门总不言。"千言万语不抵云门宗的默然不言，语言文字的优势彻底被瓦解了。

传统佛教佛、法、僧三宝构成了宗教信仰的三种力量：佛，是教主，崇拜和敬奉的对象；法，佛教的义理，体现文字语言的经教；僧，承载佛教精神的现实力量。对禅宗来讲,首先他们破除了对经典的迷信,改变了"法"外在化的倾向。在此基础上,必然的结论是彻底否定权威和偶像崇拜。权威建立在对义理的把持上,偶像是义理的人格化,所以从根本上来说,无论是文字语言为代表的经籍,还是权威和偶像,都是名相,而非本质。禅宗和尚德山宣鉴宣称:"我先祖见处即不然,这里是无祖无佛,达摩是老骚胡,释迦老子是干屎橛,文殊普贤是担屎汉。等觉妙觉是破执凡夫,菩提涅槃是系驴橛,十二分教是鬼神簿,拭疮疣纸。"(《五灯会元》)传统佛教建立的观念世界在这里以一种"大不敬"的方式被打破了。

  禅宗打破的不仅仅是语言和偶像,对传统修行方式的革新也是创举之一。慧能说:"此法门中,何名坐禅?此法门中,一切无碍,外于一切境界上念不起为坐,见本性不乱为禅。"(敦煌本《坛经》)一般谈到坐禅,即使不必选择僻静的处所,至少也需要形体上的"坐"来保证禅定正常进行,但在慧能的眼中,"外离相",不执着外界境相,"内不乱",内心无杂念,即是坐禅。一切外在的要求都不必须,保持心的原初状态,直指人心,便是最好的禅定。马祖道一的参禅经历便是这种变革的很好注脚:马祖道一初习禅时,在衡山脚下打坐,南岳怀让看到后问曰:"大德坐禅图什么?"道一说:"图作佛。"怀让随即取一砖,往石头上磨起来。道一问:"磨其做什么?"怀让说:"磨作镜。"道一很奇怪:"磨砖岂得成镜邪?"怀让反问:"磨砖既不成镜,坐禅岂得作佛?"(《五灯会元》)怀让为了引导道一,还作了一个比喻:如牛驾车,车若不行,打车还是打牛?要想成佛,就要掌握成佛的根本。佛非定相,不是固定不变的外在于我的名相,所以道一坚执坐禅的死板教条,而丧失了活生生的心灵,在怀让看来是不能成佛的。

  禅宗反对一切形式化、教条化、外在化的思维和行为方式,反对名相世界对人性的束缚和背离,构成了一股强大的否定力量,摧毁一切既成的现实,这也是很多论者以为禅宗与大乘空宗思想相近的原因之一。而它们之间不同的是禅宗不仅有所破,同时也有所立。"师(临济义玄)与王常侍道僧堂,王问:'这一堂僧还看经么?'师曰:'不看经。'曰:'还习禅么?'师曰:'不习禅。'曰:'既不看经,又不习禅,毕竟作个什么?'师曰:'总教伊成佛作祖去!'"(《五灯会元》)王常侍发生疑问的是:打破传统佛教的价值观和世界观,如果没有新的建立,容易走入虚无。义玄禅师的回答发人深省:抖落枷锁之日,即是人的解脱之时。

发掘日常生活的意义，植根生命之源泉，是禅宗发现和实践的解脱和超越之道。著名的"百丈清规"的创立者百丈怀海在幼时随母亲入寺，见到佛像后问母亲："此是何物？"母亲回答："是佛。"怀海说："形容似人无异，我后亦当作焉。"（《五灯会元》）这里一针见血地指出了问题的实质：人们烧香拜佛，持戒修行，全身心追求的对象原来与我无异，那么我的存在、生活，即是佛的存在和生活，我的一举一动、眨眼瞬目无不是神圣之所显。马祖道一明确说："道不用修，但莫污染。……若欲直会其道，平常心是道。何谓平常心？无造作，无是非，无取舍，无断常，无凡无圣。"（《江西马祖道一禅师语录》）"平常心是道"明确宣布了禅宗解决人生问题的前提，成佛作祖的超世俗生活，不在天国，亦不在彼岸，就在人间，甚至进一步，根本就无所谓凡圣的区别，有分别即非平常心。那么，"行住坐卧皆道场""任其自然"是不是说浑浑噩噩的生活即是道呢？下面的一段对话回答了这个问题："源律师问：'和尚修道，还用功否？'师曰：'用功。'曰：'如何用功？'师曰：'饥来吃饭，困来即眠。'曰：'一切人总如是，同师用功否？'师曰：'不同。'曰：'何故不同？'师曰：'他吃饭时不肯吃饭，百种须索，睡时不肯睡，千般计较。所以不同也。'"（《五灯会元》）表面上看都是穿衣吃饭，但却并不相同，悟解后，一切任运自然，举手投足，都是有意义的生活，所谓"从心所欲不逾矩"。悟解前，虽也过同样生活，但却处处牵挂，种种计较，终归是酒囊饭袋。这种不同，青原惟信表达得更清楚："老僧三十年前未参禅时，见山是山，见水是水，及至后来亲见知识，有个入处，见山不是山，见水不是水，而今有个体歇处，依然见山只是山，见水只是水。"（《五灯会元》）未修道时触目所见无非俗事，所以山是山，水是水；修道初，只觉得别有洞天；觉悟后，尘世即佛界。在这个认识的"否定之否定"过程中，成佛、觉悟、解脱的理想成为现实。

总而言之，禅宗的这场革命性变革，隐含了这样一种思路：人人皆有之佛性应该更直接地表示为人即是佛。上述表达困难的存在，关键在于有一种东西横隔其间，在禅宗看来，从本质上说造成这种间隔的就是人的二元思维。内与外、凡与圣、世间和出世间这种惯性的分割，虽屡经破斥，仍时隐时现。这种局面的形成不是因为传统佛教消解对立的力量不够强，而是因为在具体的修行活动中，理论中被化解的冲突重又建立起来，内与外，凡与圣的间隔不仅没有消失，反而通过潜移默化的行为得到加强。通过对比，我们就可发现禅宗在实践意义上真正地体现了人人皆可为佛的理想，奠定了自信的坚实基础。

三 佛教精神与中国文化自信

中国佛教的理想是成佛、觉悟。成佛是人格的转换，觉悟是认识的升华。无论此二状态的异与同，以及在佛教经典中是否还存在其他的解脱类型，都不影响以下的结论：人是解决所有问题的核心。表面上看，成佛是一种超常识的境界或结果，但是实际上此结果或境界的意义确立乃是以人为依托的。借用马克思的话即是："宗教是那些还没有获得自己或是再度丧失自己的人的自我意识和自我感觉。"恩格斯也说："在这种反映（宗教）中，人间的力量采取了超人间的力量的形式。"这里我们不去讨论宗教的全面的定义和如何理解宗教，从这两段话中，我们也至少可以看出，宗教不是和人无关的一种超人间力量，相反，它是和人的认识、情感、信仰密切相关的一种对象。佛教既然是宗教，那么人的解脱、成长、提升无疑是重要的一个问题。因此对人的本性的体认，人的实践和修行活动的展开，对中国佛教来说不仅是一个哲学问题，也是一个宗教问题。

正如伊利亚德所指出的那样：人类创造了宗教，靠着它由自然的存在变成了文化的存在。因此宗教可以以某种宗教为核心而形成文化的凝聚力和共同价值观。萨缪尔·亨廷顿在其所著《文明的冲突与世界秩序的重建》中也指出："宗教是界定文明的一个主要特征。"从当前的国际关系的角度看，宗教既是国与国之间交往沟通的方式，也是进行文化输出和辐射的重要渠道。中国佛教作为中国文化的重要组成部分，其圆融境界与自信精神都是中国文化的重要思想资源。基于中国佛教文化并且以此所产生的文化辐射作用，所凝聚的文化软实力，同官方所进行的文化传播活动相比，更加容易被人接受，更不易使人产生敌意。

九江禅宗法脉衍扬及历史影响

释纯闻

摘　要：本文以五宗七家法脉九江衍扬为主线，分述各宗门庭肇立及赣北弘传历史，褒扬历代祖师九江德化之盛隆，末后综述近代禅门泰斗虚云和尚中兴云居祖庭之伟绩及当前云居丛林修行体系。全文分为三章：第一章：略述禅宗肇起因缘及法门宗旨；第二章：展述五宗七家禅法九江弘传历史，凸显"即心即佛，立处皆真"之宗风特色，再现唐宋以来，各派祖师于九江大展手眼，应机接物之禅门盛况；第三章：略述近代禅门泰斗虚云和尚晚年于云居山振兴祖庭，挽救华夏法运之悲智愿行，概述当前云居丛林修行体系，介绍云居山国际禅修院建设宗旨及规划愿景。

关键词：禅宗精神　法脉传承　五宗七家　九江　云居山

作者简介：释纯闻，中国佛教协会副秘书长，江西省佛教协会副会长，九江市佛教协会常务副会长，云居山真如禅寺方丈。

一　禅宗肇起因缘与法门宗旨

昔释迦如来，自兜率天宫降诞娑婆，从摩耶夫人（古印度迦毗罗卫国王后）右胁而出，初生即四方各行七步，一手指天，一手指地，作如是言："天上天下，唯我独尊！"然世人不解世尊初示佛性本具之密意，故太子特垂慈方便，"示现算计文艺射御，博综道术，贯练群籍"。以世间诸法皆非究竟智故，割爱辞亲，出家修道，雪山勤苦六年，后于菩提迦叶菩提树下，跏趺而坐，七日七夜，睹明星成无上正觉，起座叹曰："奇哉！大地众生皆有如来智慧德相，但以妄想执着不能证得。"时年35岁。虽云大彻大悟，即时豁然，还得本心尔。旋即不起于坐，入深三摩钵提，二十一日内为法界菩萨摩诃萨及大心凡夫，直显生佛本具之华严境界，立"应观法界性，一切唯心造"之宗旨，是为初转法轮，乃禅宗肇起之远因。

后于灵山会上，大梵天王献优昙钵罗华，世尊拈花微笑，百万人天，惘然失措，唯摩诃迦叶破颜微笑。佛言："吾有正法眼藏，涅槃妙心，实相无相，微妙法门，不立文字，教外别传，咐嘱摩诃迦叶。"至此宗门初立，迦叶以心印心，受佛衣钵，为禅宗初祖。阿难尊者，多闻第一，忆诵三藏十二部典籍，惜乎未契本心。后经迦叶指点，倒却门前刹杆，倏忽蓦然悟入，由是金南袈裟，承衣接法，为第二代祖。

此后西天诸祖，辗转传承，至第十二代祖马鸣菩萨，大阐宗风，广化四众，著《大乘起信论》云："摩诃衍者，总说有二种。云何为二？一者法，二者义。所言法者，谓众生心。是心则摄一切世间、出世间法。依于此心，显示摩诃衍义。"故众生心者，即大乘法，但契本心，即登佛位，非由修证，不从外得。非唯禅宗，八宗教派，仰尊马鸣，以心地智相，圆摄万法，一切大乘教，皆自心起用故。

马鸣之后，经迦毗摩罗尊者，传龙树菩萨，为禅宗第十四代祖。龙树菩萨有传法偈曰："为明隐显法，方说解脱理。于法心不证，无瞋亦无喜。"以此心即法故，心不自证心，自在作佛事，随缘演诸宗。故尊者被唯识、天台、华严、三论、成实、藏密、净土诸宗共推为祖，演扬大乘，影响深远。

龙树菩萨后，西天诸祖以心印心，辗转相传，至二十八代菩提达摩，西奔震旦，传佛心宗，为东土初祖。达摩以《楞伽经》咐嘱二祖慧可。经曰："佛语心为宗，无门为法门。"以觅心了不可得故，诸法无门，缚脱无二。二祖之后，传至六祖慧能，开"何期自性，能生万法"之本智，此后一花开五叶，诸宗各派，生化繁衍，禅宗门庭，赫立千秋。乃至后世多有中峰明本、天如惟则、永明延寿、云栖莲池、梵琦楚石、藕益智旭、憨山德清、虚云德清、一诚衍心、传印月川、宣化安慈等禅门龙象，悟佛心宗，万法无滞，提振净、律、天台、唯识等大乘各派，一为无量，无量为一，演扬诸宗，德被后世。故曰"宗门兴，佛法兴"，诚非虚言也！

二 禅宗法脉九江衍流

赣北九江，交通畅达，水陆便利，有"三江之口，七省通衢"之美誉。东汉明帝永平年间，佛法初入震旦，即有僧人祖印持法南播，于长江南岸彭泽县首建安禅院。据明嘉靖《九江府志》记载："安禅寺，又名安禅院，汉永平年间，僧祖印开创。"日后佛法大盛江西，返本溯源，皆由禅法肇起九江伊始。

未久西域僧人安世高，于东汉灵帝建宁末年，由洛阳南下，至浔阳、庐山弘教。安世高原为安息国（今伊朗）太子，舍位出家，志向沙门，博通经藏，尤精阿毗昙学，译《安般守意经》《阴持入经》《阿毗昙五法经》等大小经论35部，多属数息、止观等小乘禅法。东晋道安大师曾于《安般注序》中赞曰："博学稽古……其所出经，禅教最悉。"虽小乘禅法有别于宗门顿悟之教，然祖印、安世高等东汉西域高僧于九江兴扬禅法，为日后祖师顿教衍流江西奠定坚实之基。

唐宋以后，至于明代，九江禅宗应时大兴：四祖道信、五祖弘忍、马祖道一、临济义玄、云居道膺、圆悟克勤、大慧宗杲、佛印了元、白云守端、黄龙慧南、东林常总等名震梵天之禅门巨匠，先后于赣北创立门庭，弘宗演教。千百年来，五宗七家，繁衍不绝，诸派祖师各展手眼，应机接物，共谱九江乃至江西佛教史上最为璀璨之篇章。

（一）东山法门九江肇起（五宗未分）

四祖道信禅师，河南沁阳司马氏子，生而超异，自幼善解大乘空宗。7岁出家，14岁谒三祖僧璨大师。

初礼三祖，道信便问："愿和尚慈悲，乞与解脱法门。"

三祖反问道："谁缚汝？"

道信道："无人缚。"

三祖道："何更求解脱乎？"

道信闻言，顿契心宗，缚脱无二，皆是妙用。遂侍三祖数十载，常与恩师携手游历九江名山大川。隋炀帝大业二年（606），受师衣钵为第四代祖。大业四年，道信禅师驻锡庐山大林寺，弘宗演教十余年，浔阳、星子两地，缁白归仰，德化盛隆。后于九江遇沙弥弘忍，一见称喜，偕归大林，师徒情深，四十年不离。一日登庐山之巅，遥望江北黄梅破头山，见紫云如盖，下涌白气，横分六道，知后禅法将于兹兴盛。遂于唐武德年间，应蕲黄道俗盛请，偕弘忍自江西吉州渡江北上，择址黄梅破头山，创东禅寺，开东山法门。未久名声日重，法轩大敞，学侣云集，一如昔日登顶庐峰所见瑞兆。

贞观十八年（644），道信付衣钵于弘忍，为第五代祖，嘱于东禅寺北冯茂山（亦称东山）处安居布道。五祖传师心印，提倡《金刚经》，阐扬"即心即佛"，"轮刀上阵，亦得见之"之顿教法门，与师所弘之法共称东山法门。龙朔二年，岭南卢行者参礼五祖，暗合祖心。五祖深夜密授衣钵，为第六代祖。为避追杀，连夜送至九江驿。惠能言："迷师师度，悟了自度。"师徒于九江一别，从此再未相见。后惠能沿浔阳南下，溯赣江而上，远避岭南，隐居16年。唐仪凤二年（677）始出山，大阐东山法门于曹溪，史称南宗顿教。六祖惠能座下，一花开五叶，分演五宗七家。其再传法嗣马祖道一等，将顿教之旨回传江西，千年繁兴赣北。

（二）五宗法脉九江衍扬

1. 马祖建丛林，百丈立清规

六祖慧能三世孙马祖道一禅师，汉州什方马氏子，"容貌奇异，牛行虎视，引舌过鼻。"初参南岳怀让禅师，由"坐禅岂得成佛"一语，悟任心为修，不假方便，合无相三昧，即名为道。蒙师印证，后辗转江西，创洪州禅，名震四海。马祖有感于僧众一衣一钵，随方乞食之印度旧习，与汉地传统不符，有碍佛教弘扬，故首创丛林法式，以禅堂为中，设长连床，集僧共住，农禅双举。马祖一生兴建大小丛林五十余座，其中永修大果寺、修水正济寺、九江马祖寺等皆在赣北境内。至今庐山、星子等地尚存马祖洞、马祖岩、马祖石等遗迹，令人凭仰。其高足百丈怀海，首制禅门清规，史称"百丈清规"，设四大寮口、八大执事之丛林体系，立普请之法，开汉传佛教僧众依规共住，自力更生，相互成就道业之先河，恩德泽被后世。马祖、百丈师徒，传佛心印，契会相通，同于江西举扬"即心是佛""非心非佛""平常心是道"之南禅顿旨，兴丛林、立规矩，由内而外，全面汉化西来大法，俾令禅门五宗七家乃至汉传其他诸宗得以固基立本，扎根华夏，绵延法嗣，千年不绝。

2. 临济创宗及九江演扬

临济义玄禅师，山东菏泽邢氏子，初至江西黄檗山，投希运禅师门下参禅，悟明心地，承侍恩师十余载。后离黄檗祖庭，赴庐山大林寺，开席接众，棒喝齐施。唐宣宗大中八年（854），归河北镇州临济院，大阐江西禅风，"负冲天意气，用格外提持，卷舒纵擒，杀活自在"，立临济门庭，以"四料简""四主宾""三玄三要""四喝四照用"等出格手法提携学人，为五宗七家之首，法脉迄今昌盛不绝。

临济禅师上堂开示曰："云何是法？法者是心法。心法无形，通贯十方，目前现用，人信不及，便乃认名认句，向文字中求，意度佛法。天地悬殊……道流！佛法无用功处，只是平常无事，屙屎送尿，着衣吃饭，困来即卧。愚人笑我，智乃知焉。古人云：'向外作工夫，总是痴顽汉。'你且随处作主，立处皆真，境来回换不得。纵有从来习气五无间业，自为解脱大海。"

临济义玄门人多在北方弘扬家风，唯灌溪志闲一人于江南布道。及至宋代，七世石霜楚圆禅师，将临济一脉再传至江西，下分黄龙、杨岐两支，于九江大放异彩。

临济杨岐宗发轫于江西萍乡杨岐山普通寺，由临济八世方会禅师始立。其法嗣白云守端，北上庐山，结庐于白云峰下，潜心禅修。后相继主持九江圆通寺、承天寺，兴建庐山莲花洞报国寺、云栖寺等，法席轩敞，声震江南。其下出杨岐四世佛果克勤禅师，乃千年难遇之宗门巨匠。南宋高宗建炎元年（1127），师奉"天下名山，惟师择住"之诏敕，住持云居，锡号圜悟。一时八方禅衲，涌集真如，江南官宦，接踵参访，帝多次召问心要，并赐紫衣。时云居山真如禅院成"千人道场"，声震江南丛林。克勤禅师著《碧岩录》，提倡拈花之旨，大阐杨岐宗风，天纵神悟，即心即佛，灵活善变，立处皆真，提携行人，总不离自性田地。上堂云：

> 本来是佛，无成不成，正体湛然，离出不出。本分事上直得万里无片云，犹未可放过，更说什么诸余？！其或随机，且论个出世不出世。所以道：净法界身本无出没，大悲愿力示现受生。

圆悟克勤座下出杨岐五世大慧宗杲，承师衣钵，住持云居，大开法席，"握竹篦以验学人"，示导徒众于日常行住坐卧、庭院闹市一切等处，用功逼拶，举一话头，反复提斯，直下勘破现前一念。时当朝士大夫如右相汤思退、参政李炳、礼部侍郎张九成、内翰汪藻、给事中冯楫等，皆入云居参访，执弟子礼，得师点拨，悟明心性。乃至南宋孝宗皇帝，亦为宗

杲禅师之在家得法弟子。宗杲禅师举扬杨岐宗风,强调不离自性,真实参究,上堂有云:

此事如青天白日,皎然清净,不变不动,无减无增,各各当人日用应缘处,头头上明,物物上显,取之不得,舍之常存,荡荡无碍,了了空虚,如水上放葫芦,拘牵他不得,惹绊他不得。

又云:

善恶皆从自心起。且道:离却举足动步、思量分别外,唤甚么作自心?自心却从甚么处起?若识得自心起处,无边业障,一时清净;种种殊胜,不求而自至矣。生从何处来?死向何处去?知得来去处,方名学佛人。知生死底是阿谁?受生死底复是阿谁?不知来去处底又是阿谁?忽然知得来去处底又是阿谁?看此话,眼眨眨地理会不得,肚里七上八下,方寸中如顿却一团火相似底,又是阿谁?若要识,但向理会不得处识取。若便识得,方知生死决定不相干涉。学道人,逐日但将检点他人底工夫,常自检点,道业无有不办。或喜或怒,或静或闹,皆是检点时节。

宗杲禅师以后,杨岐一派南方多于云居传承衍流,自圆普云、云居宗振、普庄呆庵……千百年云居杨岐宗风浩荡,法脉延绵不绝。明清之后,杨岐宗恢复临济旧称,史称"后临济"。云居法席兴盛依然:颛愚观衡、晦山戒显、元鹏雷燕等皆为临济巨擘,名赫一时,声震梵天。及至近代禅门泰斗虚云和尚,一身参演五家法脉,于鼓山涌泉寺妙莲和尚处接临济宗法,为临济四十三世。虚云和尚晚年于云居山咐嘱临济法脉予海灯、一诚、净慧法师,至此临济重光,法嗣兴盛,乃至衍流海外,传灯不绝。

临济黄龙宗发祥于九江修水黄龙山。开山宗祖黄龙慧南禅师,江西上饶章氏子,于临济七世石霜楚圆禅师座下悟明心地,归修水县同安寺,首开法席。后移居庐山归宗寺,衲子名流,尽归座下。时礼请翠岩真可为首座,名臣王安石、潘延之等竞相亲近。宋英宗治平二年,应隆兴府太守程师孟之请,入主修水县黄龙山崇恩禅院,直至圆寂。慧南禅师于黄龙山大开讲席,德化盛隆,"传石霜之印,行临济三命",立黄龙宗旨,创"生缘""佛手""驴脚"三关，步步为营，环环紧扣，逼拶至甚，唯令学人当下透脱，跳出窠臼。

或有人来问法，黄龙则以三问拶人：

初曰："人人尽有生缘，如何是上座生缘？"
对方拟答，即逼问曰："我手何似佛手？"
进而再问："我脚何似驴脚？"

黄龙传法三十余年，能应答三关者，鲜有其人。故丛林盛传"三关陷虎，坐断十方"之美名，其"法席之盛媲追马祖百丈"。黄龙宗由此成为宋代江西禅宗之旗帜，慧南禅师由此被奉为一代宗主。

慧南法嗣，除祖心晦堂住持黄龙祖庭，余皆分席赣北丛林，阐扬黄龙家风。其中尤以云居元祐及东林常总，最为显名。

元祐禅师，江西上饶王氏子，宋元祐年间，应王安石之弟王安上之请，驻锡云居真如禅院。师天纵神悟，尤善说法，片言点睛，龙腾虎跃。宋神宗闻其名，御赐紫袈裟以示表彰，师作《辞赐紫衣诗》以辞之。上堂云：

"一切声是佛声。"以拂子击禅床曰："梵音深远，令人乐闻。"又曰："一切色是佛色。"乃拈起拂子曰："今佛放光明，助发实相义。已到之者顶戴奉行，未到之者应如是知、如是信。"击禅床下座。

绍圣二年（1095）七月初七夜，元祐禅师集众说偈后圆寂。师生前与黄庭坚为挚友，黄曾为师之语录撰序。

常总照觉禅师，黄龙慧南之法嗣，于宋元丰三年（1080）住持庐山东林寺，为东林第一代禅宗祖。常总驻锡东林期间，宗风丕振，衲子云集，为千人道场，法席之盛肩比东晋远祖。苏东坡、张商英等当朝士大夫皆从师参禅。宋神宗谕诏，赐改寺名为"兴隆禅寺"。

两宋时期，黄龙宗高僧辈出，多弘化于九江。克文真净，于宋哲宗时期驻锡庐山归宗寺；兜率从悦，住持修水龙安山兜率禅院；清凉洪慧为两宋禅宗史上不可多得之释经大家，一生遭遇坎坷，晚年驻归永修同安寺，弘宗演教直至圆寂。

黄龙一派乃两宋禅门主流，其禅法宗风，尤受文人士大夫喜爱。南宋期间，日僧荣西将黄龙法脉传至东瀛，大兴于日本，至今尚有余嗣。惜自元代后，黄龙宗于华夏逐渐衰落，后为杨岐一支取代，明清之后，再次恢复临济旧称。

3. 沩仰立宗及九江衍扬

沩山灵佑禅师，福州长溪赵氏子。生时庭中集祥云瑞气，自幼被称为"佛之真子"。15岁剃度出家，参究大小经律。后游浙江天台山，遇神僧寒山拾得，勉其赴江西参学。遂于靖安宝峰禅寺谒见百丈怀海祖师。百丈语师曰："欲识佛性义，当观时节因缘，时节既至，如迷忽悟，如忘忽忆，方省己物不从他得。"灵佑禅师由此豁然契悟，发明本心，侍师十余年之久。后于湖南大沩山拓荒肇基，大阐宗风。沩山灵佑尤重农禅并重，立"自为饮食"之纲纪，集千余人于山修道而能善避会昌法难。后禅风大振，宰相裴休亦多入山请法，史称"沩山灵佑"。

沩山座下下出高足仰山慧寂，师徒二人法情深厚，心灵犀通，相伴近二十载，开山、平田、插秧、除草，共践农禅双修之旨，创严谨绵密之沩仰宗风，千年流芳，万世景仰。如《人天眼目》载曰："父慈子孝，上令下从，尔欲捧饭，我便与羹；尔欲渡江，我便撑船；隔山见烟，便知是火；隔墙见角，便知是牛。"

仰山慧寂同门香严志闲，下出法嗣常贞，弘道庐山双溪院。两宋时期，云居山真如禅寺为赣北沩仰宗重要衍流之地，云居义能、义德、绍遵等祖师先后驻锡祖庭，大阐"实际理地不受一尘，万行门中不舍一法"之沩仰宗旨，丛林集众皆千人有余。

然由沩仰宗不尚言语，师徒之间，尤重以心印心，契会相通之单传宗旨，故至五代末，沩仰法脉已鲜有记载。及至近代，虚云和尚以114岁高龄，步行上云居山，抛砖打瓦，开垦荒地，重振真如祖庭。时有湖南宝生和尚请虚公遥承七世兴阳词铎法脉为沩仰宗八世。虚公因念沩仰宗法脉中断千余年，故以绍隆法统为己任，于云居山挂沩仰钟板，心香一瓣，续佛慧命。1956年，虚云和尚付沩仰法脉予弟子海灯、性福二师，为沩仰宗九世。性福禅师再传法脉于衍心一诚禅师。其前后于虚公处嗣法沩仰者亦有宣传月川、宣诚达定、宣道净慧、宣化度轮、宣玄圣一等数十位宗门巨匠，续尚宗风，演扬一乘。现沩仰法脉盛世重光，不惟繁兴华夏，亦衍流于国内的港澳台及国外的南洋、北美等地。

4. 曹洞立宗及九江衍扬

云岩昙晟禅师，九江永修王氏子。少时于江西靖安宝峰寺出家，后往湖南参礼沩山灵佑禅师。由师公石头希迁《参同契》，悟"门门一切境，回互不回互"，将事理偏正喻为"臣奉于君，子顺于父"。后驻锡修水云岩禅院，大开法筵，创"宝镜三昧"之说，为曹洞未立宗旨之先锥。

洞山良价禅师，浙江会稽俞氏子。幼年出家，礼马祖弟子灵默为师。参谒云岩昙晟禅师，师授以《宝镜三昧》，后至江西吉安，涉水见影而得开悟，遂至江西宜丰同安乡境内，开堂说法，广结徒侣。依《宝镜三昧》撰《宝镜三昧歌》《玄中铭》《五位君臣颂》《五位显决》等，立洞山宗旨。其中以《五位君臣颂》最为广传，颂曰：

> 正中偏：三更初夜月明前。莫怪相逢不相识，隐隐犹怀旧日嫌。
> 偏中正：失晓老婆逢古镜。分明觌面别无真，休更迷头犹认影。
> 正中来：无中有路隔尘埃。但能不触当今讳，也胜前朝断舌才。
> 兼中至：两刃交锋不须避。好手犹如火里莲，宛然自有冲天志。
> 兼中到：不落有无谁敢和。人人尽欲出常流，折合还归炭里坐。

其下法嗣曹山本寂，承嗣洞山数年，蒙师印可，归曹山阐扬"五位君臣"之教，后世合称曹洞宗。然曹山本寂一脉，经四传之后，便已断绝。后世曹洞宗，多赖良价高徒——道膺祖师，于永修云居山真如禅寺弘扬光大。

云居道膺禅师，蓟门玉田王氏子。25岁出家，志向大乘，愿力弘深。初至翠微问道三年，后赴洞山参礼良价禅师，深得"五位君臣"之心要，山许为室中弟子，并曾在合寺僧众前赞叹道膺："此子已后，千人万人把不住去在！"未久蒙师印可，分席弘法。时镇南节度使南平王钟传慕道膺高德，再三迎请住持云居禅院，发愿世世侍奉为师。道膺祖师遂登临云居，重振道场。是云居山真如禅寺自唐宪宗元和三年（808）道容禅师肇基，历经数代，业已荒败。道膺禅师殚精竭虑，广募外援，兴建梵宇，弘洞山宗旨，法席大盛，道场云集衲子千五百人，为云居开山二祖。时南平王钟传表奏请赐，唐昭宗亲笔御书"隆昌禅院"之额，并赐紫衣袈裟及"弘觉大师"之号。

道膺祖师于云居山阐扬恩师"五位君臣颂"要旨,"家风细密,言行相应,随机利物,就语接人",开理事双彰,回互无碍之妙门:

> 有僧问:"不逢不遇时如何?"
> 师云:"也大屈在。"
> 进问:"得遇得逢时如何?"
> 师云:"也大屈在。"
> 再曰:"既得遇得逢,为什么却成屈?"
> 师云:"千劫不过来。"
> 问曰:"与么则不逢不遇即是也。"
> 师云:"路上行人绝。"

师展一如心境,荡荡不逢人,西来旨意,随手拈提,体用何分,自他泯绝,君臣互摄之际,东山水上之行,随处坦然,称佛作祖,后世常尊师为"南宗伟人"。

道膺门下彻悟法嗣达二十八人之多,其高足同安道丕、归宗怀保、云居道简等,均弘化一方,树立门庭,再传徒众数以千计。道膺祖师后经六代,传至丹霞子淳,其下出天童正觉、长芦清了等九位禅门巨擘,传佛心印,大倡惺寂双运、忘情默照之禅法,曹洞宗风再次广扬天下,享曹洞半边天之盛誉。及至明代,有洪断诸缘禅师,承嗣曹洞法脉,于云居山结茅闭关三年,跪诵《华严经》,再次中兴云居祖庭。万历慈圣皇太后护持倍甚,亲赐真如禅寺铜佛一尊,神宗皇帝亦加赐《龙藏》。洪断诸缘禅师驻锡真如禅寺二十年,弘传祖业,光大门庭,其下法嗣常月、常练、常慧、常锦等各化一方,皆曹洞巨匠,于江西世代相袭,号称诸缘云居支脉,嗣传久远。近代禅门泰斗虚云和尚,于福建鼓山接曹洞法脉,为四十七世祖。后上云居山振兴祖庭,授徒传法,再现曹洞祖庭风光。

云居曹洞法系不仅席踞华夏,亦衍流海外,大兴于东亚乃至欧美诸国。昔有朝鲜僧人利严、丽严、迥微、庆猷等,法嗣道膺禅师,归国后于须弥山建广照寺,创须弥山派,开海东禅门九山之始,新罗佛教史称"海东四无畏大士"。日本僧人道远,来汉参学禅法,归国后举扬曹洞宗风,起建兴圣、永平诸寺,成日本曹洞初祖。今东瀛曹洞,以永平、总持二寺，拥徒千万，享誉岛国，为当地佛教诸宗之首。近代亦创办驹泽大学、爱知大学院大学、鹤见女子大学等社会机构，影响深远，贡献颇丰。

5. 云门立宗及九江衍扬

云门文偃禅师，浙江嘉兴张氏子，幼依空王寺志澄律师出家。博通大小乘经论，惜未悟明心地。后参睦州陈尊宿，文偃禅师叩门。

州曰："谁？"

师曰："某甲。"

州曰："作甚么？"

师曰："己事未明，乞师指示。"

州开门一见便闭却。师于是连三日叩门，至第三日，州开门，师乃拶入。州便擒住曰："道！道！"师拟议，州便推出曰："秦时车度轹钻。"遂掩门，损师一足。

文偃禅师从此悟入，经睦州指点，参雪峰义存，终于发明心地。后驻锡云门山，"创构梵宫，数载而毕"，立云门宗旨，以"函盖乾坤，截断众流，随波逐浪"三句提携后人，天下学侣望风而至。或有僧来问祖师西来大意，师即举一糊饼示之。进问："这个有什么交涉？"师便云："灼然有什么交涉。"如是勘验学人，透过者鲜少。故云：会得云门饼，皆是过来人。云门门庭"体露金风"，奉天子之敕召，一印印定万机，毫无回旋之地。故后世曰："云门天子，临济将军。"

文偃法嗣兴旺，达百余人，其中多有传师心印者，辗转江西，择云居、庐山栖止，大阐云门家风，法脉衍流，数代不绝。唐五代及两宋时期，云居山云门宗祖师达八位之多，其中以云居晓舜、佛印了元最为显名，德风甘露，泽被后世。

佛印了元禅师，圆戒30余年，九坐道场，四众倾向。于宋元丰年初驻锡云居山真如禅院，续佛慧命，大行禅法。四方衲子风拥云集，罗拜门墙之下。真如禅院一时成名震天下、众望所归之千人道场。宋神宗御赐"云居山真如禅寺"匾额。了元禅师性格豁达开朗，兼之能诗善文，长于言辩，故同代缙绅之贤者，如苏东坡、黄山谷、秦少游、王子纯、郭功甫等辈，皆多奉之为师，与之过从甚密。今云居山真如禅寺尚有佛印桥、谈心石等遗迹，皆佛印禅师与东坡居士论道谈心之处。"欲与白云论心事，碧溪桥下水潺潺。"僧俗和合，道谊深厚，印心之交，流芳千古。

东坡昔问佛印曰:"佛法在什么处?"

佛印答曰:"在行住坐卧处,着衣吃饭处,屙屎撒尿处,没理没会处,死活不得处。子瞻胸中有万卷书,笔下无一点尘,到这地位,不知性命所在,一生聪明要做甚么?三世诸佛则是一个有血性汉子。子瞻若能脚下承当,把一二十年富贵功名贱如泥土。努力向前,珍重,珍重!"

云门法脉于两宋之后,逐渐衰败,鲜有传承。及至近代,禅门泰斗虚云和尚,以复兴宗门为己任,因不忍云门一脉湮没,故重祧文偃门庭,传祖心灯,自续为云门第十二世,法名演彻。后于云居山再传此法于妙宗净慧、妙道朗耀等法嗣,自此云门重光,宗风丕振,衍流华夏,化化不绝。

6. 法眼立宗及九江衍扬

法眼文益,唐五代末高僧,浙江余杭鲁氏子,宿缘深厚,善根天成,七岁出家,博通经教,兼涉儒道,禀赋异常。于同伴相约至南方参学,过地藏院。

桂琛院主问曰:"此行何之?"
师曰:"行脚去。"
藏曰:"作么生是行脚事。"
师曰:"不知。"
藏曰:"不知最亲切。"

地藏院主见文益乃可造之才,欲以点化,一日指庭下片石曰:

"且道此石在心内,在心外?"
师曰:"在心内。"
藏曰:"行脚人著甚么来由。安片石在心头。"
师窘无以对,曰:"某甲词穷理绝也。"
藏答曰:"若论佛法,一切现成。"

师于言下大悟,遂留住地藏院,承侍桂琛数载,道业日增。后归金陵清凉寺开堂接众,立法眼门庭,史称清凉文益。时四方僧俗竞向归之,南唐中主李璟亦因师顿悟禅旨。

文益禅师著《宗门十规论》，接引后学提倡"对病施药""量体裁衣"。《五家宗旨纂要》云："法眼宗家风，则闻声悟道，见色明心。句里藏锋，言中有响。三界唯心为宗，拂子明之。"法眼宗深受华严教义影响，举"一心真如"即华严"总相"，有"禅教兼容"之风。在佛教各派中，尤与儒家心法融会相通，深受朱熹推崇，对宋明理学肇基立本影响冲深。

南唐两宋时期，法眼宗门庭兴盛。清凉文益法嗣近百人，散布九州，各自弘化。其中九江法脉衍扬，尤以云居山、庐山为盛。

云居山法眼立宗始于云居清锡禅师，师福建泉州人，清凉文益之法嗣。清锡禅师于南唐保大后期入主云居，立法眼宗旨，兼容曹洞绵密家风，就语接人，独树一帜。北宋时期，又有道齐禅师，清凉泰钦之法嗣，太宗太平兴国年间上云居山，主持云居山近二十年，绍隆法眼家风，循循善诱，灵活施教，每有开示，亲切叮咛，两序无不动容。门下弟子受其启迪，发明心地者甚多。时龙昌禅院集众逾千人，成江南最大道场。道齐禅师著《语要搜去》《拈古代别》等作，盛行于丛林。道齐禅师之法嗣契环禅师，传师心印，尤长机锋辩答。初于云居协师周理寺务，宋至道三年（997），继任云居山龙昌禅院住持。其后数十载，严奉师教，继往开来，扩建梵宇，弘法传灯。大中祥符元年（1008），宋真宗赵恒赐诏改寺名为"真如禅院"，庆历朝宰相晏殊为作《云居山重修真如禅院碑记》，一时有天下丛林领袖之誉。云居道齐亦有法嗣万杉太超、圆通利柔、化城自颜、罗汉怀端，从师数载，后辗转庐山弘教。

唐五代中至两宋，法眼宗为庐山传播最盛之脉。清凉文益重要法嗣中，于庐山布道弘法者多达十余位。策真、僧遁、义柔、慧朗等法眼巨擘先后驻锡归宗、圆通、化城等寺。文益再传法嗣中，亦有行林祖印、栖贤澄湜等于匡庐弘教。黄龙祖师慧南禅师，曾依止栖贤澄湜参悟三载，有感于师"性高简，律身精严，动不违法度。暮年三终藏经，以坐阅为未敬，则立诵行披"之严谨德风，多次叹曰："栖贤和尚定从天人中来，丛林标表也。"

虽唐宋法眼门庭繁兴，然七代之后，法嗣断绝。近代禅门泰斗虚云和尚，自演为法眼宗第八世，其下再传本性净慧、本智宽志、本观慧果等法嗣，绍隆法眼，重光祖灯。

三 近代云居祖庭中兴与丛林修行体系

云居真如禅寺，史称"龙昌禅院""真如禅院"，乃西天佛陀授记之道场圣地，位于鄱阳湖畔，九江永修云居山顶。唐宪宗元和三年（808），道容禅师得司马头陀点化，以白鹿衔花为引，自横岭折而北，登临云居之顶，但见地平如掌，湖澄如镜，四周峰峦簇拥，状似天然莲花，遂于此处肇基建寺，安僧化众，传承"一日不作，一日不食"之百丈家风，农禅并重，声名远播，为云居山开山初祖。

唐僖宗中和三年（883），曹洞二世道膺禅师，应邀驻锡云居，法轩大敞，玄教高敷。之后千二百年，云居禅风浩荡，高僧辈出：云居晓舜、佛印了元、圆悟克勤、大慧宗杲、颛愚观衡、晦山戒显……宗门巨擘，驻锡云居，五宗七家，大放异彩，享"一夕开悟四十八者"之盛誉，法嗣相继，千年不绝，为震旦罕见之灵山，无愧"宗门鞴炉"之美名。

（一）虚云和尚重振真如祖庭

1953年，禅门泰斗虚云和尚以114岁高龄步行上云居山，于一片废墟之中抛砖打瓦、开垦荒地，兴丛林、立规矩，农禅并重，冬参夏学，传五家法脉，重振真如祖庭。虚云和尚谛观时节因缘、众生根基，于云居山挂沩仰钟板，授三坛大戒，兴办佛学苑，行解相应，培育僧才。其下出一诚长老、传印长老两任中国佛教协会会长，及本焕、净慧、佛源等一大批宗门巨擘。"文革"结束后，或驻锡云居，绩尚宗风，或散布九州，各立门庭。纵观当今海内外大小丛林，虽别弘大乘八宗，然多由虚公宗门法嗣，主持法席，担当家业。可知"宗门兴则佛法兴"，诚非虚言！故由虚公重演、一诚、传印等长老发扬之云居丛林修行体系，当前更显意义深远。

（二）云居丛林修行体系

如今，云居僧团在方丈纯闻大和尚带领下，恪遵祖训，坚守清规，惟扬祖师顿教，志在明心见性，丛林修行体系日臻完善。僧众由登坛受戒至佛学苑研习经教，从禅堂锤炼到禅七、禅关克期取证，最终得以圆满三学、宗教兼通，荷担如来家业，堪称人天师表。云居山为教界输送大批优秀僧才，其殊胜修学体系体现为如下几点。

1. 续佛慧命，重视传戒

1955 年，虚云老和尚以 116 岁高龄，悲愿弘深，于云居山大开甘露戒坛，传授三坛大戒。五百余名衲子汇集云居，慕名求戒，盛况空前，为时佛教界最重要之传戒法会，令僧伽命脉不断。改革开放后，1982 年云居山率先开坛传戒。一诚长老升任方丈后，继承虚老遗志，宏演毗尼，以三年一次传戒为云居山定例。今年秋季，云居山三坛大戒方已圆满，海内外近八百名佛子于真如戒坛圆上品净戒，由此奔赴八方，绍隆佛法，化化不绝。

2. 学修并进，研习经教

云居山自虚云和尚中兴以来，尤重闻思之慧，提倡僧众研读大乘经典。1957 年，虚云老和尚邀请海灯法师讲经，创办"真如禅寺佛学研究苑"，挑选 30 名青年比丘，以不脱产之学习制度，农禅并重，学修结合，要求学僧背诵《楞严经》《法华经》《金刚经》《四分律比丘戒本》等经典。时云居山佛学研究苑培养出一大批杰出僧才，一诚长老、传印长老两届中国佛教协会会长皆出于此。近几年，真如禅寺重新恢复了云居山佛学苑，对年轻僧众进行为期三年至五年的教理培养。每年结夏安居期间，寺院僧众还集体诵读《华严经》《楞严经》《金刚经》，讲授经教，学习律仪清规、梵呗唱念等课程。

3. 农禅并重真参实修

昔虚云和尚以 114 岁之高龄率众修行，农禅并重，举扬"一日不做，一日不食"之百丈宗风。之后历任方丈承袭传统，领众上殿过堂、坐香出坡、行住坐卧、动静一如。僧众农禅并重，如虚公所言："在动中做功夫"。

禅堂又称选佛场。古人云："十方同聚会，个个学无为。此是选佛场，心空及第归。"云居山现有东西二禅堂，东禅堂每日四支香，为初学沙弥、外寮比丘共修之禅堂。西禅堂为老参比丘长年安住之地，除上殿过堂不离禅堂，勇猛精进、一心办道。每年冬季，云居山举办为期四十九天之禅七法会，大众同集，屏息诸缘，一心办道，克期取证。

除禅堂坐香及冬季精进禅七外，为成就诸老参上座之道业，云居山设有关房。云居禅关以三年为期，闭关条件严格。比丘在西禅堂住满三年方可申请入关。"禅关三年，坐断十方世界；蒲团一念，顿圆三世古今。"一入关房，关主便掩关长住，克期取证。

（三）云居国际禅修院建设宗旨及远景展望

经云："不为自己求安乐，但愿众生得离苦。"为广开甘露法门，普被无量众生，自2008年起，云居山真如禅寺于赵州关外启建国际禅修院，禅堂面向四众弟子开放。内院传承家风，塑僧团法门龙象，外院普接大众，度群生共成佛道，内外相融，表里辉映。

纵观当今华夏，禅风兴盛，禅堂林立。其中多以静坐冥想、养生习定为禅，而重视参究，以明心见性、见性成佛为宗之祖师禅法，渐显衰微之势。天上云居乃释迦佛陀亲自授记之伽蓝圣地，千二百年，禅风浩荡，高僧辈出，五宗七家，相继演绎，近代虚云和尚亦于此传五家法脉。故真如禅寺于时代洪流中有责任坚守祖师禅法，以上乘法乳滋养群生，普令大众身心安稳，善根增益，参究用功，实证如来功德。

国际禅修院总体规划面积约20万平方米，其中建筑面积约5万平方米，主要分圆通殿、大禅堂、西禅堂、上禅堂、斋堂及会议区、寮房及绿化区等多项建筑，可容纳千人同时共修。国际禅修院依托内院僧团力量，以循序渐进之教法，应机摄化，普导在家善信体验宗风，净化身心，进而开启智慧，增加定力，最终明心见性，步入大乘解脱正门。其具体如下。

1. 采用禅宗历史博物馆、禅茶艺术文化中心、塔林古迹研究保护中心、禅乐书法鉴赏等多种形式，接引初机，令大众于生动活泼，不失意趣之氛围中，体验云居禅风，激发禅修兴趣。

2. 开设经典学习班，定期领众阅藏。藉文字般若之德用，引导大众从文入理，熏习解义，因指见月，启发大乘正信。

3. 细分信众修行水平，因机举办不同层次之禅修班。初领大众调息静坐，安顿身心，后渐入禅那，起觉照定力。藉观照般若之德用，内净其心，外鉴诸像，妙慧心出，得法安住。

4. 定期举办精进禅七（开设短期闭关），在内院僧众带领下，四众参究话头，勇猛精进，克期取证，见性成佛。

此外，随着全球一体化进程加快，国际交流日趋频繁，国际禅修院亦将吸引大量海外人士来山参学。未来，真如禅寺也拟组团，于世界各地禅堂领众参究。届时祖师禅法必将走出国门，走向世界，冲破重重地域、文化深壑，以直指人心，不立文字之圆顿教法，融通四海种族差异，共显法性大圆镜智，一如心境，世界和平，惠以时代众生真实之益……

大觉怀琏禅师生平事迹略述

徐文明

摘　要：大觉怀琏为云门宗一代宗师，也是仁宗国师，为当时政治地位最高的佛教大师。他由圆通居讷推荐，自江州圆通赴东京，住持净因，是从庐山走出来的最为著名的禅师之一，也是宋代九江佛教的代表人物。本文对其生卒年及生平事迹进行了研究。

关键词：大觉怀琏　圆通居讷　江州圆通　九江佛教

作者简介：徐文明，北京大学哲学博士，北京师范大学哲学学院教授、博士生导师，价值与文化研究中心研究员。兼任中国宗教学会理事、中国佛学院研究生导师。主要著作有《中土前期禅学史》《轮回的流转》《出入自在：王安石与佛禅》《六祖坛经注译》《中国佛教哲学》《顿悟心法》《坛经的智慧》《维摩经译注》《唐五代曹洞宗研究》《维摩大意》《佛山佛教》《苦乐人生》《广东佛教与海上丝绸之路》《青原法派研究》等，音像作品有《和谐圆满的人生智慧》《坛经与人生》。发表论文200余篇。

大觉怀琏为泐潭怀澄嫡传门人，入京弘法，受崇仁宗，是当时地位最高的佛教大师，开创了云门宗的"官禅"时代。

有关怀琏生平事迹的资料主要有《建中靖国续灯录》《禅林僧宝传》《嘉泰普灯录》《五灯会元》等，然而其中仍有疑问，特别是其生卒年。

据《禅林僧宝传》卷18：

琏归山二十余年，年八十二，无疾而化。[1]

---

[1] 《续藏经》第79册，第529页上。

据元代觉岸《释氏稽古略》卷4：

> 大觉年八十二岁，哲宗元祐五年无疾而化。①

杨曾文据此考证怀琏之生卒年，以为其卒于元祐五年（1090），年八十二。②

然而此说并不可靠。据孔凡礼《三苏年谱》卷44，元祐六年（1091）正月初一日，怀琏（大觉禅师）卒。轼有祭文。《苏轼文集》卷61《与通长老》第七简："大觉正月一日迁化，必已闻之，同增怅悼。"③

如此怀琏卒于元祐六年正月初一日，虽是一日之差，却是一年之异。怀琏年龄，亦非82岁。

有关其年龄，以苏轼之说为准，然现存其说亦有不同之处。

据苏轼《跋太虚、辩才庐山题名》：

> 某与大觉禅师别十九年矣。禅师脱屣当世，云栖海上，谓不复见记，乃尔拳拳邪！抚卷太息，欲一见之，恐不可复得。会与参寥师自庐山之阳并出而东，所至皆禅师旧迹，山中人多能言之者。乃复书太虚与辩才题名之后，以遗参寥。太虚今年三十六，参寥四十二，某四十九，辩才七十四，禅师七十六矣。此吾五人者当复相从乎？生者可以一笑，死者可以一叹也。
>
> 元丰七年五月十九日慧日院大雨中书。

据此，则元丰七年（1084）大觉禅师年七十六，则应生于大中祥符二年（1009），与觉岸之说一致。此处说到五人年龄，其他均无疑问，增加了此说的可信性。

然而据《宸奎阁碑》：

> 琏归山二十有三年，年八十有三，臣留守杭州。其徒使来告曰："宸奎阁未有铭，君逮事昭陵而与吾师游最旧，其可以辞？"

---

① 《大正藏》第49册，第868页下。
② 杨曾文：《宋元禅宗史》，中国社会科学出版社，2006，第117页。
③ 孔凡礼：《三苏年谱》，北京古籍出版社，2004，第2189页。

怀琏以英宗治平三年（1066）上表归山，实际启行在四年（1067），归山二十三年，当在元祐四年（1089），是年七月，苏轼到杭州太守任，岁末，怀琏命门人请苏轼作碑。此碑各个版本此段皆无异辞，且有日本皇居宫所藏宋拓本为证，表明其说可靠。由此可以推出，怀琏生于景德四年（1007），卒于元祐六年（1091），寿八十五。至于上引苏轼题跋，有可能是有鲁鱼之讹，原作本为"七十八"，八与六形近，而后世误为六。无论如何，《宸奎阁碑》为苏轼所作亲书之文字，且是为皇家所作，不容有误，当以此碑为准。

据《建中靖国续灯录》卷6：

> 东京十方净因禅院大觉禅师，讳怀琏，姓陈氏，漳州龙溪县人也。诞生之夕，梦僧伽降室，因小字泗州。既有异兆，佥知祥应。龆龀出家，丱角圆顶。笃志道学，寝食无废。一日洗面，泼水于地，微有省发，即慕参寻。远造沩潭澄禅师法席，投机印可。次历丛林，众向道誉。①

如此怀琏为福建漳州龙溪县人，俗姓陈氏，诞生之夕，母梦僧伽大士降临，因此小名泗州。父母知其有出家相，故早岁出尘，总角圆具，专心佛法，废寝忘食。后游方，远到江西沩潭，造怀澄禅师法席，得其印可。

怀琏在见怀澄之前师承不详，从其后来精通外学诗文来看，他早年于内外学皆下苦功，肯定有明师指点。惠洪言其曾居南岳多年，故号"琏三生"，而《嘉泰普灯录》指出此乃大沩善果门人玉泉宗琏（1097~1160）之事迹，宗琏隐迹南岳二十年，居三生藏亦久，故号"琏三生"，二说未知孰是。宗琏为惠洪后辈，其事迹惠洪不可能得知，是故《普灯录》之说有疑。

据《杨岐方会和尚语录》卷1：

> 王提刑问琏三生云："某甲四十年为官，作么脱得此尘去？"生无对。师代云："一任踏跳。"又看上峰路。琏云："这个是上峰路。"提刑云："寺在上头那？"琏云："是。"提刑云："怎么则不去也？"琏

---

① 《续藏经》第78册，第672页上。

无语。师代云:"今日勘破。"①

这是琎三生与王提刑的一个公案,杨岐方会(996~1049)对此代答,表明此事不晚于方会之时。上峰,即安上峰。

据《南岳总胜集》卷1:

> 安上峰
> 西南有止观寺、摄授寺、安乐寺、灵岩故基。赵季西书斋墨沼,皆在前后。有舜庙、舜溪、舜洞,昔舜因陟方九疑过此。②

琎三生陪同王提刑游南岳,不料此老却是个文人,两次皆无言以对,可见其时他尚未开悟,其事当发生在他到南岳之早年。

又据《杨岐方会和尚后录》卷1:

> 一日,琎三生至。师云:"寒风凛冽,红叶飘空。祖室高流,朝离何处?"琎云:"斋后离南源。"师云:"脚跟下一句,作么生道?"琎以坐具摵一摵。师云:"只者个,别有在?"琎作抽身势。师云:"且坐吃茶。"③

这是琎三生与方会的一则公案,表明二人有故。方会住持杨岐之后,琎三生至,从二人应机之语来看,此时他已有所得,或由楚圆启发。由此二则,证明惠洪之说有故,这位与杨岐方会同时的琎三生应当就是怀琎,怀琎在参怀澄之前,确实在南岳居止多年,又以常住三生藏,故号"琎三生"。方会以"祖室高流"称之,可能是由于他曾参石霜楚圆(986~1039),楚圆于景祐三年(1036)至次年住持南岳福严。

当时在南岳一带弘法者,有大阳警玄(943~1027)门人审承住持福严,弘扬曹洞,继之住持者为号称"贤叉手"的惠照禅师省贤(?~1036),乃栖贤澄湜门人,属于法眼宗,临济系则有神鼎洪諲、芭蕉谷泉、石霜楚圆,

---

① 《大正藏》第47册,第645页中。
② 《大正藏》第51册,第1062页上。
③ 《大正藏》第47册,第648页中。

云门系则有福严良雅门人衡岳寺振禅师、衡州北禅智贤禅师等。

怀琏在南岳多年，饱尝诸家法味，尤其得到楚圆指点。他还可能见到云峰文悦和黄龙慧南，慧南由怀澄转入楚圆门下，他则反之由楚圆转入怀澄门下，两家均一失一得，可谓皆大欢喜，各得其所。

怀琏在方会住持杨岐时尚在南源，方会始住杨岐在景祐四年（1037），若于此年末到泐潭，则他到怀澄门下最多十年，惠洪从之十余年之说不是特别准确。

怀澄晚年得到怀琏这样的杰出人才，故倾心授之，果使之契悟大法，后来光大宗门。

据《罗湖野录》卷1：

> 大觉禅师，昔居泐潭，燕坐室中，见金蛇从地而出，须臾隐去。闻者赞为吉征。[①]

是故怀琏在泐潭时，便在宴坐入定地见金蛇涌地之祥，识者赞为瑞应。

怀澄于庆历六年（1046）入灭之后，怀琏离开泐潭，来到庐山，圆通居讷以之为书记。

据《禅林宝训》卷1：

> 大觉琏和尚，初游庐山。圆通讷禅师一见，直以大器期之。或问何自而知之，讷曰："斯人中正不倚，动静尊严，加以道学行谊，言简尽理。凡人资禀如此，鲜不有成器者。"（《九峰集》）[②]

怀琏离开泐潭，到达庐山，此时他年过不惑，虽然满腹经纶，依然居无定所。这在常人看来，确有怀才不遇之憾，不过他不忮不求，心如止水。非常幸运的是，他得到当时禅林伯乐圆通居讷的赏识，请其为书记。居讷善于识人，一见知为大器，称其行事中正，动静合度，学问行谊有过人之处，且言简意赅，庄敬尊严，将来必有作为。

---

① 《续藏经》第83册，第378页上。
② 《大正藏》第48册，第1017页上。

据《禅林宝训》卷1：

仁祖皇祐初，遣银珰小使，持绿绨尺一书，召圆通讷住孝慈大伽蓝。讷称疾不起，表疏大觉应诏。①

又据《佛祖统纪》卷45：

自周朝毁寺，建隆兴复，京师两街，唯南山律部、贤首慈恩义学而已。士夫聪明超轶者，皆厌闻名相之谈，而天台止观、达磨禅宗未之能行。淳化以来，四明天竺行道东南，观心宗眼，照映天下。杨亿、晁迥有以发之，真宗嘉奖，锡以法智慈云之号。虽一时朝野为之景慕，而终未能行其说于京邑。至是内侍李允宁，奏以汴京第宅创兴禅席，因赐额为十方净因。上方留意空宗，诏求有道者居之。欧阳修等请以圆通居讷应命，讷以疾辞，因举怀琏以为代。(《欧阳外传》)②

再据《释氏稽古略》卷4：

至是内侍李允宁奏施汴宅一区创兴禅席，帝赐额曰十方净因禅院。帝留意空宗，下三省定议，召有道者住持。欧阳公修、陈（程）公师孟奏请庐山圆通寺居讷，允宁亲自驰诏下江州，讷称目疾不起。常（帝）益敬重，听举自代。讷乃以怀琏应诏。(《僧宝传》)③

皇祐元年（1049），内侍李允宁奏请以己宅创建禅院，仁宗赐额为十方净因。当时仁宗留意空宗，便下三省定议，召请有道者住持，欧阳修、程师孟等举荐居讷，李允宁对此事很是重视，便亲自持诏到江州敦请，居讷称病不起。仁宗知其守道辞荣，更加敬重，便听其举人自代，居讷便荐举怀琏应诏。

居讷辞诏，自有其故，举荐怀琏应诏，也是破格提拔。这是怀琏命运

---

① 《大正藏》第48册，第1017页上。
② 《大正藏》第49册，第412页中。
③ 《大正藏》第49册，第867页中。

的重大转折,从一个默默无闻的书记直接成为京城皇家大寺的住持,成为国师帝师,可谓直下顿超。

据《禅林僧宝传》卷18:

> 皇祐二年正月,有诏住京师十方净因禅院。二月十九日,召对化成殿。问佛法大意,奏对称旨,赐号大觉禅师。①

皇祐二年(1050)正月,仁宗下诏请住持净因,二月到达京城,十九日召对化成殿,问答称旨,赐号大觉。《建中靖国续灯录》称十二月十九日,"十二月"之"十"字当衍,因为左街副僧录清满称"帝苑春回""和煦之辰",肯定发生在春天。

据《罗湖野录》卷1:

> 先是仁庙阅《投子语录》,至僧问如何是露地白牛,投子连叱,由兹契悟,乃制《释典颂》十四首。今只记其首篇,曰:若问主人公,真寂合太空。三头并六臂,腊月正春风。寻以赐琏。琏和曰:若问主人公,澄澄类碧空。云雷时鼓动,天地尽和风。既进,经乙夜之览,宣赐龙脑钵。琏谢恩罢,捧钵曰:"吾法以坏色衣,以瓦铁食,此钵非法。"遂焚之。中使回奏,皇情大悦。②

怀琏焚钵事载苏轼《宸奎阁碑》,自非虚构,不知发生在何时,然事因仁宗自以为得悟,首着颂与怀琏,怀琏有和得旨,赐龙脑钵,故在初时。怀琏焚皇帝所赐之钵,表现出了禅者之刚和坚强的个性。

据《云卧纪谭》卷1:

> 仁宗皇帝以皇祐四年十二月九日遣中使降御问于净因大觉禅师怀琏曰:"才去竖拂,人立难当。"琏方与众晨粥,遂起谢恩,延中使粥。粥罢,即以颂回进曰:"有节非干竹,三星绕月宫。一人居日下,弗与众人同。"于是皇情大悦。既而复赐颂曰:最好坐禅僧,忘机念

---

① 《续藏经》第79册,第528页中。
② 《续藏经》第83册,第378页上中。

不生。无心焰已息，珍重往来今。琏和而进之曰：最好坐禅僧，无念亦无生。空潭明月现，谁说古兼今。于时华严隆公尝谓琏《即心是佛颂》乃虚空钉橛。然琏公仰酬御问，应机而然，隆公言之，亦各有旨哉！①

又据《释氏稽古略》卷4：

> 帝览大悦，诏入对便殿，赐罗扇，御题《元寂颂》于上。②

皇祐四年（1052）十二月，仁宗自以为得悟，便去寺中竖拂说法，然而看到众多高僧立于两侧，又自觉难以承当，便向怀琏请教。怀琏告之不要忘记自己的皇帝身份，还是保持本分、做一个居士好，在家亦能修禅，无念无生，便是禅僧。仁宗大悦，诏入便殿，并赐其书有御题《元寂颂》的罗扇。

据《大慧普觉禅师宗门武库》卷1：

> 舜老夫住庐山栖贤。槐都官守南康，因私忿民其衣。净因大觉琏禅师，尝入舜室，闻舜还俗，遣人取归净因，让正寝居之，自处偏室。仁宗数召琏入内问道，竟不言舜事。偶一日，嘉王取旨出净因饭僧，见大觉侍舜之旁甚恭，归奏仁宗。召对便殿，见之叹曰："道韵奇伟，真山林达士。"于扇上书云："赐晓舜依旧为僧。"特旨再住栖贤，仍赐紫衣银钵盂。舜罢栖贤日，以二庄力异轿，至罗汉寺前，二力相谓曰："既不是我院长老，不能远去。"弃轿而归。暨舜再来，令人先慰谕二力曰："尔当时做得是，但安心，不必疑惧。"舜入院上堂颂曰："无端被谮枉遭迍，半年有余作俗人。今日再归三峡寺，几多欢喜几多嗔。"③

如云居晓舜在受到知府槐京迫害时，得到怀琏的照顾，并由仁宗特旨，再次住持庐山栖贤。这是大觉怀琏不忘旧恩、护持庐山佛教的一个例证。

---

① 《续藏经》第86册，第661页上。
② 《大正藏》第49册，第867页下。
③ 《大正藏》第47册，第945页中下。

据《罗湖野录》卷1：

> 久之，奏颂乞归山，曰：六载皇都唱祖机，两曾金殿奉天威。青山隐去欣何得，满箧唯将御颂归。御和曰：佛祖明明了上机，机前荐得始全威。青山般若如如体，御颂收将甚处归。再进颂谢曰：中使宣传出禁围，再令臣住此禅扉。青山未许藏千拙，白发将何补万机。雨露恩辉方湛湛，林泉情味苦依依。尧仁况是如天阔，应任孤云自在飞。①

怀琏并不留恋这种荣耀风光的时日，至和二年（1055）上表求归，仁宗不允。

契嵩于嘉祐六年（1061）携其著作入京，由权知开封府王素奏入，十二月初六日上书仁宗，又上书宰相韩琦、曾公亮，参知政事欧阳修等。七年（1062）三月十七日，仁宗赐入大藏，三月二十二日，赐明教大师号。韩琦、欧阳修等延见尊重，欲留之京师，住悯贤寺，契嵩不受，当年归钱唐（塘），临别之时，怀琏以诗赠之。

据《镡津文集》卷19《怀悟序》：

> 师之自携书西上献之天子，事毕将东归山林，而大觉琏禅师赋《白云谣》以将师之行，云：白云人间来，不染飞埃色。遥烁太阳辉，万态情何极。嗟嗟轻肥子，见拟垂天翼。图南诚有机，去当六月息。宁知絪缊采，无心任吾适。天宇一何辽，舒卷非留迹。②

契嵩入京献书，得到怀琏的大力支持，二人由此结下深厚的友谊。

据《云卧纪谭》卷2：

> 大觉禅师以治平三年上表辞英庙，乞归山。曰：臣闻大道无为，万物备求其应；圣人在宥，百姓各遂其生。矧当熙洽之辰，得豫便安之理，仰蕲俞允，俯集凌兢。臣怀琏（中谢）伏念。臣爰自顷年，误

---

① 《续藏经》第83册，第378页中。
② 《大正藏》第52册，第747页中。

知先帝。悉绍隆于祖席，尤沾被于宸麻。久历岁华，未忘山薮，屡尝引退，靡获报音。膺陛下纂服之秋，属海内向风之旦，愿宣佛事，上答尧仁。奈以暮龄益衰，夙疾增剧。昨捐众务，权止寺居。伏蒙皇帝陛下特遣使华送回本院，仍传圣谕，且驻神京。自惟无用之躯，实出非常之遇，是天地有再生之德，而草莱谢重茂之心。伏望圣慈，垂雨露之恩，均日月之照，俯从人欲，下狗愚衷，庶令朽钝之姿，得遂林泉之志。然而微虫得计，诚无易水之情；疲马增鸣，但起恋轩之思。誓勤梵诵，式报生成。将远宸庭，无任瞻天望圣，激切屏营之至，谨奉表奏辞以闻。①

怀琏表辞之时，《云卧纪谭》、《佛祖统纪》卷45、《历朝释氏资鉴》卷9作治平三年（1066），《释氏稽古略》卷4、《佛祖纲目》卷37作二年。怀琏再次下决心离京归山，英宗多次挽留不果，只好听任他离开，临终又特诏任意住持。

据《续传灯录》卷5：

> 治平中上疏乞归，仍进颂曰：千簇云山万壑流，闲身归老此峰头。余生愿祝无疆寿，一炷清香满石楼。英庙依所乞，赐手诏曰：大觉禅师怀琏，受先帝圣眷，累锡宸章。屡贡诚恳，乞赐归林下。今从所请，俾遂闲心。凡经过小可庵院任性住持，或十方禅林不得抑逼坚请。②

这种"任性住持"确实是特殊待遇，然而怀琏对此秘而不宣，苏轼听道潜说过，作《宸奎阁碑》时，特意请示全文，然怀琏坚称没有，后来其去世之后才见。可见怀琏始终谦逊，虽受尊崇，实无夸示。

治平三年（1066），怀琏离京，先到金山稍留。

据《禅林僧宝传》卷18：

> 治平中，琏再乞还山坚甚，英宗皇帝留之不可，诏许自便。琏既

---

① 《续藏经》第86册，第677页上中。
② 《大正藏》第51册，第494页下。

渡江，少留于金山、西湖。①

又据《栾城集》卷3：

> 游净因院寄琏禅师
> 岁月潜消日里冰，依然来见佛堂灯。此身已自非前我，问法何妨似旧僧。洒面飞泉时点点，压池苍石尚层层。遥知近爱金山好，江水煎茶日几升？

这是苏辙给怀琏之诗，说明他确实在金山停留。苏辙游净因院，只能是在治平三年（1066）五月、六月时，是年四月二十五日，苏洵去世，苏辙闻讯从大名府推官任上返京，六月有旨赐官舟归葬，兄弟二人奉父柩归蜀。其时怀琏已住金山并有消息到京，可见他至少是在年初便行。

怀琏与仁勇在泐潭时当即相识，辞归南下，留金山，也曾到金陵看望仁勇。

据《保宁仁勇禅师语录》卷1：

> 大觉禅师来，上堂："同声相应，同气相求。定光招手，智者点头。然虽如是，也未免笑破他人口。"②

仁勇仍将大觉视为同门好友，虽然未承嗣怀澄，但他与云门一系的关系还是很密切。大觉怀琏当时名满天下，他来看望仁勇当然也是保宁的光荣。③

据《镡津文集》卷10：

> 接大觉禅师先书
> 某启，近者窃聆俯从众命，临镇弊山，祖席增光，吾道复振。即辰伏惟法候休粹。某侨寓龙山，北趋尤为不便。不及远迎舟御，甚愧

---

① 《续藏经》第79册，第528页下、第529页上。
② 《卍新纂续藏经》第69册，第282页下。
③ 参见《保宁仁勇禅师生平略述》，载《禅文化》第一辑，中州古籍出版社，2011。

畏也。谨先奉启咨闻，不宣。①

怀琏南归，在金山稍留，又到西湖，时在治平四年（1067）。他准备到佛日暂住。故先遣使致书契嵩。可能是由于门人戒弼禅师代契嵩住持佛日，故他又至此。当时契嵩已然退居，隐于龙山，故未迎之。

据《武林梵志》卷4：

> 广化寺在万松山，相传寺侧有沈约墓。聂心汤《重兴万松山广化禅寺碑》云《万松山志》载：凤泉山，在宋为圆通大觉琏禅师驻锡处，有《锡田碑》。

是以怀琏在西湖时，还曾住持万松山广化寺。

怀琏在西湖停留时间不长，便被请到明州阿育王寺担任住持，作疏者为其同门九峰鉴韶。

据《云卧纪谭》卷2：

> 大觉阅罢，悯其详切，欣然允从。自是丛林靡不谓大觉为九峰一疏而来，究其所自，岂不然耶！②

九峰的劝请疏文采飞扬，情真意切，果然打动了怀琏。他欣然应请，当然同门之谊也是重要因素。

怀琏到育王，应在熙宁之初（1068）。住持此山二十余年，元祐六年（1091）正月初一日化去，苏东坡作祭文，吕惠卿为《大觉塔铭》，立于净因寺，后笑翁妙堪（1177~1248）重刊于育王。

---

① 《大正藏》第52册，第700页中。
② 《续藏经》第86册，第677页中。

庐山慧远大师"结社念佛"对后世的影响

陈剑锽

摘　要：本文主要讨论庐山慧远大师结集众人念佛的情况。如就"结社念佛"对后世影响的这个事件而观，组织一个念佛团体，不仅能够聚集知识分子，集众人的智慧，使智力社会化，产生具有凝聚力的整体精神，还能发挥念佛成效之大用，让修持的行者做出适当的努力。念佛的终极目标是希望行者能顺利往生极乐世界；而结社便是注重修行以及固定集会。参加结社的人，必须自觉地遵守戒律，甚至以领导者的思想理念及其德望，作为自我约束、自我管理的准则。慧远之后的昙鸾，运用结社的理念来劝说修净行者，让念佛法门在实践上更能聚焦。然而，从慧远"结社念佛"到昙鸾结合志趣相同的人相互开晓、扶持，再到善道和尚开示临终助念方法。隐约看到一条发展路径，一再的演化、增强。另外，就净土法门来说，念佛行者能于心中保持佛念不断，则表示正念现前。本文最后以印光开示的《临终三大要》来说明临终助念的方法，及如何适当地处理。

关键词：庐山慧远　结社　念佛　临终关怀

作者简介：陈剑锽，香港中文大学人间佛教研究中心主任，主要研究领域为净土思想。

庐山慧远大师（334~416），俗姓贾，是"雁门楼烦人"。楼烦是古邑，即今原平市大芳乡茹岳村人。慧远一生专心著译，弘扬教义，德才感人，结社念佛，皈依者众，被誉为净土初祖。他宣扬念佛三昧，属于佛教义学，对于后来净土法门的发展，没有像后来昙鸾主张的称名念佛，在群众中广为宣传与普遍发展。慧远曾纠集众人"结社念佛"，对净土法门的发展,演变成临终助念团体,成为净土法门特有的内涵,使得庐山东林寺成为临终助念的策源地,并对后世产生影响。

一 入社人数析疑及结社所涵摄的意义

(一) 入社人数析疑

庐山慧远大师于69岁结白莲社,邀集入社者有123人,依据刘遗民的《庐山白莲社誓文》所云:

> 朝士谢灵运、高人刘遗民等一百二十三人为莲社,令(刘)遗民著誓辞。其辞曰:维岁在摄提格,七月戊辰朔二十八日乙未。法师释慧远,真感幽奥,霜怀特发,乃延命同志,息心贞信之士百有二十三人。①

白莲社于东晋安帝元兴元年(402)七月成立,因文中有云"摄提格","摄提"是星宿名,属于东方亢宿。② 在岁阴(太岁)的名称是"寅",对照东晋安帝的第二个年号"元兴",其元年(402)则是壬寅年,是年慧远大师69岁。③ 这段引文与收录于《高僧传》的文字及内涵,④ 大抵相同,因而,《乐邦文类》所收的这篇《庐山白莲社誓文》,所说内容,诚可信也。

后来佛教史书或是相关论著对这123位入社者,各有不同的名录登载,例如《出三藏记集》列有刘遗民、周续之、毕颖之、宗炳等四人;⑤《高僧传》除上述四人之外,还列雷次宗、张莱民、张季硕等三人。⑥ 在《念佛

---

① (东晋)刘遗民:《庐山白莲社誓文》,收入(宋)释宗晓《乐邦文类》卷2,《大正藏》第47册,第176a页。
② 参阅陈扬炯《中国净土宗通史》,江苏古籍出版社,2000,第97页。
③ 按:摄提格除了壬寅年(公元402年或462年)之外,亦可能是庚寅年(公元390年或450年),以及甲寅年(公元414年或474年)。因而,依此推断此处所指之"摄提格"是壬寅年(402),这样的年代与慧远大师的年代相符。
④ 参阅(南朝梁)释慧皎《高僧传》卷6,《释慧远传》,《大正藏》第50册,第358c~359a页。
⑤ 参阅(南朝梁)释僧祐《出三藏记集》卷15,《大正藏》第55册,第109c页。
⑥ 参阅(南朝梁)释慧皎《高僧传》卷6,《释慧远传》,《大正藏》第50册,第358c页。

三昧宝王论》则列有慧持、慧永、宗炳、张野、刘遗民、雷次宗、周续之、谢灵运、阙公则等九人。① 此中之"阙公则"非与慧远同时代,是西晋人,至慧远结社时已亡故一百多年,因而所列名录之可信度已被质疑。再者,《东林十八高贤传》,则列有慧远、慧永、慧持、道生、昙顺、僧叡、昙桓、道昞、昙诜、道敬、佛陀耶舍、佛陀跋陀罗、刘程之、张野、周续之、张诠、宗炳、雷次宗。② 这些名录亦极为不可靠,汤用彤先生已对此详加考辨,③ 明确指出《东林十八高贤传》是宋代人伪托所作。其考证所辨,简要言之,即此18人,有的不可能在元兴元年(402)到庐山参加白莲社,例如慧持已在隆安三年(399)入蜀,从此再未回到庐山;佛陀跋陀罗在义熙六年(410)或七年(411)才到庐山;雷次宗在元兴元年,只有16岁,即使作为123位之入社者之一,也无法高列于十八高贤之中;佛陀耶舍从来不曾到过南方。另外,在《东林十八高贤传》还列有"不入社诸贤传"三人,陶潜、谢灵运及范甯,陶渊明最为反对慧远的"灵魂不灭"之说,二人的思想是对立的,因而不可能加入白莲社;再者,范甯卒于隆安五年(401),而莲社成立于公元402年,故时间上不相符合,他亦不可能加入。④

依据陈扬炯先生的整理归纳,在入社的123人之中,有姓名而可考的在家居士只有7人,他们是刘遗民(352~410)、雷次宗(386~448)、宗炳(375~443)、周续之(377~423)、张野(350~418)、张诠(359~423)、毕颖之(新蔡人,生平不详)。⑤ 其余的百余人,可能是慧远的出家弟子,而非在家弟子。跟从在慧远身边修持的出家众,有百余人,如史传所云:"(慧)远既久持名望,亦雅足才力,从者百余,皆端整有风序。及高言华论,举动可观。"⑥ 又云:"(慧)远又有弟子昙顺、昙诜……又有法幽、道桓、道授等,百有余人。"⑦ 可见,这123人,大部分是出家僧

---

① 参阅(唐)释飞锡《念佛三昧宝王论》卷2,《大正藏》第47册,第140b页。
② 参阅(作者不详)《东林十八高贤传》,《新纂续藏经》第78册,第110a~119a页。
③ 汤用彤:《汉魏两晋南北朝佛教史》,上海书店,1991,第365~371页。在该书第十一章,考证《东林十八高贤传》不是东晋的作品,成书时间最早应在中唐之后,其内容是后人杂取旧史及无稽传说而成,因而不可相信。
④ 参阅陈扬炯《中国净土宗通史》,第103~104页。
⑤ 参阅陈扬炯《中国净土宗通史》,第98~100页。该书对这些人有简要介绍。
⑥ (南朝梁)释慧皎:《高僧传》卷6,《释慧永传》,《大正藏》第50册,第362a-b页。
⑦ (南朝梁)释慧皎:《高僧传》卷6,《释道祖传》,《大正藏》第50册,第363a页。

人，时常跟随在慧远的身边。陈扬炯先生分析得极为适切，他说："如果说慧远在东林寺内与居士们共信弥陀，而这一百多名亲信弟子却与此无缘，恐怕倒是不可信的了。"① 这跟望月信亨教授所说"盖庐山白莲社依《出三藏记集》第十五等说：唯举刘遗民等之名，主要由俗士所结成，慧远之弟子加入者可能比较少数"② 二者截然不同。

（二）结社所涵摄的意义

从这些佛教史书对此事件所记载的名录而观，各自取样不同，总共加之，列出最多的是南宋僧人志磐《佛祖统纪》的 37 人。③ 然而，列得越多，出错的地方越多，可看出为了宗教信仰，劝进行者，这样的错失不论是有意为之，还是无心之过，都是在强化慧远倡导念佛结社这件事，使得后世造成回响。因此，光就慧远大师"结社念佛"对后世影响的这个事件而观，组织一个念佛团体，不仅能够聚集知识分子，集众人的智慧，使智力社会化，产生具有凝聚力的整体精神，还能发挥念佛成效之大用，让修持念佛法门的行者，在实践上做出适当的努力，主动承担责任，提炼出有效的方法，作为驱动的力量，并且供作后世之借镜。因此，后世对此"结社"，一再传唱，虽然越靠近近代，造假失真者越多，但是从后世对此事件的扩大宣扬来看，其目的在于提高念佛社群对念佛法门的影响之外，并且强化社群环境对于顺利往生极乐世界是不可或缺的环节，以及不断加强念佛行者的素质，成为重要的必然条件。

如果上述说法可以成立，那么，念佛的终极目标是希望修净行者都能顺利往生极乐世界；而结社便是注重修行的代名词，没有专注一心的修持，以及长时间的固定集会，是无法培训出顺利往生的人。参加结社的人，必须自觉地遵守戒律，甚至以领导者的思想理念及其德望，作为自我约束、自我管理的准则，如上述刘遗民的《庐山白莲社誓文》以"迁感之数既符，则善恶之报必矣。推交臂之潜沦，悟无常之期切，审三报之相

---

① 陈扬炯：《中国净土宗通史》，第 100 页。
② 望月信亨：《中国净土教理史》，释印海译，收入蓝吉富主编《世界佛学名著译丛 51》，台北：华宇出版社，1987，第 25 页。
③ 参阅（宋）释志磐《佛祖统纪》卷 26，《大正藏》第 49 册，第 265b 页。

催,知险趣之难拔。此其同志诸贤,所以夕惕宵勤,仰思攸济者也"。① 即是以慧远大师所倡导的"业报轮回论"的成说来加以阐述,这点极为重要,因为,这是作为东林念佛结社团体的修持准则。除此之外,慧远大师的"神不灭论",也是此团体的修持准则,《庐山白莲社誓文》说:"盖神者可以感涉,而不可迹求。必感之有物,则幽路咫尺,苟求之无生,则渺茫何津。"② 无论是"业报轮回论"还是"神不灭论",皆作为前导,以引领结社的人了解生命无常,以及因果报应之事实,进而修持念佛三昧,以了脱生死。

这是在领导者的人格魅力及所提倡的思想理念,让跟随者发展出个人的自觉自知、自我修持的力量。不过,这样的结社团体只能是区域性的组织,然后,被模仿、拷贝到其他地方,以一个点、一个点地散播。而最主要的是,它是个别宗派的弘传特色,无法遍及跟适用于整个佛教团体。就净土法门的实践而言,庐山东林的念佛结社在慧远大师的德望与社会贤达的参与,成为后来者赞叹及仰望的学习对象,缔造了净土行者不断地发展,并且完善了结社念佛团体。这些团体后来都渐渐地形成一股力量,有助于净土法门的宣教作用,深化了净土法门的利生路径。

二 "结社念佛"对昙鸾"临终开晓"的影响

对于倡导者来说,要顺利劝导结社者完成往生的使命,激励人心以及培养内在力量,倡导者的思想理念及其德望,一直都是净土法门十分关键的要项。这在慧远之后的昙鸾(476~542),便运用结社的理念加以劝说修净行者,让念佛法门在实践上更能聚焦,使念佛法门的往生宗旨得以实现。

昙鸾在其《略论安乐净土义》中说:"又宜同志五三,共结言要,垂命终时,迭相开晓,为称阿弥陀佛名号,愿生安乐,声声相次,使成十念也。譬如蜡印印泥,印坏文成;此命断时,即是生安乐时。"③ 这段话强调

---

① (东晋)刘遗民:《庐山白莲社誓文》,收入(宋)释宗晓《乐邦文类》卷2,《大正藏》第47册,第176a页。
② (东晋)刘遗民:《庐山白莲社誓文》,收入(宋)释宗晓《乐邦文类》卷2,《大正藏》第47册,第176a页。
③ (北魏)释昙鸾:《略论安乐净土义》,《大正藏》第47册,第3c页。

志趣相同的人，应把弥陀净土法门的重要言说结集起来，当有行者临命终时，拿这些重要言说来相互开晓、扶持，让他不断地执持阿弥陀佛名号，一声一声地持续下去，使得这位生命垂危的行者，能够提起正念，达到十念往生。这里的"十念"不是善导后来所提倡的"十声"，[1] 而是达到佛念不断于心的"正念"。如果言说不妄，则志趣必定能够成办，再加之一意所念，专精不忘，无所染着，志求西方极乐净土，十念成就，即是往生之时。因此，昙鸾以"蜡印印泥，印坏文成"来比拟往生安乐净土的情状。

古人制造铜器时都有个模子，铜器上的花纹是使用蜡做模子，刻刀在蜡上刻花纹或文字，形成蜡印子。蜡印子做好之后，再用软泥土把蜡封闭起来，蜡上的花纹印在泥上，等泥干了，再送到火窑去烧，瓦上有花纹，而里头的蜡化掉，这叫"文成印坏"。[2] 蜡印虽熔毁坏掉，但它的迹象显现成印文。此句在各种经论里表示生死相续的譬喻，即以"印坏"比喻死，"文成"比喻生，例如昙无谶所译的《大般涅槃经》云："中阴阴坏，生后五阴，如印印泥，印坏文成。"[3] 唐代的飞锡法师在其《念佛三昧宝王论》中亦云："一念善业成，即登极乐，犹如屈臂。前一念五阴灭，后一念五阴生，如蜡印印泥，印坏文成。尚不须两念，岂要至十念哉！"[4] 表明死生同时的意思，一如印光大师说："以金泥未冷，故软而能受印，以虽能受蜡印之印而成文，而其热力，随即化其蜡印，虽则化其蜡印，而印文一一显现，如是则印坏文成，同在一时。"[5] 修净行者于命终之际，即是往生安乐国之时，二者同时发生，没有时间差。换言之，只需三昧纯熟，便能任运而往生佛国。这是净土法门用以表明念佛往生的譬喻，以"印坏"比喻色身之断灭，以"文成"比喻往生净土。

昙鸾对于前人认为证入"十念相续"不是件困难的事，提出反驳。为

---

[1] 相关论述，参阅陈剑锽《昙鸾的空观思想——以"十念相续"与"生而无生"为核心之探讨》，《世界宗教学刊》2006年第8期，第71～96页；陈剑锽《弥陀净土教门"称名念佛"与善导"十声"教法的修持内涵》，《屏东教育大学学报》2009年第33期，第113～144页。
[2] 参阅李炳南《雪庐老人净土选集（续编）》，台中：青莲出版社，2007，第78页。
[3] （北凉）昙无谶译：《大般涅槃经》卷29，《大正藏》第12册，第535c页。
[4] （唐）释飞锡：《念佛三昧宝王论》，《大正藏》第47册，第138c页。
[5] 释印光著，释广定编《印光大师全集》，台北：佛教书局，1991，第三册，《复丁福保居士书十四》，第342页。

了保证临命终时能够心不散乱，安住那颗攀缘外境的乱心，因此须预先克制，坚固善根，导正此散乱心，使佛念常驻于心，习惯成性。否则，临命终时四大分解，在分解时因痛苦而丧失念佛心，致使先前的习行，变成不管用。因此他提出，三五好友、心志相同的行者须先彼此约定，在各自临命终时相互提携，开示称念佛名要义，使念佛声能够"声声相次"，达致"十念"相续，这种做法后来演变成临终助念（详下节），而且演变出的临终行仪，使临终助念形成规模，令教化更具有强烈的关怀之意，以及扩展了接引普罗大众来信仰念佛法门。

昙鸾非常注重"十念相续"的往生要义，"十念相续"是针对下辈或下下品的造恶众生所提出的教示；这跟他另外提倡的"生而无生"，以智慧体验往生极乐净土，是对上辈众生所施设的教示，有所不同。① 下辈众生的往生依据是《无量寿经》第十八愿："设我得佛，十方众生，至心信乐，欲生我国，乃至十念，若不生者，不取正觉，唯除五逆、诽谤正法。"② 不许犯五逆罪者、诽谤正法者往生；另外，下下品的往生情况是出自《观无量寿经》："下品下生者，或有众生，作不善业，五逆、十恶，具诸不善。……如是至心，令声不绝，具足十念，称南无阿弥陀佛。"③ 允许犯五逆十恶罪者得以往生，但未明言谤法者是否得以往生。两部经典所言稍有不同，虽然善导（613~681）曾经整合二说，予以弥陀法门最大的救济意涵，但是，昙鸾在《往生论注》里拣择了犯五逆罪者可以往生，诽谤正法者不得往生，修改了《无量寿经》第十八愿的说法，他的用意在于指出：犯五逆重罪是由缺乏正法正见而产生，五逆重罪的源头来自诽谤正法，而且，他对诽谤正法的认定是不论发自自心或受他人影响，其心如果坚定，便属诽谤正法。因为一切性罪或遮罪、世间或出世间的善法皆断，因为都是根源于诽谤正法。④ 只要没有涉入"诽谤正法"一事的凡愚众生，皆可用下辈或下下品来指称，这是昙鸾的本意，吾人须特别致意于下辈或下下品众生是拣除"诽谤正法"者。

---

① 昙鸾云："上言知生无生，当是上品生者。若下下品人，乘十念往生。"[（北魏）释昙鸾：《无量寿经优婆提舍愿生偈注》（《往生论注》）卷2，《大正藏》第40册，第839a页]
② （曹魏）康僧铠译：《佛说无量寿经》卷1，《大正藏》第12册，第268a页。
③ （刘宋）畺良耶舍译：《佛说观无量寿佛经》，《大正藏》第12册，346a。
④ 参阅（北魏）释昙鸾《无量寿经优婆提舍愿生偈注》，《大正藏》第40册，第833c~834b页。

既然是对下辈或下品众生的救济，因此，需要"同志五三，共结言要，垂命终时，迭相开晓"，使得众生在获得往生的基础上，提高念佛法门的信仰质素。尤须注意的是，从慧远大师"结社念佛"的团体人士123人，至昙鸾大师"言要开晓"的五三位同侪。这中间的不同是，前者强调自力修持，于般若台精舍的阿弥陀佛像前发誓完毕后，便各自精勤修持念佛法门①；后者则成为小型的互助团体，以高洁的志向，彼此砥砺。如此看来，昙鸾所言的五三同志，必定平时亦有固定聚会，成为亲密道友，否则，对临命终人开示弥陀法门的要义，才能令其坚定信念，而不会徘徊彷徨于娑婆与极乐之间，心念处于游移不定的情境之中。

从慧远的"结社念佛"到昙鸾对"垂命终时，迭相开晓"的做法，已从自修自持、奋力求生的路径，演变成借助他人协助的方式，对自力不足的念佛行者求生极乐净土有所裨益。这可说是提供净土法门一种新的修行方法与新的宗教观，配合自力之外的他力信仰，无论是净土三经所论的弥陀愿力的加持，还是社团莲友的互助、扶持，一再地使念佛法门的修行方式获得改变，并且渐渐形成一套修持特色，增强往生极乐净土的信念。这中间寓含着实践修持的智慧转换，一步步建立净土法门更为深刻的信仰目标。当然，这是净土宗派内的教化事务，在渐渐深化的过程里，认为唯有经由这样的团体扶持，对于念佛行者最后往生的把握，才能成为最稳妥、最安全、最直接的方法。而且，在助人的一方，有成人之美，又形成了另一种修持方式，可作为往生资粮的功德。在团队默契合作、精神凝聚成一股力量时，有着将心比心的同理心，最终因在互相扶持的情况下，产生自信、喜悦、幸福与安心的宗教力量。

这种围绕着明确目标的效力，一直持续增长，刚开始是由于信仰而结社，渐渐地成为互助之结社。但是，值得反省的是，这些加入结社的念佛行者，他们是能够自食其力的念佛人，还是须依恃他人帮扶的念佛人？对不同层次的念佛人而言，不同的施设与协助，可以解决不同的需求，因而，建构一套助念团体所需的助念框架，是绝对需要的。这个演变，在唐代的道镜、善道所传的教化，则能明显体察出来。

---

① 刘遗民云："集于庐山之阴，般若台精舍，阿弥陀像前，率以香华敬荐而誓焉。……此其同志诸贤，所以夕惕宵勤，仰思攸济者也。"［(东晋) 刘遗民：《庐山白莲社誓文》，收入 (宋) 释宗晓《乐邦文类》卷2，《大正藏》第47册，第176a页］。

三 "结社念佛"对道镜、善道"助念"的影响

净土念佛法门强调行者在临命终时须正念现前,不为贪、嗔、痴所扰,才能顺利往生佛国,例如善导大师的《临终正念诀》云:"恐病来死至之时,心识散乱,仍虑他人感动正念,忘失净因。"① 日本净土教学的祖师也都极为重视临终正念,强调"临终专心不乱""临终之刻住正念,正念不乱""临终之刻,安住正念"等表现。② 因临终保持正念,具有实质的重要性,故形成"临终助念"的方法以及行仪。

关于临终助念的经典依据,见常举《观无量寿佛经》的一段话,该经云:"如此愚人,临命终时,遇善知识,种种安慰,为说妙法,教令念佛。"③ 这段话恐怕是后来演进成临终助念之嚆矢。另外,"临终"一词,在《佛说阿弥陀经》亦有经据可依,经文云:"若有善男子、善女人,闻说阿弥陀佛,执持名号……一心不乱。其人临命终时,阿弥陀佛与诸圣众,现在其前。是人终时,心不颠倒,即得往生阿弥陀佛极乐国土。"④ 意谓修净行者于色身败坏,寿命临将终了的重要时刻,具有重要意义,决定临终者是往生佛国还是续留在六道轮回。临终过程的关键处在于修净行者是否把持"正念",或是达到"一心不乱"。

然而,临终助念是否需要,端视个人修持情况而定。如果念佛行者现生已证念佛三昧,临终之际便不需要他人的辅助来保持正念现前,例如印光大师(1861~1940)说:"念佛之人,若已证道,则临命终时,任彼刀割香涂,了无动念之事,则无所谓为损益也。"⑤ 反之,依照佛教成说,临命终人因地、水、火、风四大分解,产生极大痛苦,因而容易失去正念,为了帮助平时修持不力、根器稍劣的众生顺利往生,故有这样的方便施设,希望借由助念而令临命终者能够持续念佛。

在道镜、善道共集的《念佛镜》里有一段知归子问善道和尚的答问,

---

① (唐)释善导:《临终正念诀》,收入(宋)释宗晓《乐邦文类》卷4,《大正藏》第47册,第213a页。
② 参阅〔日〕石田瑞麿《往生の思想》,京都:平乐寺书店,1986,第190~236页,尤其第226页。
③ (刘宋)畺良耶舍译《观无量寿佛经》,《大正藏》第12册,第346a页。
④ (姚秦)鸠摩罗什译《阿弥陀经》,《大正藏》第12册,第347b页。
⑤ 释印光著,释广定编《印光大师全集》,第二册,《复许熙唐居士书》,第883页。

询问:"一息不来,便属后世;一念差错,便堕轮回……又恐病来,死至之时,心识散乱,仍虑他人,惑动正念,忘失净因。"因而希望再次获得往生要旨的开示。接着善道和尚回答:

> 善哉问也!凡一切人命终欲生净土,须是不得怕死!常念此身多苦,不净恶业,种种交瀍,若得舍此秽形,超生净土,受无量快乐,解脱生死苦趣,乃是称意之事,如脱弊衣得换珍服。但当放下身心,莫生恋着。凡遇有病之时,便念无常,一心待死。叮嘱家人及看病人,往来问候之人:"凡来我前,为我念佛,不得说眼前闲杂之话,家中长短之事,亦不须软言安慰,祝愿安乐,此皆虚华无益之语。"若病重将终之际,亲属不得垂泪哭泣,及发嗟叹、懊恼之声,惑乱心神,失其正念。但当同声念佛,助其往生,待气尽了多时,方可哀泣。才有丝毫恋世间心,便成挂碍,不得解脱。若得明晓净土之人,频来策励,极为大幸!若依此者,决定超生,即无疑也![1]

上文曾说善导大师的《临终正念诀》云:"恐病来死至之时,心识散乱,仍虑他人惑动正念,忘失净因。"这里则是出自善道所言。善导与善道是否同为一人,目前尚无法考证得出,唯后来的《乐邦文类》[2]、《龙舒增广净土文》[3]、《庐山莲宗宝鉴》[4]、《净土指归集》[5]、《归元直指集》[6]、《径中径又径》[7] 等著作,则认为是善导所言,把善导与善道视为同一人。这可能是因为善导的影响力很大,以及善导在《观念阿弥陀佛相海三昧功德法门》亦有教导关于探望病人时应如何协助念佛及忏悔,

---

[1] (唐)释道镜、释善道共集:《念佛镜》卷2,《大正藏》第47册,第133a-b页。
[2] 参阅(唐)释善导《临终正念诀》,收入(宋)释宗晓《乐邦文类》卷4,《大正藏》第47册,第213a-b页。
[3] 参阅(唐)释善导《善导和尚临终往生正念文》,收入(宋)王日休《龙舒增广净土文》卷12,《大正藏》第47册,第287b-c页。
[4] 参阅(唐)释善导《善导和尚临终往生正念文》,收入(元)释普度《庐山莲宗宝鉴》卷8,《大正藏》第47册,第340a-b页。
[5] 参阅(明)释大佑《净土指归集》卷1,《卍新纂续藏经》第61册,第386c-387a页。
[6] 参阅(明)释宗本《归元直指集》卷2,《卍新纂续藏经》第61册,第484b-c页。
[7] 参阅(清)张师诚《径中径又径》卷4,《卍新纂续藏经》第62册,第400a-b页。

以顺利往生。① 所以，后世把这篇临终助念的开示归之于善导。近代印光大师认为："此（临终助念）法乃唐善导和尚所发明，谓平日不念佛者依此助念，亦可往生。"②

上引善道和尚对知归子的开示，有几个重点。

1. 欲往生净土的人，必须不得怕死：因怕死即表示对娑婆仍有恋栈之心，并且有扭转视死亡为不洁的观念，具有净化临命终者的心灵的效用。而且，临终者有强烈的自觉意识，不是被传统文化或是乡土社会的惯性思维所影响。

2. 必须了解并且时常想念此身多苦，因此，舍此秽形，超生净土，解脱生死苦趣，乃是称意之事：这有欣求极乐、厌离娑婆的劝诫效果，让修持念佛法门的行者不再眷恋娑婆世界，并且充分体认死亡并不是生命的终结。

3. 凡是遇到病痛之时，便念无常，一心待死：这是鼓励念佛行者勇猛精进、获得宗教力量的表现。遭受疾病缠身，或是受到死亡威胁的人，全心投入信仰，能够让自己受用，减少病痛的折磨。

4. 叮嘱家人以及往来问候的人，细分三点交代：

甲、凡来我前，为我念佛，不得说眼前闲杂之话，家中长短之事，亦不须软言安慰，祝愿安乐，此皆虚华无益之语；

乙、若病重将终之际，亲属不得垂泪哭泣，及发嗟叹、懊恼之声，惑乱心神，失其正念。

丙、但当同声念佛，助其往生，待气尽了多时，方可哀泣。才有丝毫恋世间心，便成挂碍，不得解脱。

善道和尚的开示，已将往生者、助念者，以及助念方法，扼要指示。这篇《临终正念诀》对后世的影响极大，其中谈及"不得怕死"、"此身多

---

① 善导云："又行者等，若病不病，欲命终时，一依上念佛三昧法，正当身心，回面向西，心亦专注，观想阿弥陀佛。心口相应，声声莫绝，决定作往生想，华台圣众，来迎接想。病人若见前境，即向看病人说。既闻说已，即依说录记。又病人若不能语者，看病人必须数数问病人，见何境界。若说罪相，傍人即为念佛，助同忏悔，必令罪灭。若得罪灭，华台圣众，应念现前。准前钞记。又行者等，眷属六亲，若来看病，勿令有食酒肉五辛人，若有必不得向病人边，即失正念，鬼神交乱，病人狂死，堕三恶道。愿行者等，好自谨慎，奉持佛教，同作见佛因缘。已前是入道场及看病人法用。"[（唐）释善导：《观念阿弥陀佛相海三昧功德法门》卷1，《大正藏》第47册，第24b-c页］。

② 释印光著，释广定编《印光大师全集》，第二册，《莲宗正传跋》，第1382页。

苦",如何面对"病痛",等等,不但合理且具有人间性,印顺导师(1906~2005)曾说:"学佛不是修到没有身体的病苦,只是'身苦心不苦'而已。中国佛教界,似乎多数以'无疾而终',为修行成就(往生净土)的证明。如见人生病,或缠绵床笫,就说他不修行,业障深重。自己念佛修行,只是为了死得好些,这可说对佛法没有正确的了解。阿罗汉而成就甚深禅定的,临死也不是没有身苦,只是能正念正知,忍苦而心意安详。"[1] 印顺导师的说法在于导正一般人,对于修行人为何也会产生病痛的误解,他还引用义净法师(635~713)所译《无常经》(710)所附的《临终方诀》,教病人面对佛像而起观想(念佛)、使他发菩提心、为病人说三界难安、皈依菩提等正确的修持方法。《无常经》的教示如下:

> 时说法人,当随病者,心之所欲,而为宣说,佛土因缘、十六观等,犹如西方无量寿国,一一具说,令病者心乐生佛土。……既教请已,复令病人,称彼佛名。十念成就,与受三归,广大忏悔。……若临命终,看病余人,但为称佛,声声莫绝。然称佛名,随病者心,称其名号,勿称余佛,恐病者心,而生疑惑。然彼病人,命渐欲终,即见化佛,及菩萨众,持妙香花,来迎行者。行者见时,便生欢喜,身不苦痛,心不散乱,正见心生,如入禅定,寻即命终,必不退堕地狱、傍生、饿鬼之苦。乘前教法,犹如壮士,屈伸臂顷,即生佛前。[2]

这段经文,与《念佛镜》所开示的临终助念,意涵极为相似,劝诫探视病人的亲属朋友,唯有称念佛名,为临命终者的病患助念。而且,昙鸾《略论安乐净土义》所强调"声声相次,使成十念"的意涵,也在这节经文出现。可见,净土法门内部开展的临终助念,可能与《无常经》有密切关系。这除了上举《观无量寿佛经》《无量寿经》《阿弥陀经》作为经据之外,《无常经》亦是一部依止的经典。

然而,从慧远"结社念佛"到昙鸾结合志趣相同的人相互开晓、扶持,再到善道和尚扼要地开示临终助念方法。隐约看到一条发展路径,而且是一再地演化、增强,在生物学有一个名为"路径依赖"的概念,后来

---

[1] 释印顺:《临终助念》,《华雨集》(第四册),台北:正闻出版社,1993,第187~195页,尤其第188页。
[2] (唐)释义净译《佛说无常经》,《大正藏》第17册,第746b–c页。

被引用到技术在演进过程中的自我增强能力，也就是说无论是占有先机还是晚人一步的技术，常因这个演进过程而陷入良性或恶性的循环之中，诺贝尔经济学奖得主诺斯在阐述经济制度的时候，将"路径依赖"概念纳入经济学的研究范畴，他指出："人们过去作出的选择决定了他们现在可能的选择。"换言之，即使外部偶然性事件的影响一旦被一个具有正回馈机制的系统采纳，便会沿着一定的路径发展演进，系统就可对这种无论好坏的路径产生依赖，而很难被其他潜在的甚至更优的体系取代，最终常常被锁定于某种状态。①

其实，路径依赖是一个普遍现象，不限于自然科学与经济学范畴，甚至可以说任何一个系统在演变过程中都具有路径依赖的特征。在净土法门演变的过程中，"临终助念"在整个净土法门的系统中形成一条依赖路径，且不断深入，而被净土法门的行者依赖。这也让我们看到自慧远"结社念佛"伊始，整个净土法门系统在增进的同时，不但有"路径依赖"，也有"路径创造"的思想。可见，在净土法门的"结社"到"临终助念"，似有一条"路径依赖"的典型案例。

四 印光大师开示的"临终助念"

上举《念佛镜》的《临终正念诀》及《无常经》的教说，在助念的施设上，让临命终人能够发愿往生西方，助其舍报求生净土。演变至近代，有印光大师的《临终三大要》，对于助念的方法及注意事项，说解颇为详尽。往后参考印光大师所指示的要点，扩而充之者有李圆净居士所著《饬终津梁》（1930），② 世了法师所述《饬终须知》（1954），③ 慧律法师所述《临终备览》（1999），④ 觉光居士集述《莲宗助念指南》（2015）。⑤

---

① 参阅吴敬琏《路径依赖与中国改革——对诺斯教授演讲的评论》，《改革》1995年第3期。转引自曾定凡《路径依赖与路径创造》，《贵州社会科学》2010年第9期（总249期），第81~84页，尤其第81页。
② 李圆净：《饬终津梁》，http://oa.lib.ksu.edu.tw/OA/bitstream/987654321/59424/2/%E9%A3%AD%E7%B5%82%E6%B4，登录日期：2017年4月10日。
③ 释世了：《饬终须知》，http://book.bfnn.org/books/0070.htm，登录日期：2017年4月10日。
④ 释慧律：《临终备览》，http://book.bfnn.org/books/0258.htm，登录日期：2017年4月10日。
⑤ 觉光：《莲宗助念指南》，庐山东林寺印经处，2015。

以下，以近代始于源头之开示《临终三大要》作为说明，此文所示，广为教界所接受，用来处理临终等事宜，应可知临终助念之大方向矣。①

就净土法门来说，所谓保持"正念"，亦即是佛念不忘失于心。换言之，念佛行者能于心中保持佛念不断，则表示正念现前。如以印光倡导的持名念佛来说，如果临终时能够保持佛号声不断于心，即是正念现前。

然而，当人临终之际，地、水、火、风四大分解，面临着无比的痛楚，② 要是修持功力不足，便无法保持正念。如果加上亲人骚扰，更难以顺利往生西方。由是助念的目的，是为了预防这些不幸情况发生，帮助平时修持不力、根器稍劣的众生顺利往生。印光说："常念佛人，临终若被无知眷属，预为揩身换衣，及问诸事，与哭泣等，由此因缘，破坏正念，遂难往生。"③ 又说："临终一关最为要紧。世有愚人，于父母眷属临终时，辄为悲痛哭泣，洗身换衣。只图世人好看，不计贻害亡人。不念佛者，且置勿论。即志切往生，临终遇此眷属，多皆破坏正念，仍留此界。"④ 足见，助念一法对帮助临命终者保持正念，具有重要意义。印光在《临终三大要》一文里概括出临终助念的三项要点。

（一）善巧开导安慰，令生正信：切劝病人，放下一切，一心念佛。如有应交代事，速令交代，交代后，便置之度外。随即作我今将随佛往生佛国想，知世间所有富乐、眷属等种种尘境，皆为障碍，故不应生一念系

---

① 宋代流行结社念佛，例如日本学者野上俊静指出："宋代净土教的思想和信仰，从对天台大师《观无量寿经疏》的研究，即在两浙地方形成了集体修持白莲社的复兴运动，僧尼和居士们，乃至庶民大众，在各地方组织念佛团的社会活动。……自北宋迄南宋的中国佛教界，流行着结社念佛的风气。当时，因有在家知识分子的虔诚信仰，或以文笔，或以财施，协助了结社事业，是以法缘殊胜，动辄上万人数；故使净土的信仰，普及到上下各阶层的社会大众之间。"（野上俊静：《中国佛教史概说》，《法鼓全集光盘版》，释圣严译，第2辑第2册，第180页）但宋代结社念佛问题，颇为复杂，例如结社念佛的领导者，脱出常轨，而造成社会问题的危险性等，拟另文讨论。
② 佛教对死亡的描述是四大分解时甚为痛苦，但此现象与现代医学的一派主张，死亡时脑中会产生一种名为"安德鲁芬"（Endorphin）的荷尔蒙，令人快乐，故人在死前会有爽快的舒服感觉（参阅高柳和江著《生死自在》，萧志强译，台北：三思堂文化公司，1996，第19~34页），这与佛教的说法不同。
③ 释印光著，释广定编《印光大师全集》，第三册下卷，《一切念佛人往生及不往生之证据》，第50页。
④ 释印光著，释广定编《印光大师全集》，第一册，《陈了常优婆夷往生事 兼佛性发隐》，第736页。

恋之心。又须知自己一念真性，本无有死，所言死者，乃舍此身而又受别种之身耳。若不念佛，则随善恶业力，再受生于善恶道中。若至诚念佛，必定感佛大发慈悲，亲垂接引，得以往生。①

（二）大家换班念佛，以助净念：病人心力孱弱，不易相继长念，此时全仗他人相助，方能得力。故家中眷属，应同发孝顺慈悲之心，为其助念佛号。关于此，执行上有几点须注意：甲、分班助念；乙、念时声调须适中；丙、使用引磬；丁、念时以四字较合宜；戊、不得令亲友探慰。以下分述之。

甲、分班助念。若病人尚未至将终，当分班助念。分为三班，每班限定几人。念时，头班出声念，第二、三班默持；第二班接念，头班、三班默持；第二班念毕，第三班接念，辗转循环交换。若有小事，当于默持时办。值班出声念时，不可离去。每念一点钟，歇两点钟，纵使昼夜接替，亦不甚辛苦。三班相续，佛声不断。病人力能念者，则随之小声念；不能念，则摄耳谛听，心无二念，自可与佛相应。若病人将欲断气，宜三班同时念，直至气断以后，又复分班念三点钟，然后歇气，以便料理安置等事宜。以上所示之念法，家中眷属须如此，即使外面请来助念的善友亦须如此，不论人数多寡均须如此念。亟须注意的是，不可刚刚起念，便歇歇又念，致令病人佛念间断。若值饭时，当换班吃，勿断佛声。

乙、念时声调须适中。念佛声不可太高，高则伤气，难以持久；亦不可太低，以致病人听不明白。不可太快，亦不可太慢：太快则病人不能跟随，即使听了亦难明了；太慢则气接不上，亦难得益。须不高不低，不缓不急，字字分明，句句清楚。让病者字字句句入耳经心，才容易得力。

丙、使用引磬。念佛法器，唯用引磬。其他一切，概不宜用。因为引磬声音清脆，听之令人心地清净；②木鱼声浊，故不宜用于临终助念。

丁、念时以四字较合宜。佛号初起时，念几句"南无阿弥陀佛"六字。以后专念"阿弥陀佛"四字，不念南无。以字少易念，病人或随之

---

① 以上参阅释印光著，释广定编《印光大师全集》，第二册，《临终三大要》，第1335页。
② 《释氏要览》卷下云："未终时打长磬，令其闻声，发其善思，得生善处。智者大师临终时，语维那曰，人命终时，得闻磬声，增其正念，惟长惟久，勿令声绝，以气尽为期。"[（宋）释道诚：《释氏要览》，《大正藏》第54册，第306a页] 可见，磬声有助临命终者，提起，正念之效。

念，或摄心听，皆省心力。

戊、不得令亲友探慰。当念佛时，不得令亲友来病人前面问讯谕慰，使得病人不能专心念佛，这真是推人下海。其情虽可感，其事甚可痛。因此，主事者如果明白此中道理，便须事先告知亲人，以免因有碍情面，而贻害病人分心，不得往生。①

（三）切戒搬动哭泣，以防误事：病人将终之时，正是凡圣人鬼分判之际，一发千钧，要紧之极。此时最有益处的事，莫过于一心念佛；最为贻害的事，莫过于妄动哭泣。假若妄动哭泣，导致生瞋恨及情爱心，则欲生西方，万无有一。故此时须注意事项有：甲、切戒搬动；乙、切戒哭泣；丙、切戒频频探视热气出处。以下分述之。

甲、切戒搬动。病人将终之时，只可以佛号开导彼之神识，断断不可洗澡、换衣，或移寝处。任彼如何坐卧，只可顺彼之姿势，不可有任何移动。因此时身不自主，一动则手足身体均受拗折扭捌之痛。痛则瞋心生，而佛念息。随瞋心去，多堕毒类，可怖之至。②

乙、切戒哭泣。不可在将终之人面前生悲戚相，或至哭泣。若见悲痛哭泣，则情爱心生，佛念便息。随情爱心去，以致生生世世，不得解脱。

丙、切戒频频探视热气出处。人之将死，热气自下至上者，为超升相；自上至下者，为堕落相。故有"顶圣眼天生""人心饿鬼腹""畜生膝盖离""地狱脚板出"之说。③ 而大家果能至诚助念，自可叫死者直下往生

---

① 以上参阅释印光著，释广定编《印光大师全集》，第二册，《临终三大要》，第1336~1338页。
② 一般人碍于俗情而将临终之人搬离卧床、更换衣服，印光批评此种举止云："若谓死于卧床，后人卧之不吉，则是以寇仇视其亲矣。若谓衣冠不整，为鬼将蓝缕裸裎，果如所言，则何不将食物塞满其腹，免彼为饿鬼乎！"（释印光著，释广定编《印光大师全集》，第三册下卷，《饬终津梁摘录》，第104页）另外，对于断气后的处理，印光说："气绝之后，亦当任其侧卧，不必矫正（任他临终时，或坐或卧，或侧或仰，或直或曲，均当听其自然，不可移动）。因此时仍有知觉，略一触动，便生瞋恚。一生瞋恚，将堕入毒蛇猛兽道中。须待周身冷透，神识完全脱离，用热手巾搭肋膝等处，即可转而更衣。"（同上，第104页）刚死时知觉尚存，故不可动他，等到通身全冷后才能为其更衣。如果关节等处僵硬，可用热毛巾敷之，令其软化。
③ 印光云："按《大集经》说'临终征验偈'云：'顶圣眼天生，人心饿鬼腹，畜生膝盖离，地狱脚板出。'以人将死时，热气从下至上者超升，从上至下者堕落。若通身冰冷，唯顶上热者，必生西方入圣道；眼及额颅热者，生天道；心热者，生人道；腹热者，生饿鬼道；膝盖热者，生畜生道；脚板（热）者，生地狱道。"（释印光著，释广定编《印光大师全集》，第三册下卷，《一切念佛人往生及不往生之证据》，第50页）

西方。切不可屡屡探之,以致或有刺激,心生烦痛,不得往生。① 此之罪过,实为无量无边。②

以上三大要训,其目的无非在于帮助临终之人保持正念,因为保持正念才得往生。印光说:

> 临终助念,譬如怯夫上山,自力不足,幸有前牵后推,左右扶掖之力,便可登峰造极;(而)临终正念昭彰,(却)被魔眷爱情搬动等破坏者,譬如勇士上山,自力充足,而亲友知识,各以己物,令其担负。担负过多,力竭身疲,望崖而退。③

临终时适当的处理,可避免破坏正念,顺利往生西方。足见,了解临终助念等事宜是件非常重要的事。

五 结语

结社来自对求道、了生脱死的升华。早期参加慧远"结社念佛"之人,大抵灵秀脱俗、才调风流,根据考证,庐山十八高贤立白莲社是不可信的事④,但是慧远结集众人来念佛,则是一件史实。就净土法门的传演过程,为了吸取更多的民众信仰,因而在布教的内容上做出了适人、适会的调整,临终助念的形成便是其中的一项产物,愈至近代则更为聚焦和具影响力,成为念佛法门的宗教内涵。本文仅是粗浅地探讨其演变过程,至于近代的各种临终关怀的著作,更趋完备,故有必要继续处理其宗教内涵及核心问题。此则须俟日后另辟专文讨论。

---

① 印光云:"'顶圣眼天生'等者……此由人在生时,所造善恶二业,至此感现如是,非可以势力假为也。是时若病人能志诚念佛,再加眷属善友助念之力,决定可以带业往生,超凡入圣耳。不须专事探试征验,以致误事也。至嘱!至祷!"(释印光著,释广定编《印光大师全集》,第二册,《临终三大要》,第1339页)又曾云:"'顶圣眼天生'等说,实可依据。光(自称)恐无知者,唯以探冷热为事,(故)意谓有信愿及临终正念分明,即可往生。不得专以探冷热为据。"(释印光著,释广定编《印光大师全集》,第一册,《复周孟由昆弟书》,第343页)。
② 参阅释印光著,释广定编《印光大师全集》,第二册,《临终三大要》,第1338页。
③ 释印光著,释广定编《印光大师全集》,第一册,《陈了常优婆夷往生事兼佛性发隐》,第736页。
④ 参阅汤用彤《汉魏两晋南北朝佛教史》,上海书店,1991,第365~374页。

庐山慧远的弟子考索

杨维中

摘　要：九江佛教最为重要的高僧无疑是庐山慧远。慧远一生教人无数，门下弟子非常多。见于《高僧传》和《出三藏记集》等早期佛教史籍中的知名僧人有十余个，其中以道祖、昙顺、慧观、僧济、昙邕、僧彻最为著名。

关键词：庐山慧远　道祖　昙顺　慧观　昙邕

作者简介：杨维中，南京大学哲学系教授、博士生导师，南京大学中美文化研究中心兼职教授，安徽水西佛教文化研究所所长，江苏佛学院慈恩学院副院长，研究方向为中国佛教哲学和佛教史。

东晋时期，南方形成了以慧远为领袖的庐山僧团。当鸠摩罗什来长安后，庐山僧团与长安罗什僧团南北呼应，一时蔚为大观。而无论在佛教义学还是在佛教信仰方面，庐山慧远都对中国佛教产生了深远的影响。慧远一生教人无数，门下弟子非常多。见于《高僧传》和《出三藏记集》等早期佛教史籍中的知名僧人有十余个，其中以道祖、昙顺、慧观、僧济、昙邕、僧彻最为著名。

一　道祖、僧迁、道流

从《高僧传》所叙述的慧远弟子的传记中推测，道祖是慧远早期最出色的弟子，也是在慧远生前就备受称赞的高僧。僧迁、道流的事迹仅见于《高僧传·释道祖传》，所以一并叙述。

释道祖（347~419），吴国（即江苏省苏州市）人。《高僧传·释道祖传》记载："少出家，为台寺支法齐弟子。幼有才思，精勤务学。后与同志僧迁、道流等共入庐山七年,并山中受戒,各随所习,日有其新。"① 一般而言,少年出家受沙弥戒,至 20 岁时受具足戒。然而,以《道祖传》所说,道祖是在庐山七年之后受的戒。推算时间则应为东晋太和二年(367)前后受具足戒,此时在庐山的是慧远的同门慧永,西林寺也建于此年。而慧远到达庐山的时间是太元六年(381),而后文又说"迁、流等并年二十八而卒",计算下来,根本对不上。如果换一个角度看待这些记述,则大致可知,道祖、僧迁、道流三人早在慧远上庐山前已经在庐山修习,道祖受戒的时间也在慧远上庐山之前。也因为如此,《高僧传·释道祖传》并无明确的句子说道祖等三人是慧远的弟子。但从文中桓玄将道祖与慧远进行比较,尤其是,慧皎在此传中附了几位慧远弟子的事迹,可见,后世甚至包括当时都是将道祖当作慧远弟子看待的。

《高僧传·释道祖传》记载了慧远对道祖的赞语:

> 远公每谓:"祖等易悟,尽如此辈,不复忧后生矣!"迁、流等并年二十八而卒,远叹曰:"此子并才义英茂,清悟日新,怀此长往,一何痛哉!"②

此中说的僧迁、道流都在 28 岁卒,如果以前引此传所说三人一起受具足戒来推算,年代对不上。如果 28 岁不存在传抄错误,则道祖年长僧迁、道流至少 10 年。

《高僧传·释道祖传》记载:"祖后还京师瓦官寺讲说。桓玄每往观听,乃谓人曰:'道祖后发愈于远公,但儒博不逮耳。'及玄辅正,欲使沙门敬王,祖乃辞还吴之台寺。"由此可知,道祖后来到建康瓦官寺讲经,当时的权臣桓玄曾经去听讲,并且将其与慧远作比较。在桓玄于安帝元兴二年(403)提出令沙门礼敬王者之事后,道祖离开建康,重回吴郡(郡治在今江苏省苏州市)台寺。"有顷,玄篡位,敕郡送祖出京。祖称疾不行,于是绝迹人事,讲道终日。"桓玄篡位后,命令郡守护送道祖到京师,道祖称疾不去。道祖晚年一直在此寺住锡讲经,直至晋元熙元年(419)

---

① (梁)慧皎:《高僧传》卷 6,《大正藏》第 50 卷,第 363 页上。
② (梁)慧皎:《高僧传》卷 6,《大正藏》第 50 卷,第 363 页上。

卒，春秋七十三。

《高僧传·释道祖传》又记载："道流撰《诸经目》未就，祖为成之，今行于世。"① 由此可知，道祖曾经在道流所撰未完稿的基础上完成了一部译经目录。后来的经录称之为《竺道祖经录》。

在此应特别指出，《高僧传》卷7《释昙鉴传》记载：释昙鉴"少出家，事竺道祖为师，蔬食布衣，律行精苦，学究群经，兼善数论。闻什公在关，杖策从学。什常谓'鉴为一闻持人'，后游方宣化"。② 从文中的叙述基本情况和年代推知，竺道祖与释道祖并非一僧。

二 昙顺、昙诜、僧翼

昙顺、僧翼二位僧人同为慧远弟子，尔后又都投罗什为师，而昙顺、昙诜又同见于《高僧传·释道祖传》附传，因而一并叙述。

关于昙顺，慧皎仅在《释道祖传》提及，未列本传，但唐代僧人神清却对其评价很高。

> 夫澄至安，安至远，远至昙顺，顺至僧慧，凡五世价重帝王，风动四方，事标史册（书曰四方风动，唯乃之休），其或立德也（谓禅观之行者），立功也（翻译流传），立言也（讲说著述），为天下之人也。③

此文从佛图澄始，道安—慧远—昙顺—僧慧，建立了五代高僧之间的传承系统。这一说法颇有意味。从竺道生的生平得知，慧远圆寂后，庐山似乎陷入群龙无首的局面，于是力邀当时被建康僧人摈出首都居虎丘的竺道生来庐山主持大局。种种迹象表明，慧远圆寂之后，庐山僧团的代际传承似乎并不顺畅。而《北山录》的这一煞有介事的"法统"尽管意义不明，但也从一个侧面说明，在慧远苦心经营下的庐山僧团，不同于隋唐佛教宗派的地方就在于缺乏明确的"法统"观念和实际传承。

《高僧传·释道祖传》记载说：

---

① （梁）慧皎：《高僧传》卷6，《大正藏》第50卷，第363页上。
② （梁）慧皎：《高僧传》卷7，《大正藏》第50卷，第370页上。
③ （唐）神清：《北山录》卷4，《大正藏》第52卷，第597页上。

远又有弟子昙顺、昙诜,并义学致誉。顺本黄龙人,少受业什公,后还师远,蔬食有德行。南蛮校尉刘遵于江陵立竹林寺请经始,远遣徙焉。诜亦清雅有风则,注《维摩》及著《穷通论》等。①

如前文所考证,竹林寺是在义熙六年(410)至义熙八年(412)四月刘遵任南蛮校尉时修造的。这一简短记述颇难解释,特别是"少受业什公,后还师远",此中的"少"和"还"的解释不同,意义则大不相同。笔者以为,此中的意思是,昙顺原本之师是慧远,后来则北上至长安跟从鸠摩罗什学习,时间不长,又回到了慧远身边。在刘遵在江陵修造竹林寺请求慧远派弟子住持时,慧远就派出昙顺前往。从独立主持一方的角度考虑,《北山录》将昙顺当作"传法"弟子似乎也是有依据的。后期的文献,如宋陈舜俞《庐山记》卷3等记载:昙顺"入庐山,从远师同修西方净社,志道不群,利济为本"。这些文献,将昙顺叙述成弥陀净土的信仰者。

昙顺弟子僧慧(408~486),姓皇甫,《高僧传·释僧慧传》记载,"本安定朝那人,高士谧之苗裔。先人避难,寓居襄阳,世为冠族。慧少出家,止荆州竹林寺,事昙顺为师。顺庐山慧远弟子,素有高誉。慧伏膺以后,专心义学,至年二十五,能讲《涅槃》《法华》《十住》《净名》《杂心》等,性强记,不烦都讲,而文句辨析,宣畅如流"②。僧慧在南朝,"与玄畅同时,时谓黑衣二杰。"僧慧圆寂于齐永明四年(486),春秋七十九。

僧慧于昙顺门下25岁出师,已经是刘宋元嘉九年(432)。从这一记载推知,昙顺在刘宋元嘉九年仍然在竹林寺弘法。③《高僧传》称僧慧为"齐荆州竹林寺释僧慧",而《高僧传》卷8《释僧慧传》又记载说:"后有释慧敞者,亦志素贞正,代慧为僧主,续有功劾焉。慧弟子僧岫,亦以学显,力精致血疾而终。"④ 可见,僧慧一直驻锡于竹林寺。

释僧翼(371~450),"本吴兴余杭人,少而信悟,早有绝尘之操。初出家,止庐山寺,依慧远修学。蔬素苦节,见重门人。晚适关中,复师罗什,经律数论。并皆参涉,又诵《法华》一部。"以晋义熙十三年(417),

---

① (南朝梁)慧皎:《高僧传》卷6,《大正藏》第50卷,第363页上。
② (南朝梁)慧皎:《高僧传》卷8,《大正藏》第50卷,第378页中。
③ 这也可间接证明,《十八贤传》所说昙顺圆寂于元嘉二年(425)是不成立的。
④ (南朝梁)慧皎:《高僧传》卷8,《大正藏》第50卷,第378页下。

"与同志昙学沙门，俱游会稽，履访山水。至秦望西北，见五岫骈峰，有耆阇之状，乃结草成庵，称曰法华精舍。太守孟顗、富人陈载，并倾心挹德，赞助成功。"① 僧翼乃庐山慧远的高足，后至长安跟从鸠摩罗什为师，尤其精通专诵《法华经》。大概因此而命名其驻锡的精舍为法华精舍。僧翼"蔬食涧饮，三十余年"，以宋元嘉二十七年（450）卒，春秋七十。

三　慧观、道温

慧观在南朝晋宋之际的佛教中是一个大家，在佛典翻译、戒律弘传、禅法的传播等方面都做出了积极的贡献。

释慧观，姓崔，清河人。《高僧传》卷7《慧观传》记载："十岁便以博见驰名。弱年出家，游方受业。晚适庐山，又谘禀慧远。"从此叙述看，他至庐山拜慧远为师时已经成年，具体时间不明。"闻什公入关，乃自南徂北。访核异同，详辩新旧。风神秀雅，思入玄微。"在罗什门下成为著名弟子之一。"时人称之曰：'通情则生、融上首，精难则观、肇第一。'"此中的"观"就是慧观。在罗什门下，慧观"著《法华宗要序》以简什。什曰：'善男子，所论甚快。君小却，当南游江汉之间，善以弘通为务。'"《高僧传·慧观传》说：鸠摩罗什圆寂后，慧观乃"南适荆州，州将司马休之，甚相敬重，于彼立高悝寺"。② 而慧观之所以离开长安，是因为他在长安礼佛驮跋陀罗修禅，而佛驮跋陀罗被罗什的弟子们摈出长安，慧观于是随之南下。当时，罗什并未圆寂，《高僧传·慧观传》说"什亡后乃南适荆州"不妥。

《出三藏记集》卷14《佛驮跋陀罗传》记载：佛驮跋陀罗以义熙八年（412），到达荆州，"倾境士庶竞来礼事。其有奉施，悉皆不受。持钵分卫，不问豪贱。时陈郡袁豹，为宋武帝太尉长史，在荆州。佛贤将弟子慧观诣豹乞食。豹素不敬信，待之甚薄，未饱辞退。豹曰：'似未足。且复小留。'佛贤曰：'檀越施心有限，故今所设已罄。'豹即呼左右益饭，饭果尽。豹大惭。既而问慧观曰：'此沙门何如人？'观答曰：'德量高邈，非凡人所测。'豹深叹异，以启太尉。太尉请与相见，甚崇敬之，资供备

---

① （南朝梁）慧皎：《高僧传》卷17，《大正藏》第50卷，第410页下。
② （南朝梁）慧皎：《高僧传》卷7，《大正藏》第50卷，第368页中。

至。俄而太尉还都,请与俱归,安止道场寺。"① 如前所叙,高悝寺很可能在义熙九年(413)或者十年初建。

《高僧传·慧观传》记载:慧观在高悝寺住锡,"使夫荆楚之民,回邪归正者,十有其半。宋武南伐休之,至江陵,与观相遇,倾心待接,依然若旧。因敕与西中郎游,即文帝也。俄而还京,止道场寺。"② 义熙十一年三月,刘裕讨伐司马休之,与慧观相见,"倾心待接,依然若旧",说明刘裕与慧观当初在江陵是见过面的。而《宋书》卷二《武帝本纪中》记载,在江陵期间,朝廷封刘裕"第三子义隆为北彭城县公,以中军将军道怜为荆州刺史。八月甲子"③,刘裕从江陵出发回到建康。从这些材料分析,刘裕在江陵令慧观陪同刘义隆游谈。后来,慧观则随刘义隆到达建康,住于道场寺。

关于慧观在建康的活动,《高僧传·慧观传》记载说:"既妙善佛理,探究老庄,又精通《十诵》,博采诸部,故求法问道者,日不空筵。元嘉初三月上巳,车驾临曲水燕会,命观与朝士赋诗。观即坐先献,文旨清婉,事适当时。琅邪王僧达、庐江何尚之,并以清言致歆,结赏尘外。"④

慧观圆寂于宋元嘉中,春秋七十一。"著《辩宗论》《论顿悟渐悟义》及《十喻序赞》诸经序等,皆传于世。"⑤

释道温(397~465),姓皇甫,安定朝那人,高士谧之后也。《高僧传·释道温传》记载:释道温"少好琴书,事亲以孝闻。年十六,入庐山,依远公受学。后游长安,复师童寿"。⑥ 童寿即鸠摩罗什。此传文说,道温"宋太始初卒,春秋六十有九"⑦,而参照他十六岁"依远公受学"以及后游长安师童寿的几个时间计算下来,只有卒于泰始元年(465),并且在十六岁(412)依学于慧远不几月随即离开庐山北上长安,他才能有可能赶得上师从鸠摩罗什数月或者数十日。这一条材料很重要。之所以如此,是因为如果这一记载完全可靠,则佐证了鸠摩罗什卒于东晋义熙九年四月十三日(413年5月28日)的说法是正确的。此材料出于慧皎《高僧

---

① 《大正藏》第55卷,第104页上。
② (南朝梁)慧皎:《高僧传》卷7,《大正藏》第50卷,第368页中。
③ 《宋书》卷2。
④ (南朝梁)慧皎:《高僧传》卷7,《大正藏》第50卷,第368页中。
⑤ (南朝梁)慧皎:《高僧传》卷7,《大正藏》第50卷,第368页中。
⑥ (南朝梁)慧皎:《高僧传》卷7,《大正藏》第50卷,第372页中。
⑦ (南朝梁)慧皎:《高僧传》卷7,《大正藏》第50卷,第373页上。

传》，正可厘清他自己在《鸠摩罗什传》中对罗什卒年的困惑①，而罗什真正的卒年正是慧皎自己抄自有关道温的材料中所暗示的后秦弘始十五年（413）。

从上述考证可知，尽管从名分上说，道温既是慧远的弟子，也是罗什的弟子，但从时间上推究，他跟从二师学习的时间最多也就是数月，而且当时也只有十六七岁。然而，对于道温真正的师承，《高僧传·释道温传》却只字未提，大概是慧皎所见资料也作了隐没，慧皎无从下笔。接续前引文字的是："元嘉中，还止襄阳檀溪寺。善大乘经，兼明数论。樊邓学徒，并师之。"② 即便是元嘉元年（424）距罗什圆寂之年也已相隔九年，而至此年，道温也仅仅27岁。

道温一到襄阳就是一位擅长大乘经典和小乘毗昙的高僧形象。《高僧传·释道温传》记载：

> 时，吴国张邵镇襄阳，子敷随之。敷听温讲，还，邵问："温何如？"敷曰："义解足以析微，道心未易可测。"邵躬往候之，方挹其神俊。后从容谓曰："法师傥能还俗，当以别驾相处。"温曰："檀越乃以桎梏诱人。"即日辞，往江陵。邵追之不及，叹恨。③

根据《南史》卷32《张邵传》记载："元嘉五年，转征虏将军，领宁蛮校尉、雍州刺史，加都督。……及至襄阳，筑长围，修立堤堰，创田数千顷，公私充给。丹、淅二州蛮屡为寇，邵诱其帅并出，因大会诛之，遣军掩其村落，悉禽。既失信群蛮，所在并起，水陆路断。七年，子敷至襄阳定省，当还都。群蛮欲断取之。会蠕蠕国献使下，蛮以为是敷，因掠之。邵坐，降号扬烈将军。江夏王义恭镇江陵，以邵为抚军长史、持节、南蛮校尉。"④ 由此记载可知，张邵镇襄阳即在元嘉五年（428）至元嘉七年。而张敷听道温讲经也就在元嘉六年前后，此时道温仅三十一二岁。

---

① 慧皎在《高僧传》卷2中写道："以伪秦弘始十一年八月二十日，卒于长安。是岁晋义熙五年也。……然什死年月，诸记不同。或云弘始七年，或云八年，或云十一年。寻七与十一字或讹误。而译经录传中，犹有一年者，恐雷同三家，无以正焉。"（《大正藏》第50卷，第333页上）
② （南朝梁）慧皎：《高僧传》卷7，《大正藏》第50卷，第372页下。
③ （南朝梁）慧皎：《高僧传》卷7，《大正藏》第50卷，第372页下。
④ 《南史》卷32《张邵传》。

道温在江陵住了 20 余年，孝建（454～456）初年，"被敕下都，止中兴寺，大明中敕为都邑僧主。"大明四年（460）"十月八日造普贤像成，于中兴禅房设斋"①，因出瑞相而改中兴寺禅房为天安寺。"温后累当讲任，禀味之宾，填委相属，精勤导物，数感神异。帝悦之，赐钱五十万。时人为之语曰：'帝主倾财，温公率则。上天怀感，神灵降德。'"②

道温于刘宋泰始初年（465）卒，春秋六十九。

四　昙邕、僧济、法安

释昙邕，姓杨，关中（今陕西省中部）人。昙邕早年为道安弟子，道安圆寂后，跟从慧远。《高僧传》卷 6《释昙邕传》记载："少仕伪秦，至卫将军。形长八尺，雄武过人。太元八年，从符坚南征，为晋军所败，还至长安，因从安公出家。安公既往，乃南投庐山，事远公为师。"③ 从此段文字可大致推算出其经历。太元八年（383）他跟从苻坚南征，太元九年八月，前秦军队在淝水之战中大败而逃。大概在逃回长安后，这位卫将军皈依道安。然而，第二年二月道安于长安圆寂，昙邕就南下至庐山拜慧远为师。

昙邕"内外经书，多所综涉，志尚弘法，不惮疲苦。后为远入关，致书罗什，凡为使命，十有余年。鼓击风流，摇动峰岫，强捍果敢，专对不辱"。从 385 年起，昙邕在慧远门下学习。从 401 年罗什到达长安后，昙邕又充当慧远和罗什间的行使十余年。"京师道场僧鉴，挹其德解，请还杨（扬）州。邕以远年高，遂不果行。然远神足高拔者，其类不少，恐后不相推谢，因以小缘，托摈邕出。"从这一段叙述推知，慧远晚年，此时罗什已经圆寂，信使的任务已经完成，东晋京都建康道场寺僧人僧鉴邀请他到建康，昙邕以其师年老而回绝。后来，慧远考虑到其门下弟子众多，怕在自己圆寂之后，弟子们不尊敬昙邕，以小错为借口，将昙邕摈除。"邕奉命出山，容无怨忤，乃于山之西南，营立茅宇，与弟子昙果，澄思禅门。"④ 昙邕于是单独在庐山西南自筑茅宇修禅。"至远临亡之日，奔赴号

---

① （南朝梁）慧皎：《高僧传》卷 7，《大正藏》第 50 卷，第 372 页下。
② （南朝梁）慧皎：《高僧传》卷 7，《大正藏》第 50 卷，第 373 页上。
③ （南朝梁）慧皎：《高僧传》卷 6，《大正藏》第 50 卷，第 362 页下。
④ （南朝梁）慧皎：《高僧传》卷 6，《大正藏》第 50 卷，第 362 页下。

踊，痛深天属。"① 在慧远圆寂之后，昙邕前往荆州江陵。慧远圆寂于东晋义熙十二年（416）。从此记载推知，大概在其师慧远圆寂之后，昙邕离开庐山，至江陵竹林寺，后来圆寂于此寺。

释僧济，籍贯不明。僧济的独特在于，在慧远圆寂之前，先师一步往生。

《高僧传·释僧济》记载："晋太元中来入庐山，从远公受学。大小诸经及世典书数，皆游炼心抱，贯其深要。年始过立，便出邑开讲，历当元匠。"② 30岁刚过，僧济就单独到外地去宣讲经论。慧远对僧济说："共吾弘佛法者，尔其人乎？"从后文记载，僧济单独宣讲经论十五年。

对于僧济圆寂过程的叙述，成为后来净土宗不断引用的典型叙述。《高僧传·释僧济》记载：

> 后停山少时，忽感笃疾。于是要诚西国，想象弥陀。远遗济一烛曰："汝可以建心安养，竞诸漏刻。"济执烛凭机，停想无乱。又请众僧夜集为转《无量寿经》，至五更中，济以烛授同学，令于僧中行之。于是暂卧，因梦见自秉一烛乘虚而行，睹无量寿佛，接置于掌，遍至十方。不觉欻然而觉，具为侍疾者说之。且悲且慰，自省四大，了无疾苦。至于明夕，忽索履起立，目逆虚空，如有所见，须臾还卧，颜色更悦。因谓傍人云："吾其去矣。"于是转身右胁，言气俱尽。春秋四十有五矣。③

慧远于东晋义熙十二年（416）圆寂。从上述引文可如此推知：假定僧济比其师早一年圆寂，则可知僧济最迟的生年为370年。

释法安，一名慈钦，籍贯不详。《高僧传·释法安传》记载：释法安"远公之弟子也。善戒行讲说众经，兼习禅业。善能开化曚，拔邪归正。晋义熙中，新阳县虎灾。县有大社，树下筑神庙，左右居民以百数。遭虎死者，夕有一两。安尝游其县，暮逗此村。民以畏虎，早闭闾。安径之树下，通夜坐禅。向晓，闻虎负人而至，投之树北。见安如喜如惊，跳伏安前，安为说法授戒，虎踞地不动，有顷而去。旦，村人追虎至树下，见安

---

① （南朝梁）慧皎：《高僧传》卷6，《大正藏》第50卷，第363页上。
② （南朝梁）慧皎：《高僧传》卷6，《大正藏》第50卷，第362页中。
③ （南朝梁）慧皎：《高僧传》卷6，《大正藏》第50卷，第362页中。

大惊,谓是神人。遂传之一县,士庶宗奉,虎灾由此而息。因改神庙,留安立寺,左右田园,皆舍为众业"。① 依据此文记载,法安于新阳县所建佛寺位于乡间,且是民间自发修建。而修建时间是在庐山慧远圆寂之前,也就是义熙十二年(416)之前。

法安"后欲作画像须铜青,困不能得。夜梦见一人迁其床前,云:'此下有铜钟。'觉即掘之,果得二口,因以青成像。后以铜助远公铸佛。"② 这是说,法安所得的青铜除用于其寺铸像之外,还运至庐山帮助其师慧远造佛像。法安后不知所终。

五　僧彻、法庄、慧要等

僧彻(383~452),本姓王,"本太原晋阳人,少孤,兄弟二人寓居襄阳。彻年十六,入庐山造远公。远见而异之,问曰:'宁有出家意耶?'对曰:'远尘离俗,固其本心,绳墨镕钧,更唯匠者。'远曰:'君能入道,当得无畏法门。'于是投簪委质,从远受业。"③ 从其生卒年推知,此事发生于东晋隆安三年(399)。

僧彻出家后,"遍学众经,尤精《波若》。又以问道之暇,亦厝怀篇牍。至若一赋一咏,辄落笔成章。尝至山南攀松而啸,于是清风远集,众鸟和鸣,超然有胜气。退还谘远:'律制管弦,戒绝歌舞,一吟一啸可得为乎?'远曰:'以散乱言之,皆为违法。'由是乃止。至年二十四,远令讲《小品》,时辈未之许。及登座,词旨明析。听者,无以折其锋。远谓之曰:'向者勍敌,并无遗力。汝城隍严固,攻者丧师,反轸能尔,良为未易。'由是门人推服焉。"僧彻24岁即407年。

《高僧传·僧彻传》记载:"远亡后,南游荆州,止江陵城内五层寺。晚移琵琶寺。彭城王义康、仪同萧思话等,并从受戒法,筵请设斋,穷自下馔。"④ 庐山慧远卒于东晋义熙十二年(416),也就是在东晋末年,僧彻达江陵住于五层寺。至刘宋时,彭城王刘义康、仪同萧思话都跟从他受戒。刘宋元嘉二十九年(452)僧彻卒,年七十。荆州刺史南谯王刘义宣

---

① (南朝梁)慧皎:《高僧传》卷6,《大正藏》第50卷,第362页中至下。
② (南朝梁)慧皎:《高僧传》卷6,《大正藏》第50卷,第362页下。
③ (南朝梁)慧皎:《高僧传》卷7,《大正藏》第50卷,第370页下。
④ (南朝梁)慧皎:《高僧传》卷7,《大正藏》第50卷,第370页下。

为他造坟圹。

释法庄，姓申，淮南人。《高僧传·释法庄传》记载："十岁出家，为庐山慧远弟子。少以苦节标名，晚游关中，从叡公禀学。"① 从其卒年前推，其出家为沙弥的时间在391年至394年。在慧远门下，他以"苦节"即修"头陀行"著名。文中所说的"叡公"应该是指罗什的弟子僧叡。

法庄于刘宋元嘉初年到京都建康，住于道场寺。《高僧传·释法庄传》记载：法庄"性率素，止一中而已。诵《大涅槃》《法华》《净名》，每后夜讽诵，比房常闻庄户前，有如兵仗羽卫之响，实天神来听也"。②

《高僧传·释法庄传》记载，法庄于宋大明初卒于寺，春秋七十六。刘宋大明年共七年半，大明初可具体化为大明元年至三年（457~459），如此则知其生年在381年至384年之间。

早期文献中，关于法庄的记载仅此而已。然唐代僧人慧详《弘赞法华传》卷6却说："释宝庄，或云法庄"③，不知依据何在？

《高僧传·释道祖传》附传记载了六位慧远弟子，除前文已经叙述的昙顺、昙诜之外，还有四位，一并叙述如下。

慧远的弟子慧要，"亦解经律而尤长巧思，山中无刻漏，乃于泉水中立十二叶芙蓉，因流波转以定十二时，晷景无差焉。亦尝作木鸢，飞数百步。"④

慧远又有弟子"法幽、道恒、道授等百有余人。或义解深明，或匡拯众事，或戒行清高，或禅思深入，并振名当世，传业于今"。⑤ 此中的道恒，并非《高僧传》所记载的罗什弟子道恒。

此外，道汪也是慧远晚期弟子。释道汪（？~465），姓潘，长乐人，"幼随叔在京。年十三，投庐山远公出家，研综经律，雅善《涅槃》，蔬食数十余年。"⑥ 后至四川弘法，圆寂于刘宋泰始元年（465）。由于《高僧传》未记载其年岁，不能确定13岁出家后跟从慧远的久暂，但从其善《涅槃经》来看，应该另有师承。兹不详述。

---

① （南朝梁）慧皎：《高僧传》卷12，《大正藏》第50卷，第407页中。
② （南朝梁）慧皎：《高僧传》卷12，《大正藏》第50卷，第407页中。
③ （唐）慧详：《弘赞法华传》卷6，《大正藏》第51卷，第27页中。
④ （南朝梁）慧皎：《高僧传》卷6，《大正藏》第50卷，第363页上。
⑤ （南朝梁）慧皎：《高僧传》卷6，《大正藏》第50卷，第363页上。
⑥ （南朝梁）慧皎：《高僧传》卷7，《大正藏》第50卷，第371页下。

九江佛教对佛经汉译的贡献

黄国清

摘　要：东晋时代，九江地区的庐山与长安和建康并列为三大译经中心，主要环绕着慧远在庐山推动的佛典汉译事业。慧远对佛经汉译的贡献，除了直接在庐山的译经，其影响力更扩及庐山之外。关于经典汉译，礼请佛驮跋陀来山译出几部禅数经典；佛驮跋陀后来又到建康翻译《华严经》等重要经典。又僧伽提婆曾在庐山翻译论书，后来转往建康汉译《中阿含经》；慧远之弟慧持也参与此经汉译工作。这些译师在庐山的翻译经验，应能增益他们的汉语表达与翻译能力。另有陈代月婆首那在庐山兴业寺汉译《胜天王般若经》。关于律典，有部的《十诵律》本由弗若多罗在关中与鸠摩罗什合译，未译完而辞世；慧远修书劝请昙摩流支完成此律全本汉译。这是首部在汉地译出的广律。至于论书的翻译，礼请僧伽提婆到庐山译出有部纲要书《阿毗昙心论》，及翻译犊子部的《三法度经》，为《阿含经》的宗经论。慧远本人注重大乘佛典，亦不排斥声闻佛典，尽自己最大努力推动译经事业，以提升汉地僧众对佛教经论的整体理解。

关键词：慧远　庐山　佛典汉译

作者简介：黄国清，南华大学宗教学研究所副教授兼所长、唯识学研究中心主任，研究方向为佛经语言文献学、中观思想、唯识思想、法华天台思想、佛教礼忏、汉藏佛教对话。

一　前言

九江古亦称柴桑、寻阳（浔阳）、江州，集名山（庐山）、名江（长江）、名湖（鄱阳湖）于一地。在东晋时代，浔阳的庐山因缘际会与长安、建康并列为三大译经中心,主要环绕着庐山慧远(334~416)所主持的佛教经论汉译事业。除了慧远住锡庐山的这段时间,虽然许多高僧大德在九江地区的弘经与修行活动见诸佛教史册,但有关佛典汉译的活动则绝少记载。以庐山为基地的佛典翻译与修订成就,对于说一切有部等"阿毗达磨"论书,乃至禅经、律典等,于东晋这个中国佛教正处印度佛教义理的消化与吸收阶段,有其特殊的贡献;再者,有些佛典虽非在庐山译出,其背后的推动因缘亦与庐山僧团有所联结。慧远及其师尊道安求法若渴,当时很多印度佛教经论尚未移译过来,汉地于佛理存在诸多有待解明的地方,他们对于声闻佛典与大乘佛典同等尊重,广泛搜罗译出的佛典勤加钻研,遇有机缘便礼请西天来华僧人翻译与校改印度佛典。此外,慧远及其后学对于汉译佛典的作序导读与经录编纂,对于佛典流通亦有促进作用。庐山僧团的佛典汉译成就值得深入探讨。

本文通过佛教经录与高僧传记的详细爬梳,探讨庐山僧团对印度佛典汉译的贡献;并实际检视相关佛教经论的内容,考察其翻译事业对中国佛教义学发展的影响。

二 对经典的汉译贡献

依据佛教史传记载,最早与庐山有关的译经师是东汉末年的安世高(148年前后来华),相传他在洛阳译出佛经四十五部之后,欲前往广州了结夙愿,南行经过庐山,化度沦为䢼亭湖庙神而身为大蟒形的过去世同学,地点约当梁代的浔阳蛇村。[①] 虽然故事中的安世高并非到庐山译经,却是浔阳地区与重要译经师的结缘之始。

庐山的译经事业必须等到慧远在此山经营僧团之后始真正展开。慧远是东晋高僧道安的得意门生,师徒二人都以佛学道业与修持德行广为当时人们所称道。东晋太和(366~371)初年,道安僧团所在地的襄阳为前秦苻坚所破,道安于是分散门徒,自己被苻氏迎往关中,慧远则迁徙到浔阳,喜爱庐山的山水景致与佛教灵迹,在同门慧永与江州刺史桓伊等人的协助之下营建东林寺,大兴殿宇、禅林与龛室,受他感召的佛教学人自各地涌来,其高风并受到许多高官武将深加敬重,使庐山成为当时佛门一大

---

① 参见《出三藏记集》卷13《安世高传》,《大正藏》第55册,第95上-下页。

圣地，并且因缘际会发展为佛典汉译重地。有关慧远在佛经汉译方面所做的重大努力，梁代僧佑所撰《出三藏记集》卷15 概括如下：

> 初经流江东多有未备，禅法无闻，律藏残缺，远大存教本，愤慨道缺，乃命弟子法净等远寻众经，逾越沙雪，旷载方还，皆获胡本，得以传译。每逢西域一宾，辄恳恻咨访。屡遣使入关，迎请禅师，解其摈事，传出禅经。又请罽宾沙门僧伽提婆出数经。所以禅法经戒皆出庐山，几且百卷。初关中译出《十诵》，所余一分未竟，而弗若多罗亡，远常慨其未备。及闻昙摩流支入秦，乃遣书祈请，令于关中更出余分，故《十诵》一部具足无缺。晋地获本相传至今，葱外妙典关中胜说，所以来集兹土者，皆远之力也。外国众僧咸称汉地有大乘道士，每至烧香礼拜辄东向致敬，其神理之迹，固未可测也。①

慧远对于佛典汉译与义理解明的重要成就可分四个方面。第一，因汉地佛典欠缺而派遣弟子远到西域和印度寻求佛经原典，以作为翻译的底本。第二，遇有西域僧人来到中国，总是虚心向其咨询佛典义理。第三，迎请来华僧人到庐山译经。第四，劝进来华僧人在他地翻译重要佛典。慧远对佛典传译的贡献并不局限于庐山一地，甚至声名远传到西域与天竺。

慧远对于经藏的汉译，其具体贡献或是直接或是间接，某些著名译经师由他积极迎请到庐山翻译佛典，在他们转赴别地之后又译出重要的经典。这些译师在庐山期间参与的法义研讨与译经工作，相信能增进他们的汉语沟通与翻译能力，对往后的译经质量具有提升作用。较著名者有佛驮跋陀（佛贤），北天竺人，博通群经，并以禅修与戒行而声名远播，相传他在印度即已证得不还果（声闻三果），并拥有神通能力。他受西行求法的沙门智严所请，历经陆路与海路三年艰苦跋涉来到中国，辗转前往长安依附罗什，罗什甚为欢喜，常与他讨论法义疑难。佛驮跋陀喜好静修禅定，与长安僧团往来宫廷、交接人事的风气颇不相合，对此有所微言，后来竟被控显异惑众而遭到长安僧团的驱摈。慧远得知此事以后，一方面写信给秦主姚兴为佛驮跋陀解除摈事，另一方面则极力延请他到庐山，翻译出几部禅数经典。佛驮跋陀又于东晋义熙十四年（418）被迎请到京都建

---

① 见《大正藏》第55册，第110上页。

康，于道场寺译出《华严经》等重要经典。①

根据《出三藏记集》卷2记载，佛驮跋陀自来到江东直到刘宋这段时间，于庐山与建康共译出《大方广佛华严经》五十卷、《观佛三昧经》八卷、《新无量寿经》二卷、《禅经修行方便》二卷（一名《庚伽遮罗浮迷》，译言《修行地道》，一名《不净观经》，凡有十七品）、《大方等如来藏经》一卷（或云《如来藏》，缺）、《菩萨十住经》一卷、《出生无量门持经》一卷、《新微密持经》一卷（缺）、《本业经》一卷（缺）、《净六波罗蜜经》一卷（缺）、《文殊师利发愿经》一卷等十部经典。其中明确标示在京都道场寺翻译者包括《华严经》、《新无量寿经》与《文殊师利发愿经》三部。② 又《高僧传》卷3《释法显传》提到法显所带回的《方等泥洹经》是在道场寺与佛驮跋陀合作译出。③ 隋代费长房《历代三宝纪》卷7根据其他经录资料，所列举佛驮跋陀（罗）汉译的经典，标注为庐山译出者有《出生无量门持经》；未明确标示翻译地点者为《过去因果经》四卷、《达磨多罗禅经》（一名《不净观经》，一名《修行地道经》）、《本业经》、《净六波罗蜜经》、《菩萨十住经》；明确标为在道场寺或宋初翻译者有《华严经》《观佛三昧经》《新无量寿经》《大方等如来藏经》《文殊师利发愿经》。另外，《新微密持经》标注为隆安二年（398）所译。④ 未标示翻译地点与时间的几部经典，或许就是慧远请佛驮跋陀在庐山译出的"禅数诸经"；其中有明确证据者是《修行方便禅经》（《达磨多罗禅经》），慧远撰有《庐山出修行方便禅经统序》说明其事。⑤

另一位曾在庐山翻译佛典的重要译师是罽宾沙门僧伽提婆，他是说一切有部僧人，对声闻经典《阿含经》与有部阿毗达磨的汉译有所贡献。在经藏方面，僧伽提婆与《增壹阿含经》和《中阿含经》两部经典的汉译有重要关系。

原本在印度佛教圈中，大乘佛教并无自己的出家律典与受戒制度，即使著名大乘论师如中观学派的龙树和提婆，瑜伽行派的无着和世亲等，都必须在声闻部派出家。因此，这些大论师不仅信解大乘经典，声闻佛教的

---

① 参见《出三藏记集》卷14《佛驮跋陀传》，《大正藏》第55册，第103中~104上页。
② 参见《大正藏》第55册，第11下页。
③ 参见《大正藏》第50册，第338中页。
④ 参见《大正藏》第49册，第71上页。
⑤ 参见《出三藏记集》卷9，《大正藏》第55册，第65中~66上页。

经典和律典同样为他们所娴熟与尊重。在道安与慧远的时代，中国佛教圈的经典汉译工程，是声闻佛典与大乘经论同时并进，全被视为佛法宝藏。到了南北朝及隋唐时期，随着各类佛教典籍的大量传译，大乘佛教跃上主流台面，面对大乘各派与声闻诸部的典籍义理差别，中国佛教祖师进行教相判释（判教）工作，将各类佛典依照教义的浅深偏圆安排其适当位置，借以化解经论学说之间的重大矛盾，并为自派所宗经论争取最高的地位。在中国佛教圈业已普遍接受大乘佛教这样的文化背景下，声闻经论往往被排列于判教架构的底层（在不放入人天教的条件下），逐渐不受重视，其佛学价值遭到严重低估，仅居于大乘佛教的陪衬地位，经常被束之高阁。今日全球化时代，汉传、南传、藏传佛教的频繁遭遇，使声闻佛典的价值获得重估，道安与慧远僧团的译经贡献也应该重加审视。

在经藏方面，北传声闻乘的核心经典是《阿含经》，南传佛教的对应经典称为《尼柯耶》（nikāya），主要有四部，汉译经名为《杂阿含经》、《中阿含经》、《长阿含经》与《增壹阿含经》。这四部汉译《阿含经》并不属于同一部派，其中《杂阿含》与《中阿含》的翻译底本属说一切有部传本，较无疑义；《长阿含经》应属法藏部传本；《增壹阿含经》疑为大众部的传本。① 现代佛教学术界将这些经典视为较接近早期佛教的教说内容，可说是研习佛教经学的重要基础。由于古德的译经功德，我们幸而得以借由汉译在今日一窥《阿含经》的内容。同属北传大乘佛教文化圈的藏传佛教，就未见《阿含经》的传译。②

今本《中阿含经》与《增壹阿含经》都署名僧伽提婆所译。僧伽提婆是否曾主导《增壹阿含经》的汉译，存在很大的疑义。《出三藏记集》僧

---

① 《杂阿含经》《中阿含经》两部经典属说一切有部较无疑义。《长阿含经》的原本，印顺法师依僧肇《长阿含经序》所言由罽宾沙门佛陀耶舍诵出，佛陀耶舍为法藏部（Dharmaguptaka）律师，为《四分律》的诵出者，所以认为汉译《长阿含经》属法藏部诵本最为可能。关于《增壹阿含经》福原亮严《有部阿毗达磨论书之发达》认为有前后二译，判断昙摩难提译本依兜佉勒传来的有部本，僧伽提婆译本为大众部本，进而推论昙摩难提本属有部本但没有译完，后者以大众部本修补。然而，印顺法师主张昙摩难提的是原译本，僧伽提婆的是改正本，可能曾同时流行，但只是初译本与重治本，而绝没有异部别本的差别。印顺法师依所存内容推定非属有部，依旧传属大众部传本较为可信。参见释印顺《原始佛教圣典之集成》，台北：正闻出版社，2002，第 90~98 页。
② 目前藏传佛教圈也注意到《阿含经》的重要性，开始组织学者将汉译四部《阿含经》转译为藏文，笔者亦参与其间，将四部《阿含经》对勘巴利经本进行详细注解，以供藏文译者参考。

伽提婆本传记载他与法和在洛阳重译二部阿毗达磨，并改定先前在长安道安译场所译出的几部佛教经论，未具体说出是哪些典籍；又《出三藏记集》卷2所列僧伽提婆译经中并未见到《增壹阿含经》。僧伽提婆应该没有重译此经，否则僧祐的经录不致全无记载。《出三藏记集》僧伽提婆本传中说到"先出众经，渐改定焉"，又道慈《中阿含经·序》说："（法和）即从提和（提婆）更出《阿毗昙》及《广说》也。自是之后，此诸经律渐皆译正，唯《中阿含》《僧伽罗叉》《婆须蜜》《从解脱缘》未更出耳。"[①] 没有将《增壹阿含经》列在"未更出"的译经之中，可反推僧伽提婆已改定了此经，因为仅做文字上的改订，所以与昙摩难提译本只是稍有差异。[②] 不过这件事情发生在僧伽提婆来到庐山之前，与庐山译场基本上并无直接关联。

僧伽提婆传记中明确言及他汉译《中阿含经》之事，这是他离开庐山到了东晋都城建康之时，受东亭侯王珣之请而从事的译经活动。道安在长安曾请僧伽跋澄译过此经，但译文不尽理想，因遭逢战乱而未及修正。关于僧伽提婆重译这部经典的过程，据笔受者道慈所撰《中阿含经·序》说：东晋东亭侯王珣（王元琳）为了翻译佛经的事业，建立寺院，延请义学沙门40余人进住，更预先礼请罽宾沙门僧伽罗叉在其精舍中供养，以待译经因缘的成熟。僧伽提婆来到建康，使此因缘得以成熟，于晋隆安元年（397）在王珣的精舍翻译《中阿含经》，由僧伽罗叉宣讲胡本，请僧伽提婆译为汉语，豫州沙门道慈笔受，到来年六月完成译经草本。当时正逢国难，无法校正书写，直到隆安五年（401）始确立经文，正式写定流传。[③] 僧伽罗叉在整个译经组织中主要负责宣读梵本经文的角色，真正的译经担纲者应是僧伽提婆。另外，慧远之弟慧持在《中阿含经》翻译之际，正好护送姑姑道仪尼师到建康观礼佛教，他受王珣器重而参与译场，校阅与勘

---

① 见《出三藏记集》卷9，《大正藏》第55册，第64上页。
② 印顺对此事考辨如下："据此当时的原始资料，可见昙摩难提所译的《中阿含经》，是僧伽提婆在江南再译的，时为丁酉、戊戌（公元397、398）年。而《增壹阿含经》，并无再译的明文。惟在'洛邑'时，'此诸经律，渐皆译正'，'经'就是《增壹阿含经》。当僧伽提婆在洛阳时，'四五年中，研讲遂精'，'渐晓汉语'；当时的'译正'，也只是'改定'而不是重译。所以，《历代三宝记》所说，僧伽提婆于隆安元年（公元397）正月，再译《增壹阿含经》，是值得怀疑的！依据当时的记录，僧伽提婆《增壹阿含经》的改正，在洛阳而不是江南。从来只此一部——昙摩难提所（译）出，僧伽提婆重治改定。"参见释印顺《原始佛教圣典之集成》，第92~93页。
③ 文见《出三藏记集》卷9，《大正藏》第55册，第64上页。

定文句，在经典译出之后回到庐山。① 因此《中阿含经》的汉译亦有庐山僧人参与其间。

《出三藏记集·释慧远传》言及"请罽宾沙门僧伽提婆出数经"，② 目前经录上可见到的记载是《阿毗昙心》与《三法度论》二部论书，③ 是否还有其他经典未得而知。僧伽提婆离开庐山后到建康才译出《中阿含经》，在庐山的译经实践相信对他的汉语能力提升有所帮助。僧伽提婆的传记说他最早在长安参与译经，后来与法和在洛阳重新勘定所译的经论，因此时汉语能力有所进步，发现错误的地方很多。慧远延请僧伽提婆到庐山，请他译出两部论典，由提婆在波若台"手执胡本，口宣晋言，去华存实，务尽义本"。④ 足见他的汉语能力更有长足进步。僧伽提婆后来到建康宣讲阿毗昙可以"辞旨明析，振发义奥"，并有能力担任《中阿含经》的主译者，在庐山译场的译经资历应对其能力养成起到关键作用。

慧远之后另有一部经典在庐山译出，即陈代由月婆首那汉译的《胜天王般若波罗蜜经》。这部经典的梵本在梁武帝太清二年（548）由于阗沙门求那跋陀携来中国，后来授与中天竺优禅尼国王子月婆首那。后者避战乱辗转而到陈朝，在江州兴业伽蓝始得翻译此经的因缘，江州刺史黄法氍作为檀越，扬州阿育王寺沙门释智昕担任笔受，及在江州僧正释慧恭等人协助下，于天嘉六年（565）完成此经的汉译。⑤ 陈宣帝《胜天王般若忏文》说此经译于"匡岭"，⑥ 也就是庐山。

总结庐山佛教对大乘与声闻经藏汉译的贡献，慧远住持东林寺时礼请佛驮跋陀译出包括《出生无量门持经》、《禅经修行方便》（《修行地道经》）在内的几部经典，佛驮跋陀后来到建康更译出对中国佛教甚具影响的《华严经》《方等泥洹经》等。关于声闻经典，曾在庐山翻译论书的僧伽提婆在抵达建康后，翻译了《中阿含经》；慧远之弟慧持也在此经译场担任重要工作。慧远之后，陈代在庐山兴业寺由月婆首那汉译《胜天王般若

---

① 参见《高僧传》卷6《释慧持传》，《大正藏》第50册，第361中页。
② 参见《出三藏记集》卷15，《大正藏》第55册，第110上页。
③ 参见《出三藏记集》卷2，《大正藏》第55册，第10下页。
④ 参见《出三藏记集》卷13，《大正藏》第55册，第99下页。
⑤ 参见《胜天王般若波罗蜜经》卷7《经序》，《大正藏》第8册，第725下~726上页。
⑥ 参见《广弘明集》卷28，《大正藏》第52册，第332下~333上页。隋代法经《众经目录》卷1记载此经是"陈世月支国王子婆首那于扬州译"（《大正藏》第55册，第151上页），地点明显有误。

若经》。庐山在东晋到南朝期间，因其位于长安到建康的中继位置，加上高僧的积极经营，形成一个重要的佛经译场。

三　对律典与论典的汉译贡献

慧远对印度传来的经律论三藏佛典都非常关注，甚至派遣弟子西行寻找汉地所缺的重要佛典。在律典方面，慧远对《十诵律》的翻译完成尽了很大力量。《出三藏记集》卷 15《释慧远传》提到："初关中译出《十诵》，所余一分未竟，而弗若多罗亡，远常慨其未备。及闻昙摩流支入秦，乃遣书祈请，令于关中更出余分，故《十诵》一部具足无缺。"[①]《十诵律》是说一切有部律典，也是中国所传五部戒律之一。这部律典最早是由罽宾沙门弗若多罗与鸠摩罗什在长安逍遥园共同汉译，但只翻译其中的二分（三分之二），弗若多罗就圆寂了。慧远对这部典籍无法全部译出深感遗憾，当听到精通此律的外国沙门昙摩流支前来长安，即刻写信请求他继续翻译，信的内容如下：

> 佛教之兴，先行上国，自分流以来近四百年，至于沙门德式所缺犹多。顷西域道士弗若多罗者，是罽宾持律，其人讽《十诵》胡本。有鸠摩耆婆者，通才博见，为之传译。《十诵》之中始备其二，多罗早丧，中涂而废，不得究竟大业，慨恨良深。传闻仁者赍此经自随，甚欣所遇，冥运之来，岂人事而已耶！想弘道为物，感时而动，叩之有人，必情无所吝。若能为律学之众留此经本，开示梵行，洗其耳目，使始涉之流不失无上之津，参怀胜业者日月弥朗，此则惠深德厚，人神同感矣。幸望垂怀，不孤往心，一二悉诸道人所具。不复多白。[②]

慧远信中情意恳切，反映出他对印度佛典得以译传汉地的殷重期盼之心。昙摩流支因为得到慧远的书信恳请，加上秦王姚兴的礼请，于是与鸠摩罗什继续译完《十诵律》的其余部分，共计五十八卷；后又经罽宾律师卑摩

[①] 见《出三藏记集》卷 15,《大正藏》第 55 册，第 110 上页。
[②] 见《出三藏记集》卷 3,《大正藏》第 55 册，第 28 上 – 中页。

罗叉在寿春石涧寺重校，分为六十一卷，流传后世。① 说一切有部是印度重要部派，其律典能够完整译出而流传中国，慧远实功不可没。

《十诵律》在弘始八年（406）翻译完成，是在中国译出的第一部广律，对中国佛教律学具有重要意义。当时僧人对《十诵律》的翻译抱着很大的期望，《高僧传·弗若多罗传》说："先是经法虽传，律藏未阐，闻多罗既善斯部，咸共思慕。以伪秦弘始六年十月十七日，集义学僧数百余人，于长安中寺，延请多罗诵出十诵梵本，罗什译为晋文。三分获二，多罗构疾，庵然弃世，众以大业未就，而匠人殂往，悲恨之深，有逾常痛。"② 在这部律典译出之前，汉地仅见戒本，因戒律条文的规定常令人知其然而不知其所以然，广律能对制戒的因缘详加说明，有助于了解持守戒条的原委。例如，《出三藏记集》卷11收有竺昙无兰所撰《大比丘二百六十戒三部合异序》，提到过去在庐山有天竺僧人舒许，随身携带戒律一部，翻检近二十年，总觉文句质直烦琐，难以索解。后来昙摩侍译出一部比丘戒本③，戒条更多，道安曾向昙摩侍请问其间意涵，昙摩侍回答说他是从持律法师那里一一口受，也不知其缘故。所以竺昙无兰想通过对比三部戒本以汇整出一部较易理解的律典。④ 印度僧人在没有参阅广律的情况下亦难以对戒文意义获得良好理解，更何况中国僧人还要面对翻译不甚通畅达义的汉文戒本。因此，当弗若多罗只译到《十诵律》的三分之二即行辞世，汉地僧人是何等憾恨！幸赖慧远的修书劝请昙摩流支译出其余部分，中国僧人始有机缘参照广律来解读戒文。

关于阿毗达摩论书的汉译，与庐山译场直接相关的是僧伽提婆对《阿毗昙心论》与《三法度论》的汉译。据《出三藏记集》的僧伽提婆本传，他是北印度罽宾国人，隶属说一切有部学者，兼通经律论三藏，尤其专精《阿毗昙心论》，并常持诵《三法度论》。他于苻秦建元年中（365～384）

---

① 参见《高僧传》卷2《昙摩流支传》，《大正藏》第50册，第333上至中页。
② 见《大正藏》第50卷，第333上页。
③ 《出三藏记集》卷2："《十诵比丘戒本》一卷（或云《十诵大比丘戒》），右一部，凡一卷，晋简文帝时西域沙门昙摩持诵胡本，竺佛念译出。"见《大正藏》第55卷，第10上页。
④ 参见《大正藏》第55卷，第80下~81上页。关于昙摩侍翻译戒本的记载，道安在《比丘大戒序》说道："余昔在邺习其事，未及检戒，遂遇世乱，每以快快不尽于此。至岁在鹑火，自襄阳至关右，见外国道人昙摩侍讽阿毗昙，于律善，遂令凉州沙门佛念写其梵文，道贤为译，慧常笔受，经夏渐冬，其文乃讫。考前常行世戒，其谬多矣，或殊文旨，或粗举意。昔从武遂法潜得一部戒，其言烦直，意常恨之，而今侍戒规矩与同，犹如合符出门应彻也。"见《出三藏记集》卷11，《大正藏》第50册，第80中页。

前来长安，曾参与道安（312～385）的关中译场，与僧伽跋澄（saṃghabhūti）、昙摩难提（dharmanandi）等合作译经。① 当时道安积极延请来华印僧翻译多部声闻部派的经典与论典，特别是有部所传的经论，但因译师未善汉语及翻经过程仓促，译经质量不甚理想。② 随后长安发生战乱，不久道安圆寂，所译出的经论来不及改订。等到山东（华山之东）战事较为平定，僧伽提婆与道安同学法和同到洛阳，于四五年之间研究与讲说前述道安译场所译的佛典，此时提婆对汉语更加熟习，从而发现所译经论错误众多。法和慨叹此事，于是请提婆重新翻译《阿毗昙经》（《阿毗昙心论》）、《广说》（《鞞婆沙阿毗昙》），先前关中所译其他经论也渐次进行改定。其后法和进入长安，僧伽提婆南渡长江，那时庐山慧远广集佛教典籍，听闻此事，就将提婆迎到庐山，恳请他译出《阿毗昙心论》与《三法度论》。提婆于东晋孝武帝太元十六年（391），于般若台手持梵本，转译为汉文，不重文辞修饰，但求尽量做到达意。③

由僧伽提婆汉译的全部经论，共计6部116卷，翻译年代介于东晋孝武帝到安帝期间。《出三藏记集》卷2"新集经论录第一"举出在庐山翻译的有两部：

《阿毗昙心》四卷（晋太元十六年在庐山为远公译出）
《三法度》二卷（同以太元十六年于庐山出）④

慧远对僧伽提婆于有部教理的通达及其译经的敬慎态度有所肯定，如他在《阿毗昙心序》有言："罽宾沙门僧伽提婆，少玩兹文，味之弥久，兼宗匠本正，关入神要，其人情悟所参，亦已涉其津矣。会遇来游，因请令译，提婆乃手执胡本，口宣晋言，临文诫惧，一章三复，远亦实而重

---

① 《出三藏记集》之《僧伽提婆传》言："初安公之出《婆须蜜经》也，提婆与僧伽跋澄共执梵文。"（《大正藏》第55册，第99下页）同书《僧伽跋澄传》有更清楚的记述："初跋澄又赍《婆须蜜》胡本自随，明年赵政复请出之，跋澄乃与昙摩难提及僧伽提婆三人共执胡本，秦沙门佛念宣译，慧嵩笔受，安公法和对共挍定。"（《大正藏》第55卷，第99中页）虽译经因缘为受赵政之请，仍在道安的译场进行此事。
② 参见《出三藏记集》卷9释道慈所撰《中阿含经序》，《大正藏》第55册，第63下页。
③ 《高僧传·释慧远》也记载此事："昔安法师在关，请昙摩难提出《阿毗昙心》，其人未善晋言，颇多疑滞。后有罽宾沙门僧伽提婆，博识众典，以晋太元十六年来至浔阳，远请重译《阿毗昙心》及《三法度论》，于是二学乃兴。"（《大正藏》第55册，第359中页）
④ 见《大正藏》第55册，第10下页。

之,敬慎无违。然方言殊韵难以曲尽,傥(倘)或失当,俟之来贤,幸诸明哲正其大谬。"① 强调僧伽提婆在汉译之际的戒慎恐惧,对译文进行多次检校,追求适切传达原文意旨。又慧远在《三法度序》说:"有游方沙门,出自罽宾,姓瞿昙氏,字僧伽提婆,昔在本国豫闻斯道,邪玩神趣,怀佩以游。其人虽不亲承二贤(山贤、僧伽)之音旨,而讽味三藏之遗言,志在分德,诲人不倦,每至讲论,嗟咏有余。远与同集劝令宣译,提婆于是自执胡经,转为晋言。虽音不曲尽,而文不害意,依实去华,务存其本。"肯定僧伽提婆对这部论书的精研,加上提婆对这部论书的推崇,而请他译为汉文以飨中国佛教学人,翻译上并不强调文字的典雅,而注重保存文句的原本意旨。

僧伽提婆通晓有部学说,他所译出的几部阿毗达磨论典多是理解与掌握有部义理的重要论著。在庐山翻译的两部论书,《阿毗昙心论》即是有部学说的纲要书,作者是法胜论师,其组织与品名配列与《发智论》大体一致。② 此书兼采各种毗昙的长处,综理众义,提要勾玄,成为一部毗昙提纲之作,弥足珍贵。③ 慧远《阿毗昙心序》说:"管统众经,领其宗会,故作者以心为名焉。有出家开士,字曰法胜……其人以为《阿毗昙经》源流广大,难卒寻究,非赡智宏才莫能毕综,是以探其幽致,别撰斯部。始自《界品》,讫于《问论》,凡二百五十偈,以为要解,号之曰心。"④ 赞誉此论能以少量篇幅收摄宏富繁重的论说,有助于掌握毗昙精义。《阿毗昙心论》仅250偈的颂文形式,优点是结颂摄义,以少文摄多义;但就内容而言,便不免有失之简略、义理难明之议。毕竟一部论书或繁或简,各有其优点与缺点,重视呈现精义即无法详明论义,鱼与熊掌实难得兼。

《三法度论》是苻秦鸠摩罗跋提(Kumārabuddhi)所译《四阿含暮抄解》(382年译)的同本异译,其性质并非从《四阿含经》抄出经文加以注释,而是对《阿含经》的宗经论释。慧远《三法度序》评论此书说:"《三法度经》者,盖出四《阿含》,四《阿含》则三藏之契经,十二部之渊府也。以三法为统,以觉法为道,开而当名,变而弥广。法虽三焉,而类无不尽;觉虽一焉,而智无不周。观诸法而会其要,辩众流而同其原,

---

① 文见《出三藏记集》卷10,《大正藏》第55册,第73上页。
② 参见福原亮严《有部阿毗达磨の发达》,第393~396页。
③ 参见吕澂《印度佛学源流略讲》,《吕澂佛学论著选集》4册,第2378~2380页。
④ 文见《出三藏记集》卷10,《大正藏》第55册,第72下页。

斯乃始涉之鸿渐，旧学之华苑也。"① 此书以四部《阿含经》为宗，有《德品》（含施、戒、修三真度）、《恶品》（含恶行、爱、无明三真度）、《依品》（含阴、界、入三真度）之三法九真度（khaṇa 麁，犍度，篇章），并阐说解脱之道。此论由僧伽提婆所译，他经常咏叹此书，所以一般以为是有部论书，其实近于犊子部所传。② 僧伽提婆之所以重译此论，因为他认为此书是入道的宝库，帮助对声闻经藏的理解。他将此书以明晰易解的文字译出，实能嘉惠汉地有志钻研声闻经典的佛教学人。

庐山译场对律典与论典汉译的直接贡献，在律典方面，说一切有部所传的《十诵律》是首部在汉地译出的广律，对中国僧众理解戒本帮助甚大；这部律典虽非在庐山翻译，却是在慧远修书劝请之下始得以完成全本的汉译。虽然中国佛教界后来选择法藏部所传的《四分律》作为持戒依据，但《十诵律》因有部势力而传播较广，藏传佛教的律藏即依《十诵律》。关于论书的翻译，僧伽提婆译出有部的重要纲要书《阿毗昙心论》，传递有部学说要义；又译出《三法度经》，可能是犊子部所传的宗经论，帮助《阿含经》的理解。

四　结论

在东晋时代，九江地区的庐山与关中的长安和南朝京都建康并列为三大译经中心，其译经贡献主要环绕着慧远在庐山推动的佛典汉译事业。当时庐山因其位于长安到建康的中继位置，加上高僧的积极经营，因缘际会形成一个重要的佛经译场。慧远对佛经汉译的贡献，除了直接在庐山译出的佛典，其推动译经的影响力更扩及庐山的范围之外，甚至派遣弟子西行求取佛教经论原典。

在佛教经典的翻译方面，慧远礼请佛驮跋陀前来庐山译出包括《出生无量门持经》、《禅经修行方便》（《修行地道经》）在内的几部禅数经典；佛驮跋陀后来又到建康译出《华严经》《方等泥洹经》等对中国佛教甚具影响的经典。至于声闻部派所传的经典，僧伽提婆曾在庐山翻译部派论书，后来转往建康翻译了《中阿含经》；慧远之弟慧持当时正好从庐山到

---

① 文见《出三藏记集》卷10，《大正藏》第55册，第73上页。
② 参见释印顺《说一切有部为主的论书与论师之研究》，第455~460页。

建康，也参与了此经的汉译工作。这些译师在庐山的翻译经验，应能增益他们的汉语表达能力与翻译能力。慧远之后，陈代月婆首那在庐山兴业寺汉译《胜天王般若经》。

在律典的翻译方面，有部所传《十诵律》原本由弗若多罗在关中与鸠摩罗什合作翻译，译到三分之二时圆寂；当昙摩流支来到中国，慧远修书劝请他完成这部律典全本的汉译。这是首部在汉地译出的广律，对中国僧众理解戒本帮助甚大。至于论书的翻译，慧远礼请僧伽提婆到庐山译出有部重要纲要书《阿毗昙心论》；又请他译出《三法度经》，近于犊子部所传的四部《阿含经》的宗经论。

总体而言，庐山译场对声闻经论的翻译贡献最大。慧远本人注重与研究大乘佛典，同时也不排斥声闻佛典，他求法若渴，尽自己最大的努力推动佛经汉译与流通佛典，以提升汉地僧众对佛教经论的整体理解。

慧远与"南国律学道士"：
《佛影铭》撰写因缘新考[*]

王邦维

摘　要：东晋初年，高僧慧远在庐山的东林寺筑建"佛影台"，慧远为此撰写了《佛影铭》。慧远由于何种因缘而筑台？与此相关，慧远在《佛影铭》中提到了"罽宾禅师"和"南国律学道士"。"罽宾禅师"指的是从印度来的佛驮跋陀罗。但"南国律学道士"是谁，则众说不一。本文作者通过考证，认为慧远讲到的"南国律学道士"就是当时从印度归来不久的法显。法显瞻礼过西域的"佛影窟"，后来到了庐山，他也成为把有关消息带给慧远的人之一。

关键词：慧远　《佛影铭》　玄奘　法显

作者简介：王邦维，北京大学东方文学研究中心。

我们今天在九江开会，九江最有名的，是庐山。庐山上最有名的，是东林寺。东林寺历史上最有名的，是东晋的高僧慧远。我的话题因此从慧远谈起，准确地说，我想讨论慧远《佛影铭》涉及的一些问题。[①]

《佛影铭》是庐山慧远一篇很有名的文章。慧远撰写《佛影铭》，起因是在西域或者说印度的那伽诃罗国，有一处对于佛教徒来说很出名的地方，称作"佛影窟"，石窟之中有"佛影"。《佛影铭》收入道宣编的《广弘明集》的卷15，同时也收入后来人编的慧远的文集，例如《庐山慧远法

---

[*] 本文是国家社科基金项目"中国东方学学术史研究"（项目编号：14ZDB084）阶段性成果之一。

[①] 以下部分内容，主要是后半部分，2017年3月25日曾在山西襄垣召开的一个有关法显的研讨会上做过发表。

师文钞》中。《佛影铭》开首第一句讲：

> 佛影今在西（国?）那伽诃罗国南山古仙石室中。度流沙，从径道，去此一万五千八百五十里。感世之应。详于前记。①

慧远讲的那伽诃罗国，是梵文 Nagarahāra 的音译。那伽诃罗国的旧地，在今阿富汗南部的贾拉拉巴德（Jelālābād）地区。都城的旧址，就在今天的贾拉拉巴德城附近。历史上佛教在这一带曾经很盛行。

东晋时到印度求法的法显，是第一位到过"佛影窟"的中国人。《法显传》中把"那伽诃罗国"称作"那竭城"：

> 那竭城南半由延，有石室，博山西南向，佛留影此中。去十余步观之，如佛真形，金色相好，光明炳著。转近转微，仿佛如有。诸方国王遣工画师摹写，莫能及。彼国人传云，千佛尽，当于此留影。②

法显之后，又有其他的中国人到过这里。北魏时代的敦煌人宋云和僧人惠生，奉胡太后之命，在神龟元年（518）到印度访求佛经，也到了这个地方，《洛阳伽蓝记》卷5因此也提到这处佛影窟：

> 那竭城中有佛牙、佛发，并作宝函盛之，朝夕供养。至瞿波罗窟，见佛影。③

到过"佛影窟"的人中，最著名的是唐初的玄奘。"那伽诃罗国"玄奘称作"那揭罗曷国"。玄奘的《大唐西域记》卷2讲，那揭罗曷国的都城西南20多里，有一处山岭，称作"小石岭"。那里有一处寺庙，"高堂重阁，积石所成"，寺庙的西南，则有一处巨大的山洞：

> 伽蓝西南，深涧峭绝，瀑布飞流，悬崖壁立。东崖石壁有大洞穴，瞿波罗龙之所居也。门径狭小，窟穴冥暗。崖石津滴，磎径余

---

① 《大正藏》第52册，第197页下。
② 章巽：《法显传校注》，上海古籍出版社，1985，第47页。
③ 《大正藏》第51册，第1021页下。

流。昔有佛影,焕若真容。相好具足,俨然如在。近代已来,人不遍睹。纵有所见,仿佛而已。至诚祈请,有冥感者,乃暂明视,尚不能久。①

玄奘的传记《大慈恩寺三藏法师传》卷 2,详细地讲述了玄奘礼拜佛影窟的经过:

又闻灯光城西南二十余里,有瞿波罗龙王所住之窟,如来昔日降伏此龙,因留影在中。法师欲往礼拜,承其道路荒阻,又多盗贼,二三年已来,人往多不得见,以故去者稀疏。法师欲往礼拜,时迦毕试国所送使人贪其速还,不愿淹留,劝不令去。法师报曰:如来真身之影,亿劫难逢,宁有至此不往礼拜?汝等且渐进,奘暂到即来。

"灯光城"是那揭罗曷国都城的另一个名字。从那揭罗曷国都城到佛影窟,道路不通顺,少有人去。玄奘从迦毕试国过来,迦毕试国国王派了人护送玄奘,护送的人也不愿意去佛影窟。但玄奘的决心没有动摇,决定独自前往:

于是独去。至灯光城,入一伽蓝,问访途路,觅人相引,无一肯者。后见一小儿,云:寺庄近彼,今送师到庄。即与同去,到庄宿。得一老人,知其处所,相引而发。行数里,有五贼人拔刃而至,法师即去帽,现其法服。贼云:师欲何去?答:欲礼拜佛影。贼云:师不闻此有贼耶?答云:贼者,人也,今为礼佛,虽猛兽盈衢,奘犹不惧,况檀越之辈是人乎!贼遂发心,随往礼拜。

玄奘先到达一处村庄,住了一宿,在村里找到一位老人做向导。第二天,两人前行,不意遇到贼人。不过,贼人受到玄奘的感化,不仅没有伤害玄奘,还随玄奘一同前往佛影窟。然而,当他们到了佛影窟后,却并没有见到佛影:

---

① 季羡林等:《大唐西域记校注》,中华书局,1985,第 224 页。

既至窟所，窟在石涧东壁，门向西开，窥之窈冥，一无所睹。老人云：师直入，触东壁讫，却行五十步许，正东而观，影在其处。法师入，信足而前，可五十步，果触东壁讫，却立，至诚而礼百余拜，一无所见。

这时的玄奘，十分伤心，他觉得他只能自责。玄奘一边诵念佛经，一边不停地礼拜，发誓不见到佛影，就不离开：

自责障累，悲号懊恨，更至心礼诵《胜鬘》等诸经、赞佛偈颂，随赞随礼，复百余拜，见东壁现如钵许大光，倏而还灭。悲喜更礼，复有槃许大光现，现已还灭。益增感慕，自誓若不见世尊影，终不移此地。

于是洞窟里的景象渐渐有了变化。玄奘礼拜了二百多次后，"佛影"终于出现：

如是更二百余拜，遂一窟大明，见如来影皎然在壁，如开云雾，忽睹金山，妙相熙融，神姿晃昱，瞻仰庆跃，不知所譬。佛身及袈裟并赤黄色，自膝已上相好极明，华座已下，稍似微昧，膝左右及背后菩萨、圣僧等影亦皆具有。

或许是这时光线照进洞窟，窟中有了光亮，石壁上映射出了佛的影像。不管怎样说，到了这个时候，玄奘终于见到了佛影，而且佛影很清楚。玄奘激动不已：

见已，遥命门外六人将火入烧香。比火至，欻然佛影还隐。急令绝火，更请方乃重现。六人中五人得见，一人竟无所睹。如是可半食顷，了了明见，得申礼赞。供散华香讫，光灭尔，乃辞出。所送婆罗门欢喜，叹未曾有，云：非师至诚、愿力之厚，无致此也。窟门外更有众多圣迹。说如别传。相与归还，彼五贼皆毁刀杖，受戒而别。①

---

① 《大慈恩寺三藏法师传》，中华书局，1983，第 37~38 页；《大正藏》，第 50 册，第 229 页下至 230 页上。

跟随玄奘一起前往佛影窟的六个人——一位是为玄奘带路的老人，还有五个路上所遇的贼人——也并不都见到了佛影，贼人中有一人，终究还是没见到。佛影出现时间很短暂。大家赶紧香花供养。供养完毕，光线渐渐消失，所有人退出洞窟。那位老人，是一位婆罗门，见到了从来没见到的佛影，尤其欢喜。五个贼人也因此受到感动，放弃了刀杖。

玄奘礼拜"佛影窟"的故事有几分神奇的色彩，但除去神异的成分，其他部分大致可信，这也是我们今天知道的对"佛影窟"最细致的描绘。不过，这些记载，都发生在慧远时代之后，慧远不会知道。

回到我们要讨论的问题，慧远一生，从未离开过中国，他在襄阳与道安分手后，到了庐山，直到去世。他怎么会知道佛影窟的呢？

首先是慧远自己所说的"感世之应，详于前记"。对于"佛影"，慧远从他熟悉的佛教经典中有所了解，但对于远在西域具体说在印度的真正的"佛影窟"的情形，他并不是很了解。这一点，慧远在《佛影铭》的序言中讲得很清楚：

> 远昔寻先师，奉侍历载。虽启蒙慈训，托志玄籍。每想奇闻，以笃其诚。遇西域沙门，辄餐游方之说，故知有佛影而传者尚未晓然。

我们不知道慧远所遇到的"西域沙门"具体是谁。慧远从这位或这些"西域沙门"，知道了佛影窟，但佛影窟究竟是怎么一个情况，他显然还是不清楚，因为他承认"知有佛影而传者尚未晓然"。慧远真正比较详细地了解"佛影窟"，是他到了庐山，而且是他在庐山接待了另外的两位僧人以后。这两位僧人，一位慧远称为"罽宾禅师"，另一位慧远称为"南国律学道士"：

> 及在此山，值罽宾禅师、南国律学道士，与昔闻既同，并是其人游历所经。因其详问，乃多先征。然后验神道无方，触像而寄。百虑所会，非一时之感。于是悟彻其诚，应深其位。将援同契，发其真趣。故与夫随喜之贤，图而铭焉。

慧远因此撰写了《佛影铭》，铭文稍长，共五节，此处不引。铭文之后，慧远对筑台并刻文于石的事做了说明：

晋义熙八年岁在壬子五月一日，共立此台，拟像本山。因即以寄诚。虽成由人匠，而功无所加。至于岁次，星纪赤奋若贞于太阴之墟。九月三日乃详捡别记，铭之于石。爰自经始，人百其诚。道俗欣之，感遗迹以悦心。于是情以本应，事忘其劳。于时挥翰之宾，佥焉同咏。咸思好远猷，托相异闻。庶来贤之重轨，故备时人。于影集大通之会，诚悲现所期。至于伫襟遐慨，固已超夫神境矣。①

慧远在东林寺筑台刻铭，在当时应该是一件颇有影响的事。我没有参访过东林寺，不知道这座"佛影台"今天是否还有踪迹可寻，但这还不是我这里要讨论的主题，我这里要讨论的，是慧远讲到的"罽宾禅师"和"南国律学道士"，究竟是谁。这一点，慧远没说清楚。

"罽宾禅师"和"南国律学道士"中的一位比较清楚，那就是"罽宾禅师"指的是从印度来的佛陀跋陀罗。这一点，研究者中没有异议。但"南国律学道士"指的是谁，则说法不一。有说就是当时求法归来的法显，有说不是。这个问题，一直有不同的意见，多数的意见认为法显没到过庐山。②

下面我要讨论的就是：慧远讲的"南国律学道士"是不是法显？我认为是。我的理由，主要有五条。

第一，时间上有可能。法显归国，是从师子国乘船，中途遇到风暴，船只漂流，最后到达了今天青岛的崂山，时间是在东晋义熙八年（412）七月十四日。《法显传》讲，法显等人发现这里就是中国后，登陆并与地方官联系：

太守李嶷敬信佛法，闻有沙门持经像，乘船泛海而至。即将人

---

① 《大正藏》第52册，第198页上至中。
② 认为法显到过庐山的，有徐文明。徐文明：《玄高从学佛陀跋陀的一桩公案》，《中国哲学史》2000年第3期，第101~110页。但陈金华有不同意见。陈金华：《佛陀跋陀共慧远构佛影台事再考》，《佛教与中外文化交流》，中西书局，2016，第116~117页。对此陈金华有很好的讨论。我的不同意见只在于"南国律学道士"。陈金华认为"南国"指印度的南方，因此这位"律学道士"可能来自南印度。志磐《佛祖统纪》认为"南国律学道士"指的是佛陀耶舍。佛陀耶舍也来自罽宾，姚秦时代来华，其最重要成就是在长安译出《四分律》，因此佛陀耶舍合乎"律学道士"的条件，但他从未到过中国南方。佛陀耶舍的经历见《出三藏记集》和《高僧传》。汤用彤先生也不认为"南国律学道士"是指法显。我对"南国律学道士"的解释见下文。

从，来至海边。迎接经像，归至郡治。商人于是还扬州。（刘沇）青州请法显一冬一夏。[1]

法显在青州"一冬一夏"，即义熙八年的冬天和义熙九年的夏天。不过，是不是在青州，过去的研究者有不同的两种意见：一种是日本学者足立喜六，认为是在青州；另一种是汤用彤的意见，认为在彭城。[2] 这时法显想去长安，但又改了主意：

夏坐讫，法显离诸师久，欲趣长安。但所营事重，遂便南下向都，就禅师出经律。

不管是在哪里，法显夏坐以后，就到了建康。如果中间没有耽搁，这个时间应该是在义熙九年的秋天，估计是在七月末八月初。[3] 法显到南方或到建康，从后来的情况看，主要的目的是"就禅师出经律"。禅师当然就是从印度来，当时在中国已经有一些名气的佛陀跋陀罗。

法显离开北方（青州或是彭城）到南方，是在义熙九年（413），这个时候慧远正在庐山。慧远去世，在义熙十二年（416）或十三年。法显去世的时间不是很清楚，但可以确定的是在义熙十四年（418）以后，或者更晚一点。[4] 二人在时间上完全有可能交叉。

以上是就时间而言。

第二，在当时的情况下，如果讲到"律学道士"，与庐山多少有些联系或者有踪迹可寻的，除了法显，不大可能还会有其他人。法显万里求法，到印度去，是为了寻找佛教的律典。在中国佛教的历史上，以此为目的，并真正到达了印度的，法显是第一人。法显回国后翻译的经典，其中

---

[1] 《法显传》文字基本上依章巽《法显传校注》，个别亦有调整。
[2] 章巽校注《法显传校注》，第176页，注（20）所引。
[3] 依汉地规制，汉地僧人坐夏从四月十六日起，七月十五日结束。
[4] 《出三藏记集》卷15《法显传》讲，法显"后到荆州，卒于辛寺，春秋八十有二"。《高僧传》卷3《法显传》作"春秋八十有六"，都没讲具体去世于哪年。《摩诃僧祇律私记》讲，法显在建康道场寺译完《摩诃僧祇律》的时间，是在义熙十四年（418）二月末。《高僧传》卷3《佛驮什传》则记载，刘宋景平元年（423）七月以前法显已经去世。章巽先生据此推断法显去世于义熙十四年（418）二月末至景平元年（423）七月之间。见章巽校注《法显传校注》，第1~2页。或说在永初三年（422）。

很重要的一部分，也是律。① 既然称作"律学道士"，那一定要与佛教的律有关，而且要具备一定的律学修养之人。在我们所知道的当时的与律学密切相关的僧人，北方还有一些，主要是西域来的几位，但都没有到过南方。这个时候在南方以律学而有名的，恐怕只能是法显。

以上是就当时佛教发展的形势而言。

第三，慧远讲，他从罽宾禅师和南国律学道士那里听到的有关"佛影"以及"佛影窟"的知识，"与昔闻既同，并是其人游历所经"。那就是说，罽宾禅师和南国律学道士都曾经访问过"佛影窟"。就这一点而言，法显的经历最为符合。慧远又说他"因其详问，乃多先征"。慧远问的什么呢，应该就是《法显传》中的那一些情况。这一段前面已经引过，这里再重复一下：

> 那竭城南半由延，有石室，博山西南向，佛留影此中。去十余步观之，如佛真形，金色相好，光明炳著。转近转微，仿佛如有。诸方国王遣工画师摹写，莫能及。彼国人传云，千佛尽，当于此留影。

当然，这里有一个问题，那就是，慧远说到"罽宾禅师"和"南国律学道士"，"禅师"与"律学道士"相对，"禅师"好理解，"律学道士"的意思也好理解，指通解戒律的僧人；"罽宾"与"南国"相对，"罽宾"好理解，但"南国"是什么意思呢？慧远为什么会这样说呢？

"南国"一词，陈金华认为，不是指中国的南方，而是指印度的南方。但我认为这里就是指中国的南方。因为这里"南国"一词中的"国"字，不是政治意义上的，即涉及南北分治的"国"，而是泛指一个地区。这样的用例在文献中很容易找到。这里举三处从佛教文献中见到的为例。

第一例，《广弘明集》卷1《吴主孙权论叙佛道三宗》讲康僧会，"时三国鼎峙。各擅威权。佛法久被中原，未达江表。会欲道被未闻，化行南国。"这段文字，《广弘明集》说是"出《吴书》"，恐怕不准确。②

第二例，《比丘尼传》卷1《静称尼传》讲静称"后暂出山，道遇一北地女人。造次问访，欣然若旧。女姓仇名文姜，本博平人也。性好佛

---

① 参考王邦维《法显与汉地律的传承》，《宗教学研究》2013年第4期，第84~89页。
② 《大正藏》第52册，第99页下。

法，闻南国富道关开，托避得至此土"。《比丘尼传》撰写的时间，与慧远时代距离最近。①

第三例，道宣的《关中创立戒坛图经并序》："今通检《别传》诸记，南国诸方戒坛非一，宋都一坛如上已辨。"②

慧远时代，南北分治，在南方（东晋及其后）的人就是"南国"人。法显虽然原籍山西，但从斯里兰卡回来以后，一直在东晋的境内活动，直到去世，被看成"南国"之人，好像也没有什么不可以。而且，我认为，法显在南方活动，当时在南方的人，未必都知道他原籍山西平阳。这中间也许包括慧远。同样的情形，佛陀跋陀罗的原籍并不在罽宾，但慧远却称他为"罽宾律师"。为什么？显然是因为佛陀跋陀罗所传的坐禅的理论和方法，大部分来自罽宾。由此看来，慧远此处对人的称呼，完全不牵涉到籍贯，而是以他自己对对方整体背景的理解为依准。对"罽宾禅师"佛陀跋陀罗如此，对"南国律学道士"法显也是这样。

这里似乎需要补充一点。在我看来，当时中国人的眼中，罽宾还不一定在印度的范围以内，都知道罽宾与印度相邻，但它是一个单独的地区还是在印度的范围之内，其实不是很确定。

第四，佛陀跋陀罗与法显是译经的合作者，二人关系密切。法显从印度带回的多种佛经，其中最重要的两种，六卷《大般泥洹经》和四十卷《摩诃僧祇律》的翻译，由他们合作完成。他们一起参与慧远的活动，完全在情理之中。我在最前面引到的《法显传》的那一段，讲法显义熙九年（413）在青州夏坐之后，"欲趣长安。但所管事重，遂便南下向都，就禅师出经律"。禅师即佛陀跋陀罗，也就是慧远说的"罽宾禅师"。法显到南方，寻找翻译经典的合作者，合作者是佛陀跋陀罗。佛陀跋陀罗到了庐山，法显也到庐山，似乎也是一件顺理成章的事。

第五，谢灵运的说法。与慧远同时，只是年纪小一些的谢灵运，是慧远的崇拜者和追随者。在慧远撰写了《佛影铭》之后，谢灵运也撰写了一篇《佛影铭》。谢灵运在他的《佛影铭》中，明确地讲：

> 法显道人至自祇洹，具说佛影，偏为灵奇。幽岩嶵壁，若有存

---

① 《大正藏》第50册，第940页上。
② 《大正藏》第45册，第813页中。

形。容仪端庄，相好具足。莫知始终，常自湛然。庐山法师闻风而悦，于是随喜幽室，即考空岩。北枕峻岭，南映滮涧。摹拟遗量，寄托青采。岂唯象形也笃，故亦传心者极矣。

而且，重要的还有，谢灵运为什么也要撰写《佛影铭》，是因为慧远的指示："道秉道人远宣意旨，命余制铭，以充刊刻。"

两篇《佛影铭》，一个主题，为同一件事而撰写，时间基本相同，文字大同小异。慧远是当事人，谢灵运几乎也是当事人。灵运的记载，在时间和空间上都最接近当时所发生的事件，我们不相信他，还能相信谁呢？

过去的讨论中，有人还提出过一个问题，那就是：即使把罽宾禅师和南国律学道士判定为佛陀跋陀罗和法显，慧远在《佛影铭》里讲，他和他的弟子筑台，是在义熙八年的五月初一日。这个时候法显还在归国的船上，船正在海上漂流。认为法显没到过庐山，这是理由之一。不过，这一点也很好解决。慧远在庐山东林寺筑台，确实是在义熙八年五月，但《佛影铭》的撰写，确实在第二年，即义熙九年的九月。因为慧远接下来讲了，"至于岁次星纪，赤奋若贞于太阴之墟。九月三日，乃详捡别记，铭之于石。"太阴在丑，岁名即"赤奋若"，义熙八年是子年，义熙九年则正是丑年。因此，慧远《佛影铭》中讲的五月是义熙八年的五月，九月则是义熙九年的九月。①

因此，如果要最后做一个结论，我认为，这位"南国律学道士"不是别人，就是法显，而且只能是法显。

如果我这样的推论成立，那就还可以说明，法显到庐山的时间是在义熙九年的九月初三日之前，这也符合前面所谈到的法显回国后最初一段行程的时间序列。只是当年法显"夏坐"时还在青州，其后到了南方，是先到建康，还是先到庐山，不好说，但总之到过庐山。

这里也许有人还会问，如果是法显，为什么除了谢灵运，其他的文献——包括最重要的慧远的《佛影铭》——都不直接提法显的名字呢？

对此我的解释是：在慧远撰写《佛影铭》的那个时候，法显并不像后来那样著名，尤其不像我们今天这样为大家所知道。从今天保留的佛教及其他文献——其中也包括《法显传》中，我们可以知道，当时到印度求法

---

① 对于慧远撰写《佛影铭》的时间，徐文明与陈金华也是这样的看法。

的僧人其实不少，法显不过是其中之一。当时的法显，形象未必像后来那样突出。法显为人所知，主要是因为他的著作——不管是他自己写的，还是由人记录下来的——流传了下来。对于那些来华弘法的西域包括印度的佛教僧人，也是同样的一种情形。到中国来的有很多，因为有所成就或其他的因缘，事迹被认真记录下来，成为后来的著名人物的只是一小部分。历史上一位僧人，能够出名或是不出名，涉及种种因素和缘分。同样的道理，佛陀跋陀罗在佛教史上虽然也很有名，慧远也只是以"罽宾禅师"的简称称之。至于谢灵运的情况，则有些不一样，谢灵运积极参与过"改治"《大般涅槃经》的工作。《大般涅槃经》的"改治"，即以法显的六卷本和昙无谶的四十卷本为基础，他对法显，不仅印象深刻，相信也很敬重。[①]

最后，我还想说明一点，虽然我认为法显到过庐山，但章巽先生的《法显传校注》，根据日本镰仓时代的一个抄本，在"跋"中加上"慧远"，我倒是觉得依据不足。[②] 这一段文字，写成的时间应该是在义熙十二年，从经录中的记载看，这个时候法显早已回到了建康。这个问题上，我基本同意 Max Deeg 的意见。[③] 不过，镰仓本出现"慧远"二字，也说明一个问题，那就是很早以前，就有人注意到了法显与慧远的关系，因此把慧远的名字加了进去。注意到的人，或者是中国的僧人，或者是日本的僧人。古往今来，庐山慧远的名声真是大矣！

[①] 见王邦维《略论大乘〈大般涅槃经〉的传译》，载《季羡林教授八十华诞纪念论文集》，江西人民出版社，1991，第 769~787 页。

[②] 章巽校注《法显传校注》，第 179 页。

[③] M. Deeg, *Das Gaoseng-Faxian-zhuan als religionsgeschichtliche Quelle. Der älteste Bericht eines chinesischen buddhistischen Pilgermönchs über seine Reise nach Indien mit Übersetzung des Textes.* Wiesbaden：Otto Harrassowitz（Studies in Oriental Religions 52），2005，第 577 页，注 2533。

梁《高僧传》作者慧皎与九江佛教

——兼论六朝僧人的墓葬

张雪松

摘　要：梁代慧皎开创了僧传体例，但由于史料缺乏，其生平晦暗不清。现在可以明确的是，慧皎因躲避侯景之乱，在553年来到江西九江湓城，并于554年去世，葬在庐山，享年58岁。慧皎圆寂于梁代末年，当时庐山正在筹建东林寺之外的另一座大寺禅阁寺，禅阁寺为新建寺院，其专属墓地所葬僧人无多，故由僧正安排将外来的慧皎葬在了"庐山禅阁寺墓"。南北朝时，许多佛寺有专属墓地供该寺僧人亡故后安葬，并且出现了对名僧墓地的崇拜现象，本文对此亦略作说明。

关键词：慧皎　庐山禅阁寺　僧人墓地崇拜

作者简介：张雪松，现为中国人民大学哲学院宗教学教研室副教授，硕士生导师。主要研究方向为中国宗教史、宗教学理论，先后在中国台湾和大陆地区出版学术专著四部，发表论文多篇，译著两部。以"雨山"为笔名在《中国民族报·宗教周刊》开设专栏多年。

一　梁《高僧传》作者慧皎"葬庐山禅阁寺墓"

民国刘咸炘《道教征略》中云："凡考学术源流，尤资传记之书。故考经论宗门者，必读三《高僧传》，而《道藏》传记，则远不如《释藏》之明确，此亦道家衰黯之一因也……盖其所失乃在以仙为名。既以仙为名，则最近之道流，不敢质定为仙矣。故隐夫玉简名其书为《疑仙传》也。夫儒家传记，止云儒林，不云圣贤；佛家传记，止云高僧，不云佛菩萨。且佛家传记，高僧、居士、善女人以区别焉。而道家乃以道士及俗间男女之得道者，混为一编，何怪源流授受之不明乎。六朝有《道学传》一书，其名以该俗间男女，不直名仙，甚为稳当。"[1] 此说颇有道理，单就佛家言，《高僧传》虽有神异，毕竟传写僧侣，其对象并非神龙见首不见尾的大罗神仙、菩萨罗汉。以僧人为传记对象，是保证《高僧传》史料价值的重要前提。

《高僧传》在我国有很久的传统，梁代慧皎《高僧传》、唐初道宣《续高僧传》、宋初赞宁《宋高僧传》都是质量很高的僧传，可谓中国佛教的"正史"。直到两宋，僧传史学传统的主导性历史地位才被禅宗的灯录以及天台宗的编年史取代。可以毫不夸张地说僧传是书写汉唐佛教史最为基本的素材。

慧皎《高僧传》按译经、义解、神异、习禅、明律、遗身、诵经、兴福、经师、唱导等内容分为十科（十类），属列传性质，为历代承续。最后两科，经师和唱导是南朝宋齐以来才兴起的，经师歌咏梵呗、唱诵经文；导师则讲说因缘故事、譬喻说法，开导信众。唱导近似于后世的俗讲。

慧皎《高僧传》的最大贡献，是开创了高僧"十科"分类体例的传统。柯嘉豪（John Kieschnick）教授认为高僧典范是一种建立在基本的行为模式上的"理想类型"（ideal types）。[2] 作为列传的僧传，在每"科"结束之后，会有这一类僧人的总论，体现作者的价值判断。列传常常为服务于某一价值观念，使鲜活的个体淹没在列传的框架结构之中。但《高僧传》毕竟与后世"主题鲜明"的禅宗灯谱，莲宗往生传不同，许多传主被描绘得个性鲜明。一则，此是魏晋以来社会风气使然；二则，《名僧传》《高僧传》取材广泛（以往别撰、总集的僧传著述、碑铭墓志、应验传说、经录序跋、正史方志等），虽经剪裁，但仍保留了传主多方面的信息。陈垣先生尝云："梁元帝撰《金楼子·聚书》篇，有'就会稽宏普惠皎道人搜聚'之语，则其富于藏书可想。"[3] 想来并非虚言。涉猎甚广，难免驳杂。清代史学家赵翼在《廿二史札记》卷8中尝言："采异文入史传，惟

---

[1] 刘咸炘：《道教征略》，浙江古籍出版社，2012，第10~11页。
[2] 参见 John Kieschnick, *The Eminent Monk: Buddhist Ideals in Medieval Chinese Hagiography*, Honolulu: University of Hawai'i Press, 1997。
[3] 陈垣：《中国佛教史籍概论》，上海书店出版社，2001，第18页。

《晋书》及南北史最多，而《晋书》中僭伪诸国为尤甚。"① 梁《高僧传》亦染此风，如《高僧传·佛图澄传》大量记叙十六国中后赵政权诸事。僧传固有秉笔直书的优良传统，但也常掺杂野史传说，这对于宗教史研究未必是坏事。

著名文学史家朱东润先生在《八代传叙文学论述》中提出，高僧传之类的传叙文学是史，但是和一般史学有一种重大的差异，其中存在着写作对象由事到人的转移。并且认为，叙一人之始末者，为传之属，叙一事之始末者，为记之属，应将二者分判来看。其中，高僧传又富于人性的描写，因此具有很大的价值。②《高僧传》《续高僧传》十科列传，为我们提供了一个理解汉魏两晋南北朝佛教史的重要框架。

《高僧传》体例的首创者慧皎的生平资料很少，基本资料即《高僧传》文末龙光寺僧果的一段记述：

> 此传是会稽嘉祥寺慧皎法师所撰。法师学通内外，善讲经律，著《涅槃疏》十卷、《梵网戒》等义疏，并为世轨。又著此《高僧传》十三卷。梁末承圣二年（553）太岁癸酉，避侯景难，来至湓城，少时讲说。甲戌年（554）二月舍化，时年五十有八。江州僧正慧恭经始，葬庐山禅阁寺墓。龙光寺僧果同避难在山，遇见时事，聊记之云尔。③

此段话即是隋代费长房《历代三宝记》关于慧皎记叙的史源。《历代三宝记》卷11："《高僧传》十四卷（并目录），右一部十四卷。武帝世会稽嘉祥寺沙门释慧皎撰。皎学通内外，善讲经律。著《涅槃义》十卷、《梵网戒》等疏，并盛行世，为时所轨云。"④ 唐初道宣《续高僧传》慧皎传，也延续了这些说法，并抄录慧皎撰写的《高僧传》序，并未增加新的内容。在陈天嘉六年（565）翻译完成的《胜天王般若波罗蜜·经》，其经

---

① （清）赵翼著，王树民校证《廿二史札记校证（订补本）》上册，中华书局，2012，第161页。
② 参见朱东润《八代传叙文学论述》，复旦大学出版社，2006，第1、19、155页。
③ 《高僧传》，第554页。
④ 《大正藏》第49卷，第100页上。

序中提到"匡山释僧果法师"和"江洲僧正释慧恭法师"。①《胜天王般若波罗蜜经·序》在《赵城金藏》和《高丽藏》等藏本中失载,《大正藏》是根据日本正仓院《圣语藏》(天平写经)本录入,又该经序也见于《房山石经》唐刻(三洞一七〇)及敦煌写本P.3471,是真实可信的,此亦可证明庐山僧果确有其人。按照僧果的记载,慧皎因躲避侯景之乱,在553年来到江西九江浔城,并于554年去世,葬在庐山,享年58岁。由此推算,慧皎当生于497年,编撰完成《高僧传》时仅23岁。

二 六朝僧人的墓葬

将人进行形、神二分,本有悠久的历史传统,司马迁之父太史公司马谈在《论六家之要指》中论"道家"时说:"凡人所生者神也,所托者形也。神大用则竭,形大劳则敝,形神离则死。死者不可复生,离者不可复反,故圣人重之。由是观之,神者生之本也,形者生之具也。"②王充《论衡·四讳篇》:"墓者,鬼神所在,祭祀之处",汉代墓祭已经普遍存在。③

但在东晋初年,由于南渡世人"招魂葬亲"的风俗流行,引发争议,由此也旁及墓祭的问题。特别是傅纯对墓祭提出了非常有名的反对意见,认为藏"形"为凶、祭"神"为吉,不可"埋神"等观念,是值得关注的。东海王司马越死后,灵柩被石勒所毁,裴妃在太兴中得以南渡,欲为司马越招魂安葬,东晋元帝司马睿诏有司详议,博士傅纯曰:"圣人制礼,以事缘情,设冢椁以藏形,而事之以凶;立庙祧以安神,而奉之以吉。送形而往,迎精而还。此墓庙之大分,形神之异制也。至于室庙寝庙祊祭非一处,所以广求神之道,而独不祭于墓,明非神之所处也。今乱形神之别,错庙墓之宜,违礼制义,莫大于此。"于是下诏不许。裴妃不奉诏,遂葬越于广陵。④南渡人士招魂葬亲在东晋蔚然成风,318年下诏禁断,但《晋书·袁瑰传》记载晋元帝特许裴妃招司马越之魂:"时东海王越尸既为石勒所焚,妃裴氏求招魂葬越,朝廷疑之。瑰与博士傅纯议,以为招魂葬

---

① 《大正藏》第8卷,第726页上。
② (汉)司马迁:《史记》第10册,中华书局,2012,第3292页。
③ 杨树达:《汉代婚丧礼俗考》第二章第十七节,上海古籍出版社,1999,第180~189页。
④ 《晋书》第5册,第1626页。

是谓埋神,不可从也。帝然之,虽许裴氏招魂葬越,遂下诏禁之。"① 田余庆先生认为特许之说更为可信,② 然从上下文意来看,晋元帝应是赞同反对意见,不赞同招魂葬越。③

在庙祭和墓祭的争论中,中国佛教最早更多的是选择了墓祭(后世唐宋佛寺中也逐渐大量出现了影堂和祠堂)。原本佛教僧侣有将尸体布施给林间鸟兽的习俗,但在中国逐渐演变为墓葬。即便是采取火葬、林葬等方式,也要收骨后进行中国传统的墓葬。

唐初道宣《续高僧传》"遗身篇"传论中云:"西域本葬,其流四焉:火葬焚以蒸薪,水葬沉于深渊,土葬埋于岸旁,林葬弃之中野。"④ 六朝僧侣火葬、土葬、林葬都在实行,未见水藏;但另外还有较为有特色的葬式是将尸体放置于岩穴石室中,这种盛放尸体的空间一般称为"龛""石室""石窟""石龛",正如台湾刘淑芬研究员指出:"以上的名词都是指在山崖石壁或平陵处,或是利用天然底薪,开凿创建埋藏尸体的空间。考古学者将这种藏尸的空间,称作'瘗窟'。'瘗'字含意是隐而埋之,而石室或石窟藏尸基本上是一种露尸法,并未埋入土中,因此将它称为'瘗窟',并不贴切。"⑤ 刘淑芬研究员认为所谓的"石室瘗窟"和林葬都属于露尸葬。

林葬在6世纪末隋代以来甚为流行,许多高僧选择林葬,加之三阶教徒的林葬习俗,故利用《续高僧传》等资料进行的相关研究较为丰富。而本文则主要利用梁《高僧传》对六朝僧人葬式进行一个整体性的描述。

梁《高僧传》中对六朝僧人死后墓地记载甚多。

1. 最常见的是死后火化("阇毗"),然后起塔。(1)这种"以火焚尸"的方式常常被称为"外国法",最早是外来僧侣在中国圆寂后采用这种方式,刘宋求那跋摩圆寂后:"即于南林戒坛前依外国法阇毗之。四部鳞集,香薪成积,灌之香油,以烧遗阴。五色焰起,氤氲丽空。是时天景澄朗,道俗哀叹。仍于其处,起立白塔。"也有中国僧人西行求法,卒于

---

① 《晋书》第7册,第2166页。
② 田余庆:《东晋门阀政治》,北京大学出版社,2003,第36页。
③ 况当时正值王敦为乱,王敦有意废晋元帝而立东海王冲。裴妃南渡已引政治波澜,若再招东海王司马越之魂,恐对晋元帝越发不利。从当时局来看,晋元帝也不可能支持招魂葬越。
④ 《续高僧传》,第1168页。
⑤ 刘淑芬:《中古的佛教与社会》,上海古籍出版社,2008,第247页。

国外采用这种方式,朱士行:"士行遂终于于阗,春秋八十。依西方法阇维之,薪尽火灭,尸犹能全,众咸惊异。乃咒曰:'若真得道,法当毁败。'应声碎散,因敛骨起塔焉。后弟子法益从彼国来,亲传此事。""阇毗"法逐渐被中国僧人接受,但火化并非僧人圆寂后处理尸身的必然做法,如果想采用这种方法,一般需生前向弟子做出嘱托吩咐。法琳:"令死后焚身,言讫合掌而卒。即于新繁路口积木燔尸,烟焰冲天,三日乃尽。收敛遗骨,即于其处而起塔焉。"僧生"便语侍者云:'吾将去矣。死后可为烧身。'弟子依遗命"。道汪"以宋泰始元年卒于所住。顾命令阇维之。刘思考为起塔于武担寺门之右"。(2)如果火化后有部分尸身未能烧尽,或焚烧时有五色光焰出现,则视为祥瑞。不焚的部分多为舌头、手指。鸠摩罗什圆寂后"即于逍遥园依外国法以火焚尸。薪灭形碎,唯舌不灰"。法进圆寂后,"出城北阇维之,烟炎冲天七日乃歇。尸骸都尽,唯舌不烂,即其处,起塔三层"。诃罗竭圆寂后"弟子依西国法阇维之,焚燎累日,而尸犹坐火中永不灰烬,乃移还石室内"。释贤护"以晋隆安五年卒,临亡口出五色光明,照满寺内,遗言使烧身,弟子行之。既而支节都尽,唯一指不然,因埋之塔下"。起五色烟的也很多,普恒圆寂后"于是依得道法阇维之,薪积始然,便有五色烟起,殊香芬馥"。北魏僧周"周后将殂。告弟子曰。吾将去矣。其夕见火从绳床后出烧身。经三日方尽。烟焰涨天而房不烬。弟子收遗灰架以砖塔"。(3)还有一类比较特殊的火化,是烧身供养,一般也要起塔。僧庆"天水太守裴方明,为收灰起塔"。"时永明末始丰县有比丘法存。亦烧身供养。郡守萧缅遣沙门慧深。为起灰塔。"昙弘"尔日村居民咸见弘身黄金色乘一金鹿西行,甚急不暇暄凉,道俗方悟其神异,共收灰骨,以起塔焉"。佛教从印度入华初期,即魏晋南北朝时,有不少高僧"舍身",甚至以焚身的方式供佛,带来了许多社会问题。慧皎在《高僧传》中明确指出:"若是出家凡僧,本以威仪摄物。而今残毁形骸,坏福田相。考而为谈,有得有失。得在忘身,失在违戒。"出家僧人本应保持神态威仪,感化众生,若自焚毁形,是"坏福田相",虽然取得了"忘身"的名誉,但却违背了佛教的戒律。"又佛说身有八万户虫,与人同气。人命既尽,虫亦俱逝。是故罗汉死后,佛许烧身。而今未死便烧,或于虫命有失"。慧皎还指出,佛教认为人身聚集着八万四千虫,即人体内寄生着许多微生物。人死亡后,这些微生物也跟着相继死亡。佛教允许人死后火化,但如果"未死便烧,或于虫命有失",

等于自己害死了这八万四千虫,有犯杀戒的嫌疑。

2. 除了火化外,还有,林葬,即将圆寂后僧人的尸体投放在林间布施鸟兽,也是六朝僧侣迥异于普通中国人的安葬方式。(1) 由于这种安葬方式因与中国人固有的习俗观念差异太大,故虽然很多僧侣生前明确要求林葬,但其弟子常常不忍心这样做。释慧球"天鉴三年卒,春秋七十有四。遗命露骸松下,弟子不忍行也"。释智顺"遗命露骸空地,以施虫鸟,门人不忍行之,乃窆于寺侧。弟子等立碑颂德,陈郡袁昂制文,法华寺释慧举又为之墓志"。(2) 即便是林葬后,所余骸骨也会举行隆重葬礼,造墓安葬。庐山慧远圆寂后"门徒号恸若丧考妣,道俗奔赴毂继肩随。远以凡夫之情难割,乃制七日展哀。遗命使露骸松下,既而弟子收葬。浔阳太守阮保,于山西岭凿圹开隧。谢灵运为造碑文,铭其遗德。南阳宗炳,又立碑寺门"。(3) 个别实行林葬的僧人,是因为贫寒或行脚途中,诸事不便,遂采取这种比较简易的方式。释慧安"便附商人入湘川,中路患痢极笃。谓船主曰:'贫道命必应尽,但出置岸边不须器木,气绝之后,即施虫鸟。'"在这个意义上,六朝僧人实行的林葬并不一定是露尸葬,刘淑芬研究员指出:"通常在实施露尸葬、以遗体施给鸟兽虫蚁之后,有三种处理余骨的方式:一是将林葬后残余的骨骸收埋,或起塔安置;如东晋僧人慧远露骸松下,后来弟子收葬其余骨。二是将余骸火葬,再予以埋葬,或起塔供养;如隋代僧人慧海舍身之后,他的弟子收拾余骨,藏之于塔。三是火葬余骸之后,将骨灰遍洒在林野或水中,如隋代僧人昙延在林葬之后'余依法焚扬'。"① (4) 还有一类比较特殊的布施鸟兽,是生前将肉身布施饥民,舍身饲虎,等等,昙称立志平息虎患,"至四更中,闻虎取称。村人逐至南山,啖身都尽,唯有头在。因葬而起塔,尔后虎灾遂息"。

3. 将僧人不腐坏的尸体放入石穴或石室中,也是中国佛教僧人比较特殊的一种安葬方式。单道开"春秋百余岁卒于山舍。敕弟子以尸置石穴中,弟子乃移之石室"。竺昙猷"以太元之末卒于山室,尸犹平坐,而举体绿色。晋义熙末隐士神世标入山登岩,故见猷尸不朽。其后欲往观者,辄云雾所惑,无得窥也"。采用这类安葬方式的僧人,多为禅师,有禅定神异,死后尸身不烂,犹如入定,遂被安置在石穴、石室中,甚至受人供

---

① 《中古的佛教与社会》,第184页。

养礼拜。帛僧光"晋太元之末,以衣蒙头安坐而卒,众僧咸谓依常入定。过七日后,怪其不起,乃共看之,颜色如常,唯鼻中无气。神迁虽久,而形骸不朽。至宋孝建二年,郭鸿任剡,入山礼拜,试以如意拨胸,飒然风起,衣服销散,唯白骨在焉。鸿大愧惧,收之于室,以砖叠其外而泥之,画其形像,于今尚存"。

上述三种是比较特别的安葬方式,六朝僧人直接土葬的应该为数不少,即便是高僧,我们也经常看到例如竺佛调这类"共发冢开棺,不复见尸,唯衣履在焉"的记载,这种类似道教尸解的记述,至少让我们知道"唯衣履在焉"绝非火葬或林葬等外域传入的安葬方式,而是中国本土固有的土葬。

4. 在名僧的埋葬地点一般会起塔,有时甚至会建寺。释法绪圆寂后,尸身在盛夏七天未烂,于是直接起塔,并未火化尸身:"盛夏于室中舍命。七日不臭。尸左侧有香。经旬乃歇。每夕放光照彻数里。村人即于尸上为起冢塔焉。"帛法祖被羌人崇拜,其被杀后,羌胡为其报仇,"群胡既雪怨耻,称善而还,共分祖尸各起塔",帛法祖被埋葬在多个地点,并分别起塔。竺僧辅"因葬寺中,僧为起塔"。竺法义死后,则是先起三级塔,后造佛寺"新亭精舍":"帝(东晋孝武帝)以钱十万买新亭岗为墓。起塔三级。义弟子昙爽。于墓所立寺。因名新亭精舍。"帛尸梨密多罗也是死后在其葬地建高座寺,"密常在石子冈东行头陀,既卒因葬于此。成帝怀其风,为树刹冢所。后有关右沙门来游京师,乃于冢处起寺。陈郡谢琨赞成其业,追旌往事,仍曰高座寺也。"

5. 最早在西域佛寺中,就有集中的僧人墓地,而且墓地有等级,圣僧和普通僧人埋葬在不同的地点。在中国也有将僧人安葬在名人、名僧墓地旁,以示优宠的情况。佛寺中也有僧侣的专用墓地出现。(1)外国佛寺墓地有凡圣之别。智严在罽宾原本是要被安排在普通僧人墓地中安葬,后因"尸重不起",于是改葬在"圣墓":智严"于是步归至罽宾,无疾而化,时年七十八。彼国法凡、圣烧身各处,严虽戒操高明,而实行未办,始移尸向凡僧墓地,而尸重不起,改向圣墓,则飘然自轻。严弟子智羽、智远,故从西来报此征瑞,俱还外国。以此推严,信是得道人也"。在中国佛寺也逐渐有了寺院僧人墓地,例如僧祐"因窆于开善路西定林之旧墓也"。(2)在中国为了突出一些高僧的地位,也不将其安葬在"众僧墓"中,而是另外择地安葬。释僧远"远上即业行圆通旷劫希有,弟子意不欲遗形影迹杂处众僧墓中，得别卜余地，是所愿也。方应树刹表奇，刻石铭德矣。即为营坟于山南，立碑颂德。太尉琅琊王俭制文"。（3）有时为了突出僧人地位，则将其有名望的世人僧人安葬在一处，释僧诠"县令阮尚之使葬白土山郭文举之冢右，以拟梁鸿之附要离也。特进王裕及高士戴颙。至诠墓所刻石立碑。唐思贤造文。张敷作诔"。梁鸿是东汉初年的隐士，死后被皋伯通等人葬在春秋吴国刺客要离墓旁；郭文，字文举，《晋书》有传，曾得王导仰慕，是东晋初年的隐士，将僧诠葬于郭文举墓旁，有两人的高洁并誉的意味。"伏事安公为师"的释昙戒被认为将与其师一起升兜率净土，故将他与道安安葬在一处："问何不愿生安养？诫曰：'吾与和上等八人同愿生兜率，和上及道愿等皆已往生。吾未得去，是故有愿耳。'言毕即有光照于身，容貌更悦，遂奄尔迁化，春秋七十。仍葬安公墓右。"道安是"葬城内五级寺中"的。

6. 名僧的葬礼常有帝王、地方官员出资造墓，僧俗送葬，阵容庞大。（1）东晋竺法汰圆寂后，"烈宗孝武诏曰：汰法师道播八方，泽流后裔。奄尔丧逝，痛贯于怀。可赙钱十万，丧事所须，随由备办。"慧严圆寂后，"帝（宋文帝）诏曰：'严法师器识渊远，学道之匠。奄尔迁神，痛悼于怀。可给钱五万，布五十匹。'"又《魏书·释老志》："时沙门道登，雅有义业，为高祖（北魏孝文帝）眷赏，恒侍讲论。曾于禁内与帝夜谈，同见一鬼。二十年卒，高祖甚悼惜之，诏施帛一千匹。又设一切僧斋，并命京城七日行道。又诏：'朕师登法师奄至徂背，痛怛摧恸，不能已已。比药治慎丧，未容即赴，便准师义，哭诸门外。'绩素之。"① 除了帝王，地位稍低的僧人葬礼也得到地方官员和社会名流的资助，僧彻圆寂后"刺史南谯王刘义宣为造坟圹"。有些重要僧人的墓地生前即开始由本人或帝王世人进行营造，后赵佛图澄"仍窆于临漳西柴陌，即虎（石虎）所创冢也……田融《赵记》云：澄未亡数年自营冢圹。澄既知冢必开，又尸不在中，何容预作，恐融之谬矣"。（2）许多僧人送殡，备极哀荣。智秀"以天监之初卒于治城寺，春秋六十有三。会葬之日，黑白奔赴，街巷填闉，士庶含酸，荣哀以备"。北魏太武帝灭佛，玄高遇害后："诸弟子方知已化，哀号痛绝，既而迎尸于城南旷野，沐浴迁殡。"

---

① 《魏书》，中华书局，1974，第3040页。

三 南北朝中后期的僧人墓地崇拜

在中古僧人墓地研究中，三阶教僧徒的墓地崇拜研究是最受关注的。早在20世纪20年代历史学的方法开始影响到三阶教的研究，日本学者开始注意收集整理金石碑刻中的三阶教史料，特别是注意到一批隋唐时期三阶教信徒墓碑、塔铭等资料，神田喜一郎在这方面贡献尤大，对三阶教的研究有重要的推动意义。此后这方面的研究蔚然大观。日本学者矢吹庆辉[1]、西本照真[2]等都出版了关于三阶教研究非常全面的皇皇巨著。台湾学者刘淑芬从陕西终南山、河南安阳宝山等地僧俗墓塔群入手对三阶教林葬习俗的研究，[3] 是话语学界对三阶教徒墓葬较有代表性的研究。不过中国社会科学院世界宗教研究所张总研究员也指出：林葬在隋代是较为普遍的一种佛教葬仪，不为三阶教独有；三阶教徒附葬祖师塔、聚塔成林，是唐代才开始的风俗，并非隋代创教之初就刻意为之的教规。[4]

佛教大德僧侣的墓地崇拜，不为三阶教独有，天台宗祖师智𫖮圆寂后，"道俗弟子侍从灵仪，还遗嘱之地。龛坟虽掩，妙迹常通。"灌顶在《天台智者大师别传》最后附录了智𫖮圆寂后的十条应验记录，其中四条与其墓地崇拜相关：

> 其五，开皇十九年十一月六日，土人张造，年迈脚蹶。曳疾登龛拜曰："早蒙香火，愿来世度脱。"仍闻龛内应声，又闻弹指。造再请云："若是冥力，重赐神异。"即复如初。造泣而拜，恋慕忘返。
>
> 其六，仁寿元年正月十九日，永嘉县僧法晓，生闻胜德，殁传妙瑞，悔不早亲，追恨疚心。故来坟所，旋千匝，礼千拜。于昏夕间，龛户自开，光明流出，照诸树木，枝叶炳然。合寺奔驰，所共瞻礼。
>
> 其七，仁寿二年八月十三日，沂州临沂县人孙抱长，午前于龛所奉见，信心殷重。后限满被替，独到龛所辞别，洒泪向僧说如此。
>
> 其八，大业元年二月二十日，土人张子达母俞氏，年登九十，患

---

[1] 矢吹慶輝：《三階教之研究》，東京：岩波書店，1927。
[2] 西本照真：《三階教の研究》，東京：春秋社，1998。
[3] 参见刘淑芬《中古的佛教与社会》，上海古籍出版社，2008。
[4] 张总：《中国三阶教史：一个佛教史上湮没的教派》，中国社会科学出版社，2013。

一脚短，凡十八年。自悲已老，到坟奉别，设斋专至。即觉短脚还申，行步平正，宛如少时。此妪悲喜，见人即述。遥礼天台，以为常则。①

天台智𫖮在当时以"禅师"的身份闻名，其圆寂后采取的应该是将尸体安置在岩穴石室之中的方式。按照《续高僧传·智𫖮传》的记载："枯骸特立端坐如生，瘗以石门闭以金钥，所有事由一关别敕。每年讳日帝必废朝，预遣中使就山设供。尚书令杨素，性度虚简事必临信，乃陈其意：云何枯骨特坐如生？敕授以户钥令自寻视，既如前告得信而归。"② 由此可见，智𫖮圆寂后是端坐如生，置入龛中，龛外有门，平日闭锁，但如有需要，是可以用钥匙打开的。"龛户自开"并放光、听到"龛内应声"是智𫖮墓地的重要神异表现，而每到智𫖮的忌日，会有官方祭祀；平日亦有僧俗来朝圣，主要方式是：（1）绕坟和礼拜，"旋千匝，礼千拜"；（2）设斋供。除了求一般的感应外，疾病得愈是墓地崇拜的重要内容，特别是治疗老年人的腿疾。

智𫖮在南朝陈年一度驻锡庐山，在隋朝灭陈时，对庐山佛教有非常重要的保护作用，慧皎墓地在南北朝末期应该仍得以保留。《续高僧传·智𫖮传》："及金陵败覆，策杖荆湘，路次盆（湓）城，梦老僧曰：陶侃瑞像敬屈护持。于即往憩匡山，见远图缋，验其灵也，宛如其梦。不久浔阳反叛，寺宇焚烧，独有兹山全无侵扰，信护像之力矣。未划迹云峰，终焉其致。"灌顶《天台智者大师别传》："金陵既败，策杖荆湘，路次盆（湓）城，忽梦老僧曰：'陶侃瑞像，敬屈守护。'于是往憩匡山，见惠远图像，验雁门法师之灵也。俄而浔阳反叛，寺宇焚烧，独有兹山全无侵扰，护像之功其在此矣"③

陶侃瑞像，原本是由庐山慧远供养，据慧皎《高僧传》卷6记载："昔浔阳陶侃经镇广州，有渔人于海中见神光，每夕艳发。经旬弥盛，怪以白侃。侃往详视，乃是阿育王像，即接归以送武昌寒溪寺。寺主僧珍尝往夏口，夜梦寺遭火，而此像屋独有龙神围绕。珍觉驰还寺，寺既焚尽，唯像屋存焉。侃后移镇，以像有威灵，遣使迎接。数十人举之至水，及上

---

① 石峻等编《中国佛教思想资料选编》第2册，中华书局，2014，第167~168页。
② 石峻等编《中国佛教思想资料选编》第2册，第153页。
③ 石峻等编《中国佛教思想资料选编》第2册，第149、162页。

船,船又覆没。使者惧而反之,竟不能获。侃幼出雄武,素薄信情。故荆楚之间为之谣曰:'陶惟剑雄,像以神标。云翔泥宿,邈何遥遥。可以诚致,难以力招。'及远创寺既成,祈心奉请,乃飘然自轻,往还无梗。方知远之神感,证在风谣矣。于是率众行道,昏晓不绝。释迦余化,于斯复兴。"① 陶侃瑞像由庐山慧远招致,后于陈代由天台智者大师加以保护。在《国清百录》天台智者大师与当时尚未登基的隋炀帝杨广多次提到了慧皎墓地所在的禅阁寺。

《国清百录·王与匡山三寺书第三十七》:"《与禅阁寺书》:春序将谢,道体何如?僧众清善匡山佛寺兴自慧远法师,法师师于弥天道安,安师于佛图澄,妙德相承莫之为最。江东龙藏悉本雁门,雁门上人创迹庐阜,自梁及晋止有东林。陈晚浇漓,别生禅阁。僧徒好异,岂称至和。智者爱居,还须合一。想均愿海,更无异味。行人将送,过指此相闻。杨广和南。三月二十一日。"② 这里杨广与天台智者大师讨论的实际上是庐山佛寺的赐额问题,杨广不同意给庐山佛寺两个寺额,要求将东林寺与禅阁寺合二为一,并且沿用东林寺的名称,认为东林寺历史悠久,而"陈晚浇漓,别生禅阁",杨广在《国清百录·王遣使往匡山参书第三十九》重申了要求东林寺和禅阁寺合并的要求。"仰承经过摄山钟岫,寺塔安善,徒众和肃。仍留二十僧,权停开善。进至匡岳,结夏安居。东林、禅阁,还为一寺,峰顶精舍,复皆随喜。敬缘劝发,获此熏修。用耨身田,方流法雨。金光明福,喜荷弥深。"③

杨广因为要将禅阁寺并入东林,说禅阁寺的产生是"陈晚浇漓"。慧皎圆寂于梁代末年,"江州僧正慧恭经始,葬庐山禅阁寺墓",可能经历了一段时日,其所葬地属于陈朝新创立的禅阁寺,这也说明当时佛寺有专属墓地供该寺僧人亡故后安葬。禅阁寺为新建寺院,其专属墓地所葬僧人无多,故由僧正安排将外来的慧皎安排在了"庐山禅阁寺墓"。

---

① (南朝梁)慧皎撰,汤用彤点校:《高僧传》,中华书局,1992,第213~214页。
② 《大正藏》第46卷,第805页中。
③ 《大正藏》第46卷,第805页下。

偶然、必然与无尽因果*，慧远的果报哲学

麻天祥

摘　要：法性本体论是慧远佛教哲学的基本纲领，是缘起性空的般若学和涅槃实相的综合，是缘生论向心性论转化的一个环节，也是慧远兼综玄释的理性创获。慧远无尽因果的三报论，目的固然在于强化因果的必然关系，但它的隔世，乃至百生、千生、无尽之果，实际上借时间否定了因果的必然性。生报者，便是对现世因果的否定；后报者，则是对两世因果乃至千百世因果的否定。必然的因果关系，须借不确定的条件，即时间的无限延续而实现。

关键词：偶然　必然　因果

作者简介：麻天祥，武汉大学哲学学院教授，珞珈杰出学者；郑州大学"中原历史文化"特色学科特聘教授。研究方向为中国哲学、中国佛学等。

法性本体论是慧远佛教哲学的基本纲领，是缘起性空的般若学和涅槃实相的综合，是缘生论向心性论转化的一个环节，也是慧远兼综玄释的理性创获。仅此而言，其贡献远不如道安、僧肇、道生，甚至不如慧皎等。无尽因果的三报论才是慧远对中国佛教哲学的突出贡献。这是对中国古代承负说的批判吸收，是对佛教果报思想的丰富和细化。他把普遍的因果转换为人生的因果，由是而成为"扬善弃恶"的伦理依据。正因为如此，它在中国社会的影响源远流长，家喻户晓，在世界哲学史上的因果性论述中独树一帜。

---

* 与通常义有别，指因果必然性在时间上的无限延伸。

普遍认为，佛家善谈因果，以因果论著称于世，但因果学说绝非佛家独有。中国古代有承负之说，所谓"天命有德"，"天讨有罪"①，"积善之家，必有余庆；积不善之家，必有余殃"②。"天道无亲，常与善人"③，讲的就是德和善与罪和恶的因果关系。马克思主义哲学认为，因果性是客观世界普遍互存的形式；康德断言，因果性是先于经验而存在的先验的范畴；休谟的因果性无非习惯性思维。就连我们所有的普通人均以因果性思维面对现象世界和经验世界，在理性的层面上以因求果，以果溯因。这往往是被许许多多的人忽视的事实。

佛说诸法因缘生，强调事物的生成皆赖于因缘，是多因论而非单因论，④并以十二缘生界说三世二重因果。由是打造了善有善报、恶有恶报的善恶果报论，把宇宙生成论一变而为惩恶扬善的道德观。佛教传入中国，更与承负思想一拍即合，于是，"善恶有报"便成为无助的人们的口头禅。然而，事实却不尽然，有所谓"积仁洁行"，饿死首阳山的伯夷叔齐，亦有"糟糠不厌，而卒蚤（早）夭"的颜回，甚至有后来"好善的受贫穷更命短，造恶的享富贵又寿延"的愤怒抗争，以致不断有人对因果报应之说提出责问：所谓"大而无征"，"修短穷达，自有定分，积善积恶之谈，盖是劝教之言耳"⑤。面对这些追问，佛家不止谈因果，而讲述因缘，有四缘、十缘、二十四缘之别，处处突出的是缘，即条件，强调"遇缘成果"，以多因的条件论，和多重多世因果，把因果论说得滴水不漏。不过，佛家说俱有因、异熟果之类的概念，佶屈聱牙，令人难以卒读，而慧远的三报论则显得简易明晰，妇孺皆知，因此对佛教哲学的贡献无与伦比。其文开宗明义：

> 经说业有三报，一曰现报，二曰生报，三曰后报。现报者，善恶始于此身，即此身受。生报者，来生便受。后报者，或经二生，三生，百生，千生，然后乃受。

---

① 《尚书·皋陶谟》。
② 《周易·坤·文言》。
③ 《老子》七十九章。
④ 见麻天祥《中国佛学非本体的本体诠释》，《中国社会科学》2001年第6期。
⑤ 戴安公：《与远法师书》，《广弘明集》卷18。

慧远据《阿毗昙心论》① 说明，人有三业——身、语、意，业分善、恶，善恶有三报——现报、生报和后报。现报者，业作于此生，此生受报，不待来世；生报者，今生造业，延至来世受报；后报者，现世作业，今生来世皆未酬报，但已作不失，或经"二生，三生，百生，千生"，因缘聚合，然后乃报。其中也明确指出，善恶之报由自身所作之业而受，也就是自作自受。这里说的有三层意思：

一、人的善恶报应也是有因果性的；

二、人身、语、意所造之业是因，报是果，善业结善果，恶业结恶果，善恶之报，言之不爽。也就是说，因果关系是必然的；

三、但因果的必然性并不存在于有限的时间之内，固有现、生和后的差别，即在时间上的无限延伸才表现因果的必然，也就是要"遇缘成果"。这就不单纯是因果论，而是因缘结合的缘生论了。

四、还有一点就是自作自受。

上述四点，充分体现了佛教哲学因果论的特点：已作不失，未作不得；遇缘成果，以及自作自受。

但是，果报何以有迟有速？虽说是遇缘成果，但缘又因何而有早晚？慧远解释说：

> 受之无主，必由于心，心无定司，感事而应。应有迟速，故报有先后。先后虽异，咸随所遇而为对。对有强弱，故轻重不同，斯乃自然之赏罚，三报之大略也。

在慧远看来，果报非授之形体，而是授之于心。心非具象②，依感而应③，或者说依业报之善恶而有回应。回应有迟速，故果报来得也有早晚的不同。不仅时间上有先后，而且轻重也有差别，关键在于心对业报之果

---

① 《阿毗昙心论》卷1云："业现法报，次受于生报，后报亦复然。"《大正藏》28卷，第84页。
② 心无定司，很多解释均指职司，应当说是指神识，而不是作为器官的心和"心之官则思"的心，故说非具象。
③ 这里方立天的解释切中肯綮。他说"因情致报，乘感而应"，慧远十分重视"感"在报应中的作用，并引述《世说新语·文学》答殷荆州"以感为体"的故事，同样可以看出慧远以《易》解佛的思想和方法。见方立天《中国佛教哲学要义》上卷，中国人民大学出版社，2005，第89页。

的感应有强弱，所以果报就有轻重之别。简单地说，慧远把心作为果报的主体，把感应作为内缘，因为有应之迟速、对之强弱，不仅有三报，而且报也有轻重。这里以感应诠释因果，显然是对佛教因果哲学观念的发展，也是缘佛结合的产物，同样显示出佛教哲学心性本体转化的趋势。

但是，慧远还是强调因果的必然性。他指出：

> 三业殊体。自同有定报。定则时来必受。非祈祷之所移。智力之所免也。

毫无疑问，业因虽有不同，报果自有定数，已作不失，作者必受。任你祈祷，任你机关算尽，都是没有用的，只是由因生果的时间长短不同罢了。慧远首先从信仰的角度，依其净土观念，说明现报的非普遍性。

> 凡在九品，非其现报之所摄。然则现报绝夫常类，可知类非九品，则非三报之所摄。何者？若利害交于目前，而顿相倾夺，神机自运，不待虑而发。发不待虑，则报不[①]旋踵而应。此现报之一隅，绝夫九品者也。

慧远的意思是，凡念佛往生净土世界者，无论是上生上品还是下生下品，都不会现报，只有往世来生，才能有九品往生的结果。而现报者，利害倾夺，不虑而发，旋即报应，自然不是念佛往生者的事了。也就是说，只有不信奉佛教的人才会得到现报。显然这是信仰，而非教说，但也是为其因果必然性在时空中无限延长而做的铺垫。接着慧远就因果不相应的现实，指出原因在于人的认知的有限性——只知一生，不明多世。他说：

> 世或有积善而殃集，或有凶邪而致庆。此皆现业未就，而前行始应。故曰："祯祥遇祸，妖孽见福。"疑似之嫌，于是乎在。何以谓之然？

慧远的意思是，现实中所以善而得殃，恶而获福，招致许多人对因果

[①] 从文义上看，这个否定有失偏颇，或为衍字。

必然性的怀疑，其实，这完全是误解。因为人们视听所见所闻之殃福，实在是前世业因的感应，而非现业造就。这就是生报，或者后报。俗语云：不是不报，时候未到，说的也是这个意思。有副对联说得很好：

> 为恶必灭，若有不灭，祖宗遗德，德尽必灭；
> 为善必昌，若有不昌，祖宗遗殃，殃尽必昌。

其中，善与昌，恶与灭，作为因果关系，虽然最终成必然的态势，但它是建立在前世祖宗之德、殃的条件之上。德殃之厚薄，决定昌灭之迟速，把因果的必然性在无限延续的时序中予以完成。由此可见三报之说在中国社会的普遍渗透。

当然，慧远毕竟是博综六经，由中国传统文化熏陶出来的知识分子，而且三世三报之说要行之华夏，首先还要儒家传统的认同。因此慧远着重说明：

> 谓积善之无庆，积恶之无殃，感神明而悲所遇，慨天殃之于善人。咸谓名教之书，无宗于上，遂使大道翳于小成。以正言为善诱。应心求实，必至理之无此。原其所由，由世典以一生为限，不明其外。其外未明，故寻理者自毕于视听之内。此先王即民心而通其分，以耳目为关键者也。如令合内外之道，以求弘教之情，则知理会之必同，不惑众涂而骇其异。若能览三报以观穷通之分，则尼父之不答仲由，颜冉对圣匠而如愚，皆可知矣。

如此会通儒释，显然还是有偏右佛家的倾向。孔子也好，先王也罢，孔门弟子如子路、颜回亦然，皆以一生为限，而不知有三世之存在，故对死亡问题而无所答，亦"如愚"了。如果合儒释之道，其理则一。实际上，慧远还是欲混同佛儒，借儒家之学弘扬佛法的。再请看：

> 亦有缘起，而缘生法虽预入谛之明，而遗爱未忘，犹以三报为华苑，或跃而未离于渊者也。推此以观，则知有方外之宾，服膺妙法，洗心玄门。一诣之感，超登上位。如斯伦匹，宿殃虽积，功不在治，理自安消，非三报之所及。因兹而言，佛经所以越名教，绝九流者，

岂不以疏神达要，陶铸灵府，穷源尽化，镜万象于无象者也①。

在慧远看来，缘起之理，虽为佛家说理之根基，但并不舍弃孔子"仁者爱人"之学，三报之说，犹以因果彰显儒家善恶祸福的道德教化。换句话说就是：三报论以缘生为基础，而入于儒家伦理学说，佛、儒本无致。所以他又说，释迦虽方外之祖，却服膺孔门之理，以儒家感应之玄奥，超越轮回之上。正因为如此，佛家经典才能越名教、绝九流，穷源尽化，反本归心、既"止于至善"，亦成于"大象无形"的境界。这就远远超乎"三报"之上了。

应当特别说明，慧远的这段话，不仅表现了以儒解佛，以及佛教中国化的发展态势，其实还是向缘起性空的般若学的回归——"三报"的因果论并非终极，并非疏神达要、穷源尽化的"觉悟"，只是无明导致的轮回而已！认识不到这一点，就无法全面认识慧远的佛教哲学，更无法解释佛教"善不受报""不昧因果"的超越追求，当然也就分不清佛教说理的"权"与"实"、"方便"与"究竟"。慧远"三报论"的价值和哲学意义也远在通常的理解之上。

毫无疑问，佛教哲学以缘生为基础，置因果的必然关系于多重条件构成的偶然性之中，凸显条件对因果的限制，实际上是对因果必然性的否定！

佛说四谛、十二因缘是佛学因果理论的基础和系统表述。苦为迷之果，集为迷之因。这是世间流转因果。灭为悟之果，道为悟之因。此为出世间的还灭之果。佛说十二因缘，构成三世二重因果。高僧大德，巧舌如簧，力图证明宇宙、人生因果相续的无限性和必然性。其意谓：事物的生成和发展，必有一定的因；一定的因必有相应的果。因果相续，生生不已。依此而论，事物的存在与发展，势必沿着确定的方向和已成之轨迹，而呈现必然的逻辑趋势。然而，变化纷纭的大千世界，并非如此。佛家的聪明也远在因果论之上，故多说因缘，而不只说因果。因缘之说，相对于果，除了说因之外，处处突出的是缘，即条件，故佛门有二十四缘②、十缘③等烦琐论说。至于《中论·观因缘品》中所说，"一切所有缘，皆摄在

---

① 慧远：《三报论》，《弘明集》卷3。
② 见《法聚论》。
③ 见《舍利弗毗昙》。

四缘,以是四缘,万物得生",进一步突出了条件的作用。而通常所说的四缘(因缘、等无间缘、所缘缘及增上缘)中的因缘,也视因为缘,即生成果的主要条件。因缘说强调,缺乏足备的条件,因便不能生果,果同样不能转化为因。因果论的必然性,只有在条件论的偶然性中才能实现。以四谛而论,实际上,迷是苦之因,集则是苦之缘;悟为灭之因,道却是灭之缘。十二因缘,以缘起为说理中心。它的三世二重因果,便是以涉及范围最为普遍的增上缘为基础而立论的。其循环往复,是成就增上果的主要条件。通俗地讲,具有强势力,能起重要作用的条件,在生成生命基本果的过程中,同样起强力作用,如眼的器官,可以生视之果,无明便生盲目行为之果。这里的眼是条件,而非原因。由于某种需要,要求视物才是原因,但无眼的器官,想也白想!所以,就本体的势用而言,与其说佛学是因果论,自然不如说是条件论了。

佛说因果,不仅说"此有则彼有,此生则彼生",彼此相互为缘,相聚成果,互为因果,而且强调"已作不失,未作不得"。因不得果则不去,因不起则无果,即因必生果,果必有因。因果呈现必然的逻辑关系。但它又指出,任何一因皆不能生成果;一切果必须有两个或两个以上的因,才能生成。也就是说,事物生成,必须具备至少一个因和一个缘的充分条件。如此而言,缘可以说是因的助力——条件,因也可以被视为缘的助力,也是缘。这就是佛学缘起论中的范畴之一,俱有因或共有因①。于是,多因的因果论实质上变成了多缘的条件论。佛家因果论既是对一因论(尤指梵、神我创世的本体论)的否定与发展,也是对因果论与条件论的融会贯通。

从果这方面说,佛家不仅说一果有多因,而且在一定程度上指明,某种因也可能生成另类果,即五果中的异熟果,或称报果。此果既不随因在同一时空而生,而且与因性质不同,甚至因果背离。佛家称之为"无定"。如前世、今生的善因(道德性思想、行为),结今生、来世之善果(实质性利益之报),这是性质不同。也可以前生、现世之善因、恶因,而得今生、来世非善、非恶之果,善恶之果,有待后报。说得明白一些,佛家在某种程度上认为,植善因者不一定结善果;施恶业者,也不一定得恶报,因果的必然性,尚有待于时间这个条件,才能显现出来。这是因果背离。

---

① 分互为果俱有因与同一果俱有因。此处尤指后者,同时成就一果的多数因缘。

因果性质不同甚至背离，谓之异熟。所谓异熟就是多果！多果是在空间上否定因果的必然性，与多因相比较，多果尤其体现了佛家因果关系的不确定性，即"无定"性。佛家的聪明于此亦可见一斑。

异熟不只说明多果，在思维的深层，它倾向于把因果必然性置于时间的无限延续性之中。换句话说就是：在有限时间的空间中因果的不相应性，即对必然因果的否定。慧远《三报论》"报有迟速"的观念，不仅在现实中坚定了人们因果报应不爽的信念，而且在理论层面展示佛学因果必然关系只有在无穷轮回中，才能实现的时空条件。即所谓"后报"，"或经二生、三生、百生、千生，然后乃受"。因果的必然性如是而已。

慧远无尽因果的三报论，目的固然在于强化因果的必然关系，但它的隔世，乃至百生、千生、无尽之果，实际上借时间否定了因果的必然性。生报者，便是对现世因果的否定；后报者，则是对两世因果乃至千百世因果的否定。必然的因果关系，须借不确定的条件，即时间的无限延续而实现。中国有句——无论雅俗——耳熟能详的话，"不是不报，时候未到"，表面上看，只是积淀在民族心理的信念，或无可奈何的自慰与解脱之道，深入逻辑内核便可触摸到佛学条件论的偶然性对因果论必然性的决定作用。

上述多因（实际上也是多缘）、多果、三世二重因果，实为多重多世因果。这里所说明的，恰恰在于条件的偶然性，而非因果的必然性，因果的必然还是寓于条件的偶然之中。佛学表面上的因果论，显然是在条件论的架构中运作的。还需要说明，通常所说的本体论，同样建立在因果论基础之上。本体即生成万物，唯一无对（无待或绝对）之因，据此可以说，本体论即一因论。佛学互为因的缘起论，或者多因、多果、多重多世因果的条件论，无疑是对作为一因的本体的否定，即非本体。上述因果论的必然性寓于条件论偶然性之中的思辨，正是我们一再强调的，佛学与其他哲学不同，是非本体的本体论的理论依据，也是慧远由非本体——无性之性的法性本体——心性本体转化的逻辑根据。

白云守端生平及其禅法思想

释普钰

摘　要：禅宗在进入北宋以后，由于帝王和士大夫阶层的护持，加之社会环境的相对稳定，禅宗得到长足的发展，以至于推到继唐代之后的顶峰，涌现出了一大批深具影响的禅僧，他们为禅宗乃至整个中国佛教做出了不可磨灭的贡献。临济宗的杨岐派被后世称为"临济正宗"，之所以这样称呼，是因为它把临济禅法发扬光大，继而传遍"天下"，故有后来的"临济遍天下，曹洞分一角"之说。其间白云守端禅师在中国禅宗史上的地位和影响是不可忽视的，他上承杨岐开山宗祖方会禅师，居其十二位嗣法弟子之首，下启五祖法演禅师，为临济宗杨岐派在后世的发展奠定了坚实的基础。然而在各种史料和典籍中对守端的记载却不多，本文通过综合资料加以研究，对他的生平和禅法进行剖析与探求，而把守端的思想呈现出来，以期揭示守端在宋代禅林中的重要地位。

关键词：白云守端　禅宗　颂古　平常心　承天寺　自性　即心是佛

作者简介：释普钰，九江能仁寺方丈。

一　序言

中国的佛教经过唐朝的鼎盛，继而传至宋代，又进入了一个新的发展阶段。宋代帝王以及士大夫大多信奉佛法，这给佛教的发展提供了很好的条件。特别是禅宗，在唐会昌灭佛之后迅速发挥自身的优势，把禅宗提到了一个至高点。在中国的佛教史上，宋代的禅宗祖师相继出现，经过他们的不懈努力，又把禅法发展为文字禅，继而出现了颂古、拈古、举古、代语、别语等多种重要形式。

　　守端作为当时禅宗界的一代祖师，不论是对宋代禅林的贡献还是对后世的影响，都是巨大的。然而，对于守端这样的一位具有代表性的人物，在当今学术界却没有看到太多对他的研究和探讨，只是在宋代禅宗或宋代佛教史的研究专著中，略微涉猎，或有一些简单的介绍。杨曾文教授的《宋元禅宗史》① 对守端的生平和禅法作了一些概括性的介绍。赖功欧、杨雪骋和苏树华的《江西禅宗概要》② 仅仅提到守端与其师方会和其徒法演的主要关系而已。吴立民主编的《禅宗宗派源流》③ 举了守端的几则语录，对其禅法作了些许的论述。闫孟祥著《宋代临济禅发展演变》④ 对守端只是提到了名字。日本学者忽滑谷快天的《中国禅学思想史》⑤ 在介绍五祖法演时顺便提起守端，简短地阐述了法演经过守端的点拨而开悟的情形。阿部肇一的《中国禅宗史》⑥ 也是在介绍法演时说明一下其与守端的关系。岩村康夫在《禅学研究》⑦ 发表《白云守端的宗风》的论文专著，主要论述了守端的部分禅法思想。

　　在笔者所查找的现当代学术界对宋代禅宗史和宋代佛教史相关的研究中，对守端的学术考究是非常有限的。尽管在诸种著作中都有所涉猎，但只是保留在浅层的介绍上。笔者在前人研究的基础上，又通过《大正藏》、《卍续藏经》、《大藏新纂卍续藏经》中的《续传灯录》、《佛祖历代通载》、《联灯会要》、《嘉泰普灯录》、《五灯严统》、《五灯全书》、《佛祖纲目》等加以阐述、分析，对守端作进一步的介绍说明，与此同时，亦对他的后世影响和历史地位进行了评估。由于笔者的水平有限，在组织本文时，难免会有疏漏之处，还望各位专家、法师进行批评指正，不胜感激矣！

---

① 见杨曾文著《宋元禅宗史》，中国社会科学出版社，2006，第353~357页。
② 见赖功欧、杨雪骋、苏树华著《江西禅宗概要》，第41~42页，江西省政协文史委员会编，赣内资字第078号。
③ 见吴立民主编《禅宗宗派源流》，第307~311页，广东乳源云门寺。
④ 见闫孟祥著《宋代临济禅发展演变》，宗教文化出版社，2006，第113页。
⑤ 见〔日〕忽滑骨快天撰《中国禅学思想史》，朱谦之译，杨曾文导读，上海古籍出版社，2002，第502页。
⑥ 见〔日〕阿部肇一著《中国禅宗史》，关世谦译，台湾东大图书股份有限公司，1988，第650页。
⑦ 见日本《禅学研究》第74号，禅学研究会发行，1996，第76~103页。

二　宋代的社会和佛教

（一）社会背景

　　五代十国经过53年的战争，各国互相兼并，相互吞噬，连年战乱，给人民带来极大的痛苦。直到公元960年赵匡胤代后周称帝，建立了宋朝，社会政治生活才略有缓和，但仍在不断的进行战争。宋继而吞荆湘、取后蜀、灭南汉、平南唐等，实现了全国的统一。宋朝包括北宋（960~1127）和南宋（1127~1279），共计320年，宋太祖鉴于多年战争的经验，对宋朝进行一系列的改革，如为了夺取众位大将手中的军权，而演绎了一场"杯酒释兵权"的好戏。宋太祖首先是从乾德元年（963）攻占荆湖后开始加强皇权的，将新统治区的各府州直属朝廷，继而又于乾德四年（966）命令各地选送精兵给朝廷，编入禁军，而把老弱编为湘军，主要是削弱节度使兵权。同年又命令各地的财政收入除留下日常经费外，全部运到朝廷，这样又剥夺了节度使的财权。通过实行一系列的措施，军政财权都集中于封建君主手里。宋王朝在特定历史条件下强化中央集权制，维护了国家的政治统一，为经济的发展和文化的繁荣提供了有利条件。但这也带来很大的负面影响，在军事上，形成了兵不知将、将不知兵的局面，将兵之间没有良性互动与沟通，从而导致军心涣散，没有严格的纪律性，使军队失去了战斗力，久而久之，成为一群乌合之众，国家的军费开支虽然庞大，却不能抵御外敌入侵。欧阳修曾慨叹曰："不足威于外而敢骄于内"，[①]只能对内镇压老百姓而已。行政改革，形成了官僚主义的膨胀臃肿，官官相护，而又彼此猜忌，所以不能够齐心协力地为国家为人民用心办实事。因此很多的宋代士大夫大多喜爱佛教，接触佛教僧人，探讨参禅打坐之法，远离世间尘嚣，到寺院寻找一方净土。

　　五代时期战乱不断，华北地区受到的破坏极其严重，后周时虽有恢复，但由于长期的恶劣环境，人们仍陷于水深火热之中。北宋初年，人民流离失所、土地荒芜的情况仍然存在，因而新建的北宋对农民采取新垦荒不加赋税的政策，以奖励农民开垦荒田，乾德四年（966）诏："自今百姓

[①] 《欧阳修全集》卷59"本论"。

有能广植桑枣开荒田者，并令只纳旧租，永不通检。"用以"招复捕逃，劝课栽植"。① 经过宋代历朝奖励开垦荒田的措施，耕地不断扩大，由于面积的扩大，为北宋农业生产的恢复与发展提供了基本条件。宋代的有识之士都重视水利的兴修，北宋庆历三年（1043），范仲淹进行改革在《答手诏条陈十事》中要求："诸路转运司令辖下州军吏民，各言农桑之间可兴之利，可去之害，或合开河渠，或筑堤堰陂塘之类。"② 于次年二月兴修水利。在王安石的变法中，亦是首重农田水利。南宋的陈耆卿作了很好的比喻，"水在地中，犹之有血脉"，"夫稼，民之命也；水，稼之命也"③。这些都说明了水利对农田的重要性。

宋代的科技文化极其繁荣，如印刷术、指南针、火药得到了广泛的使用，医学、天文学也有较高水平的发展。文学和史学都有辉煌的成就。特别是宗教、哲学的发展，对宋代思想界起了极大的推动作用。宋初诸帝抬高了孔子地位，倡导儒学，积极宣扬儒家伦理，强调儒家思想是宋王朝的指导思想。但也对佛、道采取了扶植政策，并吸收佛、道学说，援佛入儒，援道入儒，以及援法入儒，援诸子百家入儒，吸收各家学说以丰富儒家学说。虽如此，其实形成了三教并驾齐驱的局面。顺应三教融合的大趋势而形成，宋代在其各个领域的发展，都影响了佛教的发展，影响了禅宗的发展。

（二）佛教状况

宋朝根据此前统治者对佛教管理的经验，采取了既扶植又限制的政策。宋代大部分皇帝在维持儒家正统地位的同时也对佛教采取信奉的和支持的态度。除徽宗信仰道教、对佛教有所打击外，他们都允许佛教发展，但又控制在一定限度之内。政教关系在总体上是呈良性关系的，此良性的政教关系在宋太祖、太宗时代既已建立，太祖改变前朝废佛政策，而与佛教修好，并且指出其原因是欲以佛教作思想统治，安定北方和取得南方奉佛诸国的拥戴。

在新成立的政教形式下，实施宗教事务管理的职能部门，即是僧尼所隶属的机构，在宋代是有其弹性变化的，这也反映出政府对佛教的灵活性。中央为了对佛教加强管理，而设置了僧官制度，来管理全国僧尼。在

---

① 《宋史》卷161，"职官志"。
② 张传玺主编《简明中国古代史》北京大学出版社，1995。
③ 《宋史》卷276，"樊知古传"。

中央有左右街僧正、僧录、副僧录、讲经论首座、鉴义等职务，在地方上设立僧正、都僧正等僧职。在宋代佛教管理政策中，寺院一直是国家行政关注的重点。寺院是僧俗进行宗教活动的信仰场所，为世间的一方圣地，但也不免有些作奸犯科者及邪教徒混入其中，祸害佛教，这样就给佛教的良性发展带来阻力，使一些正义之僧侣对此表达了愤慨之情。宋政府对寺院的管理，因寺院住持制的不同，而有干预程度之别。宋代有十方寺和甲乙寺，二者在宗派上一般有禅与律、在住持继承上有延请诸方大德与同院师徒相授、在财产上有公有与私有、在收徒上有住持能剃度与其他僧侣也能剃度的差异，但也有例外的情况。在政府管理方面，政府对甲乙寺住持交替的现金插手程度并不深，但对十方住持交替却有最终决定权。

宋代对佛教典籍也特别重视，曾仿效唐朝把译经作为国家的事业，由朝廷直接管理和资助。太祖皇帝重视西行取经，乾德三年（965），他听到沙门道圆从印度回国，立即"召见便殿，问西土风俗，赐紫衣方袍器币"。① 次年便派遣沙门行勒等157人西去印度，这也是中国历史上最大的官派僧团。开宝四年（971），又诏刻宋代第一部藏经，于太平兴国八年（983）刻成，对后世影响非常大。宋太宗也很注重译经事业，并在太平兴国七年（982）成立译经院（后称传法院），仁宗景祐四年（1037）是宋代译经最辉煌的时期，后来，因传入的经典多属密教，这些经典与中国汉地所认识的典籍相异之处颇多，又与儒家伦理相悖。真宗鉴于经中多"荤血之祀"和"厌诅之辞"，② 下令禁止新译《频那夜迦经》流行，并不许译此类经典。直到宋仁宗时期，不仅士大夫要求停止译经，就连参加翻译的惟净也提出罢译，所以对翻译事业产生了很大的冲击，但总体上看，国家对佛教也更加重视了。

三 守端的生平

白云守端（1024～1072）禅师，"俗姓葛"，③ 衡州（今湖南衡阳）

---

① 《佛祖统记》卷43，《大正藏》第49册，第395页上。
② 《佛祖统记》卷44，《大正藏》第49册，第405页下。
③ 《建中靖国续灯录》卷14，《联灯会要》卷15，皆作姓周。《禅林僧宝传》卷28，注姓葛，又括号注"或云周氏"。《五灯会元》卷19，《嘉泰普灯录》卷4，《佛祖正传古今捷录》，《教外别传》卷9，《五灯全书》卷4等都作姓葛，所以在此依姓葛。

人,年轻的时候喜欢读书写字,不喜欢参与世间俗事。后来到茶陵县(今湖南),"依茶陵郁禅师披剃",① 在二十多岁的时候,到潭州云盖山参颙禅师。不久,颙禅师圆寂。杨岐方会接任住持,守端又依方会修学禅法。

(一) 白云守端与茶陵郁禅师

"茶陵郁山主,本州人,自少落发,惟以供养为事,院居禅刹往来之冲,每有化主至,郁必供养之。"② 郁禅师嗣法于杨岐方会,在各种史料中对他的详细记载并不多,主要是因为守端影响力,而凸显郁禅师,在《禅宗颂古联珠通集》中记载:

> 潭州郁山主,不曾行脚。因庐山有化士至,论及宗门中事,教令看。僧问法灯:"百尺竿头如何进步?"法灯曰:"恶。"凡三年,一日乘驴度桥,一踏桥板而堕,忽然大悟。遂有颂曰:"我有神珠一颗,久被诸尘封锁。今朝尘尽光生,照见山河万朵。"因此更不游方。③

茶陵郁和尚住在湖南潭州时,不喜欢到处参访行脚。有一次,庐山有位化缘的僧人来了,并且互相谈论宗门中的一些事情,教化缘僧问法灯,百尺竿头如何进步呢?灯曰"恶"。又过了三年,某一天骑驴过桥时,驴脚踏到桥板上,而堕下桥去,师忽然大悟,并作有一偈。后来去参谒方会,并将开悟偈奉与方会,"会即印可"。④ 自此开悟以后,就再也不到其他地方去参学了。守端具体跟随郁禅师修行多长时间史料记载不清,应该不会太长。在各种资料中也只是方会询问守端郁禅师的开悟偈时,才提到他们的关系。

(二) 白云守端与杨岐方会

杨岐方会(992~1049)禅师,俗姓冷,袁州宜春(今江西)人。据

---

① 《八十八祖道影传赞》卷4,《卍续藏经》第147册,台湾新文丰出版公司印行,第985页上。
② 《佛祖纲目》卷36,《大藏新纂卍续藏经》第85册,河北省佛教协会印,第710页下。
③ 《禅宗颂古联珠通集》卷40,《大藏新纂卍续藏经》第65册,河北省佛教协会印,第729页上。
④ 《佛祖纲目》卷36,《大藏新纂卍续藏经》第85册,河北省佛教协会印,第710页下。

《五灯会元》载：师"少警敏，及冠，不事笔砚，系名征商"。① 后因失职而受到惩罚，趁晚间逃走。在到达筠州（今江西高安县）九峰寺游访时，"恍然如昔经行处，眷不忍去，遂落发为大僧"。② 自此在这里剃发出家。③ 出家以后，精研教典，阅读佛经，听闻正法，参访高僧大德，与以前判若两人。方会后来听说慈明楚圆禅师在袁州南源山寺传法，便去投奔，以求正法，到后自请担任监院一职，负责处理寺院的日常事务。在寺院附近住着一位老妇人，人们都称她"慈明婆"。一日，楚圆去老妇人那儿的时候，方会突然从小路旁跳出来拦住他，问他到老妇人那去做什么。楚圆曰："监寺知是般事便休，语未卒，师大悟，即拜于泥涂"。④ 又一日，大众要准备参禅的时候，楚圆在寺内，方会又在老妇人处找到他，请他回去，楚圆却要方会"下得一转语即归，下不得，各自东西"。⑤ 方会什么也没说，只是"以笠子盖头上，行数步"。⑥ 楚圆看到大喜，便与方会一起回来，这也是对方会入悟的印可。

自从颙禅师圆寂后，庆历四年（1044），方会继任潭州云盖山寺的住持，后来见了守端很是喜爱，并且"每与语终夕"。⑦ 不仅与他终日谈论佛法，而且看他是一个难得的奇才。有一天，方会突然问他的授业师是谁，守端回答说是茶陵县（在湖南）的郁和尚，方会继续问："吾闻伊过桥遭颠有省，作偈甚奇，能记否？"⑧ 守端便将此偈背诵下来，即：

我有明珠一颗，久被尘劳关锁。今朝尘尽光生，照破山河万朵。⑨

---

① 《五灯会元》卷19，《大藏新纂卍续藏经》，第80册，河北省佛教协会印，第387页中。
② 《禅林僧宝传》卷28，《大藏新纂卍续藏经》第79册，河北省佛教协会印，第547页下。
③ 《建中靖国续灯录》卷7载：方会"袁州宜春人，姓冷氏，落发于潭州浏阳道吾山"。
④ 《佛祖正传古今捷录》卷1，《大藏新纂卍续藏经》第86册，河北省佛教协会印，第5页上。
⑤ 《嘉泰普灯录》卷3，《大藏新纂卍续藏经》第79册，河北省佛教协会印，第303页上。
⑥ 《嘉泰普灯录》卷3，《大藏新纂卍续藏经》第79册，河北省佛教协会印，第303页上。
⑦ 《南岳单传记》卷1，《大藏新纂卍续藏经》第86册，河北省佛教协会印，第31页下。
⑧ 《禅宗正脉》卷10，《卍续藏经》第146册，台湾新文丰出版公司印行，第322页下。
⑨ 此据《联灯会要》《嘉泰普灯录》《五灯会元》《禅宗正脉》《教外别传》《释氏稽古略》《指月录》等记载。在《禅林僧宝传》之《守端章》中为："我有神珠一颗，日夜被尘羁锁；今朝尘尽光生，照破青山万朵。"在《大藏新纂卍续藏经》第65册，第729页上载："我有神珠一颗，久被诸尘封锁；今朝尘尽光生，照见山河万朵。"在《佛祖历代通载》卷19为："我有明珠一颗，久被尘劳羁锁；今朝尘尽光生，照破山河万朵。"

这句偈颂的大意就是,自己本有的佛性清净如同一颗璀璨的明珠一样,光彩照人,无有瑕疵。然而日久月深,不去擦拭,就会被世间的烦恼、执着遮藏。今天忽然把累劫愚痴、烦恼全都一下抛去,明珠忽然又发起亮来,把整个山河大地都照亮了,以此来比喻出家人开悟的情景。此偈是郁禅师体悟的描述,也是方会作的证明。

守端诵出此偈后,方会竟然大笑而去,"端愕视左右,通夕不寐"①。到了第二天,守端早早的起来,到方会房里去请教,会曰:"汝见昨日作野狐者乎?"师曰:"见之。""汝一筹不及渠。"师又大骇曰:"何谓也?"会曰:"渠爱人笑,汝怕人笑。"② 师于是大悟。当时正值一年的结束,新春的开始,在民间有这样的风俗,即是在新年来临之际进行驱逐疫鬼的赛会,有人化装成鬼被追逐,引起旁观者来笑他。方会说守端还不如他们呢,守端很是惊讶,方会继续对他说道,他们喜欢人家笑,你却怕人笑,就像昨天一样,我一大笑,你就不知所措。守端听方会如此一说,当即大悟。自此,方会以"临济正脉付守端"。③

(三) 白云守端与圆通居讷

守端在方会处得法后,便辞别和尚,到庐山去参访,拜谒圆通寺的居讷禅师。

圆通居讷(1010~1071)禅师,字中敏,俗姓蹇,梓州中江(今四川省)人,11岁就到汉州什邡(今四川省)竹林寺,随元肪学习佛法,17岁因考试《法华经》而合格得度,从颖真律师受具足戒。精研佛法要旨,以讲学闻名于四川。后来他在听南方一禅僧大论天下禅宗盛行时,居讷便问禅僧何为禅宗宗旨,禅僧回答不出来,便劝他到外面去参访。所以居讷借此因缘,离开了四川,行走于今湖北、湖南一带。听说襄州延庆山的子荣禅师禅风极甚,便去参谒,并且在此得以开悟,并嗣其法。后来,应南康军太守程师孟的邀请,入住庐山归宗寺,后又入住圆通寺,升座说法,

---

① 《佛祖历代通载》卷19,《大正藏》第49册,第669页上。
② 此据《南岳单传记》,《卍续藏经》第146册,台湾新文丰出版公司印行。在《联灯会要·守端章》载:"汝见作夜胡者乎?"在《佛祖历代通载》卷19,《八十八祖道影传赞》卷4,《续传灯录》卷13,《禅宗正脉》,《佛祖正传古今捷录》等皆作:"汝见昨日打驱傩者么?""傩"为驱鬼仪式中扮演鬼神用的面具。"打驱傩"即是驱除瘟疫等民间的一种活动。现在有的农村还有类似的仪式,第932页上。
③ 《佛祖历代通载》卷18,《大正藏》第49册,第664页中。

渐渐声名大振。史料记载，宋仁宗在京城建十方净因禅寺，下诏请居讷住持，他以目疾婉辞，并举荐怀琏（1009～1090）担任此职。居讷在与守端的言谈中"自以为不及"，[1] 认为守端乃一人才，便"举住江州承天（今江西九江能仁寺）"[2] 并"开法江州承天寺"。[3] 自此师住承天寺后，大弘法化，声名日著。可以说承天寺给了守端发挥的一个平台，让其尽可能地展示自己的才华。过了不长时间，居讷"又让圆通以居之，而自处东堂，师时年二十八。自以为前辈让善丛林，责己甚重，故敬严临众，以公灭私，于是宗风大振"。[4]

守端在28岁之前就住持二大寺院，所以非常卖力，为常住尽职尽责，鞠躬尽瘁。[5] 可是仅仅过了数日，江州郡守来寺，居讷日久无事，不耐寂寞，便"自陈客请，太守恻然目端，端笑唯唯而已"。[6] 心里清楚太守的示意，守端表示理解。第二天，守端升座说法，引用五代南唐法演文益禅师的诗偈，曰："难难难，是遣情难，净尽圆明一颗寒，方便遣情犹不是，更除方便太无端。"[7] 意思是说断除世间贪欲的事太难了，既使您（居讷）修行几十年也是难以彻底消除贪欲，贪欲不断，清净本性如何显现？并在句中对居讷进行了讥讽，出让寺院不是出于修行"遣情"后的无私，只是一时的感情冲动。并问大众"情作么生遣，喝一喝下座，负包去，一众大惊，挽之不可"。[8] 居讷可能是对圆通寺产生了感情吧，至此，在圆通寺住持20多年，其间皇上下诏请他去十方净因禅寺，他都婉拒，还是留下居住于圆通禅寺。

（四）守端住持过的寺院

守端一生主要在今江西和安徽两省弘扬禅法，自从在杨岐得法后，至庐山参谒圆通居讷，居讷荐举去江州承天寺（今九江能仁寺）住持。《白

---

[1] 《南岳单传记》，《卍续藏经》第146册，台湾新文丰出版公司印行，第932页上。
[2] 《佛祖历代通载》卷19，《大正藏》第49册，第669页上。
[3] 《佛祖纲目》卷36，《卍续藏经》第146册，台湾新文丰出版公司印行，第679页上。
[4] 《南岳单传记》，《卍续藏经》第146册，台湾新文丰出版公司印行，第932页上。
[5] 杨曾文著《宋元禅宗史》，第355页注释。杨教授认为守端住持承天、圆通寺时应在34岁之后。
[6] 《佛祖历代通载》卷19，《大正藏》第49册，第669页上。
[7] 《佛祖历代通载》卷19，《大正藏》第49册，第669页上。
[8] 《指月录》卷27，《卍续藏经》第143册，台湾新文丰出版公司，第599页上。

云守端禅师语录》序载："用是而巾履于州者有二：曰江，曰舒。香火于寺者有六：曰承天，曰圆通，曰法华，曰龙门，曰兴化，曰海会。"① 守端的足迹基本在这两个州，一是江州（今九江），二是舒州（今安徽）。住持过六座寺院，一是住持的寺院是江州承天寺（今九江能仁寺），二是江州圆通崇胜寺（今九江庐山圆通寺），三是舒州法华寺（今安徽潜山法华寺），四是舒州龙门山乾明寺（今安徽龙门山乾明寺），五是舒州兴化寺（今安徽兴化寺），六是舒州白云山海会寺（今安徽太湖县东白云山海会寺）。守端历住以上六座寺院，每到一处，大弘法化，严于律己，慕名而来参禅者络绎不绝，其间在法华寺住持时就因寺小难容，而迁往白云山海会寺。后来"以师终海会，海会之山曰白云"。② "熙宁五年迁化，寿四十八。"③ 守端在熙宁五年（1072），即其48岁的时候，于舒州白云山海会寺圆寂，因山名为"白云山"，所以后世称为"白云守端"。

四　守端的禅法思想

　　白云守端禅师是南宋南岳系第十三代、临济宗第九代传人，其师承为南岳怀让—马祖道一—百丈怀海—黄檗希运—临济义玄—兴化存奖—南院宝应—风穴延沼—首山省念—汾阳善昭—石霜楚圆—杨岐方会—白云守端。从南岳以来，直至守端，在这些传承中，他们的思想皆是大同小异，没有太大的变化。总的来讲，主要还是承袭六祖慧能大师的"识心见性，顿悟成佛"的思想为主导。而每位祖师在门庭施设，应机设化上又各有不同。如在怀让以前，大多采用正面说法，对佛法直接开示、阐述。从马祖以后，禅师们便偏向譬喻、反问、棒打、厉喝、问东言西、答非所问等方法开示学人，当然也会有些直示之语。如怀海未悟时，经常参禅打坐，而不能开悟，马祖便巧施方便，拿砖磨镜来令其破迷开悟。以至于延至后代，便产生了"呵佛骂祖"，来破除对佛法和佛像的执着。守端主要继承杨岐方会的思想，进而发挥得淋漓尽致。我们可以从其《广录》《语录》中看出，他亦使用棒喝的方法来开示学人。

---

① 《白云守端禅师语录》序，《卍续藏经》第120册，第400页上。
② 《白云守端禅师语录》序，《卍续藏经》第120册，第400页上。
③ 《续传灯录》卷13，《大正藏》第51册，第548页上。

（一）从方会到守端的禅法

在石霜楚圆的弟子中，黄龙慧南和杨岐方会分别依临济宗而创立了黄龙派与杨岐派，相对而言，黄龙派兴盛在前，然而流传的时间却很短，大概在进入南宋之后走向衰退，另一支的杨岐派虽兴盛在后，却一直流传到现在，对目前的佛教也产生了极大的影响。方会的嗣法弟子，在他圆寂50年后成书的《建中靖国续灯录》载名10人，有传录者6人，然而在130年后成书的《联灯会要》载录白云守端、保宁仁勇二人。在《嘉泰普灯录》载录守端、仁勇外，又增加了孙比部（居士）一人。由此可知，在方会的嗣法弟子中，对后世影响最大的当属白云守端。杨岐圆寂后，仁勇还跟从守端修行一段时间。而守端的下一世五祖法演，下二世的圆悟克勤、佛鉴慧勤、龙门清远、开福道宁等。三世中克勤的弟子大慧宗杲创立大慧派，另一弟子虎丘绍隆创立虎丘派。从此，临济宗的杨岐派走向大盛，名满天下，参禅学道者皆来投归临济，使临济宗经久不衰。

方会的语录和传记主要载于《禅林僧宝传》《建中靖国续灯录》《联灯会要》《嘉泰普灯录》《五灯会元》等。我们从各种记载中可以发现方会的禅法继承了南宗体系——特别是临济宗的禅法，然而在向弟子传授的过程中又带有自己的特色，他特别强调自心，不必向外求佛，"见性成佛"，并且运用华严宗的诸法圆融思想，说佛法遍在一切事物之中，所谓"一切法皆是佛法"。① 在修行上引导弟子在自己"脚下"用功夫，经常用极其简洁的语言表述禅理。禅宗以启发人们觉悟自性为根本宗旨，慧能所谓"识心见性"。② 神会与道一"即心是佛"，③ 皆表达了这一说法，是将禅宗的宗旨概括为"直指人心，见性成佛"。④ 方会继承了临济宗的主旨，他在杨岐山的开堂仪式上言：

> 百千诸佛，天下老和尚出世，皆以直指人心，见性成佛，若向者（这）里明得去，尽与百千诸佛同参。若向者（这）里未能明得，杨岐未免慈带口业。况诸人尽是灵山会上，受佛付嘱底人，何须自家退

---

① 《大方广佛华严经》卷54，《大正藏》第10册，第284页上。
② 《历代法宝记》卷1，《大正藏》第1册，第186页上。
③ 《佛祖纲目》卷32，《大藏新纂卍续藏经》第85册，河北省佛教协会，第627页上。
④ 《镇州临济慧照禅师语录》卷1，《大正藏》第47卷，第495页上。

屈，还有记得底人么？尔且道：灵山末后一句，作么生道？如无，杨岐今日败阙。以方会俾欲深云隐拙，随众延时。岂谓郡县官僚，洎诸檀信共崇三宝，续佛寿命，令法久住，俾令山僧住持此刹，亦非小缘。所有一毫之差，上祝皇帝万岁，家宰千秋。大众且道：今日作么生？（良久云）来年更有新条在，恼乱春风卒未休。①

佛在灵山会上，大开法筵，拈着金色波罗花示众，众皆默然，唯有迦叶尊者破颜微笑，佛言："吾有正法眼藏，涅槃妙心，实相无相，微妙法门，不立文字，教外别传，付嘱摩诃迦叶。"② 历代祖师以"直指人心，见性成佛"来教导弟子，若是根器成熟者，便能领会佛意，当即开悟。灵山会上，弟子千百，唯有迦叶知佛所指，以微笑来对佛表示自己心得，这也是指的"不立文字，教外别传，见性成佛"的道理吧。《杨岐方会和尚后录》载：

一切法皆是佛法，佛殿对山门，僧堂对厨库。若也会得担取钵盂拄杖，一任天下横行，若也不会，更且面壁。③

方会告诉学人修禅即是修的平常心，佛法无处不在，若是认真修行，佛法就在我们身边，有情无情皆是佛法，佛殿、山门、僧堂、厨库等也属于佛法。若是行者能在这平常的万物中领悟到其中的妙意，那也可以达到开悟、解脱的境界。

（二）即心是佛，见性成佛

守端在法华寺上堂曾对众开示曰：

昔日灵山会上，世尊拈花，迦叶微笑，世尊道：吾有正法眼藏，分付摩诃大迦叶，次第流传，无令断绝。至于今日，大众，若是正法眼藏，释迦老子自无分，将个什么分付？将什么流传？何谓如此？况诸人分上各各自有正法眼藏，每日起来，是是非非，分南分北，种种

---

① 《杨岐方会和尚后录》卷1，《大正藏》第47册，第646页上。
② 《大梵王问佛决疑经》，《大正藏》第49册，第170页下。
③ 《杨岐方会和尚后录》，《大正藏》第47册，第646页下。

施为，尽是正法眼藏之光影，此前开时，乾坤大地，日月星辰，森罗万象，只在面前，不见有毫厘之相。此眼未开时，尽在诸人眼睛里，今日已开者，不在此限。有未开者，山僧不惜手，为诸人开此法眼藏看。乃举手竖两指云：看看，若见得去，事同一家；若也未然，山僧不免重说偈言：诸人法眼藏，千圣莫能当。为君通一线，光辉满大唐。须弥走入海，六月降严霜。法华虽恁道，无句得商量。大众，既满口道了，为什么却无句得商量？乃喝一喝云：分身两处看。①

守端认为佛所讲的"正法眼藏"即是"自性""佛性"。人人皆有"正法眼藏"，也即是每个人都有"佛性"。佛在灵山会上拈花示众，只是一个表相，其真正的含义是未表现在表面上的，而是人人内心流露出来的，是人人生来的自性皆具有的，每个人的思维动作皆属于它的作用。如果能够领悟到此"正法眼藏"，也就是我们通常所讲的"开悟""解脱"了。即便每日对着五浊尘世，世界万法，亦不会执着于万有的外相，迷于空花水月，而是见一切万法皆空。每个人的"正法眼藏"须自己去开启、去体悟，别人代替不了，佛菩萨也只能给你指明这一条路让你自己去走。若你按佛菩萨所指的方向前进，就会悟入无上境界，就会彻见世界万有彼此融通无碍，万物一体，不妨说须弥山入海，盛夏降霜。守端从禅宗的拈花传心，说到人人具有佛性，最后说诸法性空，诸人正法眼藏，千圣莫当。

举教中道，一切众生，悉皆有心，有心者皆得作佛，祖师又道一切有心，天地悬隔，恁么道，莫有相违么，作么生得不相违去。良久云：波斯鼻孔似朱红，楼至拳头如钵大。闷来打倒须弥山，赫杀补陀观自在。②

心、佛、众生三无差别，心即佛，佛即心，心悟即佛，心迷即众生。守端主张"即心是佛，见性成佛"，见性即见吾人自性清净心，吾人自性本来清净，此一念清净心即是佛心，此自性清净心在圣不增，在凡不减，

---

① 《白云守端禅师广录》卷1，《卍续藏经》第120册，第410页上。
② 《白云守端禅师广录》卷1，《卍续藏经》第120册，第412页上。

所以众生与佛之间并无差别，只在一念间的迷悟。不必出离三界去寻佛，佛即在我心中，不须到外求取菩提，自性真心即是菩提。"我心自有佛，自佛是真佛，自若无佛心，向何处求佛。"① 这就告诉我们求佛不必外求，要自己内心省察，如若不然，则徒劳无功。

> 举教中道，不以色生心，不以声香味触法生心。大众，释迦老子向者（这）里，全身放倒了也，又道：应无所住而生其心。有甚救处，若救他不得，更为不孝之子，空吃他饭，向者（这）里须着近前，且道作么生近前，以手拍禅床一下。②

佛陀告诫众生：不要以色等诸尘而生其心，如果依色等尘而生心，即是执着，有了执着心，即是迷。所以佛又言：应无所住而生其心，不执着于这颗心，应看破、放下、随缘，才能到达彼岸。《金刚经》云："一切有为法，如梦幻泡影，如露亦如电，应作如是观。"执着于有为的一切法，都是不正确的，有为法如梦如幻如水泡如影子，一切有形有相，有心去造作的事物，都是无常生灭法，虚假不实。所以学人一定要从自己内心处来修行，如赵州云："金佛不度炉，木佛不度火，泥佛不度水，真佛内里坐。"③ 我们每天所礼拜的、所供养的，是自己内心的真佛，而非大殿里所摆设的金、木、泥等塑造的一切假相。所以说真佛是在我们内心里，那才是炉、水、火所不能侵扰的，才是真正的金刚不坏之心。

> 师乃云：达摩大师，初来此土时，未有人相委，于少林寺，端然正坐，凡经九年。一日，二祖立雪齐腰。
> 达摩曰："汝当何来？"
> 二祖云："请师安心。"
> 达摩曰："汝将心来，为汝安心。"
> 二祖良久对曰："觅心了不可得。"
> 达摩曰："与汝安心竟。"

---

① 《敦煌新本六祖坛经》，杨曾文校本，上海古籍出版社，1993，第86页。
② 《白云守端禅师广录》卷1，《卍续藏经》第120册，第414页上。
③ 《白云守端禅师语录》卷下，《卍续藏经》第120册，第388页上。

大众且道，什么处是达摩为二祖安心处，若言觅心了不可得，无一法可当情处，是为他安心处，只为怎么道底消息，从什么处来，若言怎么道底，是为他安心处，不见道，意为大患，理为大障，直得意理扫尽，豁然便是本乡，山僧有颂云：终心觅心无可得，寥寥不见少林人。满庭旧雪重知冷，鼻孔依前搭上唇。①

守端开堂示众，举达摩祖师与二祖之公案，来教导学人，讲的是达摩以安心禅法启悟慧可，慧可由此悟入。这里所讲的"心"实指自我之本性，也即是佛性。向外驰求，觅心了不可得，如同缘木求鱼，或者骑驴找驴，也即是迷失了本性。所以达摩让他把"心"拿来，吾与汝安，采用旁敲侧击的方法，引导二祖向内寻找自己的本性。慧可觅心不得，言下大悟。达摩大师"端然宴坐，凡经九年"② 就是来等待可以启悟的人，来付"安心"禅法，慧可修行成熟，唯求验证，而在茫茫大雪中立了一夜，为的是求得内心的佛，本来的自性。若能无可用心，不起妄念，不追空逐有，而扫除情解，悟此心空不可得，就能解悟禅理，也就是"安心"了。

（三）呵佛骂祖与修行不离日用

守端为了破除学人的情执，开示学人时也和前人一样对佛陀、祖师进行"呵斥"，其目的是不让大家执着于表相上的佛。而是敦促大众向心内寻佛。守端的呵佛，并不是对佛不恭敬，是进一步认识了佛法的真谛，了解了佛法的深奥之处。同时守端也用同种方式接引学人，在度众的时候，也经常对弟子们进行斥责。看似莫名其妙，没有道理，其实里面掩藏着很深的禅机。"德山棒，临济喝"③ 名振禅林，禅风凌厉，超绝峻拔，影响深远。而守端得法于临济宗的杨岐派，自然就承袭了临济家风，其风格更是洒脱超然，雷厉风行，实为禅宗的发展注入了新的源泉。他在安居日上堂云：

安居之首，禁足为名，禁足之意，意在进道而护生，衲僧家，更

---

① 《白云守端禅师广录》卷2，《卍续藏经》第120册，第418页上至下。
② 《白云守端禅师广录》卷2，《大藏新纂卍续藏经》第69册，第312页下。
③ 《续传灯录》卷19，《大正藏》第51册，第596页下。

有何生而可护，何道而可进。唾一唾，唾破释迦老子面门，行一步，蹈断释迦老子背脊骨。犹是随行逐队汉，未是本分衲僧。良久云：无限风流慵卖弄，免教人指好朗君。①

守端先谈到佛教里的夏安居生活，安居是为了闭门修持，足不出户。一怕踩踏外面的虫蚁，二是能够安心地修行，令道业增长。然而守端却说"有何生可护，有何道而可进"，即说明了修行佛法时，整日在想着修行修行，到底在修什么行，修什么道，求什么佛。守端为破除学人的执着，而大胆地说出"唾破释迦老子面门，蹈断释迦老子背脊骨"，这都是让人们不要对语言所表述的佛、佛法产生迷执。如有僧问：

僧问："如何是佛？"
答曰："镬汤无冷处。"（以锅里的开水没有冷处来比喻佛，在语言上，他无所顾忌，但却在话里隐含着佛性的真实性。）
僧问："如何是佛法大意？"
答曰："水底按葫芦。"（意为佛法如同用手按在水中的葫芦可上可下，有其随机灵活性。）②
僧问："如何是清净法身？"
答曰："屎臭熏天。"③
僧问："如何是祖师西来意？"
答曰："臭肉来蝇。"④

这样的语言非常人所敢言，但对于守端来说，对于开悟的大德来讲，他们看破万法皆虚幻，一切的得失已无关紧要，明白了人生的真谛所在，了解了自己内心的自性佛。他不是对佛不恭，而是把一些虚假的东西看破了，从他内心显现的是本来清净的自性佛。

临济义玄禅师，问黄檗佛法的意，檗便打。如是三问，三度被打，皆不契会，遂辞檗行脚去，檗指往大愚，师至大愚。

---

① 《白云守端禅师广录》卷1，《卍续藏经》第120册，第411页下。
② 《白云守端禅师广录》卷1，《卍续藏经》第120册，第408页上。
③ 《白云守端禅师广录》卷1，《卍续藏经》第120册，第413页下。
④ 《白云守端禅师语录》卷下，《卍续藏经》第120册，第392页上。

愚曰："哪里来？"

师曰："黄檗来。"

愚曰："黄檗有何言教？"

师曰："亲问佛法大意，蒙和尚三度赐棒，未审，过在甚处处。"

愚曰："黄檗恁么老婆，为汝得彻困，犹觅过在。"

师曰："佛法元来无多子（大悟）。"

愚曰："者（这）尿床鬼，适来道不会，如今又道无多子，且道是多少，师还黄檗，非干我事，师还黄檗。"

檗曰："返何速乎。"

师曰："只为老婆心切。"

檗曰："有何言句，师举前话。"

檗曰："者（这）大愚钝舌，待见与他一顿。"

师曰："说甚待见。"

即今便打，遂打檗一掌，檗吟吟大笑。一拳拳倒黄鹤楼，一踢踢翻鹦鹉洲。有意气时添意气，不风流处也风流。①

临济出世后，唯以棒喝示徒，凡见僧人入门便喝。②

  守端的禅法来自临济宗的杨岐派，虽然有自己的特色，但总的来说，还没有出临济禅的范围。他继承先辈的棒打斥喝，若是当机者，即被猛喝一声，如同霹雳，当下即悟。若因缘未成熟只有继续再加用功夫。守端认为禅宗重视的是"自性"，直接契入，而不是依赖于外在力量的引导。禅宗最强调的是自觉，这种自觉不能有丝毫的束缚和局限。如果借助外力来引导你的自性觉悟，你的内心就会被外物限制。所以守端不主张对佛、祖师的偶像崇拜。自性的开悟是一种内心的体验，语言文字非能描述。一切经教、佛像只能说明一种表相。所以禅宗的宗旨是"不立文字，教外别传，直指人心，见性成佛"。③ 呵佛骂祖，批驳经教的做法就是让修行者从我、法二执中彻底解脱出来，达到真正的涅槃境界。

---

① 《白云守端禅师语录》卷下，《卍续藏经》第120册，第389页下。
② 《白云守端禅师语录》卷下，《卍续藏经》第120册，第390页下。
③ 《教外别传》卷1，《大藏新纂卍续藏经》第84册，第157页中。

(四) 守端对"平常心"的再发挥

马祖道一继承并发展了六祖慧能大师的禅学思想，而在接机方面进一步展开，并把慧能的"无念心"发展为"平常心"，随机开示学人，启发学人自悟。所谓"平常心"就是人们无心任运自然地生活，遇见顺缘，不会过于大喜；遇到逆缘，而不过于大悲。平平常常地生活，于行住坐卧的日用中修习佛法。《景德传灯录》卷28 载：

> 马祖常开示学人："道不用修，但莫污染。何为污染？但有生死心造作趣向，皆是污染。若欲直会其道，平常心是道。谓平常心无造作，无是非，无取舍，无断常，无凡无圣。经云：非凡夫行，非圣贤行，是菩萨道。只如今行住坐卧，应机接物，尽是道。"①

马祖告诉学人，不要刻意地去修习佛法。因为人人自性本来清净，任运自然，再依照佛所讲的道路慢慢往前走，自然得解脱。若是整日都在谈论如何修道，只是挂在嘴边，而不付诸行动，那么所谈论的如同是非一般，何来得开悟呢？马祖强调从当下的一举一动、一言一行中去证悟自己本来是佛，任运自如，自然自在的自身之全体就是佛。"平常心"是马祖道一禅法的突出特色和根本旨趣，它排除了善恶、染净等二元对立的区别性，主张在平平常常的生活中体现心性，悟透真理。

守端在修行时，在平常的日常生活中，在开示学人时都能体现其"平常心"的一面。一日上堂云：

> 释迦老子有四弘誓愿：烦恼无边誓愿断，法门无边誓愿学，众生无边誓愿度，无上菩提誓愿成。法华亦有四弘誓愿：饥来要吃饭，寒来即添衣，困时伸脚睡，热时要风吹。②
>
> 上堂云：秋色凄清，早晚愈凉。信知节气不相饶，林间学道之士。饥则吃饭，寒则添衣。殊不知世间有苦乐者，且道如何得知苦去。乃云：只知事逐眼前过，不觉老从头上来。③

---

① 《景德传灯录》卷28《江西大寂道一禅师语录》，《大正藏》第51册，第440页上。
② 《白云守端禅师广录》卷1，《卍续藏经》第120册，第411页上至下。
③ 《白云守端禅师广录》卷3，《卍续藏经》第120册，第428页上。

都卢一个布袋，里面讨甚奇怪，困来且得枕头，携去亦无妨碍，有时闹市打开，多是自家买卖。①

禅宗认为行住坐卧皆是参禅，修习禅法不是整日枯坐，而是要把真参实悟运用到平常的生活中去，挑水担柴无非妙道，历代禅宗祖师对此都有不少发挥，守端也认为修习禅法与平日生活是分不开的，就是修行也离不开穿衣、吃饭、睡觉等，这与临济义玄所说的"佛法无用功处，只是平常无事，屙屎送尿，着衣吃饭，困来即卧"② 的用意是相同的。禅师们这样阐述佛法，不是只顾吃饭睡觉，而是把平日的修行当成与穿衣吃饭一样平常。修而不执着于在修，如果能遣除其不执着，也就是能破除我、法二执了。

守端对佛菩萨也是以平常心而待，他深切知道自己所看到的只是佛的一种假"相"，而不必执着于这种"相"，因为这都是虚幻的，要达到真正的解脱，必须自性清净，悟到自性佛。如某日上堂云：

雪窦和尚道："偶续灵峰照夜灯，居泛铁船下沧海。"承天（守端）此者，也随例泛一只铁船，文殊普贤为承天招头把柂。观音摩诘为承天打篙摇橹，承天只管坐地看扬州。既然如是，且道将什么报答诸人？良久云："谁知远烟浪，别有好思量。"③

佛法旨在破除一切"相"，所有虚幻的假相都是不实的，愚人往往执着于虚假的事物，而不能自拔，有的人执着色相，有的人执着于金钱，还有很多人，整日里在谈论修行，执着于佛菩萨形象，执着于一切经教的"相"，如若这样就不能破除内心的执相，去心外求佛，而不能内观自性，最终结果只是徒劳无功，事半功倍。守端不着于佛菩萨表象，深知自性已达清净，所以在开示学人时，也告诉大众不能执着外相。佛法是平等无碍之大法，诸大菩萨是我等同学伴侣，所以守端说："文殊菩萨为承天（守端）招头把柂，观音摩诘为承天打篙摇橹"。这也没有什么不可，一切世出世间法皆是空相，守端看到了这点，所以敢出此言，同时也教导学人修出离法来破除这些妄执。如此才能见到自己的本性。

---

① 《白云守端禅师语录》卷下，《卍续藏经》第120册，第383页下。
② 《正法眼藏》卷3，《大藏新纂卍续藏经》第67册，第586页下。
③ 《白云守端禅师广录》卷1，《卍续藏经》第120册，第401页下。

守端倡导看佛菩萨应当以平常心的眼光来认识，但不是让学人拿来佛菩萨形相胡乱批判，认为这样是在跟大德高僧学习，其实并不是如此。即是在修行的过程中，心里明白菩萨的分量，禅师们这样开示我们的意欲是让大家不要走到偏处去。如同慈明问杨岐时一样："幽鸟语喃喃，辞云入乱峰时如何？答云：我行荒草里，汝又入深村。"① 杨岐巧妙地回答了师父的问话。"大众须知，悟了遇人者，向十字街头与人相逢，却在千顶上握手。向千峰顶上相逢，却在十字街头握手。"② 在禅师的语言里暗藏着佛法的大意，当修行人达到一定的程度时，因缘一旦具足，就会开启心灵的智慧，悟到无上真理。

上堂云：参禅学道莫茫茫，问透法身北斗藏，吾今老倒慵疏甚，见人无力得商量。唯有锄头知我道，栽松同步上金刚。③

修行人在行持时，不能心无目标，修无根据。比如在修习大乘佛法时，要先发起无上菩提心、大悲心、布施心等，这样依据佛陀所说的经教循序渐进才会有进步。守端很巧妙地把锄头当成自己的道友，也充分体现了经中所言："情与无情，同圆种智。"④ 他看待一切都是以平等心、平常心视之。是因为他已达到了一切法的真相，深知"一切有为法，如梦幻泡影，如露亦如电，应作如是观"⑤ 的内涵。

（五）守端颂古的禅学思想

颂古是以韵文方式对公案作赞誉性的解释与评议，是对晦涩难懂的公案语录所进行的语言文字说明，但还是依照禅门"不说破"的原则，并不是去直接解释公案的意思，而是绕着弯来讲，这就是众所周知的"绕路说禅"⑥。颂文的形式多样，有四言、五言、七言，或者多句相杂，甚至杂有一言、三言，由四句、六句、八句或者多句构成，一般是隔行押韵，结构活泼、体裁多种。

汾阳善昭（947～1024）的颂古禅风对宋代禅林影响很大，自从善昭

---

① 《白云守端禅师广录》卷1，《卍续藏经》第120册，第409页上。
② 《白云守端禅师广录》卷1，《卍续藏经》第120册，第409页上。
③ 《白云守端禅师广录》卷1，《卍续藏经》第120册，第416页下。
④ 《慈悲药师宝忏》卷3，《大藏新纂卍续藏经》第74册，第577页下。
⑤ 《金刚般若波罗蜜经》，《大正藏》第8册，第752页中。
⑥ 《碧岩录》卷1，《大正藏》第48册，第141页下。

颂古之后，颂古之风很快盛行于禅宗界，一大部分有些文化的禅僧们都写颂古和研究颂古。随着数量的增加，颂古也随之成为禅宗典籍的重要组成部分。善昭生前已有语录文集传抄于丛林之间，对宋代文字禅的发展贡献了很大的力量。善昭从颂古的公案中选出百则，每则公案后以韵文偈颂的方式对其含义加以阐释，而成《颂古百则》。之后，善昭又在《都颂》中说明了其选材的原则和目的，颂曰：

> 先贤一百则，天下录来传。难知与易会，汾阳颂皎然。空华结空果，非后亦非先。普告诸开士，同明第一玄。①

善昭告诉大家，他所选的公案是禅宗大德的言行范例。大部分选材是禅僧们公认的公案。没有宗派之间的约束，因此取材很广。善昭认为公案中的古德言行，有的容易理解，有的非常难懂，有的表面上看起来荒诞不经，有悖常理。这些都是可以通过颂文方式来表达清楚的，此亦是作者与学者共同的目的。这也说明了禅不仅能通过文字来教，也可通过文字来学，亦是宋代文字禅的代表。

守端为善昭下四世法孙，理所当然地继承了师祖的禅法思想，并在其基础上进一步作了改进，而形成了独特的颂古禅风，在当时的禅宗界也是名震一时。守端的颂古记录在《白云守端和尚广录》卷四，即：

> 舒州法华山端和尚颂古一百十则　参学小师　处凝　集②

守端以赞颂佛菩萨及祖师公案，精挑细选，共作颂古一百一十则，试列出如下几则：

> 第二则：尽说拈花微笑是，不知将底辨宗风，若言心眼同时证，未免朦胧在梦中。③

此颂是守端赞叹世尊在灵山会上拈花示众，会中有数万诸大菩萨罗

---

① 《汾阳无德禅师语录》卷中，《大正藏》第47册，第613页下。
② 《白云守端和尚广录》卷4，《卍续藏经》第120册，第435页上。
③ 《白云守端和尚广录》卷4，《卍续藏经》第120册，第435页上。

汉,唯有迦叶尊者破颜微笑。世尊告诉迦叶:"吾有正法眼藏,涅槃妙心,实相无相,微妙法门,付嘱于汝,汝当护持流通,毋令断绝。"① 这是佛陀第一次把"心法"传给迦叶尊者,并嘱咐让其护持妙法流传下去,不要让它断绝。守端以偈颂的方式把这段公案很有韵味地描述出来,学人可以用吟诗的意境来看此段公案,在理解的基础上又增加了很多的意趣。

大家都在谈论"世尊拈花,迦叶微笑"的公案,关键是谁能够了解其中大义呢?有的人甚至只会鹦鹉学舌,而无真正的修证,不见自己的本来清净自性,又怎能解脱生死呢?所以守端借此公案来示众,最重要的是自己要真正体悟佛法真义,不要从表面看问题,也即是禅师们历来以"以心传心,见性成佛"的例证。

第五则:武帝问达摩圣谛第一义。
一箭寻常落一雕,又加一箭已相饶。直归少室峰前坐,梁主休言更去招。②

这则公案的意思是说梁武帝对佛教讲的第一义谛(圣谛)不甚理解。达摩祖师以一切法皆空和平等不二的立场否认凡与圣、人与我差异。武帝不能契悟达摩所讲的大义,并且达摩对武帝问他的功德之语,说帝并无功德,也是从一切法空上而言的,武帝执着求取功德,从佛法角度而言,这只是向外驰骋,向外执求,而只会迷失。求取的仅仅是世间福报。武帝没能用三轮体空的心去求取正法,达摩开示于他,但他无缘领悟,所以达摩一苇渡江而至北魏。后来志公(宝志禅师)说达摩乃观音大士"传佛心印"③时,而后悔莫及,想派人去追,但已晚矣。

守端用"雕"喻来说明这一段公案,学人再看起就会觉得语句隽永,韵味十足,又极易理解。"一箭寻常落一雕,又加一箭已相饶"说明如果修行成熟应该悟到自性真理,而无须多说话,再多说都是没用的。梁武帝没能认识到这一点,而还想着追师回来,即便把师请回,帝得到的只是师的色身而已,与师教导的"自性"毫无关系,武帝还是执迷不悟,向外觅求佛法,当然是空幻一场。达摩北去,至少林寺,"直归少室峰前坐,梁

---

① 《白云守端和尚语录》卷下,《卍续藏经》第120册,第304页上。
② 《白云守端和尚广录》卷4,《卍续藏经》第120册,第435页下。
③ 《白云守端和尚语录》卷下,《卍续藏经》第120册,第384页下。

主休言相去招"。参禅学道之人莫对有相的东西去追求，若是心存求佛、求法、求祖之心，那么就与我们佛教所讲的根本教义相违背了。要用心无所求，一念无生之心去求无所求，坦然面对，这样循序渐进地去修持，才能达到真正的解脱之境。

第七则：日面佛月面佛
大地山河俱是宝，不识之人即荒草，日面月面佛现时，闪烁山河光杲杲。①
马祖不安，院主问：和尚近日尊候如何？祖曰：日面佛月面佛。②

马祖即是洪州宗创始人马祖道一（709～788）禅师，曾以"即心是佛""非心非佛""不是心，不是佛，不是物"接引学人。其入室弟子有139人，各为一方宗主。其中最著名的就是百丈怀海（749～814）、西堂智藏（735～814）和南泉普愿（748～834），时称马祖门下三大士。

公案讲述了马祖生病时，院主问病。马祖以日日月月面观佛作为回答，意为自己一直没有离开过佛，守端的颂开示学人一切万法，情与无情，大地山河皆有佛性。如果能够了达真如自性，既执求于心，又不于外求佛，唯处之自然无为，达到涅槃境界，指日可待。若用俗眼看大地山河，皆是大地山河，若用悟后境界观大地山河，还是以往观的大地山河吗？所以说"不识之人即荒草"。自己的清净自性显现，佛心即是我心，我心与佛心无异，日日月月面观，就如同珊瑚在内心照耀一样，明亮洁然，清清澈澈。

第十则：南泉斩猫儿
提起两堂应尽见，拈刀要取活狸奴，可怜皮下皆无血，直得横尸满道涂（途）。③

南泉普愿是马祖道一的嗣法弟子，在池州（安徽贵池市）南泉寺住持弘法，南泉寺的东、西两序大众为争一只猫而发生争执，南泉为提醒他们

---

① 《白云守端和尚广录》卷4，《卍续藏经》第120册，第435页下。
② 《白云守端和尚语录》卷下，《卍续藏经》第120册，第385页上。
③ 《白云守端和尚广录》卷4，《卍续藏经》第120册，第436页上。

不要忘记自己的身份，便捉到猫儿打算要杀的样子，让他们做出表示，同时也在试探众人中有没有悟到禅法真理的，然而众僧不知如何回答才好，南泉便一刀把猫儿杀死，众皆哗然。赵州（即赵州丛谂禅师，后到河北赵县弘法，人称赵州和尚）从外面来，南泉便将此事告诉他，看他的反应如何，在佛法的修行上有无见地。只见赵州听后什么话也没说："乃脱鞋安头上而出，师曰：适来子若在，即救取猫儿也。"① 南泉对赵州的举动非常满意，说他如果在场的话，便不会斩猫了。鞋本来该穿在脚上，赵州却戴在头上，以此表示两堂僧人不用心修行，却为争一只与修持无关的猫儿起烦恼心实是不该。

守端引此公案示诸学人出家修道的本分事是什么应该弄清楚，千万不要舍本逐末，妄费心思，举此一例，也在说明其他僧人不能理解，南泉斩猫的用意何在，深奥之处。并赞扬赵州和尚将鞋戴在头上的妙举，为后人修学指点了迷津。

第十五则：僧问大随："劫火洞然，大千俱坏，未审此个坏也不坏？"

随云："坏。"

僧云："凭么则随他去也？"

随云："随他去。"

坏与不坏舌无骨，蓦面着时眼突出，大随犹在劫火中，天下熬熬谩啾唧。②

大随即是大随法真禅师，居益州（今四川），他是福州大安（百丈怀海弟子）禅师的弟子。某日有僧问大随："当劫火洞然，三千大千世界俱坏时，不知我们的这个坏不坏？"（"这个"指的是真如佛性）。大随答曰："坏。"并且"随他去"。此僧并不认同大随的回答。在他看来，若依大随所讲，一切修行便没什么意义了。他只是囿于己见，未能体悟到自心本来的佛性，以圣贤的话为教条，执着于真如之性恒常，又怎能见到其中的妙用呢？大随之后，"坏""随他去"又成了一般禅僧的教条，所以又有禅僧

---

① 《白云守端和尚语录》卷下，《卍续藏经》第120册，第386页上。
② 《白云守端和尚广录》卷4，《卍续藏经》第120册，第436页下。

反其意云:"不坏","随他去"。守端以这一公案而作此颂,"坏与不坏舌无骨,蓦面着时眼突出"。没有洞见真如佛性的人来说"坏"与"不坏"都是错的,都是一种执着,有违不二之理。见道之人说"坏"与"不坏"都是对的,因为在他们的内心里,"坏""不坏"只是一种表相,有相的东西,不必去执着这些。抛弃有相,内心存有自性真佛,才是学人最终的目的。"大随犹在劫火中,天下熬熬漫啾唧",大随法真禅师也在这劫之中,一旦大千世界遭劫难时,能不"随他去"吗?只是看自己有没有解脱生死,解脱与不解脱"随他去"的意义是不同的。此种问答确是让学人深思。

  第三十六则:德山在龙潭室中侍立。夜深。
  潭云:"何不下去?"便珍重揭帘,见外面黑。
  乃云:"外面黑。"
  潭云:"来。"遂燃一纸烛子。度与山,山才举手到烛边,潭蓦然吹杀,山便礼拜。
  潭云:"子见什么道理,便礼拜。"
  山云:"从今日去,不疑天下老和尚舌头也。"
  潭云:"子他后向孤峰顶上,盘结草庵,呵佛骂祖去在。"
  明暗相凌不足云,丝毫有解未为亲,纸灯忽灭眼睛出,打破大唐无一人。①

  公案中的德山即是德山宣鉴(782~865)禅师,俗姓周,剑南西川(今四川)人,幼年出家,对戒律研究有很深的造诣,常讲《金刚经》,人称"周金刚"。②自以为深达般若要旨,后听说两湖、江西禅道大兴,乃曰:"南方魔子,敢言'直指人心,见性成佛',我当楼其窟穴,灭其种族,以报佛恩。"③因此带着《金刚经疏》出蜀境。路遇贫婆卖糕,贫婆以"三心不可得,师点何心"④质问,宣鉴竟不能答。因此参龙潭崇信,师事

---

① 《白云守端和尚广录》卷4,《卍续藏经》第120册,第439页下。
② (宋)道元《景德传灯录》卷15,《德山宣鉴传》,佛陀教育基金会印,1999,第279页。
③ 《联灯会要》卷20,《宣鉴广语》,《卍续藏经》第120册,第136页下。
④ 《禅宗颂古联珠通集》卷5,《大藏新纂卍续藏经》第65册,第502页下。

左右达三十余年。德山为龙潭侍者,一日晚上,夜已深,龙潭问德山还不回去,德山说外面黑。龙潭遂点一烛与德山,德山欲接时,潭忽然吹灭。德山便礼拜,潭进一步问山见什么道理便礼拜,德山说:"不疑天下老和尚舌头也"。①

守端举德山宣鉴与龙潭这一公案,是为了说明德山独特的禅法思想。"明暗相凌不足云,丝毫有解未为亲",明与暗从俗谛上讲是二元对立的,而在圣谛上讲是无有分别,一切的声色形象之法,皆是幻相,生灭无常,一念染着,即易造生死轮回业因,永劫轮回受苦。在我们身心内外一切诸法,都是自性本空,刹那变化,无常久性的。龙潭利用深夜吹灯火这一机缘,点化德山,山即悟。纸灯忽灭也说明了明与暗之间的变化,这只是一刹那间的事情。明与暗又有什么分别呢,只是我们所执着于眼睛所看到的假相。所以被这一执着所迷,而不得悟,若对这明与暗、迷与悟一念间的自然本性洞察明了,哪里还有明暗之别呢?犹如众生不知自性是佛,不知心内求法,生生世世迷执于心外事物,向外求佛。说佛时迷于佛的外相,说法时迷于法的外相,把自性清净之心变得污浊了,迷陷于表相的窠臼里,这样怎么能够证得无上妙法呢?

汾阳善昭之后,颂古之风逐渐吹遍大江南北,给宋代的文字禅增添了很多意趣,影响了宋代的整个禅林,之后又有雪窦重显的《颂古百则》,后来又有圆悟克勤、大慧宗杲、龙门清远、投子义青、丹霞子淳、天童正觉等禅师先后作了很多的颂古之作。克勤在《碧岩录》卷1中言:"大凡颂古,只是绕路说禅"。② 这种"绕路说禅"在宋代得到了长足的发展,同时也给后代学人指明了修禅的路径,并且把文字禅推到了顶峰。守端在当时的禅宗界颇有名望,他作了颂古亦是理所当然。同时也明确指出作颂古也是为了向古来大德学习禅法。因禅人见问:"时悉以吾人之大事印之,往往多未然者,愿请益古德因缘。"③ 在修习禅法时,往往遇到难解问题,自然的便去看古德之言,从中可以领悟到很多的东西,所以我们看守端的颂古也是一样,可以从简洁明了、可读性强的偈颂中领略到禅宗大德的大家风范。

---

① 《佛祖历代通载》卷17,《大正藏》第49册,第643页上。
② 《碧岩录》卷1,《大正藏》第48册,第141页上。
③ 《白云守端和尚广录》卷4,《卍续藏经》第120册,第449页上。

五 守端在中国佛教史上的地位和影响

守端生于相对稳定的北宋，国家吸取唐代藩镇割据以及分裂的教训，解除藩镇兵权，加强以皇帝为首的专制主义中央集权制，致力于恢复和发展农业生产，振兴文教事业，使国家又实现了继唐之后的一个繁荣时期。佛教再次走向兴盛，这和朝廷的支持是分不开的，中央亲自拨款，组织翻译经典，在诸宗的著述中又以禅宗的数量位尊之首，"虽然宋代所印佛典仅接近于唐代译经的四分之一，然而它是构成宋代佛教和社会文化的一个重要方面，对当时社会和佛教有一定的影响"[1]。在佛教史上的影响尽管不太大，但是朝廷对此事是非常重视的，任命高官主持译经，很多士大夫参与其中，如杨亿、李遵勖、文彦博、曾公亮、富弼等，都和佛教存在着密切的关系。在皇权至高无上的封建社会，皇帝重视译经和对佛教的好感是分不开的，有了朝廷的支持，对佛教的发展起着重要的作用。当时的僧侣抓住了这个良好的社会环境，各尽其能，各自发挥，所以涌现出了一大批的高僧，他们对社会安定和佛教的良性发展做出了很大的贡献。守端一生住持过六座寺院，不管走到哪里，都是大弘法化，随众说法，赢得了僧俗大众的迎合赞叹。他一生度人无数，弟子千百，最主要的嗣法弟子有十二位（五祖法演、云盖智本、琅邪永起、保福殊、崇胜珙、提刑郭祥正、天柱处凝、太平处清、浮山鸿璉、谷山广润、香山慧常、甘露归善），有传录的六人，遍及大江南北，影响了整个中国的佛教界。与他同时代的禅宗大德有圆通居讷（1010～1071）、佛印了元（1032～1098）、天衣义怀（993～1064）、大觉怀琏（1009～1090）、投子义青（1032～1083）等，他们在禅宗界都是举足轻重、非同小可的高僧，而最终把禅宗体系发扬光大并且传承下来的主要还是守端这一派。

（一）五祖法演

法演（？～1104），俗姓邓，绵州巴西（今四川绵阳）人，35岁出家，"至成都学习唯识百法论"（即《成唯识论》《百法明门论》），[2] 因听

---

[1] 杨曾文著《宋元禅宗史》，2006，第3页。
[2] 《嘉泰普灯录》卷8，《卍续藏经》第137册，第134页上。

别人说道:"菩萨入见道时,智与理冥,境与神合,不分能证所证。"① 深研唯识之理,但后来对唯识名相异常反感,遂将此推到一边,说:"胶柱安能鼓瑟乎?"② 意思是说如同瑟的弦被胶粘在柱上不能演奏一样,钻进唯识的名相之中而不易走出,所以使人不能解脱一般。以此因缘,法演此后出外参访名师,在十五年中先后随同四位禅师修习禅法,最后在白云守端处得法开悟,在晚年居五祖寺时,开堂说法:

> 某十五年行脚,初参迁和尚,得其毛;次于四海参见尊宿,得其皮;又到浮山圆鉴老处,得其骨;后在白云端和尚处,得其髓;方敢承受与人为师。③

> (达摩)乃命门人曰:"时将至矣,汝等盖各言所得乎?"时门人道副曰:"如我所见,不执文字,不离文字,而为道用。"师曰:"汝得吾皮。"尼总持曰:"我今所解,如庆喜见阿閦佛国,一见更不再见。"师曰:"汝得吾肉。"道育曰:"四大本空,五阴非有,而我见处,无一法可得。"师曰:"汝得吾骨。"最后,慧可礼拜后依依而立。师曰:"汝得吾髓。"④

法演在这里引用了当年达摩对四位弟子道副、尼总持、道育、慧可的评价中得其皮、肉、骨、髓的说法。在此分别套用于他所参谒过的四位禅师。第一位迁和尚和第二位四海尊宿不知所指,无从考察。第三位是浮山圆鉴(991~1067)禅师,名法远,在舒州(今安徽潜山,浮山在枞阳县)传法,原是临济宗僧人,后来受大阳警玄(934~1027)嘱托而代传曹洞宗的法。法演在浮山参访一段时间后,远一日语师曰:"吾老矣,恐虚度子光阴,可往依白云,此老虽后生,吾未识面,但见其颂临济三顿棒话,有过人处,必能了子大事,师潜然礼辞,至白云。"⑤ 法远深知法演是可造之才,而自己已年龄太大,而无心力教导法演,他只是看过守端的偈颂就

---

① 《南岳单传记》,《卍续藏经》第146册,第933页上。
② 《禅林僧宝传》卷30,《大藏新纂卍续藏经》第79册,第554页上。
③ 《古尊宿语录》卷22,《大藏新纂卍续藏经》第68册,第143页上。
④ 《景德传灯录·菩提达摩章》卷3,《大正藏》卷51,第219页中下。
⑤ 《五灯严统》卷19,《卍续藏经》第139册,第823页上。

知道守端不是常人，所以建议法演去参谒白云，以明法要。法演听从法远的劝导，前去礼守端，自此成为其座下弟子。法演先后住持舒州四面山寺（今安徽太湖县东北）、太平寺（安徽潜山县城北）、白云海会寺，长达二十七年。晚年应请到蕲州黄梅县（今湖北黄梅县），住持被禅宗界奉为五祖的唐代弘忍大师曾居住传法的东山寺，宋代称为五祖寺，所以后人皆称"五祖法演"。法演弟子比较多，据《联灯会要》载录的主要弟子有 4 人，《嘉泰普灯录》载录弟子 18 人，有传录者 12 人，《五灯会元》载录弟子 12 人，未被载录的弟子仍有很多。他们的弘法中心大致分布于相当于现在的湖南、湖北、安徽、河南、江苏、江西、四川等地。在 12 位弟子中影响较大的有：在开封天宁寺传法的圆悟克勤（1063～1135）、舒州龙门山佛眼清远（1067～1120）、舒州太平寺佛鉴慧勤（1059～1117）、彭州大随元静（1065～1135）、潭州开福寺道宁（1053～1113），等等。克勤下一世有大慧宗杲（1089～1163）、虎丘绍隆（1077～1138）。宗杲一系演变成为大慧派，延续四五世而门庭繁盛；绍隆一系演变成为虎丘派，其下二世有密庵咸杰（1118～1186），门下又出松源崇岳（1132～1202）、破庵祖先（1136～1211），再传弟子无准师范（1177～1249），一系传至今日而不衰，中国禅宗在进入宋代以后达到极盛。临济宗晚于云门宗兴起，但后来者居上，超越了云门宗。临济宗自汾阳善昭以后迅速发展，从石霜楚圆的法系分出黄龙、杨岐二派，黄龙派先盛，杨岐派成为后起之秀，直追黄龙以至超出，发展成为临济宗的主流派。自杨岐派后，白云守端传法度众，不遗余力。经传至五祖法演，而令禅宗法脉续而不断，特别到后来的圆悟克勤法系占据主要地位。以至于两大嗣法弟子大慧宗杲、虎丘绍隆之时，已把临济宗推到了很高的地位。

（二）云盖智本

智本（1034～1107），"筠州人（今江西高安县）也，俗姓郭，依本州慈云院受具，即慕参游，造海会端禅师法席，投机开悟，众所推仰"[①]。智本五岁的时候，家里很穷，经常饿肚子，有贵客过门，见其气骨，知其将来必成大器，想给他家里万钱带智本走。智本的祖母不同意，并告诉其人就算饿死也不卖予别人。其祖母亦曾做梦生智本是家中的吉兆，"儿生之

---

① 《建中靖国续灯录》卷 20，《大藏新纂卍续藏经》第 78 册，第 765 页下。

夕，吾梦天雨华，吾家吉兆也"。① 智本长大后到报恩寺去礼佛，听到僧人说出家因缘，自己便蒙落发之意。祖母听说后非常高兴。披剃时年方十九，于20岁时在本州的慈云院受具足戒。不久便去参访，经常在江西庐山一带走动，后来"闻法华端禅师者，深为法窟，气压丛林，师往谒之，留居十年，名声远闻"。② 智本得法于白云守端禅师，并且继承其禅法思想再加发挥，使杨岐派又上了一个台阶，以至于龙天护法推出，而声名远播。"时曾丞相，由翰学士，出领长沙，以礼延居南岳之法轮，学者争宗向之，迁之南台，迁道林，迁云盖，迁石霜。凡十年，道大显著，劝请皆一时名公卿。"③

后来，湖北运使陈公举，很想请智本住湖北夹山，师很爽快地答应了他。人们问他怎么那么容易就答应陈公举去夹山住，师曰："系情去留，岂道人事，湖南湖北，真一梦境耳，何优劣避就之耶。"④ 在大观元年（1107）上元夕，沐浴更衣端坐，73岁圆寂于夹山，僧腊五十二。在《白云守端禅师广录》卷1之《舒州法华山证道禅院语录》⑤ 就是智本禅师所编。智本有嗣法弟子四人——"潭州南岳山承天禅院自贤禅师，潭州南岳山承天慧连禅师，庐陵定香山惟德禅师，南岳草衣岩治平庆时禅师"⑥。

（三）琅邪永起

琅邪永起禅师，湖北襄阳人，常住安徽滁州琅邪。在鹫领兴化禅院披剃，后来参谒白云守端禅师，都尉张候敦对其非常恭敬。有嗣法弟子一人，即金陵俞道婆。对其生平和著作皆不详，在《续传灯录》卷20、《建中靖国续灯录》卷2、《嘉泰普灯录》卷11、《五灯会元》卷19、《五灯严统》卷19中有一些略微的载录。

（四）保福殊

英州保福殊禅师，在《续传灯录》卷20、《建中靖国续灯录》卷20、

---

① 《补续高僧传》卷10，《大藏新纂卍续藏经》第77册，第440页下。
② 《补续高僧传》卷10，《大藏新纂卍续藏经》第77册，第440页下。
③ 《补续高僧传》卷10，《大藏新纂卍续藏经》第77册，第440页下。此时的曾丞相，应当为曾公亮，曾公亮笃信佛法，为当时之大儒，作为丞相，他为翻译经典做出了很大的贡献。师受到当朝丞相的欣赏，可见师在当时的地位是可想而知的。
④ 《补续高僧传》卷10，《大藏新纂卍续藏经》第77册，第440页下。
⑤ 《白云守端禅师广录》卷1，《卍续藏经》第120册，第408页下。
⑥ 《建中靖国续灯录》卷20，《大藏新纂卍续藏经》第78册，第787页下至788页上。

《五灯会元》卷19，《五灯严统》卷19，《五灯全书》卷41，有些略微的记载，大都载录些许的语录，对其生平则语焉不详。如《续传灯录》卷20云：僧问："诸佛未出世时如何？"师曰："山河大地。"曰："出世后如何？"师曰："大地山河。"曰："恁么则一般也。"师曰："敲砖打瓦。"①

我们可以从殊禅师的简短语录中看出，在禅法上与其师守端的思想大同小异，没有太大的变化，都是要求学人在平常心上用功夫，"山河大地与大地山河"没有什么区别，诸佛未出世时与出世后自性是一样的，如若加以分别、偏执，就会远离佛性而缘木求鱼。所以殊禅师告诉他与平日的"敲砖打瓦"又有什么不一样呢？如果僧能够理解此意，那也就不枉师的一番用意了。

（五）崇胜珙

"袁州崇胜院珙禅师，上堂：举石巩张弓架箭接机公案。颂曰：三十年来握箭弓，三平才到擘开胸，半个圣人终不得，大颠弦外几时逢。"② 在《续传灯录》卷20、《禅林类聚》卷17、《五灯会元》卷19等中大都这样记载，只是举了上堂时的一个偈颂，关于其生平则无更多的载录。

（六）提刑郭祥正

在守端弟子的载录中，郭祥正是唯一的一位居士。他得法于守端，与五祖法演交好，在当时也是众多官员中信仰佛法的一位。

郭祥正，字功甫，号净空居士。少有诗声，登进士，当涂人，官至殿中丞，因母梦李白而生，喜爱山色泉石，而不羡慕美名。皇祐四年（1052）守端住归宗寺时，郭祥正任星子（今江西九江星子县）主簿，那时他就曾参谒守端，求佛心法。后来守端从承天寺（今江西九江能仁寺）迁圆通寺（九江庐山圆通寺）时，他又到德化。曾经和守端的交往非常密切。守端住海会寺时，功甫又从当涂到海会寺去拜访。

问曰："牛醇乎？"

---

① 《续传灯录》卷20，《大正藏》第51册，第604页下。
② 《续传灯录》卷20，《大正藏》第51册，第605页上。

曰："醇矣。"端历声叱之，正不觉，拱而立。

端曰："醇乎也！醇乎！南泉、大沩无异于此也。"

于是鸣鼓升座曰："牛来山中，水足草足。牛出山去，东触西触，夜来枕上，得个山颂。"①

守端点拨郭祥正，郭祥正仍没有悟入，直到后来，正听小儿诵诗偈忽然有省，遂以书信呈守端，端答偈曰："藏身不用缩头，敛迹何须收脚，金乌半夜撩天，玉兔赶他不着。"② 郭祥正后来到五祖寺，请法演升座曰："此一瓣香，热向炉中，供养我堂头法兄禅师，伏愿于方广座上劈开面门，放出先师顶相，白云岩畔旧相逢，往日今朝事不同，夜静水寒鱼不食，一炉香散白莲峰。"③ 郭祥正在这里亲切地称法演为"法兄禅师"，可以看出两人的交情之深，并希望法演能像守端那样弘法度众，放大光明，并以偈颂来回忆两人之间的往事，虽然面前仍是两人都同在一处，却与以往有了很大的差别，但内心的佛性却不会有丝毫改变，同时也只能用一炉清香来供养法兄了。因曾居醉吟庵，故有著作《醉吟庵诗文》三十卷，号《清山集》。在《续传灯录》卷7、《嘉泰普灯录》卷23、《五灯会元》卷12、《五灯严统》卷19、《居士分灯录》卷6等都有载录郭祥正的一些事迹。

六 结语

本文通过以上的分析、介绍，我们可以得知守端一生旨在以弘法为己任，为佛教特别是禅宗做出了很大的贡献。一生曾住持过六座寺院，每到一处，皆四众弟子海会云集，求法者不可胜数，为当时的禅林增添了不少意趣。他承接杨岐法席，而进一步推动禅宗的发展。上堂开示学人以"平常心""即心是佛""非心非佛"等富有南宗特色的禅法给予大众，以及用颂古的方式把晦涩难懂的古德公案作成偈颂的形式，使得文体活泼、音韵婉转、体裁多样、言辞优美。能使学人感觉在舒适中学禅的意境，同时也使禅法提高了一个层次。法演继承其心法，并且自此使临济宗的杨岐派又上了一个新的台阶，其也是守端十二位弟子中最有成就的一位。"如果说

---

① 《居士分灯录》卷6，《卍续藏经》第147册，第907页上。
② 《居士分灯录》卷6，《卍续藏经》第147册，第907页下。
③ 《居士分灯录》卷6，《卍续藏经》第147册，第907页下。

宋代临济宗从汾阳善昭开始走向兴盛的话,那么在临济宗的黄龙、杨岐两派中,自法演开始迅速超越于黄龙派而走向兴盛的道路"。[①] 后来又经其再传弟子"三佛"等禅师的大力弘扬,而使禅宗经久不衰。守端不仅在宋代禅宗,而且在中国的佛教史上都有着举足轻重的地位,其德行昭著亦是唯心可表,当圆通居讷有心再次住持圆通寺时,师毅然负包而去,而无半点留恋之情,可见禅师的大家风范和高风亮节,这也是后人学习的榜样。我们通过各种原始资料以及后人对他的研究,可以看出守端一生的行履及其禅法特色,对后世有很大的影响,并且他的思想在整个禅宗史上有着重要的意义。

---

① 见杨曾文著《宋元禅宗史》,中国社会科学出版社,2006,第358页。

智者大师及其弟子在庐山的弘化和修行

释心皓

摘　要：庐山是圣贤所居，历代高僧辈出，诸宗弘化。隋时，天台智者大师一共两次上庐山。第一次是为避战乱，路过九江时受异梦指引来到庐山。第二次是受杨广邀请，上庐山结夏安居，并以杨广为檀越的因缘护持了庐山。据记载，随同他来到庐山修行的弟子有灌顶、普明、智锴、大志等人。普明在庐山陶侃瑞像阁行请观音三昧，获得殊胜感应。智锴在庐山的主要成就就是以他的德望修治了大林寺和西林寺。大志在庐山甘露峰峰顶修七年苦行，精进诵读法华。后来因感慨灭法，向皇帝请求兴隆三宝，烧身明志，为法舍身，感动当时。智者大师及其弟子在庐山的弘化和实修对庐山佛教影响深远。

关键词：智者大师　普明　智锴　大志　请观音三昧　苦行

作者简介：释心皓，闽南佛学院2001级天台学硕士，杭州大雄讲寺住持。

前　言

智者大师（538~597）一生弘化的主要道场是天台山和玉泉山。但时逢乱世，他也游化过全国各地，"备历艰关，游学荆扬雍豫"，其中东晋时著名道场庐山东林寺，他也住持过。据《智者大禅师年谱事迹》，智者大师在庐山的活动时间是两次：

　　　　隋开皇九年，五十二岁，陈亡之荆感梦止匡山。次年隋帝敕问。五十四岁，晋王请至扬，十一月为晋王受戒，方号智者。五十五岁，得往荆湘，再经匡山度夏毕，先至潭。①

匡山即庐山，智者大师 52 岁时为避战乱带领众弟子上庐山住了一年多，三年后又上庐山结夏安居，在庐山时以保护东林道场和弘讲天台为主。

以《法华》为依的天台宗在庐山的弘扬并不是自智者始。据记载，慧远大师的弟子已经有诵习法华的传统了。东晋南北朝时，高僧辈出，庐山慧远大师虽然结莲社专修念佛，但他通达经论，胸怀宽广，诸经并弘，其弟子有诵习法华的传统。据《弘赞法华传》卷六：僧翼，吴兴余杭人。初出家，止庐山依慧远修学。勤素苦节，见重门人，每诵《法华》一部。又有智晔，陈隋江州人。初出家住庐山西林寺，颇工书翰，期间以抄写《法华经》为自修之道。

庐山是诸宗并弘、高僧辈出的名山道场。智者大师带领众弟子第一次上庐山是异梦所感，第二次上庐山是杨广的延请，去往荆湘的途中上庐山，并以杨广的护法因缘再次护持了庐山道场。

一　老僧托梦，智者大师第一次上庐山

智者大师是南朝陈的国师，在金陵弘法八年，大师以其高超禅法、博学辩才和崇高德行赢得了朝野僧俗的共同敬重。陈宣帝太建七年，时年 38 岁的智者大师入天台山实修止观。陈后主至德二年（584），48 岁的智者大师奉诏出，在金陵太极殿开讲《大论》和《仁王经》。次年为太子授菩萨戒。其实智者大师的神力早已预知陈将灭：

> 今二月五日，于崇正殿设千僧法会，奉请为菩萨戒师。谨遣主书刘璇奉迎云云。于时传香在手，而脸下垂泪。既字为善萌，反言成晚。后大隋吞陈，方悟前旨。②

祯明三年（589），即隋开皇九年，陈灭亡。当金陵为隋军占领之时，

---

① 《国清百录》卷 4，《大正藏》第 46 册。
② 《别传》，《大正藏》第 50 册。

以光宅寺为中心的智者僧团被迫离散，一时"金陵土崩，师徒雨散"，"灵像尊经，多同煨烬，结鬘绳墨，湮灭沟渠"①。为了暂时避难，他"策杖荆湘"，来到庐山。

智者大师上庐山是因异梦所感。他在去往湖北和湖南一带时，路过盆城的途中，梦见一个老僧，告诉他："陶侃瑞像，敬屈守护。"据《别传》：

> 金陵既败，策杖荆湘，路次盆城，忽梦老僧曰："陶侃瑞像，敬屈守护。"于是往憩匡山，见惠远图像，验雁门法师之灵也。俄而浔阳反叛，寺宇焚烧，独有兹山全无侵扰，护像之功其在此矣。②

浔阳就是现在的九江，"陶侃瑞像"就是指东林寺的金文殊。陶侃（259～334）在南海驻军禁营时，当地的渔人每逢黄昏看到海滨有光芒流放数丈之远，就特地来禀告。陶侃于是派人前去查看。不久，果然有一金色佛像由浪层中涌现，于是将佛像请上船来，看到佛像座下刻着"阿育王所造文殊菩萨像"等字样。

据古印度佛经上记载，从前阿育王统治阎浮提世界时，实行酷政，命令鬼王建造监狱，极其恐怖残酷毒虐。不料文殊菩萨居然在鼎镬之中现身，于是火灭汤冷，并生出青色莲华。阿育王感悟，即刻废除牢狱，并造八万四千塔，及文殊菩萨圣像，流布天下。陶侃所寻获的佛像就是其中的一座。

陶侃亲自见到如此灵异瑞事，开始倾心信仰佛法，并将文殊菩萨像安奉于武昌名刹寒溪寺中。后来调任，想迁此像至荆州，没想到船只行至江心，风涛大起，金像复沉长江。慧远大师创建东林寺后，在江边焚香祈愿，文殊金像奇迹般浮出水面。迎请回寺后，先在神运殿供奉，后在莲池旁修建文殊阁，以奉香火。史载当时荆楚两地，有民谣曰："陶惟剑雄，像以神标，云翔泥宿，邈何遥遥。可以诚致，难以力招。"以调侃陶大将军徒有武力，却难以撼动神像，反衬慧远大师的至诚使金像浮出水面的神奇法力。当时东林寺和慧远大师因文殊像声名大振。

智者大师受到梦中老僧指示"陶侃瑞像，敬屈守护"，就明白要去守

---

① 《广弘明集》卷25《宝台经藏愿文》。
② 《别传》，《大正藏》第50册。

护金文殊,于是来到东林寺。宋智圆解释说,"陶侃瑞像敬屈守护,远公冥请也"①。智者大师是受慧远大师冥冥中的指示来到庐山的。他到了庐山,看到慧远大师图像,发现托梦给他的那位老僧居然就是雁门慧远法师。天台智者大师距慧远大师(334~416)的年代100多年,他对慧远大师及其创建的丛林东林寺一直非常仰慕,如今因冥示来到庐山,见到前辈法像,自然别有一番护教安僧的情怀。

由于受慧远大师的冥护和为智者大师的德业所感,当时浔阳(九江)一带的寺院全都遭受了战火的破坏,唯有东林寺很安全,全无兹扰。智者大师和弟子们在东林寺修行弘化,住了一年多的时间。

二 智者大师二上庐山,护寺安僧

智者大师在建立天台宗玉泉道场之前,第二次上庐山,在庐山做了一些保护道场的功德。期间的因缘是因为杨广成为智者大师的菩萨戒弟子,故顺理成章听从智者大师的召唤成为庐山的檀越主,为庐山争取了强有力的外护。

隋文帝开皇十一年(591),隋文帝二子晋王杨广调任扬州总管,驻节江都。上任伊始,便遣使持书前往庐山,延请智者。在这之前,隋文帝三子秦孝王杨俊出镇扬州时,也曾致书延请,智者说,"虽欲相见,终恐缘差"②,予以拒绝。这是大师对众生得度因缘的预见。后来果然因风大水道难行,陆道又有匪患,未能成行。

杨广反复致书,遣使邀请智者到江都弘法,住持当时的大道场慧日寺。江南佛教界由于南朝的覆灭显得衰弱不堪,智者来江都时,杨广有意让智者为慧日主持,利用智者的德望扩大其对江南佛教界的影响。智者大师慧眼观察因缘,说:"我与大王深有因缘。"这并不是谄媚之词,而是大师能随缘顺缘的一种惊人预感。但为僧志在山林,不愿介入俗事,因此多次推辞,"初陈寡德,次让名僧,后举同学",三辞不免,"乃求四意",提出了四个出山的条件:

---

① 《涅槃玄义发源机要》卷一,《大正藏》第38册。
② 《别传》,《大正藏》第50册,第194页下。

一、虽好学禅，行不称法。年既西夕，远守绳床，抚臆论心，假名而已。吹嘘在彼，恶闻过实，愿勿以禅法见欺。二、生在边表，长逢离乱，身暗庠序，口拙暄凉。方外虚玄，久非其分，域间撙节，一无可取。虽欲自慎，终恐朴直忤人，愿不责其规矩。三、微欲传灯，以报法恩。若身当戒范，应重去就。去就若重，传灯则阙；去就若轻，则来嫌诮。避嫌安身，未若通法，愿许为法，勿嫌轻重。四、三十余年，水石之间，因以成性。今王涂既一，佛法再兴。谬承人泛，沐此恩化。内竭朽力，仰酬外护。若丘壑念起，愿放其饮啄，以卒残生。许此四心，乃赴优旨。①

这篇愿文提的四个条件分别是：不要以高标准禅法来期望他，这是防止杨广以后以求学福慧为借口，将其留在江都②；不要以世俗应酬相责；为了弘法可以随时自由活动；希望应许终老于天台山。从这四愿可知，智者应晋王之请前往江都是十分勉强的，他的本意是在山上授徒讲演禅法，终老于丘壑，这无论对自修抑或度他都是一种可贵的自由。

四个条件应允后，智者大师束衣顺流，不日至扬州禅泉寺。他在江都城外住了几个月，始终未入慧日道场。期间杨广仍百般延请，多次派柳顾言往智者居处奉送礼物，再三挽留。杨广称："弟子一日恭亲，犹以陋薄，不称宿心。"③ 杨广从智者大师受菩萨戒，并于总管大厅设千僧斋。大师对晋王说："大王纤遵圣禁，可名'总持'。"晋王受菩萨戒法后说："大师传佛法灯，宜称智者。"④ "智者"之名由始传开。

授戒毕，大师即以四愿为由，不顾杨广慰留，立即离开扬州，到庐山、荆州地区弘法去了。

开皇十二年（592）二月十八日，杨广致书一封请留，智者反而提出要先回庐山东林寺结夏，并致书晋王，请他做匡山东林、峰顶二寺的檀越。信中说：

---

① 《别传》，《大正藏》第50册，第194页下。
② 六月二十一日，杨广给大师的信，欲以请教佛法为由，强留智者于江都。《国清百录》卷2《王谢天冠并请义书第四十八》，《大正藏》第46册，第807页中。
③ 《国清百录》卷2，《王谢书第二十七》。
④ 《别传》，《大正藏》第50册，第195页上。

江州匡山东林寺者，东晋雁门慧远法师之所创也。远是弥天释道安之高足。安是大和尚佛图澄之弟子。三德相承，如日月星，真佛法梁栋，皆不可思议人也。

而远内闲半满，外善三玄，德布遐方，声高霄汉。初诣山足，依止一林，共耶舍禅师头陀其下，若说若默，修西方观。末于林右建立伽蓝，因以名为东林之寺。远自创般若、佛影二堂，谢灵运穿凿流池三所，梁孝元构造重阁，庄严寺宇。即日宛然峰顶寺者，是齐慧景禅师感山人延请，因住其峰。次梁慧归在后登摄，方建伽蓝。峰有水泉，忽然枯涸，归烧香咒愿，清流盈满。天降甘露于泥洹，自是以先德名踪，垂芳不断。松霞清旷，解处萧条。公私往返，皆莫不归向。自大化江左，贫道因至彼山，憩泊东林，时游峰顶，以岁为日，美玩忘劳。

然下山伽蓝，偏近驿道，行人去来，颇成混杂。今奉清为两寺檀越，庶藉影响，众得安心，礼诵虔诚，用酬弘泽。并乞勒彼所由，永禁公私停泊。沙门某敬白。

信中提到，东林寺是慧远法师用心营造的实修道场，峰顶寺是齐景慧禅师和慧归禅师所创，颇多灵异。智者到东林寺以后，感觉到东林寺接近驿道，行人混杂，所以更喜欢到峰顶寺修行静坐。正因为二寺都是"先德名踪，垂芳不断"的好道场，所以他请杨广为两寺檀越，供养物资，令大众僧安心办道。又提出此处永禁公私停泊，维护佛门清净。

三月初一日，晋王复信与智者，允其所请，为二寺檀越主，并将智者大师所反映的二寺附近行人往来混杂公私停泊的局面，"即付所司，依事颁下"。又令二寺合一，迎候智者安居。

杨广又于三月二十一日分别致书东林、禅阁、峰顶三寺，令三寺合一：

与东林寺僧书

极暄，法师道体如何，众内咸宜也。雁门远法师四依菩萨，翻飞朔野，栖息南山。自斯以后，名德相继。智者见令为寺檀越，顾修寡薄，非敢克当。奖导既引，良深随喜。敬德指此承问。杨广和南。三月二十一日。

与禅阁寺僧书

春序将谢，道体何如？僧众清善。匡山佛寺兴自慧远法师，法师师于弥天道安，安师于佛图澄，妙德相承，莫之为最。江东龙藏，悉本雁门。雁门上人创迹庐阜，自梁及晋，止有东林。陈晚浇漓，别生禅阁。僧徒好异，岂称至和？智者爱居，还须合一。想均愿海，更无异味。行人将送过指此相闻。杨广和南。三月二十一日。

与峰顶寺僧书

暮春暄和，寺众清胜。禅悦法喜，致足恬怀。炉峰香气，烟霞共远。智者经托胜地，为在总内，令为檀越，诚深随喜。更追厚愧，善当敬勖。杨广和南。三月二十一日。[1]

杨广在三封书信中，都提到是因为智者大师居此胜地，故令三寺合一成大道场，又因智者见令他为总檀越护持道场。禅阁寺是慧皎所葬之处，也在庐山，原先是庐山东林寺的一部分。现行本《高僧传》末，有僧果的题记，说慧皎在梁末承圣二年（553）避侯景难，迁地盆（湓）城（今九江境内），不废讲说。次年二月逝世，年五十八。江州僧正慧恭为之经营，葬于庐山禅阁寺墓。从名字亦可知，禅阁应是原先禅修的一个单独楼阁，后来寺院扩大，分离出去单独成寺，所以杨广令"东林、禅阁，还为一寺"。

智者大师在佛教界有崇高的声望，他此次在庐山结夏安居，昼讲夜禅，弘讲天台教观之盛，据说当时听讲者达数千人，影响力甚巨。不少名德望僧，闻风前来。智者于庐山坐夏期间，晋王曾派亲信傅仲诜前往庐山参问。七月一日，晋王又遣主簿王灌持亲笔信前往问候，并施送法衣六件，江州正仓出盐、米各一百斛。在这封信中，晋王写道：

……自江浦违心，驰情彭蠡，以日为岁，无时暂忘。愿未解夏前，预整装束。法岁若满，即事西浮。彼间酬愿，务令在促。非但弟子蔽识，希护周爱，深恐禅慧学徒，咸思钻仰。[2]

晋王催促智者"法岁若满，即事西浮"，实际上是希望智者安居完毕，

---

[1] 《国清百录》卷2，《王与匡山三寺书第三十七》。
[2] 《王遣使往匡山参书第三十九》，《大正藏》第46册，第805页下。

重返江都。大师却离开庐山,于八月八日前往衡山"营建功德",参拜恩师慧思之墓去了。

开皇十二年十月十日,晋王杨广得知智者远云,又遣使南岳,希望智者年底以前能回到江都,并告以建立道场事,其书曰:

> ……仰承已往衡山,至当稍久。法缘若竟,愿即沿流,冀在岁阴,必期展觐。弟子渡江还,去月初移新住,多有造次,未善安立。来旨勖以法事,实用惭悚。始于所居外援,建立慧日道场,安置照禅师以下,江陵论法师亦已远至;于内援建立法云道场,安置潭州觉禅师已下。①

再次表示要请智者到江都道场主持佛法,并催促说:"已别遣使迎延,愿预整归计。"十一月十五日,晋王又遣亲信伏达持书前往南岳,往潭州奉迎智者东还②。

但智者未加理会,于南岳居数月后,于十二月回到阔别20多年的家乡荆州。一时"渚宫道俗延颈候望,扶老携幼,相趋戒场,垂黑戴白,云屯讲座,听众五千余人,旋乡答地,荆襄未闻"。智者即于当阳县玉泉山建立"精舍",讲述《法华玄义》,翌年续讲《摩诃止观》等。这时期的玉泉说法,是大师创建天台宗最重要的理论活动,荆州说法,甚为隆重,据他自述,"荆州法集,听众一千余僧,学禅三百"③。玉泉寺也因此成为中国佛教天台宗的祖庭之一。

从智者大师游化的行迹来看,他第二次上庐山仅是结夏安居,是为了应付杨广留住江都的一个暂缓栖身处。期间因杨广的护法庐山三寺合一,合并成一个大丛林,也是随缘弘化的一个举措。

三 普明禅师在陶侃瑞像阁行请观音三昧

普明禅师(生卒年不详),《续高僧传》卷19和《佛祖统纪》均有详传。浙江会稽人,俗姓朱。他与灌顶一样是智者大师的侍者,普明于陈太

---

① 《王重遣匡山参书第四十》,《大正藏》第46册,第806页上。
② 《王遣使潭州迎书第四十一》,《大正藏》第46册,第806页上。
③ 《国清百录》卷3,《大正藏》第46册,第809页下。

建十四年（582）到天台山依止智者学法修行，智者笑曰："宿世愿力，今复相遇。"于是服勤左右，专习禅法，兼行方等、般舟、观音忏悔，诵《法华经》一部。① 祯明元年（587），陈主策迎智者出都，他跟随智者前往金陵，以禅思为业。后又与智者共赴江州庐山东林寺，行观音忏法。

普明的修行非常精进。他上庐山后，在陶侃瑞像阁行请观音三昧。

请观音三昧即观音忏法，是天台四种忏法之一。观音忏法在当时天台教团颇为流行。据《别传》记载，陈永阳王从马上坠下来，昏迷不知人事，智者"躬自帅众，作观音忏法，整心专志"，不久"王觉小醒，凭机而坐"。并"见一梵僧，擎香炉直进。问王曰：'疾势何如？'王汗流无答。僧乃绕王一匝，香气徘徊右旋，即觉搭然，痛恼都释"。② 从此，永阳王对佛法更加笃信，并躬著愿文，从智者受菩萨戒，法号"静智"，行随左右，言称弟子。说明修行观音忏法有不可思议的奇特感应。

《观世音忏法》是以观世音菩萨为本尊所修的忏悔供养法，依东晋竺难提所译的《请观世音菩萨消伏毒害陀罗尼咒经》（简称《请观音经》）所制。此经叙述观世音菩萨为救护众生，而说十方诸佛救护众生神咒，谓持此咒可免一切疫病。又说破恶业障消伏毒害陀罗尼，及称念此陀罗尼或观世音菩萨名号之功德，以及大吉祥六字章句救苦神咒及其功德，最后说灌顶吉祥陀罗尼之因缘及其功德。

智者对此经十分重视，特别讲述此经并撰成《请观音经疏》，并制《请观世音忏法》，还在《摩诃止观》四种三昧之非行非坐三昧中，以《请观音经》为例说明此三昧之实践法③。智者所制《请观音忏法》若依法华忏仪的十科仪轨组织，可列出十科：一严净道场，二作礼，三烧香散华，四系念数息，五奉请三宝，六具杨枝净水，七诵三咒，八忏悔发愿，九行道，十诵经。具体的修法是，先严饰道场，以香泥涂地，悬诸幡盖，向南安佛像、向东安观世音像，置杨枝净水，烧香散华。行者向西席地而坐，五体投地，一心顶礼释迦佛、无量寿佛等。奉请毕，又称三宝及观世音之名，次诵消伏毒害咒、破业障陀罗尼。礼毕，如法行仪。其后，令一人登高座唱诵《请观音经》。此法修行时间为三七日或七七日。

---

① 《唐僧传》卷19，《大正藏》第50册，第586页上。
② 《别传》，《大正藏》第50册，第194页上。
③ 《摩诃止观》的《请观音行法》，乃智者晚年讲述《摩诃止观》时，将《国清百录》的《请观音忏法》纳入四种三昧之非行非坐三昧中，是为更简略的行法。

普明修观音忏法有殊胜的感应。正行道期间，见一异僧，谓之曰："汝名法京，未为嘉称，可改为普明。此言明者，谓能照了三世也。"法名代表法体新生，将此事禀师以后，智者说："既是冥示，宜从新名。"

智者离开庐山后，他也跟随下山了。普明除个人笃志修行外，还协助同门师兄章安、智越等人修造国清寺等寺院30余处。并且精于铸钟，他随师从荆州玉泉寺返天台时，还接受智者的嘱咐，为天台山造了一口大钟，"其声远闻七十里"①，运往天台供养。国清寺讲堂建堂既毕，忽盖破衣，与众言别，奄然坐逝。信宿屈左三指。②古人圆寂后屈三指表示证三果。据说现在的国清寺大雄宝殿后面有"锡杖泉"，因当年普明禅师为解除乏水之厄，以锡杖叩地，泉水汩汩流出而得名③。终其一生，计造金铜像十尊，阅读藏经二遍，又书写其他经论，修造殿宇等，居功甚伟。

四　智锴禅师住庐山影不入俗

智者大师徙居庐山，重修东林寺，强调止观并重，影响波及大江南北，听学僧人颇多。智锴（533～610）在《佛祖统纪》中为旁出世家。豫章（江西）人，俗姓夏侯，他本是三论宗兴皇朗的门人，"听朗公讲三论，善受玄文，有名当日。"后来听智者讲天台止观，因"修习禅法，特有念力"，为智者所器重。智锴"晚讲《涅槃》、《法华》及《十诵律》。弘敷之盛，见重于时。又善外学，文笔史籍，弥是所长"。

智锴在庐山的主要成就是修建了大林寺。他晚年住庐山时，造大林寺，缔构伊始，并是营综。造完大林寺，又修治西林寺。两处监护皆终其事。但他对大林寺情有独钟，"守志大林，二十余载，足不下山，常修定业。隋文重之，下敕追召，称疾不赴"。

智锴精通佛法，通达三论及天台，又有禅修实践经验，所以在庐山弘法，名重一时，庐山出现了佛教多宗共进的繁荣气象。连隋文帝也下召奉请。豫章太守及四众道俗请他讲法。苦辞不免，智锴不得已，晚年只好违山林之愿出山讲法，没想到竟在都寺圆寂。时为大业六年（610）六月。

---

① 《大正藏》第49册，第197页中。
② 《佛祖统纪》卷9，《大正藏》第49册，第197页下。
③ "暨居国清，以取水为艰。指其石曰：'此石出水，不亦快乎？'泉即涌出，日给千众。"《佛祖统纪》卷9，《大正藏》第49册，第197页下。

圆寂时属盛夏,居然趺坐如生。弟子们将他的遗体从州治的寺院接回庐山,形不摧变,都无臭腐,反而异香满城,数日方歇,使道俗惊叹无已。

五 修苦行舍身的庐山大志禅师

跟随智者大师上庐山的还有大志禅师。据《佛祖统纪》:"禅师大志,会稽顾氏,依智者出家,以其志趣高放,为立此名。"

大志一生以苦行精进修行法华:"每诵《法华》,音声清转,听者忘疲。既获闻禅要,乃于庐山甘露峰行杜多行,投身猛虎,虎辄避去,山粒或绝,终日忘餐,或得饼果,继命而已。如是七载,禅诵不休。"

大志禅师在庐山修杜多行,杜多即头陀苦行的异译。他在山里终日忘餐,或者随便吃点别人施舍的饼果继而已。还效释迦舍身喂虎,虎辄避去。总共在庐山峰顶寺修行七年苦行。

后来遭遇法难,他感慨正法凌迟,于是"变服毁形,头撮孝经,粗布为衣,在佛堂中高声恸哭三日三夕,初不断绝"。大业初年,敕令严禁游方隐逸,师闻之大愤,为了申明正教,他上表给皇帝:"愿陛下兴显三宝,当燃一臂于嵩岳,用报国恩。"[①] 皇帝同意,于是有了悲壮的烧身之举,据《弘赞法华传》卷5:

> 帝许之,敕设大斋,七众通集。志不食三日,登大棚上,烧铁赫然,用烙其臂。并令焦黑,以刀截断,肉裂骨现。又烙其骨,令焦黑已,布裹蜡灌,下火燃之,光耀岩岫。于时大众见其行苦,皆痛心贯髓,不安其足。而志虽加烧烙,词色不变,言笑如初。时诵法句,或叹佛德,为众说法,声声不绝。臂烧既尽,如先下棚。七日入定,跏坐而卒。时年四十有三。

大志先前诵《法华经》已有禅定法喜,而后为让佛法复兴,效药王菩萨从容烧身,烧烙之时,面不改色,言笑如初,时诵法句,可谓"真法供养"。燃毕,入定七日坐化,享年四十三。

在中国的《高僧传》中,有《忘身篇》及《遗身篇》,专门收集舍身

---

① 《大正藏》第50册,第682页中。

修行的高僧事例。千古艰难唯一死，人无不爱惜自己的身命，以身相舍或用火烧身，那是需要很大的决心和忍苦耐心的。

《法华经》中说，药王菩萨的前世一切众生喜见菩萨为了报答佛恩，供养日月净明德如来和《法华经》，舍身自燃，对此，经文有详细的描述：

> 作是供养已，从三昧起，而自念言："我虽以神力供养于佛，不如以身供养。"即服诸香：栴檀、薰陆、兜楼婆、毕力迦、沉水胶香，又饮薝卜诸华香油，满千二百岁已，香油涂身。于日月净明德佛前，以天宝衣而自缠身，灌诸香油，以神通力愿而自燃身，光明遍照八十亿恒河沙世界。

> 其中诸佛同时赞言："善哉！善哉！善男子！是真精进！是名真法供养如来！若以华、香、璎珞、烧香、末香、涂香、天缯幡盖，及海此岸栴檀之香，如是等种种诸物供养所不能及。假使国城妻子布施，亦所不及。善男子！是名第一之施，于诸施中，最尊最上，以法供养诸如来故。"作是语已，而各默然。其身火燃千二百岁，过是已后，其身乃尽。

这一段经文是说，一切众生喜见菩萨感念如来宣讲《法华经》的恩德，无以为报，故决定燃身供佛及《法华经》。色身不净，故作供养，涤之令净。燃身之前，先服六香，以表身为无上清净之道器。就功德言之，菩萨功行圆满，福德庄严，在在与般若相应，故其报身即等同法身。法身既具足一切功德之香，又具足智慧光明之德，故能"以神通力愿而自燃身"。

佛教声闻律不提倡烧身，但大乘经律则赞叹烧身，《梵网菩萨戒经》云："若不烧身臂指，供养诸佛，非出家菩萨。"顺小行是很容易的，不烧何难，从大乘戒诚难，烧身本是不易之举，凡人总有诸多顾忌，发不起大心。如一切众生喜见菩萨所说的"舍所爱之身，为求无上慧"。《法华经》的药王菩萨已久证法身，为地上菩萨，所以重法忘怀，发起神通之愿，而烧身供佛，正是为了轨范下愚众生。智者大师也是读到本段经文中"是真精进！是名真法供养如来"一句开悟的，他悟到了真正的菩萨情怀和实相的意义。

大志禅师的时代适逢灭法，心中悲痛难忍，向皇帝请求兴隆三宝，愿以烧臂表诚心，两臂烧尽后入三昧七日而化。他曾作了一篇《誓愿文》，据《弘赞法华传》卷5：

> 撰《愿誓文》，七十余纸，意在共诸众生为善知识也。僧为强御难奉信者，有见此誓，无不掩泪。今庐山峰顶，每至暮年，诸寺见僧，宿集一夜，读其遗誓，用晓道俗，令众皆酸结矣。

誓愿力是一种精进不绝的动力，能激励修行人为求佛道为化众生义无反顾，有此精神气度，故得神通力、智慧力化导刚强，兴显佛法。

《法华经》中有誓愿安乐行的修行方法。《安乐行品》专门阐述了受持法华者应立的誓愿，即第四安乐行誓愿安乐行。经云：

> 文殊师利！菩萨摩诃萨于后末世法欲灭时，有持是法华经者，于在家、出家人中生大慈心，于非菩萨人中生大悲心。应作是念：如是之人则为大失，如来方便随宜说法，不闻、不知、不觉，不问、不信、不解。其人虽不问、不信、不解是经，我得阿耨多罗三藐三菩提时，随在何地，以神通力、智慧力，引之令得住是法中。

修行成佛是由愿成行，由行得果，菩萨自最初发菩提心至成佛，即由其所发之誓愿来成就。《法华经》重视誓愿力的作用，不仅以誓愿力成佛，也以誓愿度众生，经中常谓愿力大于业力，其作用非凡夫所能思议。

佛陀在《法华经》中特别强调誓愿的重要性，"诸善男子，各谛思惟，此为难事，宜发大愿。"因末世持经，实为难事，具大愿力，方堪承当，愿之所在，即佛之所在。故毗卢愿周沙界，释迦本立誓愿，多宝愿塔证经，皆不离愿。

大志禅师所撰《愿誓文》七十余纸，已不知具体内容，但他肯定和慧思大师[1]一样，实践法华的誓愿安乐行，为弘扬佛法遇到的留难而发了大誓愿。

---

[1] 天台二祖慧思禅师一生修行《法华经》，力践四安乐行，也立有大誓愿，著有《南岳思大师立誓愿文》，此文是他于陈永定二年（558），在南光州齐光寺造金字《摩诃般若经》时所发之愿文。他有感于今生处处弘宣般若所逢留难，因发大愿，造金字《摩诃般若波罗蜜经》一部，并造琉璃宝函盛之。

除了以上诸师外，灌顶（561~632）也是随智者第一次上庐山的常随弟子。《佛祖统纪》将智者大师喻为东土释迦，章安灌顶犹如阿难，"听受之次，悉与结集，大小部帙百有余卷，传诸未闻，皆师之功也"。灌顶是重要的法门继承者。灌顶7岁出家，23岁时谒智者于修禅寺，禀受观法，研绎既久，顿蒙印可。因此成为智者大师的侍者，随所住处，所说法门，悉能领解。智者来庐山，灌顶随师进止。他在庐山的具体活动没有详细记载，只说他"三宫庐阜，九向衡峰，无不揖迹依迎，访问遗逸"。说明他有参访乐道的好习惯。灌顶大师天纵慧解，宣讲《法华经》有天华纷坠之瑞应，一生极力弘修天台止观，为天台教观的传播做出了巨大贡献，以至于没能上庐山听智者讲法的当时诸师，纷纷随从灌顶听受止观。

庐山烟雨浙江潮

——智者大师庐山之行与天台宗的创立

陈 坚

摘 要：天台宗是中国佛教史上的第一个佛教宗派，其创始人是智者大师。智者大师之创立天台宗，除了与他阐发的一套佛学理论和开发的一套修行方法有关外，还与他的庐山之行有密切的关系。智者大师在其佛教生涯中，先后有两次庐山之行。在庐山，智者大师见识了东林寺的"结社念佛"，这是一种以信徒共修为目的的佛教社团。智者大师将这种模式的佛教社团作为其领众修行的组织架构，这就是天台宗的雏形。天台宗后学以此组织架构为基础慢慢地完善了天台宗。另外，智者大师的庐山之行也为天台宗后来提倡"教宗天台，行归净土"埋下了伏笔。

关键词：庐山 智者大师 天台宗 佛教社团

作者简介：陈坚，山东大学佛教研究中心主任、教授、博士生导师，主要从事佛教、宗教学和中西宗教比较研究。

苏东坡（1037~1101）有首题为《观潮》的禅诗，曰："庐山烟雨浙江潮，未到千般恨不消。到得还来别无事，庐山烟雨浙江潮。"关于这首禅诗所体现的佛理禅意，我就不说了，现在网上都能搜索到很多解释，有兴趣的自行阅读。我这里只是想借意其中的"庐山烟雨浙江潮"这句诗起个"兴"，说点庐山佛教与浙江佛教的关系。一般而言，诗忌重复，不但字不能重复，句子更不能重复。你想啊，总共四句话，其中有一句是重复的，也就是四句中有两句是一样的，哪还叫诗吗？当然，这也是一般说说而已，真正的诗坛高手是不受此限的，比如苏东坡就是不信这个邪，他写的《观潮》就属于"四句中有两句是一样的"诗，这一样的句子就是"庐山烟雨浙江潮"。浙江,就是现在浙江省的钱塘江。钱塘江的潮水,尤其是中秋节期间的潮水,那是非常壮观,自古至今就是旅游观光的好卖点,苏东坡就曾经游观并有"八月十八潮,壮观天下无"[1]的诗句留世。至于庐山,那更是中外闻名的旅游胜地,在庐山烟雨的朦胧中,"日照香炉生紫烟,遥看瀑布挂前川。飞流直下三千尺,疑是银河落九天"[2]。那同样是"壮观天下无"。不过,无论是庐山烟雨的壮观,还是浙江潮的壮观,都还各自伴随着人文方面的壮观,具体地说就是佛教的壮观或壮观的佛教,亦即以庐山东林寺为祖庭的净土宗和以浙江天台山国清寺为祖庭的天台宗。天台宗和净土宗在中国佛教史上真的还演绎了一出"庐山烟雨浙江潮"般相互辉映"美美与共"[3]的佛教大戏,而其序幕就是天台宗创始人智者大师(538~597)的庐山之行。

一 智者大师的庐山之行

在谈智者大师之前,不妨先简单聊一下智者大师曾经活动过的天台山和庐山。话说某年某月我与一个美国学者参观泰山,归途中他颇有感慨地对我说:"我们美国的山也仅仅只是山,而你们中国的山则不仅仅是山。"其意思是指我们中国的山,除了自然景观,山上还有很多文化底蕴深厚的人文设施,其丰富性是美国的山根本无法望其项背的。说得高雅点,就是我们中国的山乃是有文化的山,或者说我们中国的文化都在山里藏着,甚至山本身就被赋予某种文化品性。这一点,我们中国人自己也许见怪不怪,但却非常重要,因为,至今为止,大凡能被列入"中国名山"系列的,都是因为其文化特征而不是因为其自然特征,比如著名的"五岳归来不看山"的"五岳",

---

[1] 句出苏东坡《催试官考较戏作》,全诗是这样的,曰:"八月十五夜,月色随处好。不择茅檐与市楼,况我官居似蓬岛。风味堂前野橘香,剑潭桥畔秋荷老。八月十八潮,壮观天下无。鲲鹏水击三千里,组练长驱十万夫。红旗青盖互明灭,黑沙白浪相吞屠。人生会合古难必,此景此行那两得。愿君闻此添蜡烛,门外白袍如立鹄。"
[2] 李白:《望庐山瀑布》。
[3] "美美与共"出自著名社会学家费孝通先生(1910~2005)之口。费先生曾在1990年12月的一次演讲中提出其著名的处理不同文化之间关系的十六字箴言,这就是"各美其美,美人之美,美美与共,天下大同"。

还有佛教的"四大名山"以及道教"四大名山"①等，无一不是因其深厚的文化底蕴而成为"名山"，这与山本身在自然维度上的地貌样态和海拔高低并没什么直接的关系，要不然像喜马拉雅山、大别山、祁连山等都成"中国名山"了，这正应了刘禹锡（772~842）《陋室铭》中所说的"山不在高，有仙则名"以及"天下名山僧占多"这样的俗语，其中若没有"仙"和"僧"（这"仙"和"僧"就象征着文化），再高再奇再美的山在中国也是成不了"名山"的。按照中国"名山"的这个标准，而是事实上也是如此，庐山和天台山无论如何都会入列中国"名山"，虽然在历史和公众的"名山"排名中不会太靠前，既不属于大名鼎鼎的"五岳"，也不属于闻名遐迩的佛道教"四大名山"，而且天台山比庐山还更不如，至少庐山在当代有时还被列入成语"三山五岳"中的"三山"②，当然这基本上是从旅游角度来考虑的。现在我们不说旅游说佛教。

庐山和天台山都有深厚的佛教文化底蕴，但却不属于佛教"四大名山"之列，这对它俩来说似乎有点"冤"③，因为五台山、普陀山、峨眉山、九华山这"四大名山"的佛教实际上都属于民间佛教的范畴，而庐山和天台山的佛教却是能登大雅之堂的在中国佛教史乃至世界佛教史上都赫赫有名的宗派佛教，前者是净土宗，后者是天台宗，这个前文已经提到了。我们先来看庐山的佛教。

庐山在中国佛教史上有着举足轻重的地位，尤其是在佛教初传中国的东晋时期，庐山和长安之间存在着密切而频繁的佛教交流，比如当庐山的慧远大师（334~416）"闻鸠摩罗什入关中，即遣弟子道生、慧观、道温、昙翼等赴长安师事之，学习龙树系的空观大乘，又常以书信与罗什往返研讨义理。昙摩流支来华时，师曾遣弟子昙邕参与译出《十诵律》。又自长

---

① 道教的"四大名山"不像佛教"四大名山"那么有社会知名度，一般人可能不知道，这里不妨列一下，分别是湖北武当山、四川青城山、江西龙虎山和安徽齐云山。
② "三山"的说法系出自《史记·秦始皇本纪》，其中有曰："齐人徐福等上书，言海中有三神山，名曰蓬莱、方丈、瀛洲。"这蓬莱、方丈、瀛洲就是古代所说的相对于"五岳"的"三山"。然而，由于"五岳"实有其山而"三山"只是个传说，所以后来就有人把"三山"给实体化了，说"三山"是指黄山、庐山和雁荡山，当然也有说是黄山、庐山和峨眉山的，反正不管怎么说，其中有庐山，而天台山不与焉。倒是天台山附近的雁荡山有时被列入。
③ 在《大正藏》第51册中，唐代徵君（生卒不详）所纂的《天台山记》与宋代陈舜俞（1026~1076）所撰的《庐山记》居然被安排为紧挨着的邻篇，真是太巧合了。

安迎请佛陀跋陀罗至庐山译出《达磨多罗禅经》"①。其中慧远与鸠摩罗什之间的"往返研讨（佛学）义理"的书信问答集就是著名的《大乘大义章》。总之，当时的庐山和长安乃是中国大地上一南一北扮演着不同角色但又相互联系的两个佛教中心，其中长安是佛教理论中心，许多域外僧人来到长安将其所带来的佛典翻译成汉文，尤其是鸠摩罗什（Kumārajīva，344-413）在长安草堂寺带领一帮弟子系统地将印度大乘佛教的"空宗"经论翻译成汉文，他所翻译的这些佛教经论乃是此后中国佛教据以发展的主流经典；而庐山呢，则是佛教实践基地，"元兴元年（402），在慧远创导下，集'息心贞信之士百有二十三人'，于庐山般若台精舍阿弥陀像前建斋，誓相提携，共登西方神界，史称此次集结为'白莲社'或'莲社'，作为中国净土宗之始"②。其中的"般若台精舍"就在庐山东林寺内。慧远大师在庐山东林寺"与刘遗民等百余同道创立白莲社，专以念佛为修行法门，共期往生西方净土，三十余年未曾出山。元兴二年，桓玄下令沙汰沙门，令沙门尽敬王者，师乃著《沙门不敬王者论》，阐论出家众对王权并无屈服的必要，针对当时王权统治下的佛教，主张保有佛教的传统性"。③慧远大师所做的这些工作有两个方面的深远意义：一是在中国佛教史上奠定了他本人作为净土宗初祖和东林寺作为净土宗祖庭的不可动摇的地位；二是为佛教在中国落地也就是所谓的佛教中国化提供可行的范式，从而将其师道安大师（312~385）的佛教中国化工作又往前推进了一步。可以这么说，慧远大师是在以自己"白莲社"的佛教实践和中国化的佛教写作来消化传自长安的印度佛教理论，再加上平时就喜好道家思想的慧远大师还经常邀请一些道家隐逸人士造访东林寺④，使得庐山东林寺一时成为佛学重镇人文渊薮，"余音绕梁"不绝如缕，名满江湖声振南北，影响及于生活在陈、隋之际的智者大师，这就涉及智者大师的庐山之行。

---

① 《〈大乘大义章〉鸠摩罗什大师和慧远大师的问答集》，http://wuming.xuefo.net/nr/1/7380.html，2014年9月3日。
② 杜继文：《佛教史》，江苏人民出版社，2007，第157页。
③ 杜继文：《佛教史》，第157页。
④ 有个被称为"虎溪三笑"故事足以说明这一点，故事梗概是这样的："据传说东晋时，东林寺住持慧远大师在寺院深居简出，'影不出山，迹不入俗'。他送客或散步，从不逾越寺门前的虎溪。如果过了虎溪，寺后山林中的老虎就会吼叫起来。有一次，诗人陶渊明和道士陆修静来访，与慧远大师谈得投机。送行时不觉过了虎溪桥，直到后山的老虎发出警告的吼叫，三人才恍然大悟，相视大笑而别。"参见祥华《历史典故：虎溪三笑》，http://www.donglin.org/plus/view.php?aid=2412，2010年9月9日。

智者大师的庐山之行乃是其佛学生涯中的重要组成部分。智者大师的佛学生涯，在陈为隋所灭之前，大致是这样的。智者大师乃是荆州华容（今湖北公安）人[①]，18岁那年离开家乡，先是到湘州（今长沙）果愿寺出家，后北上入光州（今河南光山县）大苏山跟随慧思大师学佛习禅，学成之后到金陵（今南京）弘法，不久又离开金陵入浙江天台山苦修，这是他佛学人生最为重要的时期，因为他在那里亲证到了后来成为天台宗佛法基础的"心中所行法门"[②]。陈至德三年（585），智者大师拗不过陈的最后一位皇帝陈后主陈叔宝（553~604）的七次诏请，从天台山返回金陵，在那里开讲佛学经典，其中就包括后来成为天台宗宗经的《法华经》，所讲内容后来被弟子灌顶（561~632）整理成"天台三大部"之一的《法华文句》传世。然而，时局动荡，隋文帝开皇九年（589），隋军攻陷金陵，陈灭亡，智者大师被迫离开金陵，并意欲回到"荆湘"以躲避战乱，其中的"荆"是指他的出生地荆州，而"湘"则是指他初出家的地方长沙，两者合称泛指他少时生活过的那里有许多其亲朋好友的家乡。智者大师的如此选择也是人之常情。不过，俗话说"人算不如天算"，智者大师在前往"荆湘"的途中却是违背初衷上了庐山，此其何故？灌顶在《隋天台智者大师别传》中有如下的说明，曰：

> 金陵既败，策杖荆湘，路次盆城，忽梦老僧曰："陶侃瑞像，敬屈守护。"于是往憩匡山，见慧远图像，验雁门法师之灵也。俄而浔阳反叛，寺宇焚烧，独有兹山全无侵扰，护像之功其在此矣。秦孝王闻风延屈，先师对使而言："虽欲相见，终恐缘差。"既而王人催促，迫不得止。将欲解缆，忽值大风。累旬之间，妖贼卒起，水陆壅隔，遂不成行。

二 智者大师二上庐山

智者大师先后两次前往庐山，刚才引文所说的是第一次。这次庐山之

[①] 智者大师的出生地，古时叫"荆州华容"，至于这个"荆州华容"究竟是在现在的什么地方，却是有不同的观点，"湖北公安"只是其中一说，而且是一些学者新近的考证和主张，不妨参见《〈智者大师出生地史考〉参考资料之一》，http://blog.sina.com.cn/s/blog_9a28ddca0100ypvy.html，2011年12月4日。

[②] 智者大师《摩诃止观》卷1。

行的起因,乃是"金陵既败",陈为隋所灭。在这种情势下,与陈交好深受陈礼遇和支持的智者大师一时"无可奈何花落去"只好"三十六计走为上",离开金陵,"策杖荆湘"回老家去。然而,当他路过盆城(今九江的溢浦)时,有一天晚上梦见一个老僧对他说:"陶侃瑞像,敬屈守护。"这陶侃是何许人也?陶侃(259~334)乃是陶渊明(352或365~427)的曾祖父,浔阳(今九江)人,东晋名将,曾任智者大师家乡荆州的刺史。他治下的荆州,史称"路不拾遗",很是有名。也许正是这些因缘,身处战乱的智者大师做了个与陶侃有关的梦。在这个梦中,老僧对他说,你可要好好地敬护"陶侃瑞像"啊!智者大师是非常相信梦的,他人生中的许多决定受到了其所做的梦的指引①,这不,此次梦中老僧的话又引动了他的心,他想,我现在路过庐山脚下的盆(溢)城,就有老僧在梦中指点我要好好守护"陶侃瑞像",莫非庐山上就有"陶侃瑞像","于是往憩匡山",这"匡山"就是庐山。庐山古时也称匡山或匡庐山。到了庐山后,智者大师究竟有没有见到"陶侃瑞像",我们现在不得而知,因为相关资料付之阙如,但有一点是肯定的,那就是作为僧人的智者大师见到了远比"陶侃瑞像"更为重要的"惠远图像","见惠远图像,验雁门法师之灵也"。惠远就是前文提到的庐山东林寺慧远大师,因他是雁门楼烦(今山西代县)人,故又称"雁门法师"。想必智者大师就是在东林寺见到了"惠远图像"并听人说很是灵验,于是就按梦中老僧的开示在那里住了下来以敬护"惠远图像"——连"陶侃瑞像"都要敬护,那这么灵验的"惠远图像"就更不用说要敬护了,因为,像既灵验,护必有功。就在智者大师到达庐山东林寺敬护"惠远图像"不久,"浔阳反叛,寺宇焚烧",唯独东林寺完好无损,这被寺众和乡里认为是智者大师的"护像之功"。隋文帝三子秦孝王杨俊(571~600)听闻此事,乃邀请智者大师前往其领地秦州(今甘肃天水)一见。智者大师起初不愿去,但在杨俊再三的恳请下,他还是起身前

---

① 《隋天台智者大师别传》中共有23个梦字,涉及很多梦境,其中第一个梦是他母亲做的,"母徐氏,温良恭俭,偏勤斋戒。梦香烟五彩,轻浮若雾,萦回在怀,欲拂去之,闻人语曰:'宿世因缘,寄托王道。福德自至,何以去之?'又梦吞白鼠,因觉体重。至于载诞,夜现神光,栋宇焕然,兼辉邻室",也就是说智者大师乃是徐氏"梦香烟五彩……又梦吞白鼠"而生。至于其他梦,则都是智者大师自己做的,比如智者大师为什么会离开金陵前往濒临东海的天台山,这与他做的一个"大海之梦"有关,相关分析参见陈坚《天台宗:一种海洋性佛教》,载陈坚主编《闻是佛学研究》,江西人民出版社,2015,第6~8页。

往，先乘船沿长江北上，然而"将欲解缆，忽值大风"，走不了，大有"人不留客天留客"的意思。后来又遇贼寇大乱，结果周边水陆道路都"壅隔"不通了，没办法，只好还是待在庐山。孰料，树欲静而风不止，期间隋文帝（541～604）以及晋王杨广（569～618）也先后邀请智者大师前往相见，他实际上都是不太愿意去，当然，最后他还是遂了杨广之愿，于开皇十一年（591）离开庐山前往扬州见杨广。就是在扬州，智者大师为杨广授菩萨戒并给他取了个法名叫"总持"，而杨广呢，也是投桃报李，给智者大师赐以"智者"之号——智颉之被称为"智者大师"就是从这里开始的。

从开皇九年上庐山到开皇十一年离开庐山前往扬州，首尾相加算起来，智者大师第一次庐山之行在庐山待了两年多的时间。在这说长不长、说短不短的两年多时间里，智者大师在庐山除了敬护"惠远图像"之外，究竟都干了些啥，也是史实不清不得而知，但从智者大师即使受皇家之邀也不愿离开庐山而离开后又自愿再上庐山，说明他对庐山还是有浓厚兴趣的，或者说，庐山对其佛学生涯还是有所助益的，否则他是巴不得早日离开，更是不愿意重返。至于智者大师对于庐山的兴趣以及庐山对于他的助益究竟是什么，容后文再论不迟。

智者大师重返庐山，也就是从扬州重返庐山，是在开皇十二年（592）与晋王杨广会面并彼此授号以后不久，"便欲返故林，王仍固请。颉曰：'先有明约，事无两违。'即拂衣而起，王不敢重邀，合掌寻送，至于城门，顾曰：'国镇不轻，道务致隔，幸观佛化，弘护在怀。'王礼望目极，衔泣而返。便溯流上江，重寻匡岭，结徒行道，频感休征。百越边僧，闻风至者，累迹相造。"[①] 其中所谓的"重寻匡岭"，就是重回庐山。这里有两个信息非常重要，第一，智者大师在与杨广互赠尊号后不久"便欲还归故林"庐山，离开扬州的迫切之情可想而知，即使晋王杨广"固请"挽留，他也不为所动，乃至"拂袖而起"，总之去意已决，杨广没办法，也就只好合掌送至城门，因为智者大师当初受邀来扬州时，就曾向杨广表达了"四愿"，也就是与后者"约法四章"，其中第四条是这样的，曰：

[①] 道宣《续高僧传》卷17。

三十余年，水石之间，因以成性。今王涂既一，佛法再兴。谬承人泛，沐此恩化。内竭朽力，仰酬外护。若丘壑念起，愿放其饮啄，以卒残生。①

智者大师的意思是说，如果我"丘壑念起"，想回庐山，那你就不要拦着，让我回去好了。既然"先有明约"，杨广当然也不得不如约放人了。那智者大师为什么要急着重回庐山呢？要知道，他当初第一次上庐山，并非其初衷，而是受其所做的一个梦的影响半路改道而去的。他原本是要去"荆湘"的，就是现在也还不想去"荆湘"，而是想回到庐山，那他还要上庐山干吗呢？这就是第二，智者大师离开扬州，"溯流上江，重寻匡岭"，重新回到庐山后，便"结徒行道，频感休征"，也就是在庐山"结徒"组织起一个佛教社团，并以这个佛教社团为平台展开弘法工作，且"频感休征"，那什么是"休征"呢？"休征"（休徵），意为"美好的征兆"或"吉祥的征兆"。② 智者大师在创办佛教社团"结徒行道"的过程中，"百越边僧，闻风至者，累迹相造"地前来参与这个组织，这让他一直觉得佛教社团确实是非常好的一种弘扬佛教的形式，并且他还切切实实地从中尝到了甜头，这怎么能不让他"频感休征"呢？另外，从"百越边僧，闻风至者，累迹相造"这句话中，尤其是"百越边僧"这四个字中，我们完全可以非常明白地读出，当时的庐山绝对是南方的佛教中心，因为所谓的"百越"，乃是古代对长江中下游及其以南地区的统称。庐山自从慧远在东林寺"白莲结社"以来，佛教的社团活动肯定非常频繁而且开放，否则智者大师也不会在此结社。想当初，智者大师在金陵瓦官寺"开《法华经》题"讲经说法，皇帝"敕一日停朝事，群公毕集。金紫光禄王固、侍中孔焕、尚书毛喜、仆射周弘正等，朱轮动于路，玉佩喧于席，俱服戒香，同餐法味……白马惊韶、定林法岁、禅众智令、奉诚法安等，皆金陵上匠，

---

① 灌顶：《隋天台智者大师别传》。
② "休徵"一词乃出自《尚书·洪范》，孔传曰："叙美行之验。"《汉书·终军传》："故周至成王，然后制定，而休徵之应见。"颜师古注："休，美也。徵，证也。"（唐）元稹《遭风》诗："那知否极休徵至，渐觉宵分曙气催。"（明）唐顺之《廷试策》："陛下敬一以昭事，中和以立极，宜乎休徵至而六沴消矣。"（清）陈梦雷《丁巳秋道山募建普度疏》："故河清海宴，神人无杂扰之灾，物阜民蕃，太史奏休徵之应。"参见《休征是什么意思？》，http://www.zybang.com/question/1c5152ece031f3f0a3c9153d5a20415f.html，2014年6月5日。

德居僧首，舍指南之位，遵北面之礼。其四方衿袖，万里来者，不惜无赀之躯，以希一句之益；伏膺至教，餐和妙道"①。也可谓是"闻风至者，累迹相造"，但这与他在庐山组织佛教社团而"百越边僧，闻风至者，累迹相造"不可同日而语，因为前者仅仅是前来听智者大师讲讲佛教思想，而后者则是前来参与佛教实践活动；还有金陵的智者大师是受政府控制的，而庐山的智者大师则是完全自由的，正因如此，所以智者大师要离开金陵前往天台山②，而后来到了庐山又不想离开庐山，即使不得已离开也还想再次回到庐山，因为庐山当时不但是佛教中心，而且是可以自由组织佛教社团的佛教中心，这怎么能不对一代佛教巨擘智者大师产生巨大的吸引力呢？至此，有一个非常重要的问题就迎刃而解了，那就是智者大师如果要建立佛教社团以"结徒行道"，为什么不回到之前待过的天台山呢？毕竟天台山离扬州更近呀！或者为什么不直接去"荆湘"找个地方来做这事而非要回到庐山呢？还有，智者大师出家那么长时间了，在僧、俗两界早就有很高威望了，因而对他来说，建立一个佛教社团应该不是什么难事，比如当初在天台山时就可以建，为什么非要到现在才想起建立佛教社团呢？种种问题，答案其实就一个，那就是智者大师第一次上庐山受到了东林寺佛教社团模式的影响，从而产生了自己也想在庐山创立一个佛教社团的念头——他第二次上庐山，或者说急于从扬州杨广那里返回庐山，就是为了这个目的，亦即建立一个属于自己的佛教社团以弘扬他所理解的佛法，而且他还真的建立了。可以说，后来以智者大师为创始人的天台宗就萌芽于此，因为一个佛教宗派，首先得是一个佛教社团。

三 东林寺佛教社团模式对天台宗创立的根本性影响

东林寺官网上有一篇题为《匡庐胜境第一道场，天下莲宗最初祖庭》介绍东林寺的文章，其中有曰：

> 由慧远大师倡导的东林莲社的净土征信，对华夏民族来说，乃

---

① 灌顶：《隋天台智者大师别传》。
② 若想进一步详细了解智者大师离开金陵前往天台山的原因，参见陈坚《天台宗：一种海洋性佛教》，江西人民出版社，2015，第7页。

惊天动地的大事。华夏文明中超越性意向受惠于净宗文化至深且广，并直接影响到中国的哲学、艺术、建筑与生活方式中。后世净宗祖师大德亦仰慕效法莲社之风，结社念佛。诸如，善导大师为远公之大德所感召，特往江西庐山瞻礼莲社道场，于净业轨范更无疑惑，身心豁然得解。省常大师启建净业社、宗赜禅师立莲华胜会、截流大师起三年结七念佛等，继踵接轨，绍隆莲风。在当代，结社念佛亦在世界各地风起云涌、莲风普扇。由此而生信发愿，成就往生者，亦不啻河沙。远公大师的德业，与法界同在。伏冀净业行人仰继远公之悲愿，信愿持名，矢志安养，与远公大师同为莲池海会之胜友。①

这段话向我们表明，慧远大师在庐山东林寺创立"白莲社"以"结社念佛"，乃是中国佛教史上的一大创造，"对华夏民族来说，乃惊天动地的大事"。这件大事的意义具体表现在如下两个方面：一是"念佛"方面，念佛往生西方极乐世界的净土文化为原本以儒家现实主义为基础的华夏文明带来了"超越性意向"；二是"结社"方面，"白莲社"是一种新型的社会组织，它以社员的共同精神爱好亦即所谓的佛教信仰为基础组织起来开展相关活动的佛教社团，它完全不同于中国传统单一化的以血缘关系为基础的家庭或家族组织。慧远在东林寺建立"白莲社"所开创的"结社"弘法模式，不但在东林寺代代相传，成为东林寺的一大优良传统，而且蔓延到了其他地方，自古至今不绝于世，我们今天在城乡各地所见的大大小小"念佛堂"，即是其流风。不过，在智者大师生活的南北朝时期，由于交通和信息交流的局限，这样的佛教"结社"实际上也只在东林寺或庐山周边才存在和活动着，这是庐山真正吸引智者大师的地方。因为在他到庐山之前，无论是在大苏山跟慧思大师学佛习禅，还是在金陵讲经说法，抑或是在天台山苦修，他实际上都是以"个人"性质的佛教活动，就是在金陵的时候，有很多人前来听智者大师讲经说法，看上去人很多，但都是听者个人行为，听完拉倒，各自走人，不存在一个"结社"性质的固定组织，所以当他到了庐山发现佛教的"结社"活动，便颇有好感，不但参与

---

① 祥华：《匡庐胜境第一道场，天下莲宗最初祖庭》，http://www.donglin.org/zhuting/dl/2010/0712/4508.html，2010 年 7 月 12 日。

其事，而且想自己创立一个佛教社团，并且在其第二次上庐山期间完成了这个心愿。然而，庐山东林寺毕竟是以"念佛往生"为主题的道场，而智者大师呢，其佛学理念，基本上还是属于"禅"的思路，也就是后来天台宗所谓的"止观"，它与"念佛往生"乃是属于不同的范畴的两种修行理念，所以他在庐山的"结徒行道"应该不是"结社念佛"，而是属于"结社禅修"一类的修行——这是后话，容后再论。现在我们要说的是，智者大师虽然在庐山"结徒行道"，"结社"创立了个佛教社团，但由于其佛教理念与庐山的整个佛教氛围不合，不久他就离开了庐山，转移"战场"，到别的地方去按照自己的佛教理念来"结社"弘扬佛法。智者大师离开庐山，又上哪里去了呢？且看智者大师离开庐山后的如下一段年谱：

> 592年（开皇十二年），五十五岁
> ……去潭州（治所在今湖南湘潭），转赴南岳以报师恩。后回故乡荆州，以"答生恩地"。
> 593年（开皇十三年），五十六岁
> 于荆州当阳玉泉山建立精舍。隋文帝闻知，敕赐寺额，先名"一音"，后改名"玉泉"。又重修十住寺。在玉泉寺讲说《法华玄义》，由灌顶记录整理成书。
> 594年（开皇十四年），五十七岁
> 于玉泉寺讲说《摩诃止观》，由灌顶记录整理成书。至此，"天台三大部"宣告完成。
> 595年（开皇十五年），五十八岁
> 晋王杨广手疏邀请赴扬州传法……智𫖮频辞不免，再度去扬州，住（持）禅众寺……[①]

智者大师离开庐山后，先是辗转去了趟南岳衡山，拜谒其师慧思大师之墓塔，然后再回到他的出生地荆州，绕了个远路。按照一般的人情，一个人只有当他觉得自己有所成就的时候，才敢去拜望自己的老师。那智者大师当时究竟产生了什么样的成就感呢？我认为，这成就感就是他在庐山

[①] 潘桂明：《智𫖮评传》，南京大学出版社，1996，第518~519页。

找到了能够将自己的佛学理念和修行方法有效地付诸实施从而实现自己普度众生宏愿的佛教"结社"。他在庐山尝试了这种佛教"结社",因为在庐山有所障碍(详前),所以他又将其带到家乡荆州,"于荆州当阳玉泉山建立精舍"。所谓"精舍",我们现在也还有,它并非标准或正规的佛教寺院,而只是一个佛教活动场所,也就是一个可以用来进行佛教"结社"的地方,或者说,一个可以举办佛教社团活动的地方。只是后来"隋文帝闻知,敕赐寺额,先名'一音',后改名'玉泉'",这就是我们今天还能见到的玉泉寺的前身。① 我们现在不说玉泉寺,还是说那个精舍。智者大师精舍"结社",并在那里讲了"天台三大部"中最为重要的两部《法华玄义》和《摩诃止观》,它们是智者大师一生佛学思想的高度总结,是天台宗得以确立的根本"法宝",其中前者讲理论,后者谈实践。从这个意义上来说,以庐山"结社"的面目出现的荆州"精舍"乃是天台宗的雏形和萌芽——作为一个佛教宗派,其组织形式必须是一种"结社"。当然,智者大师在荆州也就待了三年左右的时间,最终因为杨广的邀请而离开荆州去了扬州,后又从扬州回到了天台山,并于不久后圆寂。不管智者大师离开荆州后发生了什么,以智者大师为旗号其间包含着智者大师本人及其弟子巨大努力的天台宗之所以能够作为中国佛教的第一个宗派得以确立并绵延至今,荆州"精舍"应该是其源头,而催发这个源头的,便是智者大师两次庐山之行过程中庐山"结社"亦即东林寺的佛教社团模式对他的启发,尽管东林寺的佛教社团是讲"念佛往生"的,而天台宗则是讲"止观"修行的。实际上,不管哪种宗教,"结社"都是其有效

---

① 智者大师一生亲自修建过两所佛寺,一就是此处的荆州"精舍",始建于592年,后来隋文帝(541~604)敕名"玉泉寺";二就是始建于577年的天台山佛陇"伽蓝"(那时他从金陵到天台山隐居不久),后来陈宣帝(530~582)敕名"修禅寺"。我们现在读大藏经中智者大师的著作,都是署名"修禅寺沙门智顗"。那为什么一叫"精舍"、一叫"伽蓝"呢?在《隋天台智者大师别传》中,有三个地方提到"伽蓝",一是智者大师"至年七岁,喜往伽蓝";二是智者大师十五岁那年做了一个梦,梦见"山顶有僧,招手唤上,须臾伸臂至于山麓,接引令登,入一伽蓝";三就是在佛陇"创立伽蓝"。"伽蓝"是非常正式的佛教用语,系梵语 saṃghārama 的音译"僧伽蓝摩"之略称,意为僧众共住的园林亦即寺院,北魏杨衒之(生卒年不详)曾撰《洛阳伽蓝记》以记载洛阳城曾经鳞次栉比十分繁荣的佛教寺院。总之,"伽蓝"就是指非常正式的佛教寺院,然而"精舍"就不一样了。"精舍"乃是本土汉语,原本是指儒家讲学的地方,后来佛教和道教也都用。在佛教,反正可以用来举办一些佛教主题活动又相对固定的场所,都可以叫"精舍",它不一定就要有正规寺院的建筑规制。从这个意义上来说,相对随意的"精舍"显然是佛教"结社"的好地方。

运作的不二之选。基督宗教如此（比如我们现在常说的基督教"家庭教会"，就是在某个家庭的教徒聚会或"结社"），佛教"亦复如是"；佛教中，不但天台宗如此，其他宗派也莫不如此，即便是宣扬"若要修行，在家亦得，不由在寺"的禅宗，在现实的禅修活动中，也还是少不了有种种之"结社"。总之，"结社"乃是中国佛教史上的一种重要佛教运作模式，滥觞于慧远大师的"庐山结社"——中国佛教史上的第一个宗派天台宗的创立便是智者大师受慧远大师"庐山结社"影响的直接结果。当然，有一点我们也不得不知，那就是，虽然佛教"结社"起始于慧远大师，但"结社"这种社会活动方式并非慧远大师创立的，也并非只在佛教中有，在中国古代民间就普遍存在着儒家式的祭祀"结社"，而且早在春秋战国时期就有，这就是所谓的"社邑"。儒家的"社邑"到了魏晋南北朝时期便与佛教发生了关系，关于这一点，首都师范大学郝春文教授指出"中古时期（魏晋至五代）的社邑含义前后有所演变，在魏晋南北朝至隋代时，指从事春、秋二社祭祀活动的民间社邑；在唐五代时期则指保存着春、秋二社祭社风俗的私社。郝教授认为，中古时期佛教作为外来文化传入中国，与本土以儒家文化为主的传统文化发生了冲突与交流，最后走向了融合。这种冲突、交流、融合的一个重要场所就是社邑。通过研究这一时期社邑与佛教的关系，可以很具体地观察佛教外来文化与中国传统文化从冲突到融合的历史发展过程"。[①] 慧远大师的"白莲结社"就是在这种背景下发生的，就是后来天台宗的成立也是根植于这种儒佛合流的"社邑"文化土壤。

"结社"虽然从理论上来说，或者从名义上来说，是一种自由的社会活动（所以有时也叫"自由结社"，就是我们现在的《宪法》也有"结社自由"的条文），但实际上，在中国古代，政府对于包括佛教在内的一切"结社"活动都是要严加控制的，否则"结社"结出了很多人聚众谋反怎么办？正因如此，所以中国佛教的实际运作模式并非完全都是"结社"性质的，尽管像天台宗那样开始的时候以"结社"而立宗。虽然"结社"活动不会在中国佛教实际生活中消失，但却已不是主流，而且基本上只是在体制化的寺院之外存在，寺院本身不是仿家族化便是被政府化，并不表现

---

① 李康利：《郝春文教授谈"中古时期传统社邑与佛教的关系"》，http：//www.history.sdu.edu.cn/new14/article.php？id=7622，2016 年 10 月 28 日。

为自由"结社"的活动了，这到宋初就十分明显了，"宋初寺院分'甲乙徒弟院'与'十方住持院'等不同类型，所谓'甲乙徒弟院'，即'世袭制'的寺院，指那些在原住持死亡或退隐后，由其所度弟子按入门的先后次序继承职位的寺院；另是'十方住持院'，即'十方选贤制'的寺院，寺院不走嫡系世袭的路子，而是聘请全国各地德高望重的高僧当住持。此外，还有'敕差住持院'，是指由皇帝亲自任命住持的寺院"[1]，其中的"十方住持院"制度乃是由苏轼（1037~1101）推动在杭州径山寺首创。尽管今天中国佛教的活动越来越远离慧远大师的"结社"模式，但无论如何中国佛教还是受慧远大师庐山"结社"影响而发展起来的，至少天台宗是这样的。当然，天台宗与庐山的关系并不止于"结社"这一点，在净土信仰方面也是大有文章的。

三　教宗天台，行归净土

熟悉天台宗的人都知道天台宗有个理念叫"教宗天台，行归净土"，这虽然不是天台宗的主流，甚至我们在谈论天台宗的时候完全不涉及它也没有什么遗珠之憾，但无论是在历史上还是在现实中，天台宗与净土宗之间却总是"剪不断，理还有"，至少净土宗与天台宗的关系要比与其他宗派的关系更为有缘些，这期间的缘，大家可以自行参阅一篇题为《天台与净土的关系》的网文[2]，内中叙述甚详，我就不再啰唆了。我这里想说的是，天台宗和净土宗是如何搭上这种关系的，因为两者之间至少有如下三个障碍。

（一）天台宗主要是禅的思路（这一点，前文已经提及），与净土思想有别。当然，禅本身还有很多路子，大而言之有所谓的"如来禅"和"祖师禅"。禅宗的禅属于"祖师禅"，天台宗的禅，也就是"止观"，属于"如来禅"（当然其中的"圆顿止观"亦不无"祖师禅"的影子，只是当时还没有"祖师禅"这种概念而已）。无论是禅宗的"祖师禅"还是天台宗的"如来禅"，其思路都与净土宗有别。就禅宗而言，尽管在《坛经》

---

[1] 达亮：《苏轼与径山"十方住持"交游考》，《浙江佛教》2016年第4期，第42页。关于中国佛教寺院的组织制度的详细情况，参见张雪松《佛教法缘宗族研究：中国宗教组织模式探析》，中国人民大学出版社，2015。

[2] 参见http://www.baohuasi.org/gnews/2013525/2013525283885.html。

中，慧能以所谓的"唯心净土"来连接禅与净土，但这仅仅是一种佛学解释，实际上这还是禅而不是净土；尽管永明延寿禅师（904～975）以所谓的禅净"四料简"① 极言禅与净土之不可偏废，因而应该共同修习互相增进，但这也是一种应然状态而不是一种实然状态。总之，禅宗对于禅与净土的关系，都只是说说其应然而已，而且有时候在实际上的宗教生活中，禅宗与净土宗之间甚至还互相指责，互相贬低②，这与天台宗的"教宗天台，行归净土"不可同日而语，因为其中的一个"归"字就表明天台与净土之间存在着实然性的密切关系。于是乎，这里就有一个问题了，与禅宗相比，你天台宗有什么特别的能耐能将自己与净土冶于一炉？

（二）天台宗"五时八教"的判教中，并没有涉及净土一系，你怎么能将净土思想拉入天台宗？

（三）天台宗的创始人智者大师，他的很多思想乃是来自其老师慧思大师（515～577）。慧思大师是相信"弥勒净土"的，他希望自己圆寂以后能往生"弥勒净土"，这种往生思想十分强烈，只要读读他的《愿誓文》就知道。然而，后来天台宗所说的"教宗天台，行归净土"中的"净土"根本就不是"弥勒净土"，而是"弥陀净土"——这"弥陀净土"就是净土宗所说的"净土"。两种"净土"虽然只有一字之差，但却是完全不同的两回事。难道智者大师会公然违背其师的思想和作略？

尽管天台宗和净土宗之间有这样那样的障碍，但不得不承认，两者最后还是以"教宗天台，行归净土"的方式走到了一起，并且智者大师还曾撰写《净土十疑论》以回应人们对净土宗的种种疑问和责难，十个问难，十个回答，解决了净土宗最为根本的一些理论问题，其佛学水平之高和哲学思辨之深，就算净土宗的"三经一论"（《无量寿经》、《观无量寿经》、《阿弥陀经》和《往生论》）都难以望其项背，直堪与基督宗教证明上帝存

---

① 此"四料简"是这样的："有禅无净土，十人九蹉路，阴境若现前，瞥尔随他去。无禅有净土，万修万人去，但得见弥陀，何愁不开悟。有禅有净土，犹如戴角虎，现世为人师，来生作佛祖。无禅无净土，铁床并铜柱，万劫与千生，没个人依怙。"

② 禅宗与净土宗之间的相互不服气主要有以下几点。（一）禅宗说自己适合于上上根机；净土宗则说自己"三根普被"。（二）禅宗强调活在当下；净土宗强调死后往生。（三）净土宗说自己像处于毛竹中的一条虫子，从竹壁"横出"比较快，而禅宗则像这条虫子沿着竹壁往上爬，要过一个一个竹节而"竖出"，因而比较慢。

在的那些论证相媲美。① 当然，对于这样一部《净土十疑论》，学界和佛教界一直有人认为并非智者大师所作，而是后人伪托。"《净土十疑论》，一般的说法是隋朝智颢（智者）大师所作。事实上，应是有心之人假借智者之名而作的，因为按照《续高僧传》来看，智者大师已经往生兜率内院了。"② 所谓"兜率内院"，也就是"弥勒净土"，系弥勒菩萨下生人间成佛前所住的地方。说实话，我也认为《净土十疑论》乃是后人的伪托，并非智者大师亲撰或亲说，然而，"死无对证"，同时现在也根本找不到什么可靠的资料可以用来证明《净土十疑论》是或不是智者大师的作品，各人只是凭自己的理解做出判断，甚至干脆就是一个直觉判断。既然如此，那我觉得再探讨《净土十疑论》是不是智者大师的作品已经毫无意义，我们现在要做的是，暂且承认"假托说"，并在这个前提下追问为什么人们要将《净土十疑论》假托到智者大师身上，而不是中国佛教史上的其他大师，比如玄奘（602~664）、慧能（638~713）、法藏（643~712）之类，其间原因，我想在智者大师身上能够找到一些，毕竟假托也不能完全是空穴来风，捕风捉影，起码应该让人感到有点可信，这种可信，在智者大师那里表现为如下几点。

第一，智者大师有极高的佛学和哲学思辨能力，这一点在中国历代台

---

① 我们且看智者大师对"第一疑"的回答。问曰：诸佛菩萨以大悲为业，若欲救度众生，只应愿生三界，于五浊三途中，救苦众生。因何求生净土自安其身？舍离众生则是无大慈悲，专为自利障菩提道。答曰：菩萨有二种，一者久修行菩萨道，得无生忍者，实当所责。二者未得已还及初发心凡夫。凡夫菩萨者，要须常不离佛，忍力成就方堪处三界内，于恶世中救苦众生。故智度论云："具缚凡夫，有大悲心愿生恶世，救苦众生者，无有是处。何以故？恶世界烦恼强，自无忍力心随境转，声色所缚自堕三涂，焉能救众生？假令得生人中，圣道难得。或因施戒修福得生人中，得作国王大臣富贵自在。纵遇善知识，不肯信用。贪迷放逸广造众罪，乘此恶业一入三涂经无量劫。从地狱出受贫贱身，若不逢善知识还堕地狱。如此轮回至于今日，人人皆如是。此名难行道也。故维摩经云，'自疾不能救，而能救诸疾人？'"又智度论云："譬如二人各有亲眷为水所溺，一人情急直入水救，为无方便力故彼此俱没。一人有方便，往取船筏乘之救接，悉皆得脱水溺之难，新发意菩萨亦复如是，如是未得忍力，不能救众生。为此常须近佛，得无生忍已，方能救众生，如得船者。"又论云："譬如婴儿不得离母，若也离母，或堕坑井渴乳而死。又如鸟子翅羽未成，只得依树傍枝不能远去。翅翮成就，方能飞空自在无碍。凡夫无力，唯得专念阿弥陀佛使成三昧。以业成故，临终敛念得生决定不疑。见弥陀佛证无生忍已，还来三界乘无生忍船救苦众生，广施佛事任意自在。故论云：'游戏地狱，行者生彼国，得无生忍已，还入生死国，教化地狱救苦众生。'"以是因缘求生净土，愿识其教。故十住婆沙论名易行道也。

② 《〈净土十疑论〉是智者大师著述的么？》，http：//www.bskk.com/thread-150805-1-1.html，2008年8月11日。

面上有名望的佛学思想家中是最为突出的,而《净土十疑论》正好是要从哲学思辨的高度来为净土思想作合法性论证,因而让智颛出来论证,就显得很合适,相反,叫慧能出来说话就不合适了,因为慧能不是讲求思辨的。

第二,信仰阿弥陀佛的净土思想最早传入中国是东汉时期支娄迦谶(生卒不详)翻译的《般舟三昧经》,"所谓'般舟',意为'佛立'、'佛现前'。修此'三昧',在于使'十方诸佛'在虚幻想象中出现于行者面前。此经还特别宣扬,只要专心思念西方阿弥陀佛,并在禅定中得见,死后即可往生西方净土极乐世界,这为中国的净土信仰奠定了基础"[①],但还不是佛教的具体实践,是智者大师讲《般舟三昧经》中的这种净土思想变成为一种可操作的佛教修行,这就是他所提倡的著名的"四种三昧"中的"常行三昧"。所谓"常行三昧,又名般舟三昧,乃依《般舟三昧经》所修之三昧,以九十日为期,身常旋行,不得休息。口常唱阿弥陀佛,心常想阿弥陀佛。或先想后唱,或先唱后想,想唱相继,无令休息。此种三昧,极能断除宿障,于诸功德为最胜。又,'般舟'系为梵语,华言'佛立'。佛立有三义,谓佛威力、三昧力、行者本功德力,依此三力能于定中见十方佛显立行者之前,故此三昧又称佛立三昧"。[②] 智者大师"常行三昧"中的净土思想虽然与庐山慧远系的净土思想不是一个路子,但却是与作为中国净土思想之正统的慧远系净土思想同类,即都是以西方极乐世界阿弥陀佛为信仰对象。

第三,唐代道宣大师(596~667)在《续高僧传·智颛传》中对智者大师的临终状况有如下描述,曰:"命学士智越,往石城寺扫洒,吾于彼佛前命终,施床东壁,面向西方,称阿弥陀佛波若观音。又遣多然香火,索三衣钵杖,以近身自余道具,分为二分:一奉弥勒,一拟羯磨。……又敕维那,人命将终,闻钟磬声增其正念,唯长唯久气尽为期。云何身冷方复响磬?世间哭泣着服皆不应作,且各默然,吾将去矣。言已端坐如定,而卒于天台山大石像前,春秋六十有七,即开皇十七年十一月二十四日也。"石城寺就是现在浙江新昌的大佛寺,那地方实际上也属于天台山山系。大佛寺之所以名为大佛寺,乃是因为那里有个石凿大弥勒佛,也就是

---

① 杜继文:《佛教史》,江苏人民出版社,2007,第92页。
② 参见"百度百科"之"四种三昧"。具体见智者大师《摩诃止观》卷2上。

道宣大师这里说的"天台山大石像"。智者大师事先吩咐弟子们在这个弥勒佛像前做种种佛教仪式，然后在像前"端坐如定"而圆寂。就是因为这个，所以很多人认为智者大师是往生"弥勒净土"了。然而，按照道宣大师的说法，智者大师在临终之时，还"面向西方，称阿弥陀佛波若观音"，这又可解释成智者大师是往生"弥陀净土"了。然而，这就打架了，问题就来了。智者大师正儿八经地端坐在弥勒佛像前，然后不是往生"弥勒净土"，而是往生了"弥陀净土"，这不拧麻花了吗？智者大师在自己往生这件事上有没有拧麻花，我们实在无从考证，但至少有一点是肯定的，那就是，既然大名鼎鼎的道宣大师在《续高僧传》中都记载着智者大师临终之时"面向西方念阿弥陀佛"，那智者大师撰写《净土十疑论》来为"弥陀净土"思想作论证又有什么不可能呢？

（四）从天台宗史上看，入宋以后，历代天台宗祖师没有不奉行"教宗天台，行归净土"的，他们对净土思想弘扬一点都不亚于净土宗人；另外，从净土宗史上看，迄今净土宗共有十三个祖师，在这十三个祖师中，从三祖承远大师（712~802）开始，直到十三祖印光大师（1861~1940），都是从学习天台开始而最终走向净土而成名的，他们都借助天台教理来弘扬净土思想。现在苏州报国寺有个弘化社，主要是通过出版佛学书籍来弘扬佛学，其出版最多的佛书，除了印光大师的著作，就是天台宗方面的，而这个弘化社，就是1930年印光大师在上海发起成立的（1931年迁至苏州报国寺）。另外，还有一个人不得不提，那就是明末高僧蕅益智旭（1599~1655），他是天台宗和净土宗"双栖祖师"，既是净土宗九祖，同时也是天台宗三十祖。总之，从历史上看，净土宗与天台宗之间存在着事实上的而不是像与禅宗那样的解释学上的密切关系，这种事实上的密切关系有时甚至还发展到合而为一的地步。在中国佛教的八大宗派中，彼此关系最为密切甚至可以说就成一家人了的，就是净土宗和天台宗，其他的两两关系中都或多或少有这样那样的矛盾，从这个意义上来说，让天台宗创始人智者大师携带《净土十疑论》出来为净土宗站台又有什么不合理的呢？这就叫"庐山烟雨浙江潮，净土思想天台证"，台净双美，阿弥陀佛！

智顗菩萨戒思想研究[*]

彭瑞花

摘　要：菩萨戒在中国的流传得益于天台宗的弘扬，天台宗祖师智顗之所以弘扬菩萨戒与当时菩萨戒已经开始得到上层社会的认可有关，与慧思对菩萨戒的关注而对他产生的影响有关，但根本原因则是智顗所倡导的止观思想体系。智顗的止观思想体系以观心为核心，从观心发展到一心三观，将持戒作为一心三观的初缘，以三观对治三惑，形成空观持戒、假观持戒、中观持戒的观心持戒理念，与菩萨戒强调戒心的根本特征相吻合，成为智顗弘扬菩萨戒的内在思想根源。《菩萨戒义疏》集中体现了智顗的菩萨戒思想，奠定了天台宗弘扬菩萨戒的基础，此疏的很多思想和具体表述来源于《摩诃止观》和《法华玄义》，进一步表明智顗是该疏的作者。

关键词：智顗　止观　菩萨戒　菩萨戒义疏

作者简介：彭瑞花，中国人民大学佛教与宗教学理论研究所博士后，西北政法大学民族宗教研究院副教授，主要从事佛教戒律研究。

智顗是中国历史上杰出的佛教哲学家和实践家，不仅创立了五时八教的判教方法，而且发明了止观双修、一念三千、三谛圆融的佛教思想体系，创建了中国佛教史上第一个佛教宗派——天台宗，为佛教的中国化进程做出了不可磨灭的贡献。除此以外，智顗在佛教制度建设中也做出了突出贡献，尤其是他对菩萨戒的弘扬，担任菩萨戒师，撰写《菩萨戒义疏》，千古流传。不仅奠定了天台宗弘扬菩萨戒的传统，也改变了菩萨戒在整个

---

[*] 本文是国家社科基金项目"汉传菩萨戒专题研究"（课题编号：16XZJ004）阶段性研究成果。

佛教戒律体系中的地位，使大乘菩萨戒成为与小乘戒并行流传的戒律体系。智𫖮弘扬菩萨戒与慧思的影响有关，但更是他止观双修、一念三千、三谛圆融等佛学思想在戒律上的体现。空观持戒、假观持戒、中观持戒的三观持戒理论，将止观和持戒融为一体，《菩萨戒义疏》集中体现了智𫖮的菩萨戒思想，确立了天台宗弘扬菩萨戒的宗风。

一　智𫖮弘扬菩萨戒的原因

（一）南北朝时期上层社会对菩萨戒的推崇

菩萨戒泛指大乘菩萨修行中应当遵守的戒律，相比于小乘戒律，没有独立的律藏，内容散见于大乘经典中，主要包括梵网系、瑜伽系、优婆塞系和密教系四大体系，其中，梵网系根本经典《梵网经》是最受欢迎的菩萨戒经，梵网菩萨戒流传最广，影响最大。小乘戒律注重对身、口二业的约束，内容繁杂，体系完整，唐朝形成了专弘戒律的律宗。菩萨戒以约束思想动机为核心，强调以心为戒体，以三聚净戒总括一切戒律，戒条简要，内容包容性强，便于传诵受持，且通于在家、出家二众，因此广受中国信众的欢迎，尤其受到帝王贵族的认可。在这样的背景下，智𫖮选择弘扬菩萨戒顺应了历史发展潮流。

梁武帝是南北朝时期最尊崇佛教的帝王，重视佛教戒律，在菩萨戒的流行中功不可没，在他的倡导下，菩萨戒成为上层社会佛教信众争相受持的戒律。梁武帝先后多次受菩萨戒，据史料记载，释僧达、释智藏、释慧约、释慧超等都曾担任过梁武帝的菩萨戒师，为他授菩萨戒。《续高僧传》记载了慧约为梁武帝授戒的情况：

> 至十八年（519）己亥四月八日，天子发弘誓心受菩萨戒。乃幸等觉殿，降雕玉辇，屈万乘之尊，申在三之敬，暂屏衮服，恭受田衣，宣度净仪，曲躬诚肃。于时日月贞华，天地融朗，大赦天下，率土同庆。自是入见别施漆榻，上先作礼，然后就坐。皇储以下爰至王姬，道俗士庶，咸希度脱，弟子著籍者凡四万八千人。[1]

---

[1] （唐）道宣撰《续高僧传》卷6，《大正藏》第50卷，第469页中。

梁武帝此次受菩萨戒是从慧约受戒，受戒地点在等觉殿，菩萨戒受戒地点灵活，不需要在固定的地点受戒，但这并非表示受菩萨戒是随意的，通过文中"屈万乘之尊，申在三之敬，暂屏衮服，恭受田衣，宣度净仪，曲躬诚肃"的描述，梁武帝受戒时应是非常严肃、虔诚恭敬的。受戒后，梁武帝大赦天下，普天同庆，这在当时应是非常重要的事件。梁武帝以帝王的身份受戒，影响力大，在他的倡导下，皇储、后宫嫔妃以及朝廷官员争相受菩萨戒，做菩萨戒弟子。梁武帝还曾下令僧尼受菩萨戒，比如慧超，曾受梁武帝的诏令受菩萨戒。

梁武帝在菩萨戒弘扬中做出过两大贡献，一是颁布《断酒肉文》，强制僧尼食素。他引用《梵网经》禁杀的戒条，将禁止杀生扩大到禁止食肉，将禁止僧尼饮酒食肉上升到国家意志，通过强制禁令推广，由此也形成了中国佛教的素食传统。二是根据大、小乘经典，编撰《在家、出家人受菩萨戒法》，智𫖮在《菩萨戒义疏》中提到六种受菩萨戒仪，对于制旨本的授受仪轨并未详细记录，诹访义纯先生根据《续高僧传》等资料，认为制旨本即梁武帝所撰《受菩萨戒法》。① 敦煌遗书 P.2196 号为《出家人受菩萨戒法》，尾题"大梁天监十八年岁次乙亥夏五日敕写"，据湛如研究，该文书内容是综合诸菩萨戒经的内容而作，又以《地持》和《梵网经》为主，从内容和纪年上看，是梁武帝所撰述。② 在梁武帝的倡导下，梁朝菩萨戒在上层社会非常兴盛。

陈朝诸帝受菩萨戒者众多，陈宣帝在《胜天王般若忏文》中自称"菩萨戒弟子皇帝"，陈文帝在《妙法莲华经忏文》中自称"菩萨戒弟子皇帝"，陈渊是陈后主皇太子，至德四年（586），于崇正殿设千僧斋，请大师授菩萨戒，"自太子已下咸奉戒法"。③

北朝皇帝也推崇菩萨戒，《续高僧传·释僧稠传》记载了齐文宣帝受菩萨戒的情形。"因从受菩萨戒法，断酒禁肉，放舍鹰鹞，去官畋渔，郁成仁国。又断天下屠杀。越六年，三敕民斋戒，官园私菜荤辛悉除。"④ 可见，齐文宣帝也是依《梵网经》受菩萨戒。

隋朝统一南北之后，隋朝的开国皇帝杨坚自小生活于尼寺，本就对佛

---

① 〔日〕诹访义纯：《天台疏の制旨本について》，《印度学佛教学研究》21-1。
② 湛如著《敦煌佛教律仪制度研究》，中华书局，2003，第162页。
③ （宋）志磐撰《佛祖统纪》卷6，《中华藏》第82册，第463页上。
④ （唐）道宣撰《续高僧传》卷16，《大正藏》第50卷，第554页中。

教有非常深厚的感情,即位后更是大力弘扬佛教。开皇五年(585),隋文帝在大兴殿受菩萨戒,开皇六年(586),又诏昙延法师在正殿为自己和群臣授八关斋戒。开皇十一年(591),当时还是晋王的杨广为扬州总管,派遣使者恭迎智𫖮,并于当年11月23日,设千僧斋受菩萨戒。杨广登基后,大业三年(607),"诏天下州郡七日行道,总度千僧。上亲制愿文曰:'菩萨戒弟子皇帝杨总持,稽首和南十方诸佛,愿以度人出家功德,普为有顶无间(天宫地狱)清净罪垢,同至菩提"①。隋炀帝杨广受菩萨戒时还撰写《受菩萨大戒文》,表达受菩萨戒的决心和意义。文中说:"弟子基承积善,生在皇家,庭训早趋,彝教夙渐,福履攸臻,妙机须悟。耻崎岖于小径,希优游于大乘,笑止息于化城,誓舟航于彼岸。开士万行,戒善为先,菩萨十受,专持最上。喻造宫室必先基址,徒架虚终不能。孔老释门咸资镕铸,不有轨仪孰将安仰。"②

(二) 慧思弘扬菩萨戒对智𫖮的影响

慧思,俗姓李,生于北魏延昌四年(515),十五岁出家,北齐文宣帝天保五年(554),因遭受恶比丘毒害,辗转到达南光州(今河南光山),在大苏山授禅讲法。陈文帝天嘉元年(560),收智𫖮为弟子,传授他"法华三昧"等佛教义理。智𫖮跟随慧思修学前后有七年之久,颇受慧思的欣赏,得到慧思的真传,成为慧思最得意的弟子。陈临海王光大元年(567),智𫖮奉慧思之命到金陵(今江苏南京)弘扬佛法。智𫖮的"止观双修""一心三观""三谛圆融"等佛学思想虽然不是直接承继慧思,却是在受慧思的影响下进行的创造和发展。慧思重视菩萨戒,撰有《受菩萨戒仪》,智𫖮《菩萨戒义疏》中很多思想观点与《受菩萨戒仪》是一致的,可以证实慧思弘扬菩萨戒对智𫖮的重要影响。

南北朝时期帝王们对于菩萨戒表现出极大的热情,上层社会大量信徒受持菩萨戒,促进了菩萨戒戒仪的发展,因此慧思撰写《受菩萨戒仪》,以规范受戒仪式。与后来的受戒戒仪相比,慧思《受菩萨戒仪》并未列出具体名目,释心皓在《天台教制史》中整理出如下纲目,可作参考:

---

① (宋)志磐撰《佛祖统纪》卷39,《中华藏》第82册,第681页下。
② (隋)灌顶撰《智者大师别传注》卷2,《卍续藏》第77册,第670页上。

第一，请传戒师。第二，传戒师开导。第三，观五法。第四，兴三愿。第五，发四弘誓。第六，请戒师。第七，请尊证师。第八，敬礼。第九，受归。第十，问难乞戒。第十一，忏悔。第十二，问七遮。第十三，正受戒法。第十四，示戒相。第十五，白佛请证。第十六，礼敬三师。第十七，回向发愿。①

慧思《受菩萨戒仪》内容详细具体，可见南北朝时期的受菩萨戒仪已经比较完备。笔者认为，慧思撰《受菩萨戒仪》的最大意义不在于规范了受戒仪轨，而在于强调了受菩萨戒的意义，提高了菩萨戒的地位。通过释心皓对慧思受菩萨戒仪的整理也能发现，《受菩萨戒仪》规定的授戒程序太过周密具体，反而不利于操作，因此并未很好地流传下去。

慧思的戒律思想，目前也只能从《受菩萨戒仪》中窥知一二。慧思在《受菩萨戒仪》中说：“戒为万行之先锋，六度之基址。如造宫室，先固其基，徒架虚空，必不成就。故戒为大道之资粮，戒为苦海之船筏，庄严法身，以戒为璎珞，破除烦恼，以戒为清凉。”②慧思认为，受不同的戒，得不同的果报，“三归五戒得人身，十善八斋生天报。持十戒具足戒，出烦恼之爱河，得罗汉之圣果。受菩萨戒者，得于佛果。”③将菩萨戒作为万行的先锋，六度的基础，受菩萨戒可得成佛的果报，也是最高的果报，从而将菩萨戒的地位置于其他戒律之上。

智顗《菩萨戒义疏》中对菩萨戒的地位也做出了表述，"菩萨戒者，运善之初章，却恶之前阵。……内外二途咸皆敬奉，王家庶众委质虔恭，斯乃趣极果之胜因，结道场之妙业。"④

慧思《受菩萨戒仪》所弘扬的菩萨戒为梵网菩萨戒，文中多处引用《梵网经》和《璎珞经》的内容。比如：

《梵网经》云：一切有心者，皆应摄佛戒。众生受佛戒，得入诸佛位。故知凡有心者，咸具佛戒，各各圆满，无有缺减。⑤

---

① 释心皓：《天台教制史》，厦门大学出版社，2007，第49页。
② （南朝陈）慧思撰《受菩萨戒仪》，《卍续藏》第59卷，第350页上。
③ （南朝陈）慧思撰《受菩萨戒仪》，《卍续藏》第59卷，第350页上。
④ （南朝隋）智顗撰《菩萨戒义疏》卷1，《大正藏》第40卷，第563页上。
⑤ （南朝陈）慧思撰《受菩萨戒仪》，《卍续藏》第59卷，第350页上。

欲受佛戒者，国王王子、百官宰相、比丘、比丘尼、十八梵六欲天、庶民、黄门、淫男淫女、奴婢、八部鬼神、金刚神、畜生乃至变化人，但解法师语，尽受得戒。①

引用《璎珞经》云：

故《璎珞经》云：一切圣凡戒，尽以心为体，心无尽故，戒亦无尽。是知心境契同，能所冥一。诸佛子等，既各有好乐渴仰之心，应当殷勤志心听受。②

《璎珞经》云：律仪戒者，即是十重戒；正法戒者，即是八万四千法门；摄众生戒者，即是四摄法也。向来所问，皆言能，吾今为汝受十无尽戒，汝当一心一一谛听。③

慧思在《受菩萨戒仪》中提出菩萨戒以心为戒体，说："全心是戒，全戒是心，离心无戒，离戒无心。"④还引用《璎珞经》"一切凡圣戒，尽以心为体，心无尽故，戒亦无尽。"⑤智𫖮在《菩萨戒义疏》中也引用了这句话，强调菩萨戒以约束思想动机为核心。因此，智𫖮的菩萨戒思想受慧思的影响是显而易见的。并且，智𫖮进一步丰富和发展了慧思的这一思想，形成系统完善的止观、一心三观等佛学理论，提出观心持戒的观点，使天台宗弘扬菩萨戒有了充分的理论基础。

二 智𫖮弘扬菩萨戒的思想根源

戒、定、慧是佛教三学，三者三位一体，缺一不可，共同构成佛教的修行法门，离开戒谈定、慧二学，或者离开定、慧二学谈戒律，都是不完整的。智𫖮的"止观"思想是其佛学思想的核心，是对定、慧二学进行创造性阐释和发挥后创立，不仅将持戒作为止观的具缘之首，还提出了止观

---

① （南朝陈）慧思撰《受菩萨戒仪》，《卍续藏》第59卷，第350页上。
② （南朝陈）慧思撰《受菩萨戒仪》，《卍续藏》第59卷，第350页中。
③ （南朝陈）慧思撰《受菩萨戒仪》，《卍续藏》第59卷，第352页中。
④ （南朝陈）慧思撰《受菩萨戒仪》，《卍续藏》第59卷，第350页上。
⑤ （南朝陈）慧思撰《受菩萨戒仪》，《卍续藏》第59卷，第350页中。

持戒的观点,将止观与持戒融会一体。"止观"的根本在于"观心",强调心的重要性,菩萨戒最大的特点在于以心为戒体,强调对思想动机的约束,这样的共同性使智𫖮选择弘扬菩萨戒,或者说,智𫖮的止观思想体系是他弘扬菩萨戒的内在思想根源。

（一）止行二善与止观

善,梵语 kuśala,巴利语 kusala,泛指与善心相应的一切思想行为,凡是契合佛教教理者均可称为善。智𫖮将"善"分为"止善"和"行善"两种,并做了创造性的阐释,"闭众恶趣是止善,开善门是行善"①。他在《法界次第初门》中指出:"十善有二种,一止,二行,止则但止前恶,不恼于他,行则修行胜德,利安一切,此二通称善者。善以顺理为义,息倒归真,故云顺理。止则息于重倒之恶,行则渐归胜道之善,故止、行二种,皆名为善。"② 为了清晰地表述十善如何包含了止善和行善二义,他做了如下分析:

> 一不杀生,即是止善。止前杀生之恶行,善者当行放生之善也。
> 二不偷盗,即是止善。止前盗他财物之恶行,善者当行布施之善。
> 三不邪淫,即是止善。止前于非妻妄淫欲之恶行,善者当行恭敬之善。
> 四不妄语,即是止善。止前虚言诳他之恶行,善者当行实语之善也。
> 五不两舌,即是止善。止前构斗两边之恶行,善者当行和合之善。
> 六不恶口,即是止善。止前恶言加人之恶行,善者当行软语之善。
> 七不绮语,即是止善。止前绮侧乖理之恶语行,善者当行有义语饶益之善。
> 八不贪欲,即是止善。止前引取无厌之恶行,善者当行不净观,观诸六尘皆欺诳不净之观行善。
> 九不嗔恚,即是止善。止前忿怒之恶行,善者当行慈忍之善。
> 十不邪见,即是止善。止前拨正因果僻信邪心之恶行,善者当行正信归心正道生智慧之善心。③

---

① （隋）智𫖮撰《维摩经略疏》卷10,《大正藏》第38卷,第706页中。
② （隋）智𫖮撰《法界次第初门》卷1,《大正藏》第46卷,第669页下。
③ （隋）智𫖮撰《法界次第初门》卷1,《大正藏》第46卷,第670页上。

智顗认为十善中每一条均具止善和行善两种善，不杀是止善，放生是行善，不盗是止善，布施是行善，不邪淫为止善，恭敬为行善，不妄语为止善，实语为行善，不两舌为止善，和合为行善，不恶口为止善，软语为行善，不绮语是止善，有益语为行善，不贪为止善，不净观为行善，不嗔恚为止善，慈忍为行善，不邪见为止善，正信归心为行善。概而言之，智顗将消极制止恶业称为"止善"，将积极修行善业称为"行善"，也就是消极之善称为"止善"，积极之善称为"行善"。赋予善以独特的内涵，这是智顗的独创，为印度佛教所未有。因此，十善便具有了二十善，每一善都有因有缘，总计四十因缘。例如，不杀是止善，"慈心是因，不蓄杀具是缘"。①布施为行善，施心是因，施具是缘。

智顗创造性地阐述"善"的概念，并与止观相联系，"防即是止善，顺即是行善，行善即是观，止善即是止"②。止善和行善为十善的两面，十善为戒，且属于性戒，有佛无佛时犯之均有罪，因此，止观和戒便有了直接联系。

止观是智顗构建其佛学思想体系的核心内容，止，梵文Samatha，意译为禅定、止寂，观，梵文Vipaśyana，意译为智慧，止，停止或止息，止息妄念的意思，观即观达，观智通达，契会真如的意思。止观将禅定和智慧并称，相当于小乘佛教戒、定、慧三学中的定、慧二学，将大乘佛教"六度"中的禅定、般若二门并称，改造为五门。智顗以止观双修为修行法门，将其作为一切佛法的根本。"台教宗部虽繁，要归不出止观。舍止观不足以明天台道，不足以议天台教，故入道者不可不学，学者不可不修。"③

智顗在《修习止观坐禅法要》中为修习止观的初学之人列出了十条法要，"若能善取其意而修习之，可以安心免难，发定生解，证于无漏之圣果也。"④ 具体包括具缘、诃欲、弃盖、调和、方便、正修、善发、觉魔、治病、证果，在第一条具缘中，共有五缘，持戒列为首位。正如《摩诃止

---

① （隋）智顗撰《金光明经文句》卷2，《大正藏》第39卷，第55页上。
② （隋）智顗撰《摩诃止观》卷4，《大正藏》第46卷，第37页上。
③ （隋）智顗撰《修习止观坐禅法要》，《大正藏》第46卷，第462页上。
④ （隋）智顗撰《修习止观坐禅法要》，《大正藏》第46卷，第462页下。

观》中所说:"持戒清净,恳恻忏悔,俱为止观初缘",[1] 将持戒清净作为止观之初缘对待。佛教以戒、定、慧为三学,强调以戒为师,由戒生定、由定生慧,智颛将定慧并称为止观,强调止观并重,止观双修。以戒为止观的初缘,这是智颛对于两者关系的界定。

(二) 观心持戒

智颛的止观思想经历了三个发展阶段,即渐次止观、不定止观、圆顿止观。《摩诃止观》是圆顿止观的代表,其主要思想在《修习止观坐禅法要》中得到了集中的表述,简明扼要,易于初学之人修习。"圆顿",即"圆融顿极,始终不二,即从初发心时起,便契入绝待的中道实相"[2]。"法性空寂名止,寂而常照名观,虽言初后,无二无别,是名圆顿止观。"[3] 认为法性和止观"无二无别",所以称为圆顿止观。《摩诃止观》不仅主张"三止三观",而且强调观心为三止三观的主要内容。

> 当安心止观,善巧回转方便修习,或止或观。若观一念禅定,二边寂灭,名体真止,照法性净无障无碍,名即空观。又观禅心即空即假,双照二谛而不动真际,名随缘止,通达药病称适当会,名即假观。又深观禅心,禅心即空即假即中无二无别,名无分别止,达于实相如来藏第一义谛,无二无别,名即中观。三止三观在一念心,不前不后非一非异。为破二边名一名中,为破偏着生灭名圆寂灭,为破次第三止三观名三观一心,实无中圆一心定相,以此止观而安其心(云云)。若二法研心而不入者,当知未发真前皆是迷乱,以一心三观遍破横竖一切迷乱,迷去慧发乱息定成。[4]

智颛虽然以止观并重、止观双修为原则,在《摩诃止观》中却以"观"为重点,以"观心"为主要内容。"三止"包括体真止、随缘止、无分别止,"三观"包括空观、假观、中观,"三止三观在一念心","三止三观名三观一心",即"一心三观"仍然强调的是"一

---

[1] (隋)智颛撰《摩诃止观》卷4,《大正藏》第46卷,第41页下。
[2] 潘桂明:《智颛评传》,南京大学出版社,1996,第146页。
[3] (隋)智颛撰《摩诃止观》卷4,《大正藏》第46卷,第2页上。
[4] (隋)智颛撰《摩诃止观》卷9,《大正藏》第46卷,第131页中。

心"。潘桂明在《智顗评传》中分析："三观在智顗止观学说中显然比三止具有更高的地位"，"这是把三止置于陪衬的地位，依随三观而立名，三观尤其是其中的中道正观才是圆顿止观的核心"①。智顗通过这样的理论阐述，正式确立了"一心三观"的理论体系，从而树立了思想意识的主导地位。智顗"一心三观"思想体系的建立，对于心的重视，最终提出"观心持戒"的观点，为他在戒律上选择弘扬菩萨戒做好了理论铺垫。

"心本无名，亦无无名，心名不生，亦复不灭，心即实相。初观为因，观成为果，以观心故。恶觉不起，心数尘劳，若同若异，皆被化而转，是为观心。"②智顗在《妙法莲花经玄义》中引《释论》对心的界定："三界无别法，唯是一心作。心能地狱，心能天堂，心能凡夫，心能贤圣。"③他还在《摩诃止观》中引用《华严经》对心的强调，"心如工画师，画种种五阴，界内界外一切世间中，莫不从心造"④。也就是业随心转，心变了，世界就变了，彻底的唯心主义思想。"盖一切教行皆以观心为要，皆自观心而发，观心空故一切法空，即所修诸行、所起诸教皆归空也，假中亦然，岂不以观心为枢机邪！"⑤将观心提到了至关重要的位置。

天台宗弘扬菩萨戒最早开始于慧思，智顗继承和发扬了慧思的事业，将弘扬菩萨戒作为天台宗的传统予以确立。智顗之所以弘扬菩萨戒，与他一心三观的思想是完全一致的，尤其是圆顿止观。智顗从圆顿止观出发，将天台戒律称为圆顿戒或圆顿大戒，融合了圆顿戒与菩萨戒，建立了天台的圆顿戒律体系。

智顗将戒律分为十种，包括不缺戒、不破戒、不穿戒、不杂戒、随道戒、无着戒、智所赞戒、自在戒、随定戒、具足戒，认为佛教戒律虽广，但此十种戒可以摄一切戒。并且认为理观观心便可持此十戒。不缺戒包括性戒和四波罗夷，不破戒即十三僧残，不穿戒即波夜提，不杂戒

---

① 潘桂明：《智顗评传》，南京大学出版社，1996，第 150 页。
② （隋）智顗撰《妙法莲华经玄义》卷 1，《大正藏》第 33 卷，第 685 页下。
③ （隋）智顗撰《妙法莲华经玄义》卷 1，《大正藏》第 33 卷，第 685 页下。
④ （隋）智顗撰《摩诃止观》卷 5，《大正藏》第 46 卷，第 52 页上。
⑤ （宋）知礼撰《十不二门指要钞》，《大正藏》第 46 卷，第 705 页下。

即定共戒,"前四戒,但是因缘所生法,通为观境"①。"若观一念心,从恶缘起。即能破根本,乃至破不杂戒。"②只有一善顺之心防止恶心,才能持前四戒,善心可以止恶,"心既止,身口亦然"③。只要心中的恶念消灭了,身、口二业的恶也就熄灭了。"行善即是观,止善即是止,是名观因缘所生心持四种戒也。"④随道戒,圣人所持,非凡夫能持。无著戒,三果人所持,非初果人能持。对于随道戒和无著戒,"观因缘生法即空,空观持戒也"。⑤ "防止思惑,善顺真谛,是名观因缘心即空,持二种戒也。"⑥智所赞戒、自在戒,非声闻、缘觉二乘人持,乃菩萨利他持。对于此二戒,"观因缘即是假,假观持戒也"⑦。导利众生为智所赞,不生爱著惑相不拘为自在,"如此假观,防止无知善顺俗理,防边论止顺边论观,即是假观持两戒也"⑧。随定、具足两戒,为大根性人所持,非六度通教菩萨所能持,更非凡夫二乘菩萨所能持,即只有别、圆菩萨能持。对于这两戒,"观因缘生法即是中,中观持戒也"⑨。"如是观心防止二边无明诸恶,善顺中道一实之理,防边论止顺边论观,此名即中而持两戒也。"⑩智𫖮通过一心三观发展出三观持戒,即空观持戒、假观持戒、中观持戒的理论,将观心和持戒融为一体。并且,三观持戒可以摄一切戒。

三观持戒有一个非常重要的论证,即三观对治三惑。智𫖮通过三观与三惑的关系,恰如其分地论证了观心持戒的思想。

三惑,又称三障,包括见思惑、尘沙惑、无明惑,见思惑是凡夫的惑,包括见惑和思惑,见惑乃意根对法尘所起之诸邪见,思惑乃眼、耳、鼻、舌、身五根,贪爱色、声、香、味、触五尘,而起之想著,见思惑为声闻、缘觉、菩萨三乘所共断,故称通惑,要断见思惑,须以空观对治之。尘沙惑为化道障,菩萨断除见思惑之后,易著于空观,而未能进一步

---

① (隋)智𫖮撰《摩诃止观》卷4,《大正藏》第46卷,第37页上。
② (隋)智𫖮撰《摩诃止观》卷4,《大正藏》第46卷,第37页上。
③ (隋)智𫖮撰《摩诃止观》卷4,《大正藏》第46卷,第37页上。
④ (隋)智𫖮撰《摩诃止观》卷4,《大正藏》第46卷,第37页上。
⑤ (隋)智𫖮撰《摩诃止观》卷4,《大正藏》第46卷,第37页上。
⑥ (隋)智𫖮撰《摩诃止观》卷4,《大正藏》第46卷,第37页中。
⑦ (隋)智𫖮撰《摩诃止观》卷4,《大正藏》第46卷,第37页上。
⑧ (隋)智𫖮撰《摩诃止观》卷4,《大正藏》第46卷,第37页中。
⑨ (隋)智𫖮撰《摩诃止观》卷4,《大正藏》第46卷,第37页上。
⑩ (隋)智𫖮撰《摩诃止观》卷4,《大正藏》第46卷,第37页中。

了知众生之尘沙惑，及对治教化之方法，所以此惑又称为著空惑，能妨碍菩萨出假利生，化度众生，故此惑为菩萨的惑，又称别惑，须以假观破之。无明惑为业识之种子，烦恼之根本，声闻、缘觉不知其名，属界外之惑，唯有大乘菩萨，定慧双修，万行具足，方断此惑，因此也称别惑，须以中观破之。因此，三观破三惑，除三障，与戒的功能是一致的。智𫖮对此有一段专门的论述：

> 防止是戒义，观亦如是。三观名能防，三惑名所防。如此防止义遍法界，不局在身口（云云）。
>
> 又毗尼名灭，灭身口诸非，故今观心亦名为灭。即空之观能灭见思之非，即假观能灭尘沙之非，即中观能灭无明之非，如此论灭遍灭法界诸非，不止七支，故净名云。当直除灭勿扰其心，即此意也。
>
> 又波罗提木叉名保得解脱者，观心亦尔。若不观三谛之理，三惑保不解脱，若见三谛，三惑保脱。如此解脱遍法界脱，非止解脱三途，及出生死而已。
>
> 又诵者，背文暗持也，今观心亦尔。三观之名诠三谛理，即是其文。知名非名研心谛理，观法相续，常自现前。不生妄念，名之为诵。如此诵者，遍法界诵，非止八十诵也。
>
> 又律者，诠量轻重分别犯、非犯，观心亦尔。分别见思粗恶淬重，界内无知小轻，尘沙客尘横起，复为小重。根本微细，如上菩提心中已说，三观观三理是不犯，三惑障三理名为犯。三药治三病，诠量无谬，纤毫不差。①

在这段文字中，智𫖮通过五个方面论证观心持戒。戒、毗尼、波罗提木叉、诵、律，均指戒律，"防止是戒义，观亦如是"；"毗尼名灭，灭身口诸非，故今观心亦名为灭"；"波罗提木叉名保得解脱者，观心亦尔"。戒律所具有的防止身、口恶业、熄灭身、口诸非，进而保得解脱等方面的功能，"观心亦尔"。空观能灭见思之非，假观能灭尘沙之非，中观能灭无明之非。这里所说的三非即三惑，仍是论证三观灭三惑的思想。三谛包括

---

① （隋）智𫖮撰《摩诃止观》卷4，《大正藏》第46卷，第37页中—下。

空谛、假谛和中谛,与三观的空观、假观、中观关系密切,观三谛之理便可解三惑。另外,律所具有的诠量轻重、分别犯与非犯的功能,观心亦尔,也能分别见思惑、尘沙惑和无明根本惑。

三 智顗与《菩萨戒义疏》及其授戒实践

(一)《菩萨戒义疏》为智顗所撰

《菩萨戒义疏》,两卷,内题"隋天台智者大师说,门人灌顶记",是现存最早的《梵网经》注疏,在菩萨戒发展史上具有举足轻重的作用。有学者研究后认为,《梵网经》是晋隋之际佛教戒律的第一次变革,《菩萨戒义疏》的出现则是晋隋之际佛教戒律的第二次变革,[①] 无疑将《菩萨戒义疏》的地位提到很高的位置。正是因为《菩萨戒义疏》的重要性,关于该注疏的作者问题,便引起了学者们的注意,并提出了不同的看法。日本学者佐藤哲英从五个方面论证《菩萨戒义疏》不是智顗所作,台湾学者陈英善则通过对佐藤哲英的五条证据逐一进行反驳,认为《菩萨戒义疏》是智顗所作,大陆学者夏德美在《晋隋之际佛教戒律的两次变革》中认为,"无论从《菩萨戒义疏》出现的时间,其中所体现的天台宗思想,还是智顗对《梵网经》的重视,都可以将《菩萨戒义疏》看作智顗的著作"[②]。

针对《菩萨戒义疏》是否为智顗所作的问题,笔者赞同陈英善和夏德美的观点,另外也做一点补充,为证实《菩萨戒义疏》为智顗所作提供一点儿佐证。智顗作为天台宗的创立者,一生著述很多,一小部分是他亲笔撰写,大部分则是弟子灌顶根据智顗的讲述整理而成。在智顗所有的著述中,其中有三部是他的主要著作,包括《法华文句》、《法华玄义》和《摩诃止观》,被称为天台三大部,其中《摩诃止观》是智顗在荆州讲说,后由灌顶记录而成,其中有关于十种戒的说法,与《菩萨戒义疏》十种戒的表述几乎完全一致,见表1。

---

① 详见夏德美著《晋隋之际佛教戒律的两次变革》,中国社会科学出版社,2015。
② 详见夏德美著《晋隋之际佛教戒律的两次变革》,第163~164页。

表1　十种戒

《摩诃止观》	《菩萨戒义疏》
不缺戒者,即是持于性戒乃至四重,清净守护如爱明珠。若毁犯者,如器已缺无所堪用,佛法边人,非沙门释子,失比丘法故称为缺	不缺者,持于性戒,性重清净,如护明珠。若毁犯者,如器已缺,佛法边人也
不破者,即是持于十三,无有破损故名不破。若毁犯者,如器破裂也	不破者,持于十三无有破损也
不穿者,是持波夜提等也。若有毁犯,如器穿漏,不能受道,故名为穿	不穿者,波夜提等。若有所犯,如器穿漏,不堪受道也
不杂者,持定共戒也。虽持律仪念破戒事,名之为杂,定共持心,欲念不起,故名不杂	不杂者,持定共戒。虽持律仪念破戒事,名之为杂。定共持心,欲念不起
随道者,随顺谛理,能破见惑	随道者,随顺谛理,能破见惑也
无著戒者,即是见真成圣,于思惟惑无所染着也	无著者,见真成圣,于思惟惑无所染着
智所赞戒、自在戒,则约菩萨化他,为佛所赞,于世间中而得自在,是约俗谛论持戒也	智所赞戒、自在戒,约菩萨化他,为佛所赞,于世间中而得自在,此约俗谛论持戒也
随定、具足两戒,即是随首楞严定,不起灭定,现诸威仪。示十法界像导利众生,虽威仪起动而任运常静,故名堕定戒。前来诸戒律仪防止,故名不具足,中道之戒无戒不备,故名具足,此是持中道第一义谛戒也	随定、具足两戒,即是随首楞严不起灭定,现诸威仪。示十法界像导利众生,虽威仪起动任运常净,故名随定戒。前来诸戒律仪防止,名不具足。中道之戒无戒不备,故名具足,用中道慧遍入诸法,故名具足,此是持中道第一义谛戒也

《法华玄义》也是智颢的代表作之一,《菩萨戒义疏》和《法华玄义》都有通教菩萨三乘十地的论述,两者的表述大致相同,细微处略有差别（见表2）。

表2　三乘十地

《法华玄义》	《菩萨戒义疏》
一、乾慧地者,三乘之初,同名乾慧,即是体法,五停心、别相、总相,四念处观,事相不异三藏。此三阶法门,体阴、入、界如幻如化,总破见、爱八倒,名身念处。受、心、法亦如是。住是观中,修正勤如意、根、力、觉、道。虽未得暖法相似理水,而总相智慧深利,故称干慧位也	一、乾慧地者,事相名同三藏,观行心别,体阴界入如幻如化,总破见爱八倒名身念处,心受法亦如是。住是观中,修止勤如意根力觉道,虽未得暖法相似理水,总相智慧深利故,称干慧地
二、性地位者,得过乾慧,得暖已,能增进初、中、后心,入顶法,乃至世第一法,皆名性地。性地中,无生方便,解慧善巧,转胜于前,得相似无漏性水,故言性地也	二、性地者,得过乾慧地,得暖法已,能增进初中、后心,入顶法,乃至世第一法,皆名性地。得无漏性水,故言性地也

续表

《法华玄义》	《菩萨戒义疏》
三、八人地位者,即是三乘信行、法行二人,体见假以发真断惑,在无间三昧中,八忍具足,智少一分,故名八人位也	三、八人地,三乘信行、法行,体见假发真断惑,在无间三昧中,八忍具足,智少一分,名八人地也
四、见地位者,即是三乘同见第一义无生四谛之理,同断见惑八十八使尽也	四、见地者,三乘同见第一义无生四谛之理,同断见惑八十八使尽
五、薄地位者,体爱假即真,发六品无碍,断欲界六品,证第六解脱,欲界烦恼薄也	五、薄地,体爱假发真,断欲界思证第六解脱,烦恼薄也
六、离欲地位者,即是三乘之人,体爱假即真,断欲界五下分结尽,离欲界烦恼也	六、离欲地者,三乘体爱假即真,断欲界五下分,结身见戒,取疑贪嗔,故言离欲地也
七、已办地位者,即是三乘之人,体色、无色爱即真,发真无漏,断五上分结七十二品尽也。断三界事惑究竟,故言已办地	七、已办地者,三乘之人,体色无色爱即真,发无漏,断五上分结掉慢疑色染、无色染,七十二尽,三界事惑究竟,故言已办地也
八、辟支佛地位者,缘觉菩萨发真无漏,功德力大故,能侵除习气也	八、辟支佛地,缘觉发真无漏,功德力大能除习气也
九、菩萨地位者,从空入假,道观双流,深观二谛,进断习气,色心无知,得法眼、道种智,游戏神通,净佛国土,成就众生,学佛十力四无所畏,断习气将尽也,齐此名小树位也	九、菩萨地者,从空入假,道观双流,深观二谛,进断习气,色心无知,得法眼、道种智,游戏神通,净佛国土,成就众生,学佛十力四无畏,断习气将尽
十、佛地者,大功德力资智慧,一念相应慧,观真谛究竟,习亦究竟	十、佛地者,大功德力以资智慧,一念相应慧,观真谛究竟

通过上面两个表的内容发现,《菩萨戒义疏》与《摩诃止观》、《法华玄义》关系密切,《菩萨戒义疏》关于十种戒的说法来自《摩诃止观》,关于通教菩萨三乘十地的说法来自《法华玄义》。而《摩诃止观》《法华玄义》是智𫖮作品无疑,从这个角度看,《菩萨戒义疏》应是智𫖮所撰。李四龙在《天台智者研究——兼论宗派佛教的兴起》中认为,《菩萨戒义疏》的基本内容是智𫖮讲说,但经后人整理的。[①] 整理者或许是灌顶。

(二) 智𫖮的授戒实践

智𫖮早年从慧旷律师受具足戒,精通律藏,对于戒律在佛教发展中的重要性有着非常深刻的认识。受慧思重视菩萨戒的影响,在南北朝帝王推崇菩萨戒的背景下,智𫖮撰写《菩萨戒义疏》,全面阐述其菩萨戒思想,

---

① 李四龙:《天台智者研究——兼论宗派佛教的兴起》,北京大学出版社,2003,第41页。

还担任菩萨戒师,为南朝陈、隋朝两代帝王以及普通信众广授菩萨戒。《隋天台智者大师别传》《国清百录》《佛祖统纪》均记载了智顗为陈朝太子陈渊授菩萨戒的情形。至德四年(586),在崇正殿设千僧法会,奉请智顗为菩萨戒师,为陈渊授菩萨戒。沈君理,陈朝重臣,也从智顗受菩萨戒。隋朝灭陈后,还是晋王的杨广恭迎智顗到扬州,设千僧斋,受菩萨戒。《续高僧传·智顗传》记载了杨广撰写的请戒文:

> 弟子基承积善生在皇家,庭训早趋胎教凤渐,福履攸臻妙机顷悟,耻崎岖于小径,希优游于大乘,笑息止于化城,誓身航于彼岸。开士万行,戒善为先,菩萨十受,专持最上。喻宫室先基趾,徒架虚空,终不能成。孔老释门咸资镕铸,不有轨仪孰将安仰?诚复能仁奉为和上,文殊冥作阇梨,而必藉人师显传圣授,自近之远感而遂通,波仑罄髓于无竭,善才亡身于法界,经有明文非徒臆说,深信佛语幸遵时导。禅师佛法龙象,戒珠圆净,定水渊澄,因静发慧安无碍辩,先物后已谦挹成风,名称远闻众所知识。弟子所以虔诚遥注,命楫远迎,每虑缘差值诸留难。师亦既至,心路豁然,及披云雾即销烦恼。今开皇十一年十一月二十三日,于扬州总管寺城设千僧会,敬屈授菩萨戒。戒名为孝,亦名制止,方便智度归宗奉极,作大庄严,同如来慈普诸佛爱,等视四生犹如一子云云。①

请戒文反映了杨广对智顗的尊崇,对从智顗受菩萨戒的急切和诚恳。杨广受戒后,自称"菩萨戒弟子"。除了为帝王和皇室成员受戒外,智顗还为普通佛教信众授菩萨戒,《佛祖统纪》说:"受业者常数百人,蔬食长斋,持菩萨戒",② 《续高僧传·智顗传》记载:"顗东西垂范,化通万里……五十余州道俗受菩萨戒者,不可称纪。"③

四 智顗《菩萨戒义疏》中的菩萨戒思想

智顗的菩萨戒思想主要体现在《菩萨戒义疏》中,《菩萨戒义疏》明

---

① (唐)灌顶撰《国清百录》卷2,《大正藏》第46卷,第803页中。
② (宋)志磐撰《佛祖统纪》卷37,《大正藏》第49卷,第353页下。
③ (唐)道宣撰《续高僧传》卷17,《大正藏》第50卷,第568页上。

确了菩萨戒的独立地位,以"三重玄义"的方法对菩萨戒进行注疏,梳理出当世流行的六种菩萨戒仪,随文解释《梵网经》十重四十八轻戒,使梵网菩萨戒成为天台圆顿大戒。

(一) 将梵网菩萨戒提升至天台圆顿大戒的地位

菩萨戒的流行开始于南北朝时期,以梵网系和瑜伽系为主,早期主要流行瑜伽系菩萨戒,隋唐开始,梵网系菩萨戒逐渐成为菩萨戒主流。梵网菩萨戒地位的提升,与智顗的倡导是分不开的。

智顗将佛教分为藏、通、别、圆四教,虽然分别四教,实际上藏、通、圆三教为方便教说,目的在于将天台划为圆教。《法华玄义》说:"他云《梵网》是菩萨戒。今问:是何等菩萨戒?彼若答言:是藏、通等菩萨戒者,应别有菩萨众。众既不别,戒何得异?又若别明菩萨戒,何等别是缘觉戒?今明三藏三乘无别众,不得别有菩萨、缘觉之戒也。若作别、圆菩萨解者,可然。何者?三乘共众外,别有菩萨,故别有戒。"[①] 藏、通教法无菩萨之别,别圆教法中才有菩萨,所以将梵网菩萨戒判为别圆教法。"他既不曾分于四菩萨别,今问三祇菩萨及《大品》中三乘共位菩萨为持何戒?若持《梵网》,何故重仍存四、轻分四篇?今小吉既与僧残共篇,忏法一概对首,况夷愆许忏,许增益受,如是等异,不可具之。故知前之二教三乘共行,别圆两教专于《梵网》。"[②] 这段话进一步说明《梵网经》不是藏通二教三乘共行之法,而是别圆教法,也称圆顿教法。圆顿教法以圆融诸法顿速成佛圆顿之旨为核心,将所依梵网十重四十八轻戒称为"圆顿戒",或称"圆顿大戒",以区别于小乘戒。

(二) 梳理六种菩萨戒仪

智顗在《菩萨戒义疏》中梳理出六种菩萨戒仪,即梵网本、地持本、高昌本、璎珞本、新撰本、制旨本。智顗对其中几种菩萨戒仪的来源做了简单的交代,梵网本是卢舍那佛为妙海王子受戒法,释迦佛从卢舍那佛处受诵,转逸多菩萨,后经20多位菩萨,最后由鸠摩罗什传至中土。地持本为弥勒所说,原本为灯明佛说,莲华菩萨受持,30多位菩萨次第传化,后由伊波勒菩萨传至中土,此伊波勒菩萨应是昙无谶。高昌本又称畅法师

[①] (隋)智顗撰《法华玄义》卷3,《大正藏》第33卷,第717页下。
[②] (唐)湛然撰《法华玄义释签》卷8,《大正藏》第33卷,第873页中。

本，之所以题为高昌本，一是因为《菩萨地持经》译于河西，道进曾向昙无谶求受菩萨戒，因此形成感戒之受戒法。道进弟子僧遵，高昌人，弘传昙无谶的菩萨戒法，另有比丘昙景也弘传此法，因此将其称为高昌本。元嘉末年，有玄畅法师也宣授菩萨戒法，内容与此授戒法大同小异，所以又将其称为畅法师本，齐宋之后多用这一受戒法。新撰本为近代诸师所集。智𫖮将梵网本受戒法放在首位，应当是他重视梵网戒的具体体现。六种受戒法，除了制旨本外，其他五种均作了说明，为菩萨戒受戒方法提供了重要借鉴。下面将五种受戒法做一简单梳理。

1. 梵网本

第一，受三归。受戒者三说："我某甲，从今身至佛身，于其中间归依常住佛，归依常住法，归依常住僧。"① 第二，忏悔十不善业。第三，说十重戒相，授戒师每说一戒，问："能持不？"受戒者次第回答"能"。第四，结撮赞叹发愿，应是发四弘誓愿。如果在受戒过程中有不明白的问题，还可以咨询授戒师。受梵网菩萨戒，可以从师受戒，《梵网经》将授戒师局限于出家菩萨，并且需具"五德"。如果千里内没有符合条件的授戒师，也可以在佛像前自誓受戒。

2. 地持本

第一，发无上菩提愿。第二，从同法菩萨乞戒，三说："我某甲，从大德乞受菩萨戒，大德于我不惮劳苦，哀愍听许。"② 第三，礼佛。第四，请师。三说："唯愿大德授我某甲菩萨戒。"第五，授三聚净戒，三说："汝欲于我受一切菩萨戒，谓律仪戒，摄善法戒，饶益有情戒。此戒是过去未来现在一切菩萨所住戒，过去一切菩萨已学，未来一切菩萨当学，现在一切菩萨今学，汝能受不？"③受戒者三说："能。"第六，证戒，授戒师三说："某甲菩萨，于我某甲菩萨前，三说受菩萨戒，我为作证。一切十方无量诸佛，第一无上大师，于一切众生一切诸法现前见学者，证知某甲菩萨于我某甲菩萨前，三说受菩萨戒。"④ 第七，结撮赞叹。

---

① （隋）智𫖮撰《菩萨戒义疏》卷2，《大正藏》第40卷，第568页上。
② （隋）智𫖮撰《菩萨戒义疏》卷2，《大正藏》第40卷，第568页上。
③ （隋）智𫖮撰《菩萨戒义疏》卷2，《大正藏》第40卷，第568页中。
④ （隋）智𫖮撰《菩萨戒义疏》卷2，《大正藏》第40卷，第568页中。

3. 高昌本

第一，请师，三说："族姓大德，我某甲，今从大德乞受菩萨戒，唯愿大德忍许听受怜愍故。"① 第二，乞戒，三说："族姓大德，今正是时，愿时与我受菩萨戒。"② 第三，问遮，三说："一切诸佛及大地诸菩萨僧听，此某甲菩萨，欲从诸佛菩萨僧乞受菩萨戒，此某甲已是真实菩萨，已发菩提愿，能生深信，已能舍一切所有，不惜身命，唯愿诸佛菩萨僧，怜愍故施与某甲菩萨戒。"③ 第四，授三聚净戒，三说："汝某甲听，一切诸佛菩萨僧。受菩萨戒，律仪戒、摄善法戒、摄众生戒，是过去未来现在一切菩萨所住戒，如过去菩萨已学，未来菩萨当学，现在菩萨今学，汝如是学，汝能持不？"④ 受戒者三说："能。"第五，证戒，三说："此某甲菩萨，于一切佛菩萨前从我某甲菩萨边，已第二第三说受菩萨戒竟，我某甲菩萨为作证人，此受戒菩萨名某甲，复白，十方无量诸佛第一胜师，及柔和者一切众生软觉者，此某甲菩萨于某甲菩萨前，已三说受一切菩萨律仪戒竟。"第六，说十重戒相。第七，结撮赞叹。

4. 璎珞本

第一，礼三世三宝。第二，受四不坏信，三说："归依佛，归依法，归依僧，归依戒。"第三，忏悔十恶五逆。第四，说十重戒相。第五，结撮三归。

5. 新撰本

第一，师初入道场礼佛，在佛边就座坐。第二，弟子入道场，礼佛胡跪。第三，师请三宝。第四，令起心念三宝如在目前。第五，忏悔十不善业。第六，请诸圣作师。第七，请现前师。第八，师赞叹弟子能发胜心。第九，正乞是戒。第十，教发菩萨心。第十一，问遮法（有十五问）。第十二，想念得戒。第十三，发戒时立誓第十四，受菩萨三归。第十五，文缺。第十六，结竟。第十七，师还坐劝学。第十八，说十重相，结撮赞叹。

魏晋南北朝时期，菩萨戒的流行形成了多种菩萨戒仪，至少应在智顗

---

① （隋）智顗撰《菩萨戒义疏》卷2，《大正藏》第40卷，第568页中。
② （隋）智顗撰《菩萨戒义疏》卷2，《大正藏》第40卷，第568页中。
③ （隋）智顗撰《菩萨戒义疏》卷2，《大正藏》第40卷，第568页中。
④ （隋）智顗撰《菩萨戒义疏》卷2，《大正藏》第40卷，第568页中。

所梳理的六种或六种以上，智𫖮梳理出六种菩萨戒仪，应当是当时比较流行的几种戒仪。智𫖮的这一做法具有重要意义，为后人授菩萨戒提供了重要的参考和借鉴。明旷撰《天台菩萨戒疏》、湛然撰《授菩萨戒仪》均传自智𫖮，"明旷《天台菩萨戒疏》中所述菩萨戒授仪，传自智𫖮，特别是将智者提倡的大乘圆顿戒精神保留了下来。而湛然则在智𫖮所传仪轨的基础上作了较大调整，使其更符合传戒的实用"①。

（三）列明五十八条戒律名称

智𫖮在《菩萨戒义疏》中反复强调《梵网经》以心为戒体，重视对思想动机的约束。智𫖮说："三业之中，意业为主，身口居次。"② 因此约束意业远比约束身、口二业更为重要。"善恶本由心起，不应别有顽善顽恶，皆是指心，誓不为恶，即名受戒。"③ 因此他非常认同《璎珞经》里"一切凡圣戒尽以心为体，心无尽故戒亦无尽"④ 的说法。因此，"心戒"或以心为戒体是智𫖮菩萨戒思想的根本，把握住这一点，就把握了智𫖮的戒律思想，也容易理解智𫖮佛学思想和菩萨戒思想之间的内在统一性。

智𫖮《菩萨戒义疏》分为上、下两卷，上卷讲三重玄义，包括释名、出体、料简三部分内容，下卷随文解释十重戒四十八轻戒。《梵网经》下卷规定了五十八条戒律条文，每一条都明确指明戒相，但不足的是，没有列出每一戒的名称。《菩萨戒义疏》恰好解决了《梵网经》的这一不足，根据戒相内容列出具体戒名，后人虽然也曾注疏《梵网经》，列出五十八条戒名，但基本上遵循了智𫖮的观点，没有太大的创新。智𫖮将十重戒分别命名为杀戒、盗戒、淫戒、妄语戒、酤酒戒、说四众过戒、自赞毁他戒、悭惜加毁戒、嗔心不受悔戒、谤三宝戒。将四十八轻戒命名为：第一不敬师友戒、第二饮酒戒、第三食肉戒、第四食五辛戒、第五不教悔罪戒、第六不供给请法戒、第七懈怠不听法戒、第八背大向小戒、第九不看病戒、第十蓄杀具戒、第十一国使戒、第十二贩卖戒、第十三谤毁戒、第十四放火烧戒、第十五僻教戒、第十六为利倒说戒、第十七恃势乞求戒、第十八无解作师戒、第十九两舌戒、第二十不行放救戒、第二十一嗔打报

---

① 释心皓：《天台制教史》，厦门大学出版社，2007，第76页。
② （隋）智𫖮撰《菩萨戒义疏》卷1，《大正藏》第40卷，第563页上。
③ （隋）智𫖮撰《菩萨戒义疏》卷1，《大正藏》第40卷，第566页上。
④ （隋）智𫖮撰《菩萨戒义疏》卷1，《大正藏》第40卷，第566页上。

仇戒、第二十二骄慢不请法戒、第二十三骄慢僻说戒、第二十四不习学佛戒、第二十五不善知众戒、第二十六独受利养戒、第二十七受别请戒、第二十八别请僧戒、第二十九邪命自活戒、第三十不敬好时戒、第三十一不行救赎戒、第三十二损害众生戒、第三十三邪业觉观戒、第三十四暂念小乘戒、第三十五不发愿戒、第三十六不发誓戒、第三十七冒难游行戒、第三十八乖尊卑次序戒、第三十九不修福慧戒、第四十拣择受戒、第四十一为利作师戒、第四十二为恶人说戒、第四十三无惭受施戒、第四十四不供养经典戒、第四十五不化众生戒、第四十六说法不如法戒、第四十七非法制限戒、第四十八破法戒。

中国初期禅门中的《维摩经》*

龚 隽

摘 要：论文从思想史的视角详细地探究了《维摩经》与中国"初期禅"禅学思想的关系。文章基于思想史与文献学相结合的方式，具体而微地分析了"初期禅"从达摩禅、东山法门到保唐以及南、北二宗等不同宗派，是如何会通《维摩经》，而又各自开展出不同的禅学论述。

关键词：维摩经 初期禅 方便通经 达摩

作者简介：龚隽，中山大学哲学系教授，博士生导师，中山大学佛学研究中心主任，主要从事中国佛教思想史教学与研究。

《维摩经》对中国中古佛教义学产生了重要的影响，从六朝到隋唐的佛教义学中，有关《维摩经》的注疏可谓法流众多，盛极一时。唐以后中古义学中的维摩经学已经走向衰微，并逐渐让位于禅宗了。

历来禅宗被视为"不立文字""教外别传"的一流，好像禅师们对于经教只是一味扫荡。实际上，中国初期禅（从5世纪末到8世纪中期）的法流以各种不同的方式使用或诠释着经典，禅师虽然很少像义学僧那样对经教作系统的论述与注疏，而无论是其宗风之"遵教慢教，随相毁相"二流，都程度不同地在以"六经注我"的方式，广泛应用和引述经论。宗密就发现，初期禅宗的传承都是显、密并传，所谓密者即是"默传心印"，而显者即是"借教悟宗"，借经教来勘证心法。宗密说，"其显传者，学徒易辨，但以言说除疑。况既形言，足可引经论等为证"。[①] 永明延寿也提出

---

* 本文为2013年度国家社会科学基金项目"经典解释与佛教中国化研究"（项目编号：13BZJ015）、"中国佛教解经学专题研究"（项目编号：13AZD031）的研究成果。

① （唐）宗密：《禅源诸诠集都序》，《大正藏》第48册，第402页中、405页。

类似的洞见，指出禅门大都在借经明宗而分别以"显了"与"秘密"两说来阐明宗义，所谓"各据经宗，立其异号"。①

中国"初期禅"大都以"方便通经"的方式去会通不同的经典，而为禅法寻找教义方面的依据。过去学界有一种流行的看法，认为初期禅的发展经历了由《楞伽经》到《金刚经》的转化，以至于胡适说《金刚经》革了《楞伽经》的命。② 其实这只是有关初期禅宗思想史的一个过于简单的叙事。《维摩经》对于中古禅宗史的思想形成产生过重要影响，而该经"以不思议为宗"，这一点正被看作禅门"秘密之说"的经教依据。③ 禅师们以各种形式来使用《维摩经》的观念，甚至禅师的偈颂中也出现了以维摩为主题的"五更转"。④ 而到宋代灯史的书写中，维摩在禅门的系谱中已经被塑造为直续七佛的核心人物了。

一 达摩与《达摩论》中的《维摩经》

有关达摩的资料都表明达摩主要以"藉教悟宗"的方式传授了四卷《楞伽》，而一般认为他所说的"二入四行"中却也明确引述到《维摩》经义来说明禅法的。最明显的地方是他在"四行"中的"称法行"文句中就引《维摩经》"弟子品"中"法无众生，离众生垢故。法无有我，离我垢故"来解"性净之理"的"无染无着"。⑤ 而实际上，根据学者们的研究，不仅达摩"二入四行"最中心的禅法理念，即"理入"中所表达的"深信含生凡圣同一真性"的观念，是受到《维摩经》"菩萨品"之弥勒思想的影响，而其"四行"之"无所求行"中提到的"理将俗反，安心无为"一义，也同样受到《维摩经》"不思议品"中之"法名无为，若行有为，是求有为，非求法也"的说法启发。⑥ 有关达摩受到《维摩经》影响的原因，印顺有一种推断，认为这可能与他曾在江南留住有关。⑦ 因为六

---

① 延寿：《宗镜录》卷2，《大正藏》第48册，第427页。
② 胡适：《胡适学术文集·中国佛学史》，中华书局，1997，第129页。
③ 延寿：《宗镜录》卷2，《大正藏》第48册，第427页上。
④ 田中良昭、篠原寿雄编《敦煌仏典と禅》，大东出版社，昭和五十五年，第268、269页。
⑤ 〔日〕柳田圣山：《禅の语录Ⅰ达摩の语录－二入四行论－》，筑摩书房，昭和四十四年，第45页。
⑥ 〔日〕柳田圣山：《禅の语录Ⅰ达摩の语录－二入四行论－》，筑摩书房，昭和四十四年，第40、43页。
⑦ 释印顺：《中国禅宗史：从印度禅到中华禅》，江西人民出版社，1990，第11页。

朝时期，江南佛教义学特别重视《维摩经》的流传与讲习。

另外，现存的各类以达摩为名而流传的禅宗文献（关口真大将此类撰述称为《达摩论》），杜朏认为这些是达摩时代的学人"随自得语以为真论"，即以达摩之名假造的作品。① 杜朏自己的思想立场是离教明宗的，他对《达摩论》的否认与批判是可以理解的，不过他也分明指出，这些《达摩论》所反映的正是达摩时代另一流禅者的意见，因此我们仍然可以把《达摩论》看作代表了初期禅的思想作品。② 实际上，《达摩论》中引用《维摩经》的地方很多，这可以说明中国初期禅的时期，《维摩经》在禅门中非常流行，其思想对于禅宗的影响来说也是很深入且广泛的。如敦煌文献《天竺国菩提达摩禅师论》（简称《达摩禅师论》）广引经论来证解其禅法，而其中就以《维摩经》所引次数最多。③ 该论与"二入四行"重于凡圣平等及不二的观念有所不同，这里表现了对于禅定观心一门的偏向。如在解读禅门即是"住心门"时说："又言住心门者，由常看守心故，心即不起。无动故，心即安住。《维摩经》云：心常安住，无碍解脱。故言住心门。"在论究"定心门"时，也同样引《维摩经》为经证："言定心门者，由常看守心故，于五欲境界，不乱不惑。由看心故，中不令乱。故《维摩经》云：念定总持，辩才不断。故云亦名定心门。"④ 最后，《达摩禅师论》在总论大小乘观门的不同时，所论大乘观法主要也是以《维摩经》为依据的。如论中说"若依菩萨观法，无有出入，湛然一相，无有变异，身虽动作，心常不动。《维摩经》云：心常安住，无碍解脱"。又说"虽行住坐卧，举动施为，心王常不动。心王若动，即流浪生死，不能运载法之财宝。《维摩经》云：不着世间如莲花，常善入于空寂行，达诸法相无挂碍，稽首如空无所依"。⑤

敦煌禅籍中还有两部以问答形式来阐明禅法，而大抵代表了初期禅门思想的文书，即《禅策问答》和《请二和尚答禅策十道》。这里面也多有表现《维摩经》的印迹。方广锠整理的《禅策问答》中，就以《法华》

---

① 转引自〔日〕柳田圣山《初期の禅史Ⅰ——楞伽师资记·传法宝纪》，筑摩书房，昭和五十四年，第337页。
② 转引自〔日〕关口真大《達磨の研究》，岩波书店，昭和四十二年，第311页。
③ 〔日〕田中良昭：《敦煌禅宗文献の研究》，大东出版社，昭和五十八年，第195、201、202页。
④ 《大正藏》第14册，第537页。
⑤ 方广锠整理《天竺国菩提达摩禅师论》，《藏外佛教文献》第一辑，宗教文化出版社，1995，第34~44页。

《维摩》《涅槃》等经来论述禅法,其中出现《维摩经》的地方有三处,但实际引《维摩》经文为一处,其他两处均以《维摩》之名,而实际引述的是其他经的文句。《请二和尚答禅策十道》这一文书则分别以十个问答来表示禅法的意趣,其中第一个问答是这样的:"第一问:禅经云:心净则佛土净。未知心之与土,以何为体?空对:心者以净为体,土者以色俱心净,则佛土净。自对:心净及佛土净,总归一。体亦无,是名真净"。① 这里所援用的《维摩经》"佛国品"来讲唯心净土,而终归之于空性,这是符合《维摩经》的旨趣的。而值得注意的是,该论直接称《维摩经》为禅经,可见初期禅门的传承中,《维摩经》是如何的流行了。②

二　东山法门与《维摩经》

中国初期禅到了道信、弘忍的时代已经"令望所归,裾履凑门"而成为中国禅法的主流。③ 依《楞伽师资记》的说法,道信虽是"常作禅定",勤于明心的,而他的入道方便中却处处详引经教以证其义,表明自己的见地"皆依经文所陈,非是理外妄说"。道信禅法的入道方便主要依据的是"《楞伽经》诸佛心第一"与"《文殊说般若经》一行三昧",不过道信在论到"一行三昧"无差别相时,提出"夫身心方寸,举足下足,常在道场",而这一说法恰恰是出自《维摩》"菩萨品"之"举足下足,当知皆从道场来"的观念。④

从《楞伽师资记》所载道信"入道要安心法门"中,还有不少思想是从《维摩经》中发挥而来。这主要表现在有关菩萨观念与禅定两方面。如关于菩萨行的方面有说"深行菩萨入生死化度众生,而无爱见;若见众生有生死,我是能度,众生是所度,不名菩萨"。⑤ 此即源于《维摩经》"问

---

① 〔日〕田中良昭:《敦煌禅宗文献の研究》,大东出版社,昭和五十八年,第265页。
② 〔日〕田中良昭:《敦煌禅宗文献の研究》,大东出版社,昭和五十八年,第274页。
③ 〔日〕柳田圣山:《初期の禅史Ⅰ——楞伽师资记·传法宝纪》,筑摩书房,昭和五十四年,第386页。
④ 〔日〕柳田圣山:《初期の禅史Ⅰ——楞伽师资记·传法宝纪》,筑摩书房,昭和五十四年,第186、192页。
⑤ 〔日〕柳田圣山:《初期の禅史Ⅰ——楞伽师资记·传法宝纪》,筑摩书房,昭和五十四年,第213页。

疾品"中所谓"虽摄一切众生，而不爱着，是菩萨行"的说法。① 在论及菩萨身心空性之义时，道信又引《维摩经》"方便品"中文句来讲"是身如浮云，须臾变灭"。② 关于禅坐的方面，道信也多次援引《维摩经》来证说。如在解说"守一不移"的禅修方法时，即引经证说"《维摩经》云：摄心是道场，此是摄心法"。③ 在讨论禅坐方法与"心地明净""心性寂灭"的效果时，也引《维摩经》"弟子品"说："豁然还得本心，信其言也"。④

弘忍的禅风对经教也不一味排斥，而是主张"守本真心是十二部经之宗"，即先"自识本心"，尔后才可以于"十二部经念念常转法轮"。⑤ 敦煌文书中《修心要论》虽然可能经过弘忍后学改编而成，学界认定代表了弘忍的禅法思想。在这只有一卷的论书中就有好几处引《维摩》为经证。从内容上看，《修心要论》应用《维摩经》仍然沿袭了达摩与道信以来依《维摩》讲性净之理无二无别与禅定静心的两个方面。如《修心要论》讲自性体的方面，即提出自心本来不生灭，论到真如法性同一无二，也引经说"无自性无他性，法本不生，今则无灭"。关于禅坐的方面，《修心要论》在说到"缓缓静心"时，引《维摩经》"见阿閦佛品"来阐明"缓缓寻思，此是实语"。弘忍引经具有相当明显的禅门作风，他重于"了了证知"的心证，而反对"依文取义"，认为心法的体会"非文疏能解"，指出"若依文执，即失真宗"。⑥ 故他于经中文句的援引多重在"意传"，阐明自家禅法，而对于经教文字则多所轻忽。如《修心要论》所引无有生灭的一段经文，应出自《维摩经》"菩萨品"中维摩诘有关弥勒受记的一段阐明，但经文根本没有涉及自心生灭的问题。⑦ 同样，关于禅定文句的引证，

---

① 《大正藏》第14册，第545页。
② 〔日〕柳田圣山：《初期の禅史Ⅰ——楞伽师资记·传法宝纪》，筑摩书房，昭和五十四年，第225页。
③ 〔日〕柳田圣山：《初期の禅史Ⅰ——楞伽师资记·传法宝纪》，筑摩书房，昭和五十四年，第241页。
④ 〔日〕柳田圣山：《初期の禅史Ⅰ——楞伽师资记·传法宝纪》，筑摩书房，昭和五十四年，第255页。
⑤ John R. Mcre, *The Northern School and the Formation of Early Ch'an Buddhism*, Honolulu: University of Hawaii Press, 1986。附录第9页。
⑥ John R. Mcre, *The Northern School and the Formation of Early Ch'an Buddhism*, 附录第2、4、14页。
⑦ 《大正藏》第14册，第542页。

应与《维摩经》"见阿閦佛品"有关。而《维摩经》"见阿閦佛品"并无《修心要论》引述的这些文句。从该品内容上来分析,维摩诘讲到观心观佛的方法,强调的是观如来不来不去的"不住"观法,经文中也没有提到观心时的缓静之意。可以想见,弘忍对于《维摩》的引证是重于心法的发明,而开展了初期禅宗法流中"传乎心地"和意传妙道的一面。①

三 北宗禅法中的《维摩经》

从敦煌北宗文献中,我们发现 8 世纪北宗门下的"方便通经"就经常会通到《维摩经》。田中良昭在讨论北宗禅思想时发现,《维摩经》《金刚经》中的空性思想对于北宗禅的思想产生了深入的影响。② 北宗重要的代表人物如神秀、法如、净觉、普寂等人的禅法都与《维摩》有一定的关系。

先说神秀。神秀虽然重于经解,而不能简单理解为经论师的一流,仍是表示了禅师"文出经中,证在心内"的宗风。③ 他著名的"五方便"中的第三方便就是依《维摩经》而来。这一点在北宗文献《大乘五方便》《大乘无生方便门》中可以找到许多具体的表现。《大乘五方便》中重要内容都是就一些不同经典引文一一从心法的高度给予解说,其中有相当多的部分是解读《维摩经》的内容。神秀一方面沿袭东山门下借《维摩经》讲菩萨观与大乘禅定,同时也增加了一些新的议题与论述。《楞伽师资记》就记录了神秀以"芥子入须弥,须弥入芥子"来讲解《维摩经》"不思议品"中菩萨解脱的境界。④《大乘五方便》第 15 节则特别讨论了菩萨有、无方便惠缚及有方便惠解的问题,而提出"贪着禅味堕二乘涅槃,是名无惠方便缚"的问题,⑤ 这正是对《维摩经》"问疾品"中相关思想的开展。又《大乘五方便》第 50 节专门阐明了《维摩经》中"宴坐"之理,

---

① 〔日〕柳田圣山:《初期の禅史Ⅰ——楞伽师资记·传法宝纪》,筑摩书房,昭和五十四年,第 331 页。
② 〔日〕田中良昭:《敦煌禅宗文献の研究》,大东出版社,昭和五十八年,第 251 页。
③ 〔日〕柳田圣山:《初期の禅史Ⅰ——楞伽师资记·传法宝纪》,筑摩书房,昭和五十四年,第 312 页。
④ 〔日〕柳田圣山:《初期の禅史Ⅰ——楞伽师资记·传法宝纪》,筑摩书房,昭和五十四年,第 313 页。
⑤ 蓝吉富主编《禅宗全书》"语录部一"(36),北京图书馆出版社,2004,第 191、192 页。

神秀作了这样的禅解:"夫宴坐者不于三界现身意,是为宴坐。此义云何?答:六根不起,六道不生。六道不生是出三界,即不于三界现身意,是真宴坐"。① 神秀的解通经论是自成一格的,与经论师有所不同。他没有顺着经文解释,而是化约论地从禅门心法的意识上来统贯经义,以不起心意来说明宴坐的根本,表示了禅门的作风。在这里,他与菏泽神会所代表的南宗禅的看法也没有根本的区别。

到了神秀时代,对于禅定的论述更结合了定慧关系来加以论究。《大乘五方便》第55节就以定慧二义解释《维摩经》"问疾品"里文殊说的"不来相而来,不见相而见"之义:"不来是定,而来是惠;不见是定,而见是惠"。② 这里可以看出南宗与北宗的不同,即南宗所强调的定慧不二的议论,在神秀的解经中并没有展开。这一点,我们下文对照神会的维摩经解就可以分明看出南北分宗的意趣。

此外,神秀对《维摩经》的开展,还涉及一些新的议题。如《大乘五方便》第30~34节专门讨论了《维摩经》第六"不思议品"中许多议题,像维摩诘解答舍利弗有关空室无座的空性妙理,神秀还创造出"净体"与"初心"这一对待性概念来作发挥。又,第53节还就《维摩经》"弟子品"里有关迦叶乞食之义也作了新的禅解,这里就不一一详述了。

8世纪北宗另外一位重要的学者净觉,虽然自称在禅学的倾向是"潜神玄默"的,但他主张"圣道玄微"之理还是可以透过经教来表现的。净觉是倾向于"借教悟宗"的,王维说他"至于律仪细行,周密护持,经典演宗,毫厘剖析,穷其二翼,即入佛乘"。③ 在《注般若波罗蜜多心经》中,净觉把般若析分为"文字般若"和"深净般若"两类,前者即是"口说文传"而通于经教的。他对于《心经》的解释无论从形式上还是从内容上,都已经颇有经师依文解义、随文作注的作风了。其中很多地方援引了《维摩经》,如在解释《心经》"无眼界,乃至无意识界"时,他引《维摩经》"问疾品"之"四大无主,身亦无我"来说明。又以《维摩经》"佛国品"之"欲得净土,当净其心,随其心净,即佛土净"来解释《心经》的"无无明亦无无明尽"。在解释《心经》"心无挂碍"时,则引《维摩

---

① 蓝吉富主编《禅宗全书》"语录部一"(36),北京图书馆出版社,2004,第218页。
② 蓝吉富主编《禅宗全书》"语录部一"(36),北京图书馆出版社,2004,第220、221页。
③ (唐)王维:《大唐大安国寺故大德净觉师塔铭》,《全唐文》卷327,上海古籍出版社,1990。

经》"佛国品"中的"达诸法相无挂碍,稽首如空无所依"来解读。① 此外,他在所著《楞伽师资记》自序中广引经证来阐明禅法,其中就有引述到《维摩经》的心净佛土净一段文句来阐明禅法的要义。②

另外,《大乘开心显性顿悟真宗论》与《顿悟真宗要诀》两个文献在中国学界并没有得到充分讨论,但它,却是 8 世纪北宗一系禅法的重要文书。这两个文献不仅表示了北宗禅在观心法门上也有主张顿悟的一流,而且多次援引《维摩经》空性思想来论究禅法。③ 如《大乘开心显性顿悟真宗论》就以《维摩经》中不二之义来阐明禅法的动寂一如:"即于分别中得无分别智,常行分别而不分别,此是不坏世法。是故经云:分别诸结相,入第一义而不动。是以能觉之者,即动而起寂也。又问曰《维摩经》云:常求无念实想智惠,于世间法少欲知足,于出世间法求之无厌,不坏威仪而能随俗起神通惠,引道于众生"。④ 这些说法都有明显的南宗禅思想的意味,实际上,8 世纪初的北宗与南宗的思想分歧并不像后世所想象得那么泾渭分明,这种对立其实更多源于后来宗派意识的刻意"创造"。

四 《维摩经》与保唐系

东山门下于四川的发展,以保唐无住禅师的教法最为重要。关于保唐的宗风,传统不同宗系的禅宗史书所记也有所不同,甚至互为相反。如根据《历代法宝记》的记载,保唐无住禅师的禅风是轻忽经教,以"文字喻妄想"而"不依教示"的。⑤ 但是,照宗密《禅源诸诠集都序》的说法,则保唐与北宗一样被归为"息妄修心宗",在禅修方面是"依师言教",而重于经论的法流。⑥ 我们从《传法宝记》所载保唐无住的禅法来看,他并不是一味反对经教,而恰恰常引《楞伽经》《起信经》《维摩经》等经论

---

① (唐)净觉:《"注"般若波罗蜜多心经》,收录在〔日〕柳田圣山《初期禅宗史書の研究——中国初期禅宗史料の成立に関する一考察——》,禅文化研究所,昭和四十一年,第 598、603、604、606 页。
② 〔日〕柳田圣山:《初期の禅史Ⅰ——楞伽师资记·传法宝纪》,筑摩书房,昭和五十四年,第 67 页。
③ 〔日〕田中良昭:《敦煌禅宗文献の研究》,大东出版社,昭和五十八年,第 243,251 页。
④ 《大正藏》第 85 册,第 1278 页中。
⑤ 〔日〕柳田圣山:《初期の禅史Ⅱ——历代法宝记》,筑摩书房,昭和五十四年,第 142 页。
⑥ (唐)宗密:《禅源诸诠集都序》卷第二,《大正藏》第 48 册,第 402 页。

来阐明禅理。当然,他对经论的援引像许多禅师一样多据己意来摘选、裁定与解说。

无住也选择性地强调了《维摩经》中"以直心为道场""以深心为道场"的说法,以及运用心法来阐明经中大乘禅定"宴坐"的观念。[1] 其实,无住对于《维摩经》的发挥是有自己的倾向性的。他特别重视引经证来说明禅修的观心"无念"与见闻觉知的区别,并指出只有不行见闻觉知,才是禅门观行与《维摩经》中静默而入"不二法门"的根本所在。他说"《维摩经》云:若行见闻觉知,即是见闻觉知,法离见闻觉知。无念即无见,无念即无知"。又说"无以生灭心说实相法,法过眼耳鼻舌身心,法离一切观行。法相如是,岂可说乎?是故文殊师利菩萨赞维摩诘,无有言说是真入不二法门"。[2] 在无住的理解中,"无念"即是"无忆念",他认为观心无念才是进入觉悟的境地:"《维摩经》云:不行是菩提,无忆念故,常求无念实相智慧"。这段文字是从《维摩经》"菩萨品"与"菩萨行品"中分别抽出来组合而成的。[3] 对照无住的引经证与经文,可以看出无住援引经文是随意与跳跃式的。可以说,他对于经教的引用方法是离言说相而重于大义的,正如《历代法宝记》说无住和尚的作风是"所引诸经了义,直指心地法门,并破言说。……但依义修行,莫着言说。若着言说,即自失修行分"。[4] 这真可谓是禅者说经的一流了。

中古佛学史上有一个值得注意的现象,即禅师与戒律师对戒法理解方面的对峙。这种史称"禅律相诤"的情况多少也反映在他们对于经教的不同理解上。以初期禅宗对《维摩经》的解读为例,禅师们援引《维摩经》为经证而重于心法上的阐解,他们应用《维摩经》的思想来破相显义,而倾向于把戒法内在化为心法的一种来进行传授。《维摩经》经义本身就有这样的思想倾向。如其"弟子品"中就对佛陀大弟子、精于律学的优波离进行过破斥。《维摩经》并不从行迹上来论律,而倾向于"以意净意为解"来理解戒的意趣,这正是重于律学心法的一流。[5] 这种看法对于一般律学

---

[1] 〔日〕柳田圣山:《初期の禅史Ⅱ——历代法宝记》,筑摩书房,昭和五十四年,第164页。
[2] 〔日〕柳田圣山:《初期の禅史Ⅱ——历代法宝记》,筑摩书房,昭和五十四年,第259页。
[3] 〔日〕柳田圣山:《初期の禅史Ⅱ——历代法宝记》,筑摩书房,昭和五十四年,第200页。
[4] 〔日〕柳田圣山:《初期の禅史Ⅱ——历代法宝记》,筑摩书房,昭和五十四年,第258、259页。
[5] 《维摩经》卷上"弟子品",《大正藏》第14册,第523页。

来说多少是有些破坏性的。无独有偶，中古的禅师们就有借《维摩经》的经义来批判律师对于戒相过于执着，最鲜明的例证就是《景德录》卷二十录"志公和尚十四科颂"解释"解缚不二"，这里所引以为据的正是《维摩经》的观念："律师持律自缚，自缚亦能缚他。外作威仪恬静，心内恰似洪波。……有二比丘犯律，便却往问优波。优波依律说罪，转增比丘网罗。方丈室中居士，维摩便即来诃。优波默然无对，净名说法无过。"① 保唐一系也特别发挥了这一作风。无住就借《维摩经》"佛国品"中的"常善入于空寂行"一义来阐明佛教律法的空性寂灭之相，认为"戒相如虚空，持者为迷倒"。为此，他批判了律师戒法观。他说"今时律师只为名闻利养，如猫觅鼠，细步徐行，见是见非"。无住甚至提出，这种执持与纠缠于外相和细枝末节的律仪，不仅无法成就佛法的开展，而恰恰是导致法的消亡。他这样说："说触说净，说持说犯，作相授戒，作相威仪"，"是灭佛法，非沙门行"。② 禅师们虽然是不细究经教的，而居然能够融会到《维摩经》有关律法的观念，则不能不说他们对于《维摩经》是别有一番用心了。

五 南宗禅门下的《维摩经》应用：以慧能与菏泽系为例

慧能虽然不事学问，但也不一味地诃毁经教，他对经典的态度是"解用通一切经"，这是典型的禅门风格。③ 从《坛经》的记载来看，他对经教还是有不少方便通用的。一般以为慧能是因《金刚经》而解悟，因而重视《金刚经》对于他的影响。实际上，从现有各版本的《坛经》来看，慧能禅法中许多核心观念都还受到《起信论》和《维摩经》等的影响。慧能对《维摩经》的应用主要表现在三个方面。一是会通《维摩经》的不二法门来讲禅的体一无二与无念。二是对于"一行三昧"做出不同于东山法门的新阐解。三是在净土思想方面，他强调了以唯心净土对治西方净土。

（一）不二观念是慧能禅学中非常重要的思想基础，《坛经》中充满了各类不二思想的说法，如说"定慧体一不二"、顿渐不二（"法无顿渐"）、

---

① 《大正藏》第14册，第451页中。
② 〔日〕柳田圣山：《初期の禅史Ⅱ——历代法宝记》，筑摩书房，昭和五十四年，第290页。
③ 《全唐文》卷914，"《金刚般若波罗蜜经》序"。

烦恼智慧不二（"即烦恼是菩提"）等，这些不二的观念，大都是从《维摩经》中引申出来的。这一点，早期关于慧能的文献中都有暗示。如王维《六祖能禅师碑铭》就常引《维摩经》思想来称扬六祖，碑铭开宗明义就分别以《维摩经》"入不二法门品""菩萨品"中的"法本不生"与"观于无漏而不断诸漏"及"举足下足，当知皆从道场来"的观念来讲解慧能的境界。① 而这些说法都可以从《维摩经》中找到经证。《祖堂集》卷第二"慧能传"中所载唐高宗的下书，也是以维摩来喻慧能，而在阐明慧能禅法思想的宗趣方面，也还是讲"不二之法"："师若净名托疾，金粟阐弘大教，传诸佛心，谈不二之法，杜口毗耶，声闻被呵，菩萨辞退，师若如此。"② 另外，在有关慧能早期材料如《曹溪大师别传》（781）中也有记录类似的观念，该传在谈到慧能回答中使薛简有关明暗二法的关系时，就以《维摩经》的思想加以阐明："道无明暗，明暗是代谢之义。明明无尽，亦是有尽，相待立名。《净名经》云：法无有比，无相待故。"③

（二）南宗门下对"一行三昧"的解读可以说是别开生面的，慧能对于"一行三昧"的开示是照自家宗义对道信的观念进行了"重新塑造"，同时对北宗"一行三昧"的思想开展了批判。慧能的"一行三昧"完全依据《维摩经》来做展开，表示了与道信、神秀的法流有明显区别。东山门下说"一行三昧"，强调了三昧与禅坐的关系，而慧能则旨在破除这一执着。敦煌本《坛经》对于"一行三昧"有一段很长的解读，而鲜明地表示了对北宗门下的批判，其依据的经教即是《维摩经》。我们不妨把这段重要内容引述如下："一行三昧者，于一切时中，行、住、坐、卧，常行直心是。《净名经》云：直心是道场，直心是净土。莫心行谄曲，口说法直，口说一行三昧，不行直心，非佛弟子。但行直心，于一切法上，无有执着，名一行三昧。迷人着法相，执一行三昧，直言坐不动，除妄不起心，即是一行三昧。若如是，此法同无情，却是障道因缘。道须通流，何以却滞？心不住法，道即通流，住即被缚。若坐不动是，维摩诘不合呵舍利弗宴坐林中。善知识！又见有人教人坐，看心看净，不动不起，从此置功。

---

① 〔日〕柳田圣山：《初期禅宗史书の研究——中国初期禅宗史料の成立に関する一考察》，禅文化研究所，昭和四十一年，第539、541页。
② 《祖堂集》，吴福祥、顾之川点校，岳麓书社，1996，第59页。
③ 杨曾文校写，敦煌新本《六祖坛经》附编一"曹溪大师传"，上海古籍出版社，1993，第119页。

迷人不悟，便执成颠，即有数百般如此教道者，故知大错"。① 可见，慧能借《维摩经》而阐述的三昧，重点已经不在境像上的一相不二，而是重于行门上动静无二了。这与《文殊说般若》及道信以来重于念佛或静观实相的禅法，明显是有所分流了。

（三）慧能的禅法是"立无念为宗"的，他在论及无念的思想时就援引《维摩经》为经证。最有名的就是敦煌本《坛经》中所说"自性起念，虽即见闻觉知，不染万境，而常自在。《维摩经》云：外能善分别诸法相，内于第一义而不动"。关于此义，后出《坛经》诸本虽然文义相似，而都没有明确表示这一思想与《维摩经》的关系。如"大乘寺"本是这样的"虽见闻觉知，不染万境，真性而常自在。外能分别诸色相，内于第一义而不动"。"兴圣寺"本所引基本同"大乘寺"本，等到"德异本"和"宗宝本"出现时，虽然经文中都分明出现《维摩经》的经文，却都不再指明该文句的出处。② 这可能反映了中国禅宗的发展经历了由通经而语录的转化，禅宗祖师传统已经形成，而对于经教的依赖则大大减少了。9世纪以后中国禅不再需要透过经教，而是祖师的"语录"本身就可以确立自己的合法性的意义了。

慧能关于无念的思想中隐含了"不二"的观念，对照保唐无住借《维摩经》谈无念，无住的理解是只有离见闻觉知，才能够成就无念的境界，这近似于北宗离念的法流。而慧能的主张则是就见闻觉知的当下"无染"来成就无念，倾向于不二而异，可见同出于《维摩经》，慧能与保唐两系无论是从经文出处还是思想倾向方面都大为不同了。同样，这种不二无念的思想还直接影响慧能对于禅定的论述。在禅定的方面，慧能对于《维摩经》经义的发挥，也是主张不离于见闻，而是如经所说"实时豁然"，于心地活动的当下不染来论究的。敦煌本《坛经》这样解释说，"何名坐禅？此法门中，一切无碍，外于一切境界上念不起为坐，见本性不乱为禅。何名为禅定？外离相曰禅，内不乱曰定。外若离相，内性不乱，本性自净曰定。只缘境触，触即乱，离相不乱即定。外离相即禅，内不乱即定，外禅内定，故名禅定。《维摩经》云：实时豁然，还得本心"。③

---

① 敦煌本《坛经》，《大正藏》第48册，第338页中、361页上。
② 驹沢大学禅宗史研究会：《慧能研究：慧能の伝记と资料に関する基础的研究》，东京：大修馆书店，昭和五十三年，第297页。
③ 《大正藏》第48册，第339页上。

中古中国佛教史上的净土宗也一度流行，而且很可能与禅宗，特别是北宗有过接触。① 净土的他力观念与禅宗把一切销归于自心是截然不同的，于是面对净土观念，初期禅对于西方净土说都略有回应。从现有的材料看，道信就明确以唯心净土的观念来批判西方净土说，而且其思想源泉正是出自《维摩经》。根据《楞伽师资记》道信章所载，道信对于西方净土说作了这样的批判："若知心本来不生不灭，究竟清净，即是净佛国土，更不须向西方"。接着道信还以《维摩经》"问疾品"中菩萨"不为爱见所缚"的思想来批判乐信西方净土的众生乃源于恐惧生死，而"深行菩萨入生死，化度众生，而无爱见"，这种出入生死无所畏惧的精神，才是大乘菩萨的行道。② 慧能延续了东山法门对西方净土说的批判，而更明确地引述《维摩经》来重新诠说"西方净土"。慧能所展示的西方境界，完全是内在化的"自性西方"。他根据《维摩经》心净国土净的观念提出自性净土的思想。敦煌本《坛经》在讲到西方净土观念时，说"迷人念佛生彼，悟者自净其心。所以佛言：随其心净佛土净"。之后大乘寺本直到宗宝本都沿袭了同样的说法。所不同的是，诸本《坛经》中，只有大乘寺本在心净国土说的基础上，直接概括以"但心清净，即是自性西方"的说法。③ 可以说，更为明确地开示了唯心净土的法流。

在曹溪门下以《维摩经》来精究禅法的风气还是很流行的，《维摩经》虽然没有成为曹溪门下最流行的经典，其在思想方面的影响却是不绝如缕的。我们以菏泽系的说法略作说明。

神会是重于通经、讲究知解的。不过，他对于经教的会通还是本着禅师那种心法为上的原则来开展的。在《南阳和尚顿教解脱禅门直了性坛语》中分明说"若于师处受得禅法，所学各自平章，唯通其心。若心得通，一切经义无不通者"。④ 所以神会对经教的引申与解读也常常能够随意转读。如关于经中的"不二法门"，《维摩经》本来是就"于一切法无言无

---

① 如8世纪初净宗大师承远（712～802）即跟随弘忍十大弟子之一智诜的门徒处寂学习，后才转入天台、净土法门。见《新修往生传》卷下，《卍新纂大日本续藏经》，第154页上。
② 〔日〕柳田圣山：《初期の禅史I——传法宝纪》，筑摩书房，昭和五十四年，第213、217页。
③ 驹沢大学禅宗史研究会：《慧能研究：慧能の伝记と资料に関する基础的研究》，东京：大修馆书店，昭和五十三年，第323、326页。
④ 杨曾文编校《神会和尚禅语录》，《大正藏》第14册，第14页。

说，无示无识，离诸问答，是为入不二法门"，即指不可言传的寂默法流。① 而神会则以定慧不二来进行禅解。《南阳和尚顿教解脱禅门直了性坛语》说"《经》云：不舍道法而现凡夫事，种种运为世间，不于事上生念，是定慧双修，不相去离"；"即慧之时即是定，即定之时即是慧。即慧之时无有慧，即定之时无有定。此即定慧双修，不相去离。后二句者，是维摩诘默然直入不二法门"。②

在经教的判释方面，神会主张以般若作为禅学顿法的所依，提出"若学般若波罗蜜，须广读大乘经典"。虽然神会特别强调《金刚经》对于禅所具有的决定性意义，明确指出"《金刚般若波罗蜜》最尊最胜最第一，一切诸佛从中出"，③ 而在他实际论究禅法时，却也常引《维摩经》为证。神会对《维摩经》的使用与阐明是多方面的。我们略从三点来看。

（1）对声闻的批判。《维摩经》本来就是"以菩萨为教主"而"简非小道"，具有弹小叹大的思想倾向。④ 神会对《维摩经》的应用，也重于对声闻禅法的批判，并以此分别大小乘禅法义的不同。在他的《坛语》中，他引《维摩经》"佛道品"中之"天女语舍利弗云，凡夫于佛法有返覆，而声闻无"的说法，对声闻禅定有这样的批判："当二乘在定时，纵为说无上菩提法，终不肯领受"。⑤ 关于此，他从好几个方面来开展说明。如他在讨论大乘禅法的"不作意"，就批判小乘声闻禅的"修空住空""修定住定"而偏于系缚，并以《维摩经》"问疾品"中的菩萨调伏心行来加以阐明："《维摩经》云：调伏其心者，是声闻法。不调伏心者，是愚人法。人者既用心，是调伏法。若调伏法，何名解脱者？"⑥ 又在禅法的动寂、定慧等方面加以区分，而贬斥声闻禅无法圆满动静，会通定慧。宗密的《圆觉经大疏释义抄》卷3之下所记神会的禅法就是这样的："第三显不思议解脱，依《维摩经》。谓瞥起心是缚，不起心是解。二乘人厌喧住寂，贪着禅味，是菩萨缚。不沉不寂，以方便生，是菩萨解。二乘人在定即不能说法，出定则说生灭法。为无定水润心，名为乾慧，但住不动中说法。不动

---

① 《维摩经》"入不二法门品"，《大正藏》第14册，第551页。
② 杨曾文编校《神会和尚禅语录》，《大正藏》第14册，第10、11页。
③ 杨曾文编校《神会和尚禅语录》，《大正藏》第14册，第34、35页。
④ 吉藏：《净名玄论》卷4，《大正藏》第38册，第875页下。
⑤ 杨曾文编校《神会和尚禅语录》，《大正藏》第14册，第7页。
⑥ 杨曾文编校《神会和尚禅语录》，《大正藏》第14册，第545页中。

是方便，说法是慧。二乘人闻说法不动为方便，便住不动中，无自在知见，在定亦不能说法。菩萨定中有慧自在知见，即不被缚，得定得慧，于无相无作法中以自调伏，名之为慧"。①

（2）对北宗的批判。神会的禅宗思想倾向于立定南宗宗旨，而努力勘辨南宗与声闻、北宗等其他法流的区别。因此他的思想很有批判的色彩，经教也常成为他批判异端的锐器。他不仅借《维摩经》破斥了小乘声闻禅法，还广泛地援引《维摩经》批判北宗"看心看净"观心法门。如在《菩提达摩南宗定是非论》中，神会批判神秀"凝心入定，住心看净"的禅法是"愚人法"，并引《维摩经》关于"宴坐"的论述说，"心不住内，亦不在外，是为宴坐。如此坐者，佛即印可。从上六代已来，皆无有一人凝心入定，住心看净，起心外照，摄心内证"。②他提出"宴坐"才是不离诸见，"不起灭定"而直入的不二法门，是大乘道法。因此在他看来，北宗禅的离染取净就落入了声闻禅的一流。神会正是从这点批评北宗"只如学道，拔妄取净，是垢净，非本自净"，接着引《维摩经》"问疾品"说"非垢行，非净行，是菩萨行"来加以说明。③经中此段文句本是批判声闻禅的，神会这里引以对北宗禅的批判，旨在阐明北宗禅法所说在性质上仍然"不入正位"，属于小乘一类的禅法。为此，他还主张以"莫作意"来替代北宗一门的观心方法，而这里所参证的经教也正是《维摩经》："莫作意，即自性菩提，若微细心，即用不着。本体空寂，无有一物可得，……《维摩经》云：从无住本，立一切法"。④

（3）关于"无念"。保唐无住的无念是近于北宗离见闻觉知而看心看净的一流，神会则延续了慧能禅法中不离见闻而不染的无念思想，主张"无念者，虽有见闻觉知而常空寂"。在论述方面，神会有自己的特色。他对"无念"的阐明一面借《起信论》来说"无者无有二法，念者唯念真如"。照这里的理解，无念即是正念，是对真如或自性的了悟，所以说"见无念者，谓了自性。了自性者，谓无所得。以其无所得，即如来禅。维摩诘言：如自观身实相，观佛亦然。我观如来，前际不来，后际不去，今既无住，以无住故，即如来禅"。这是正面地解说无念；同时他引述

---

① 《卍新纂大日本续藏经》第 9 册，第 532 页下。
② 杨曾文编校《神会和尚禅语录》，《大正藏》第 14 册，第 30 页。
③ 杨曾文编校《神会和尚禅语录》，《大正藏》第 14 册，第 13 页。
④ 杨曾文编校《神会和尚禅语录》，《大正藏》第 14 册，第 13 页。

《维摩经》中"第一义空"的空性观,并结合中观思想来解,这样无念一义也同时就具有了空性的意义。神会反复引述《维摩经》的经文来解说他有关无念的深义,如他说"有无双遣中道亦亡者,即是无念。……维摩诘言:如自观身实相,观佛亦然。我观如来,前际不来,后际不去,今既无住,以无住故,即如来禅。如来禅者,即是第一义空"。①

荷泽系教证《维摩经》的风气一直到宗密还延续不绝,虽然宗密重视的是《圆觉》《起信》,而在他对禅法及禅史的论述中,仍然不断地援引《维摩经》加以论述。不过,宗密对于南北宗的论述不同于神会的重于分判,而是和会与融合。宗密的《禅源诸诠集都序》卷上夫子自道为了调和禅教顿、渐二流的对立,还不自量力地努力于济解他缚。他说:"今讲者偏彰渐义,禅者偏播顿宗,禅讲相逢,胡越之隔。宗密不知宿生何作熏得此心,自未解脱,欲解他缚,为法忘于躯命,愍人切于神情。"接着就引《维摩经》来为自己做阐明:"亦如净名云:若自有缚能解他缚,无有是处。然欲罢不能验,是宿世难改。"

宗密对禅门教相史的判释也多以《维摩经》来做说明。如他在和会顿渐解行时,提出"其中顿渐相间,理行相参,递相解缚,自然心无所住(净名云:贪着禅味是菩萨缚,以方便生是菩萨解)。悟修之道既备,解行于是圆通,次傍览诸家,以广闻见"。又以《维摩经》论"宴坐"之义:"心随境界流,云何名为定?净名云:不起灭定现诸威仪,(行住坐卧)不于三界现身意,是为宴坐,佛所印身"。对教相的判教方面,他也运用到《维摩经》的说法。《禅源诸诠集都序》卷第二谈教相判定,当他指明唯识破境教与北宗禅息妄修心宗的类同性,并为北宗观心法门进行力辩时,他就以《维摩经》中之"不必坐不必不坐,坐与不坐任逐机宜"的说法,来辩护说北宗的"息妄看净,时时拂拭,凝心住心,专注一境及跏趺、调身、调息等",都是"种种方便"而"佛所劝赞"的。②

可见,东山法门下,中古禅宗分头弘化,"方便通经"而又各持一说,各有发挥,表现了初期禅对于经教的解读与应用是不拘一格的。

---

① 杨曾文编校《神会和尚禅语录》,《大正藏》第 14 册,第 79、81、97 页。
② (唐)宗密:《禅源诸诠集都序》卷第二,《大正藏》第 48 册,第 399 页上、405 页上、402 页中。

庐山弌咸与《禅林备用清规》

温金玉

摘 要：通过对丛林清规的演化、佛教制度建设中国化推进的剖析，以《禅林备用清规》为例，对其内容进行梳理，揭示了清规之演变乃是印度戒律制度在中国本土化的变现。同时也为今天对国法与教规关系的深化研究、加强丛林道风建设提供参照。

关键词：中国化　清规　禅林备用清规

作者简介：温金玉，中国人民大学佛教与宗教学理论研究所教授，博士生导师，国家社科基金重点项目"中国佛教制度史研究"课题主持人。

从佛教传入中土之日起，本土化的问题就伴随而生。在佛教本土化的历程中不仅体现在义理层面与中土固有文化的协调与融合，如沙门跪拜君亲的争论等；在修持仪轨、寺院生活方面也有着重大的生存与发展的范式转换，如乞食供养向农禅并重的转型。从戒律、僧制到丛林清规、寺院规约，其间之创立、演绎，不仅是教团自身护法安僧之内在需求，也是社会及民众对佛教的规范与期许，佛教是在与社会的互动中推进发展的。从百丈清规之后，各种规约陆续出世，为中国佛教的健康发展提供了强有力的制度支撑。

一　清规产生的意义

佛教传入中国，确有与中土文化相抵牾之处，这不仅体现在教理教义方面，亦表现于行住坐卧的生活实践中。因而在中国佛教史上既可看到三教在思想观念上的冲突与融合，也可看到在制度层面佛教组织与本土风俗民情的碰撞与调适。台湾地区已故法师印顺曾言："宏扬佛法，整兴佛教，决不能偏于法——义理的研究，心性的契证，而必须重视制度。佛教的法制，是毗尼所宣说的。这里面，有道德准绳，有团体法规，有集体生活，有经济制度，有处事办法。论僧制或佛教制度而不究毗尼，或从来不知毗尼是什么，这实是无法谈起的。所以热心中国佛教行政、制度的大德们，实在有论究教制的必要！"我们今天在触摸教制这一领域时，已感受着含蕴丰赡的研究内容。沿着印顺法师的思路我们来看："有佛教，有僧伽，就有制度。教制是必须顾全到古代的佛制，演变中的祖制，适合现实情况的修正或建立。佛教传来中国的时候，印度的佛教，早已在不大重视毗尼的情况中。部分的重律学派，也只是繁琐仪制的保守；拘守小节，忽略时空的适应，不能发扬毗尼的真精神。所以中国的佛教僧制，起初虽仿效印度，'依律而住'，而实不曾有过像样的僧制。在佛教继长增高的阶段（会昌以前），僧伽的混滥秽杂，每与佛教的扩展成正比例。南朝的佛教，北魏文帝复法以后的佛教（特别是元代的喇嘛），莫不如此。所以佛教在中国，可说教义（法）有着可赞美的一页，而教制——律制是失败的。"于此论断，当然有其目光如炬的权威性，但细细数来，中国佛教教制建设亦有可圈可点之处，如道安"僧尼轨范"、智𫖮的"御众制法"、南山律宗，以及马祖建丛林、百丈立清规，逐渐演化出宋代宗赜所作《禅苑清规》（崇宁清规）十卷、瑞严无量宗寿禅师作《日用小清规》（入众日用清规、入众清规、日用规范）一卷、婺州金华惟勉禅师作《丛林校定清规总要》（咸淳清规、校定清规、婺州清规）二卷、元代东林泽山弌咸禅师作《禅林备用清规》（至大清规、泽山清规、东林清规）十卷、中峰明本禅师作《幻住庵清规》一卷、江西百丈山住持德辉奉敕重编《敕修百丈清规》二卷、道齐作《禅苑清规总要》二卷、继洪作《村寺清规》一卷、明代寿昌下第三祖天界道盛禅师作《寿昌清规》一卷。其中敕修百丈清规系将崇宁、咸淳、至大三本及幻住清规等加以删繁补缺，重新诠次，分成九章，厘为二卷。此外清道光仪润禅师著有《百丈清规证义记》。还有道融的《丛林盛事》、惠彬的《丛林公论》、慧洪的《林间录》、净善的《禅林宝训》、无愠的《山庵杂录》等，均是有关丛林仪规的重要文献资料。及至晚近以来，虽说中国佛教渐呈衰落之相，但势愈衰而愿愈大，所谓悲愤而后有学，致使我们可读到的有《金山规约》《高旻寺四寮规约》《焦山规约》《云居仪规》等。可以说无论是在教理上还是在制度建设方面，历代祖师大德均是筚路蓝缕辛苦经营者。

中国传统的丛林制度，脱胎于佛教的戒律。戒律在向中国渗透传播的过程中，为了适应中国的民生实际，也进行了尽可能的革新，制戒之精神最终以中国人自己制定的僧制规约僧团来体现，在授戒方面则大规模地弘传重在制心的菩萨戒，至慧能后终于创造性地推出了中国僧团的戒律——禅门清规。

所谓"清规"，是指禅宗寺院组织章程及寺众日常生活的规则，亦即丛林中涉及大众行、立、坐、卧等威仪所订定的僧制，为众僧所必须遵守的仪规。早期禅师多为托钵云游、四处参学的头陀行者，他们大多居无常所，行踪不定，很少固定于某一寺院。但随着禅僧教团规模的扩大，择地而居成为一种必然，这时维持这一集团的规约便应时而生。如达摩、慧可祖师以下，禅僧多依住于律院或岩穴、树下，并未营立禅刹，直到四祖道信、五祖弘忍时建立"东山法门"，猜想便有僧团规约的雏形。

可以说丛林清规，最早是由慧能门下怀让的再传弟子百丈怀海所立。"百丈大智禅师，以禅宗肇自少室，至曹溪以来，多居律寺，虽列别院，然于说法住持，未合规度。"① 禅僧从修持理念至行为方式均有别于其他宗派，然其生活却依附于律寺，这样不合规度之事就会经常发生，修持行为与环境所在已形成尖锐矛盾。如何协调禅僧与律寺的不相适应性就成为佛教僧团的当务之急。百丈怀海于是创意别立禅居，减少与义学、律学僧众相聚一处所产生的龃龉。另一方面更创制规约来规范禅宗僧团的生活实践。这一规约制定的原则性，百丈曾言："吾所宗非局大小乘，非异大小乘，当博约折中，设于制范，务其宜也。"② 百丈旗帜鲜明地表明自己的原则："吾行大乘法，岂宜以诸部阿笈摩教为随行耶？"③ 他既不重大乘律，也不重小乘律，"乃创意不循律制，别立禅居。"他所重的是适合于禅僧修行生活的制度，强调规约的应机性与实用性。禅门独行，由海之始。百丈所立清规并非完全依照律藏所规定，"其诸制度与毗尼师一倍相翻"④。于律寺寄居，百丈深感不便的就是禅僧独特的生活方式与寺院传统戒律的矛盾，这样基于《四分律》及《梵网经》等大小乘律而创造性地制定了

---

① 《景德传灯录》卷6，《百丈怀海传附禅门规式》，《大正藏》第51册，第250~251页。
② 《景德传灯录》卷6，《百丈怀海传附禅门规式》，《大正藏》第51册，第251页。
③ 《宋高僧传》卷10，《百丈怀海传》，《大正藏》第50册，第770页。
④ 《宋高僧传》卷10，《百丈怀海传》，《大正藏》第50册，第771页。

适合禅林修行的清规。清规的确立，使中国僧团走向了制度化、规范化的僧伽生活。丛林清规的产生虽是依据当时僧团的实际理地而创制，但其本质依然是对印度戒律的继承，在护法安僧的根本精神上并无二致。清规一如戒律。戒律是佛陀为了规范僧伦，令正法久住而制定，所谓戒住则僧住，僧住则法住。清规之制定同样是使僧团和合，清净无诤。正如《怀海传》所引《五分律》说："虽非佛制，诸方为清净者，不得不行也。"①元僧德辉说，"佛祖制律创规，相须为用，使比丘等外格非、内弘道，虽千百群居、同堂合席，齐一寝食，翕然成伦，不混世仪，不挠国宪，阴翊王度通制之行。"② 在丛林管理中戒律与清规相辅相成，并行不悖。

百丈所立清规原名《禅门规式》，又称《古清规》，即佛教史上著名的《百丈清规》，可惜此书已佚，使今天的我们难窥其貌。今部分见于杨亿《禅门规式序》及《百丈规绳颂》两文之中。距怀海不算太远的宋宗赜的《禅苑清规》，其中多少保留了一些百丈制定的规约，可见出其对戒律精神的延续。目前所见《百丈清规》，乃是元代德辉所集《敕修百丈清规》。清规的确立使得中国的僧团走向制度化、合理化的僧伽生活。其主旨在于救末法之弊，禁放逸之情，塞嗜欲之端，绝邪僻之路，清规承载着护法安僧的使命。柳宗元《百丈碑铭》说："儒以礼立仁义，无之则坏；佛以律持定慧，去之则丧。"本文仅以《禅林备用清规》为例，作一介绍与梳理。

二 《禅林备用清规》梳理

《禅林备用清规》亦称为《至大清规》《备用清规》《泽山清规》《东林清规》。凡十卷。元代僧泽山式咸于武宗至大四年（1311）编成。收于《卍续藏》第一一二册。在目录前题为"庐山东林太平兴龙禅寺住持比丘式咸编"，可知编辑者式咸乃东林太平兴龙禅寺住持。本书汇集古来禅林丛规、礼法等，列举圣节、升座、讽经、坐禅、楞严会、专使请住持、百丈龟镜文、持犯轨仪、当代住持涅槃、日用清规等，计169项禅门规仪。

---

① 《宋高僧传》卷10《百丈怀海传》，《大正藏》50册，第771页。
② （元）德辉：《敕修百丈清规·跋》。

1. 关于编者

弌咸禅师目前尚未发现有更多生平事迹的资料，在其自序前有清容居士袁桷所作的"叙"。

> 外放形骸。黜边幅。守礼者。莫能与之辨。而其从心不逾矩。卒有合于自然。是则缮性之效。略外以理内。于斯见之矣。淫欲嗔恚。皆谓之道。大雄氏托言为喻。将以语夫上知。愚者不察。悉得以自恣。职教者忧之。于是为清规。而曲为之防。数百年来。遵守罔替。世愈薄。而俗愈侈。奇邪美曼。充满区宇。泽山咸大师始辑。广其未备。询于耆旧。证于编简。作备用十卷。以拯其极坏。其勤苦之志。于是书足以见之。余尝闻。咸师缚律以为禅。守其师说。不肯以从于人。清严峻整。讲道不辍。顽薄敬避。其死也尤奇伟。余愍夫吾儒之教。沦弊若是。使有若咸师一正之。斯得矣。序其书。所以识吾徒之未能也。
>
> 　　　　　泰定二年六月　　清容居士　袁桷　叙

从此叙中可看到袁桷将弌咸禅师称为"泽山咸大师"。
同样在书后附有两则跋，其中也透露了许多信息。

> 禅苑清规，始自百丈。制礼作乐，防人之失。礼以立中道，乐以导性情。香烛茶汤，为之礼；钟鱼鼓版，为之乐。礼乐不失，犹网之有纲，衣之有领。提纲挈领，使无颠乱。行之在乎师匠。无其人，则纲网衣领颠乱矣。东林泽山和尚，采前后尊宿，讲行丛规礼法，品分十卷，目曰禅林备用。威仪细行，详释尽美。拟镂板流通，惜乎归寂。临终，嘱门人付藏主，竭力全其事，将济颓绪，为千古矜式。
>
> 　　　　　延祐丁巳解制日　　天童比丘　云岫谨题

此跋中天童比丘云岫将弌咸禅师称为"东林泽山和尚"。

> 泽山和尚，为见百丈清规，日久传讹，乍入众者，易见难识。锤拂之余，撷取古今宿德，咸现准绳，行于世者，曰禅林备用。具载刊

行，流芳季绍，光明盛大之传，又从兹始矣。

　　　　辛酉至治改元。四月旦书　　育王　德明

此跋中阿育王寺比丘德明将弌咸禅师称为"泽山和尚"。

综合这些资料，可知《禅林备用清规》编者为"泽山弌咸"。

对于自己编辑的清规，弌咸禅师始终有一种纠结，一方面是怀抱别具，以大法己任，"以拯其极坏。其勤苦之志，于是书足以见之。"并"嘱门人付藏主，竭力全其事。将济颓绪，为千古秪式"。另一方面，又于此书极尽谨慎，"然犹未敢以传学者"。并将此心血之作"目曰禅林备用清规，备而不用之谓也。知我罪我，其惟春秋"。其间所反映出的心境，可作进一步探究。

2. 编辑缘起

可从序与跋中看到其中消息。一是佛法之要在于中道，凡所有相，皆是虚妄，若见诸相非相，即见如来。不落两边是佛眼，所谓烦恼即菩提，生死即涅槃。见道者红尘炼心，从心所欲而不逾矩。"淫坊酒肆闲居士，李下何妨也整冠。"自性自足，但任心自在。莫作观行，亦莫澄心，莫起贪嗔，莫怀愁虑，荡荡无碍，任意纵横，不作诸善，不作诸恶，行住坐卧，触目遇缘，总是佛之妙用。如虚云长老开示云："真有行持的人，十字街头，酒肆淫坊，都是办道处所。但情不附物，物岂碍人，如明镜照万像，不迎不拒，就与道相应。"① 虽说："淫欲嗔恚，皆谓之道。大雄氏托言为喻。将以语夫上知。"但"愚者不察，悉得以自恣。职教者忧之。于是为清规，而曲为之防。数百年来，遵守罔替。世愈薄，而俗愈侈。奇邪美罗，充满区宇。泽山咸大师始辑。广其未备。询于耆旧，证于编简，作备用十卷。以拯其极坏。其勤苦之志。于是书足以见之"。弌咸禅师所辑就是为了拯救时弊，规范丛林。

其次，清规创建以来，法久生弊，难以适应现时修学环境。弌咸禅师在序中明确指出："礼于世为大经，而人情之节文也，沿革损益以趋时，故古今之人情得纲常制度以揆道，故天地之大经在。且吾圣人以波罗提木叉为寿命，而百丈清规由是而出，此固丛林礼法之大经也。然自唐抵今殆

---

① 《虚云老和尚自述年谱》。

五百载，风俗屡变，人情不同，则沿革损益之说可得已哉！"① 新的时代需求新的规约，《禅林备用清规》应运而生。

3. 时代背景

元代藏传佛教在内地大盛，导致戒律松弛，僧纪不振。但从另一个方面，我们看到，在丛林建设方面，不仅有弌咸的《禅林备用清规》，更有百丈山德辉奉旨所编《敕修百丈清规》。可见圣旨所谕："近年以来各寺里将那清规体例，增减不一了。有如今教百丈山大智寿圣禅寺住持德辉长老，重新编了。教大龙翻集庆寺笑隐长老为头，拣选有本事的和尚，好生校正归一者。将那各寺里增减来的不一的清规，休教行，依着这校正归一的清规体例定体行。"此外，在元代其他宗派亦仿效清规来制定本宗之修学规制，如律宗省悟作《律苑事规》三卷，天台宗自庆作《教苑清规》一卷。这些规约的产生，旨在使僧人"务要遵依旧制、各务祖风，谨守清规，严洁身心"。

元代国子博士黄溍在《敕修百丈清规·百丈山大智寿圣禅寺天下师表阁记》中述说此因缘："遂古圣贤乘时继作，弛张迭用，循环不穷，所以通其变也。佛之为教，必先戒律。诸部之义，小大毕陈，种种开遮，唯以一事。去圣逾远，局为专门，名数滋多，道日斯隐。是故达磨不阶方便，直示心源，律相宛然，无能留碍。世降俗末，诞胜真离，驰骋外缘，成邪慢想。是故百丈弘敷轨范，辅律而行，调护摄持，在事皆理。盖佛之道以达磨而明，佛之事以百丈而备，通变之妙存乎其人。"

4.《禅林备用清规》的内容

卷之一

天　圣节升座讽经

地　旦望祝圣升座

玄　藏殿祝赞讽经

黄　朝廷祈祷

宇　如来降诞

---

① 《禅林备用清规·序》。

宙　成道涅槃

洪　达磨忌

荒　百丈忌

日　开山忌

月　诸祖忌

盈　嗣法忌

昃　送法衣

卷之二

辰　坐禅

宿　坐参（晚参）

列　五日上堂

张　小参

寒　入室

来　告香

暑　普说

往　念诵

秋　四节念诵

收　请益

冬　秉拂

卷之三

藏　楞严会

闰　众寮结夏

余　众寮楞严

成　新挂搭入寮茶

岁　入夏戒腊茶

律　挂草单

吕　出图帐

调　排被钵位

阳　戒腊牌

云　方丈小座汤

腾　僧堂特为汤（四节）
致　结制行礼
雨　方丈特为首座大众茶
露　库司特为首座大众茶
结　首座特为（后堂大众）茶
为　旦望巡堂茶
霜　讲两巡茶
金　方丈点行堂茶
生　头首点行堂茶
丽　库司点行堂茶

卷之四
水　专使请住持
玉　西堂头首住持
出　受请众请升座
昆　西堂头首受请升座
岗　煎点住持当代
剑　煎点西堂头首新命
号　山门管待（新命当代专使）
巨　西堂头首受命管待
阙　辞众上堂茶汤
珠　见职首座西堂（次头首辞众）
称　入院古法
夜　入院新法
光　请斋
果　开堂祝寿
珍　巡寮
李　特为茶汤
柰　小参
菜　檀越升座
重　管待专使
芥　留请两班

姜　参访出入
海　交割什物

卷之五
咸　煎点住持
河　两班寝堂煎点
淡　诸山办事（法眷小师煎点）
鳞　尊宿相访
潜　诸山法眷（尊长嗣法相访）
羽　官员相访
翔　施主请升座斋僧

卷之六
龙　请立僧首座
师　请名德首座
火　两班进退
帝　挂钵请知事
鸟　侍者进退
官　方丈特为新旧两班汤
人　堂司特为新旧侍者汤茶
皇　库司特为新旧两班汤药石
始　送钵位
制　管待新旧两班
文　住持垂访点茶
字　方丈特为新首座茶
乃　新首座特为后堂大众茶
服　交代茶
衣　入寮出寮茶
裳　头首江湖茶
推　寮主副寮进退
位　诸庄监收
逊　头首寮舍交割什物

卷之七
国　百丈龟镜文
有　住持
虞　前堂
陶　后堂
唐　都监寺
吊　书记
民　藏主
伐　维那
罪　知客
周　知浴
发　知殿
商　侍者（烧香　书状　请客　衣钵　圣僧）
汤　列项职员（副寺　典座　直岁　庄主　寮元　寮主　副寮　望寮　延寿堂主　街坊　水头　炭头　磨头　园头　树头　净头）
坐　百丈规绳

卷之八
朝　持犯轨仪
问　游方参请
道　相看
垂　挂搭归堂
拱　大相看
平　大挂搭归堂
章　小挂搭归堂
爱　西堂首座挂搭
育　诸方名胜挂搭
黎　法眷办事挂搭
首　抛香相看挂搭
臣　谢挂搭
伏　回礼
戎　谢挂搭茶

卷之九

羌　当代住持涅槃
逕　遗嘱遗书
迩　入龛念诵
壹　主丧
体　请佛事
率　移龛
宾　挂真举哀致祭奠茶汤
归　祭次
王　对灵小参念诵奠茶汤
鸣　出丧挂真奠茶汤
凤　秉炬挂真
在　入塔
树　全身入塔
白　唱衣
驹　管待
食　孝服
场　上祭资次
化　念诵（入龛　初夜　宿夜　起龛　涅槃台全身入塔　法嗣小师）
被　两班悼住持
草　遗实式
木　佛事资次
赖　估唱衣单式
及　下遗书
万　嗣法师遗书至（并遗书式）
方　住持后事
盖　病僧圆寂
此　浴亡
身　讽经
发　分剽
四　请佛事抄剳

大　锁龛念诵致祭
五　出丧
常　荼毗
恭　唱衣
惟　入塔
鞠　亡僧后事
养　念诵式（保病　病重　宿夜　起龛　荼毗　唱衣）
岂　口词
敢　衣单式
毁　俵经钱榜式
伤　三等板帐

卷之十
女　日用清规
慕　十戒仪颂
贞　日用偈章
洁　月分标题
男　百丈沙弥受戒文
效　新戒参堂
才　训童行
良　行堂普说知　警众法器

5.《禅林备用清规》的特色

《禅林备用清规》的编辑有其鲜明的特色：一是时间跨度长。弌咸禅师从至元戊寅（1268）开始，依石林和尚于南屏修学，感其禅林遗风尤烈。遂倾心搜集相关资料，一直到至大辛亥（1311）撰成，前后历时43年，可谓呕心沥血，生死以之。在此期间得到诸多师友的帮助。如从道友云明西堂处得到所藏《日用轨则》的抄本。并以此为底本来重新编写清规。其时有人主张将"僧受戒"置于卷首，或有人以住持入院置首。壬午（1272）依觉庵禅师朝夕扣问，遂遵其意，将祝圣与如来降诞二仪冠其前。其余门分类聚，共成十卷。二是以《千字文》为编目排序，自成体系。卷一为祝圣与祖师纪念仪规；卷二教学与念诵；卷三法事与茶礼；卷四为住持与头首有关法事；卷五迎来送往事宜；卷六执事进退与相应茶礼；卷七为执事岗位与龟镜文、百丈规绳；卷八挂单礼仪；九为住持与普遍僧人的葬仪；十为日用清规和警众法器。三是体例完备。黄奎博士研究认为，"与《禅苑清规》《入众日用》《入众须知》《咸淳清规》相比，《至大清规》在体系设计、结构安排、条目完备等方面可以说近乎完美。"① 可以说较晚一点由释德辉奉旨所编的《敕修百丈清规》基本延续了其体例。王大伟博士也指出："宋元时期是中国禅宗清规的成熟和完备期，此时产生的禅宗清规不仅上承百丈怀海风范，还为后世丛林规制建设和寺院管理创造了模板。"②

6.《禅林备用清规》启示

《禅林备用清规》的出现承先启后，既有古德遗志，又应现实之需。禅宗清规并不从根本上违背戒律的基本原则和精神，而只是对一些具体戒条有所突破。禅宗清规在总体上既适应中国国情，又符合戒律精神。当前，佛教制度建设再次提上新的议程，国法与教规的讨论遍及僧界。建立现代僧制，制定现代清规，是这一时代道风建设的一项任务，应秉承契机契理之圣训，因应时代之机，创设新世纪的新清规。

---

① 黄奎：《中国禅宗清规》，宗教文化出版社，2008，第72页。
② 王大伟：《宋元禅宗清规研究》，宗教文化出版社，2013，第1页。

东林常总与圆悟克勤禅法合论[*]

段玉明

摘　要：东林常总禅法以平常实在为其特征，时称"平实禅"，要在见相识性，讲究自悟；圆悟克勤禅法以公案为其入处，时称"公案禅"，要在当机起用，讲究接引。两者分别承继于黄龙禅法与杨岐禅法，并为临济宗南下后适应南方温润平和文化传统的转变，向上则可直接马祖洪州宗风。东林常总禅法不重教示，庸愚之辈难以寻到入处，故其数嗣即寂；圆悟克勤禅法接引学人温和亲切，后嗣因之独步天下。

关键词：东林常总　圆悟克勤　平实禅　公案禅

作者简介：段玉明，四川大学道教与宗教文化研究所、佛教与社会研究所教授，博士生导师。研究方向为寺庙文化、佛教史。

东林常总（1025~1091），俗姓施，字照觉，宋代临济宗著名高僧。圆悟克勤（1063~1135），俗姓骆，字无著，亦为宋代临济宗著名高僧。前者曾经住持东林寺，后者曾经住持云居寺，并与九江佛教关系甚密，其禅法颇可并置讨论，以见宋代禅宗发展的某些脉络。

一　东林常总禅法辨析

关于东林常总生平，除其籍贯外[①]，佛教文献几无歧义。其母得梦而

---

[*] 本文为国家社会科学基金项目"巴蜀佛教文化史研究"（项目编号：12BZJ008）与国家社科基金重大招标项目多卷本《中国寺观文化史》（批准编号：13&ZD079）阶段性成果。

[①] 按，佛教文献称常总为"剑州尤溪（一说延平）"人，《佛学大词典》《中国佛教百科全书》等概将"剑州"释为"四川剑阁"，但"尤溪"或"延平"均在今福建，所谓"剑州"当为"南剑州"，而非四川剑阁。参见罗凌、李芳春《禅宗黄龙派东林常总禅师籍贯略考——兼论禅宗史籍地名记载的规范性》，《三峡论坛》2014年第1期。

生三子，唯常总获育。11 岁依宝云寺文兆出家，从契思受具足戒，后随黄龙慧南参究 20 余年，得其心印。初住靖安泐潭寺，后移江州东林寺，元丰五年（1082）宋神宗赐其号曰"广惠禅师"，元祐三年（1088）宋哲宗再赐其号曰"照觉禅师"，元祐六年（1091）圆寂，世寿六十有七。[①]

常总禅法，前人名曰"平实禅"。元祐六年，无尽居士张商英任江西路转运使，取道庐山拜谒常总，获其印可。[②] 元时，竺源宏德注颂《证道歌》称："昔无尽居士始参东林照觉总禅师，得平实之旨，自谓百了千当。"[③] 由此看出，张商英于常总处所得无外"平实之旨"，而以此"平实之旨"则能"百了千当"。法宏、道谦编《普觉宗杲禅师语录》卷 1："五祖演和尚会中，有僧名法闪（一作'闶'）……后至东林宣秘度和尚室中，尽得平实之旨。""佛鉴和尚尝参东林宣秘度禅师，皆得照觉平实之旨。"[④] "东林度"即东林常总，这可以从孙觌《鸿庆居士集》卷 42《圆悟禅师传》之圆悟克勤首次出蜀曾谒"玉泉皓公、金銮信公，又见大沩哲公、黄龙晦堂心公、庐山总公"所谓"五大比丘"，与普济《五灯会元》卷 19《昭觉克勤禅师》之"首谒玉泉皓，次依金銮信、大沩喆、黄龙心、东林度"之"五大比丘"互换得出，非如罗凌先生析为二人[⑤]。常总禅法被时人名曰"平实禅"可知。更进一步，罗凌先生考证指出：常总之平实禅实得于其师黄龙慧南。此为确论，且不止见于常总一僧，惠洪《林间录》卷 1 称："今四方皆谤临济儿孙说平实禅。"[⑥] 所谓"临济儿孙"，应主要是指黄龙派儿孙；"四方皆谤"，则知平实禅流行已到令人生谤的地步。平实禅为黄龙慧南核心禅法当明，或是"北宋中后期临济禅法的主要特征"。[⑦]

---

① 慧洪：《禅林僧宝传》卷二四《东林照觉总禅师》，《卍续藏经》第 137 册，第 536～537 页；念常：《佛祖历代通载》卷一九《江州东林禅总禅师》，《大正藏》第 49 册，第 674 页；觉岸：《释氏稽古略》卷四《江州东林禅师》，《大正藏》第 49 册，第 875 页；居顶：《续传灯录》卷一六《江州东林兴龙寺常总禅师》，《大正藏》第 51 册，第 573～574 页。
② 参见封强军《庐山佛教年谱》，《九江学院学报》（社会科学版）2014 年第 1 期。
③ 永盛述，德弘编《证道歌注》，《卍续藏经》第 114 册，第 921 页。按，罗凌先生《禅宗黄龙派"平实禅"禅学思想探析》（《宗教学研究》2013 年第 4 期）注为宋僧彦琪《证道歌注》，然彦琪《证道歌注》不见此说。
④ 《卍续藏经》第 121 册，第 60 页。
⑤ 参见罗凌《禅宗黄龙派"平实禅"禅学思想探析》，《宗教学研究》2013 年第 4 期。
⑥ 《卍续藏经》第 148 册，第 611 页。
⑦ 参见罗凌《禅宗黄龙派"平实禅"禅学思想探析》，《宗教学研究》2013 年第 4 期。

如杨曾文先生所言，常总平时很少正面言禅，就其《建中靖国传灯录》卷12《江州东林兴隆禅寺照觉禅师》所录：

>……直饶问极西旨之源，答尽南宗之要，犹是化门，未为臻极。何谓至道渊旷？大法冲虚，非言象之所诠，非文墨之能解，弥纶三有，囊括大千，性一切心，印诸法相。……若乃统宗会元，饮光悟拈花而微笑，庆喜倒刹竿以忘言，神光断臂传心，卢老春糠为道，盖投机自得，遇缘即宗。……殊不知向上一路，千圣不传，学者劳形，如猿捉影。①

可以撮要为三：(1) 佛法非关言诠，说教化人"未为臻极"；(2) 佛性真如"印诸法相"，遍在三有大千；(3) "向上一路，千圣不传"，要在学人悟会，而非投机遇缘。② 千圣尚且不能传授"向上一路"，语言文字又岂能教授于人？然性相一如，周遭实在，只需于平实之处悟会便可，不必劳形捉影，亦不必投机追缘。是即常总"槌声未落，祖令已行"之谓——佛法自然现成，非因开堂槌罢。僧问："为国开堂于此日，师将何法报君恩？"答称："白云封岳顶，明月映天心。"云封山顶、月映天心皆是自然呈现，不用刻意追求。常总又称："乾坤大地，常演圆音；日月星辰，每谈实相。"解释黄龙禅法，"秋雨霖滴，连宵彻曙；点点无私，不落别处。"时时刻刻，点点滴滴，在在都在演说佛法，"滴穿汝眼睛，浸烂汝鼻孔，终归大海作波涛"。③ 体现佛性之相无所不在，怕的是学人不能识相见性，枉在形式上空做功夫。苏轼拜谒常总后所作："溪声便是广长舌，山色岂非

---

① 《卍续藏经》第136册，第183~184页。
② 按，杨曾文先生概括为四："(1) 凡是借助语言表述的佛法皆属'化门'，即向世人说教的法门，不是最高的佛法——'臻极'、'大法'，最高的佛法是超言绝相的；(2) 这种最高的佛法实际指真如、佛性，认为虽非语言可以表述，然而却体现于三界万有现象之中，是宇宙一切事物的'心性'；(3) 因为众生对此不了解，所以释迦佛才出现于世，以大小乘佛法应机进行教化，最后以'拈花微笑'的方式将无言的心法（'正法眼藏，涅槃妙心'）传授摩诃迦叶，才有世世代代以心传心的禅宗的流行；(4) 从终极的意义来说，'向上一路'——成佛解脱的最高真理，是没有语音文字的传授的，如果执意地求佛求法，那是徒劳无功的。"参见杨曾文《宋元禅宗史》，中国社会科学出版社，2006，第330页。
③ 《建中靖国续灯录》卷12，《江州东林兴隆禅寺照觉禅师》，《卍续藏经》第136册，第182~184页。

清净身！夜来八万四千偈，他日如何举似人？"① 溪声说法，山色有性，表述的就是此平实禅的特征。"黄龙三关"之我手与佛手（相性一如）、我脚与驴脚（相相一如）、上座生缘与人人生缘（无常一如），其实也是此一识相见性的表达。不能由相见性，就此"三关"的一切回答都是错误。所谓平实禅，"但得理归其道，事乃平实。无圣可求，无凡可舍，内外平怀，泯然自尽。所以诸圣语言，不离世谛，随顺世间。会则途中受用，不会则世谛流布。"②"泯觉观，无作任，冥物我，同染净，一切平常，恬然自在，此妙觉向上之事，遮那平道之教，乃所谓平实者也。"③罗凌先生认为，平实禅的本质"是由平实入手，由日常生活的各种事相入手，同时又否定超越各种具体事相，进入一种平实的终极境界"。④

平实禅以平常实在为其特征，但决不仅仅如此。惠洪《临济宗旨》卷一：

> 无尽居士谓予曰："汾阳，临济五世之嫡孙，天下学者宗仰。观其提纲，渠渠唯论三玄三要。今其法派，皆以谓三玄三要一期建立之语无益于道。但于诸法不生异见，一切平常即长祖意。其说是否？"予曰："居士闻其说晓然了解，宁复疑汾阳提纲乎？"⑤

张商英此处所言得之于与常总的会面无疑，故其"于诸法不生异见，一切平常即长祖意"应即从常总处所得的"平实之旨"。应该提请注意的是，此"平实之旨"是以破斥三玄三要的形式陈述出来的。这当然不是张商英或常总的发明，黄龙慧南曾经上堂开示："三玄三要、五位君臣、四种藏锋、八方珠玉，三十年前争头竞买，各逞机锋。而今道泰升平，返朴还淳，人人自有。山青水绿兮，白云深处兮，三衣并为一衲，万事无思何虑兮？"⑥ 其对三玄三要的否定与之一脉相承。三玄三要是临济义玄接引学人之法，重心是在机用之上——要人当机起用，于接引学人时言语道断、直

---

① 正受：《嘉泰普灯录》卷23《内翰苏轼居士》，《卍续藏经》第137册，第318页。
② 智昭：《人天眼目》卷2，《大正藏》第48册，第310页。
③ 戒环：《法华经要解》卷7，《卍续藏经》第47册，第694页。
④ 罗凌：《禅宗黄龙派"平实禅"禅学思想探析》，《宗教学研究》2013年第4期。
⑤ 《卍续藏经》第111册，第172页。
⑥ 惠泉集：《黄龙慧南禅师语录》卷一，《大正藏》第47册，第633页。

入玄奥。不仅三玄三要，临济所谓的四宾主、四料检、四喝、四照用等，重心皆在机用方面。然平实禅教人直面事相、由相见性，重心则在体相关系的悟得上。前者为接引之法，后者为自悟之法，二者侧重本有不同。临济宗自成立以来长期在北方流行，宋初被石霜楚圆带来南方，临济接引学人的凌厉宗风有违南方温润平和的文化传统，遂有平实禅的华丽转变，演化而成黄龙一派。罗凌先生认为"新宗门的崛起，本质上是对传统禅宗发展模式的一种扬弃"①，当是非常中肯的评论。

二　圆悟克勤禅法辨析

关于圆悟克勤生平，已有专著详细考论。② 幼时于妙寂院依自省出家，受具足戒后至成都依文照、敏行学习经论，后参五祖法演得其心印，与佛鉴慧勤、佛眼清远并称"丛林三杰"。初住成都六祖寺、昭觉寺，再住夹山灵泉寺、长沙道林寺，赐号"佛果"。政和（1111～1118）末奉诏移住金陵蒋山太平兴国寺，宣和六年（1124）奉敕再移开封天宁万寿寺。高宗南渡淮扬，诏其入对，赐号"圆悟"，奉敕移住江西云居寺。建炎四年（1130）回成都主持昭觉寺，绍兴五年（1135）示寂，世寿七十有三，谥号"真觉禅师"。

讨论克勤禅法的论著不止一二③，虽然各有所得，但仍未将其禅法的独特性卓然于其他禅师与禅系之间。换言之，从这些论著中我们分别不出克勤禅法与其他禅师与禅系的根本差异，自然也无法圆满解释克勤后嗣何以独步天下的问题。

克勤禅法汪洋恣肆而又和风细雨，"称其汪洋恣肆，是就其博大气派而言，古则公案、遗偈禅话无所不通、信手拈来；称其和风细雨，是就其绵密渗透而言，接引学人没有隔阂门限、亲近易入。"④ 因其"家世宗儒"，

---

① 罗凌：《禅宗黄龙派崛起之渊源探微》，《五台山研究》2014年第4期。
② 参见段玉明等《圆悟克勤传》，宗教文化出版社，2012。
③ 参见皮朝纲《圆悟克勤的禅学思想及其对中国美学的启示》，《四川师范大学学报》1991年第5期；刘方《圆悟克勤的禅学与美学思想》，《宗教研究》2005年第2期；段玉明等《圆悟克勤传》，第五章；尹邦志《圆悟克勤的实践佛法》，《四川师范大学学报》2012年第3期；史文《圆悟克勤禅法述要》，《中华文史论丛》2012年第4期；魏建中《圆悟克勤公案禅思想初探》，《民族论坛》2014年第10期。
④ 参见段玉明等《圆悟克勤传》，第214页。

传统文化底子深厚，皈依佛门后又曾对经教文字十分执着，克勤非常熟悉佛教经义与古则公案，故其开堂说法总能信手拈出随机点评。发展到《碧岩录》，以公案文字为依托的"绕路说禅"成为克勤禅法的重要特征。在此禅法中，公案只是入处，借助对其似是而非的诠释以开示心要才是根本。故无论是采取评唱的文字形式，还是采取信手拈来的言说形式，归根结底都是借助公案指示心要于人，"大凡善知识举一语、垂一机，要明生死根源，令一切人明心见性去"[1]。就此公案的频繁起用，魏建中先生将克勤视为"公案禅"的核心人物，并将之接续到了五祖法演门风。[2] 虽然，克勤"公案禅"也反复强调在日常生活中真参实究，然其入处却在公案，要害是在时机与公案的选择——在什么时机选择什么公案接引学人，重点本在机用之上。重视机用是传统临济禅法的精要。将传统临济禅法当下截断的凌厉手段（如棒喝、塞语之类）改为以公案为入处的循循善诱、钝刀割藤，则是克勤禅法应时应地的新开展。兹看一段克勤上堂开示学人的对话：

> 僧问："赵州访一庵主云：'有么有么？'主竖起拳头。州云：'水浅不是泊船处。'意旨如何？"师云："据款结案。"进云："只如又访一庵主，亦竖起掌头，州却赞叹礼拜。"师云："两重公案。"进云："问答一般，为什么肯一个，不肯一个？"师云："大有人到此一似撞着铁壁。"进云："忽有人问和尚有么有么，如何祇对？"师云："劈脊便棒。"进云："恩大难酬。"师便打。[3]

面对同样的竖起拳头，赵州一肯而一不肯，是因为两者有当机与不当机的差别，本是"两重公案"。但多数学人不识二者差别，一味理求，自然"撞着铁壁"。倘若有人再举此问，则已嚼人唾沫、了无新意，必得"劈脊便棒"断其念头。在此一段师徒对话中，公案的起用、解答以及舍弃都被克勤平实地展示出来，令此僧如饮醍醐、"恩大难酬"。再举《碧岩录》第二则：克勤首先通过垂示将"三世诸佛，只可自知"提示学人，"历代祖师全提不起，一大藏教诠注不及"，饶你"棒如雨点，喝似雷奔"

---

[1]《圆悟佛果禅师语录》卷18，《大正藏》第47册，第797页。
[2] 参见魏建中《圆悟克勤公案禅思想初探》，《民族论坛》2014年第10期。
[3] 绍隆等编《圆悟佛果禅师语录》卷七，《大正藏》第47册，第745页。

的刚猛,"也未当得向上宗乘中事"。于此,"道个佛字,拖泥带水;道个禅字,满面惭惶",除了自己"究取",别人救你不得。然后,举出赵州"语言是拣择,是明白"公案,细细分说点评,道出赵州"不与尔论玄论妙,论机论境,一向以本分事接人"的大宗师手段,告诫学人不能粘滞语言情解,"如今人不理会得,只管道,赵州不答话,不为人说。殊不知,当面蹉过"。举出雪窦颂扬此事,颇有心得:穿过言语分别,把天地山水打成一片,"头头是道,物物全真","一种平怀,泯然自尽","若参得透见得彻,自然如醍醐上味相似。若是情解未忘,便见七花八裂,决定不能会如此说话"。又举出香严、石霜、曹山等师例子,加强对此公案的理会。最后,用百丈"一切语言,山河大地,一一转归自己"作结,要在"透过始得","好彩教尔自看,且道,意落在什么处?莫道诸人理会不得,设使山僧到这里,也只是理会不得"。不是克勤"理会不得",而是不可为人说破,那是学人自己的事,须得自己"究取"、自己"透过"。① 显然,在此一段娓娓道来的文字解说中,其利用公案循循善诱、钝刀割藤的情形与前面所举的上堂开示并无二致。在克勤禅法中,多由公案平实而入,然后通过语言文字步步牵引,最后悬崖撒手,透得过桶底脱落,透不过重新再来。当然,无论是用语言还是文字提撕公案、开示学人,"要须如龙似虎,杀人不眨眼汉,用瞥脱快利力量,聊闻举着,剔起便行。外弃世间缚着,内舍圣凡情量,直得孤迥迥峭巍巍不依倚丝毫。当阳荐透,全身担荷,佛来也炫惑不动,况祖师宗匠语句机锋,一刀截断,更不顾藉"。② 也就是说,无论运用语言还是文字接引学人,都要合于"杨岐四句"的要求:一要千圣同妙,二要随方就圆,三要坐断佛祖,四要入处平常。

　　较于传统临济禅法,克勤禅法虽然仍是偏重机用,但其喜用公案作为入处,循循善诱,娓娓道来,一不挫人锐气,二不故作高玄,接引学人温和亲切,"故在圆悟克勤门下,我们很少见到弟子因为难以忍受家风或者难寻悟道门径而别投他处的事例"③。克勤门下所以龙象辈出,与之绵密温和的禅法关系甚密。

---

① 《大正藏》第48册,第141~142页。
② 子文等编《佛果克勤禅师心要》卷1《示宗觉禅人》,《卍续藏经》第120册,第715页。
③ 参见段玉明等《圆悟克勤传》,第231页。

三 常总、克勤禅法合论

常总为黄龙慧南法嗣，接续的是黄龙禅派的平实禅法；克勤为五祖法演法嗣，接续的是杨岐禅派的公案禅法。一个重性相辨识，一个重机用直入，各有侧重，并皆温和，均对临济禅法扎根南方贡献甚巨。因此贡献，乃有"临天下，曹一角"的大好局面。

常总禅法平实切要，既不故作惊奇，也不乱下针锥，切合了南方温润平和的文化传统。但于平实之处参禅悟道，本是马祖以来南方禅宗的一贯倡导，事实上是回到了触处是道、立处皆真的老路。因其要在自觉，此种参究之法要求根性、悟性上佳，平庸愚钝之辈不易寻到入处。义玄在黄檗门下曾经三次问法三次遭打，尚不知其错在何处，况其他根性、悟性更次之辈。是以临济宗创立后，义玄要在接引学人方面——尤其大机大用方面狠下功夫，用以引导学人参禅悟道。平实禅法扬弃了传统临济禅法高调张扬的大机大用，要求学人以平常心领略法相奥妙，于苏轼、张商英之辈自无问题，但在平民翻为社会主流的宋代，创新的同时或者已经埋下了衰落的因由，是以黄龙禅法仅仅数代即便销声匿迹了。"一切万法"固然"尽在自身中"，当从"自心顿现真如本性"，但人有智愚之分，"若自悟者，不假外善知识"，"不能自悟，须得善知识示道见性"。[1] 让根性、悟性不是上佳者自参自悟，难免碰得头破血流依然是漆黑一团。

克勤禅法循循善诱，和风细雨，未尝不是切合南方温润平和的文化传统，但其给人入处，讲究机用，较传统临济禅法少了一分凌厉刚猛，而较平实禅法多了一分接引诱导。加之巴蜀禅僧往往宗说并通，兼有文性[2]，克勤禅法遂能融通诗性禅性，出入语言文字，别开一片禅悟的艺术境界。皮朝纲、刘方等先生之所以在讨论克勤禅学思想时会不由自主地滑入美学范畴[3]，即在于克勤禅法所具有的此一艺术境界。

据孙觌《鸿庆居士集》卷42《圆悟禅师传》记载，克勤第一次出川

---

[1] 参见郭朋《坛经较释》，中华书局，1983，第57~60页。
[2] 参见尹邦志《巴蜀禅僧的"文性"——以圆悟克勤为例》，《四川师范大学学报》（哲学社会科学版）2013年第1期。
[3] 参见皮朝纲《圆悟克勤的禅学思想及其对中国美学的启示》，《四川师范大学学报》1991年第5期；刘方《圆悟克勤的禅学与美学思想》，《宗教学研究》2005年第2期。

参学曾经拜谒"庐山总公"。祖绣《僧宝正续传》卷4《圆悟勤禅师》："尝谒东林照觉,顷之谓庆（藏主）曰：'东林平实而已。'"① "庆藏主"即自庆藏主,祖绣《僧宝正续传》卷4《圆悟勤禅师》有简略记载："时庆藏主,众推饱参,尤善洞下宗旨。师从之游,往往尽其要。"② "东林平实而已"是克勤对常总禅法的概括,本身不蓄褒贬之意,更不可将"平实"理解为"平庸"③。能有如此精确的概括,克勤已得常总平实禅法精要当能推知。悟明《联灯会要》卷16《成都府昭觉克勤禅师》记载不同："（克勤）出峡,初谒北乌牙方禅师,得照觉平实之旨。"④。言其"得照觉平实之旨"于"北乌牙方",而非常总本身。灯录中没有"北乌牙方"其人,仅有"蕲州北乌崖垂义",故疑"北乌牙方"即"北乌崖垂义",为泐潭洪英弟子,亦即黄龙慧南再传。⑤ 若从乌崖垂义得平实之旨,则当言"得黄龙平实之旨",而不当言"得照觉平实之旨",因乌崖垂义与常总并无法嗣关系,《联灯会要》或有误记。无论怎样,克勤曾得常总平实禅法精要应无问题。克勤禅法强调在日常生活中真参实究,"向逐日日用之中,行时行时看取,坐时坐时看取,着衣时着衣时看取,吃饭时吃饭时看取,直至脚跟有个发明处"⑥,应该就是常总平实禅法的影响。尹邦志先生将克勤禅法称为"实践佛法"⑦,当中也应有平实禅法的影响在内。至于克勤何以离开常总而转投法演,则牵涉到了黄龙禅法与杨岐禅法的根本区别。以其自身的学禅经历,克勤最终选择了偏重机用的杨岐禅法。

自马祖创立洪州宗始,起心动念、扬眉瞬目等日常生活均为佛性的显现,便一直是江西禅僧的一贯主张。这不仅为常总平实禅的推开准备了土壤,也为克勤公案禅的丰实添加了新意。陈金凤先生认为克勤禅法"颇多江西禅宗的因子",其驻锡江西时又"对江西在内的南方禅宗的发展影响深刻",⑧ 移于评价常总禅法又何尝不是如此？

---

① 《卍续藏经》第137册,第595页。按,念常《佛祖历代通载》卷二十（《大正藏》第49册,第685页）与此同。
② 《卍续藏经》第137册,第595页。
③ 参见吴言生《圆悟克勤大师传》,佛光出版社,1997,第39页。
④ 《卍续藏经》第136册,第691页。
⑤ 惟白：《建中靖国续灯录目录》卷3,《卍续藏经》第136册,第27页。
⑥ 子文等编《佛果克勤禅师心要》卷3《示张仲友宣教》,《卍续藏经》第120册,第747页。
⑦ 参见尹邦志《圆悟克勤的实践佛法》,《四川师范大学学报》2012年第3期。
⑧ 参见陈金凤《圆悟克勤与江西禅宗》,《宜春学院学报》2012年第5期。

效法东林遗事的庐山净土结社活动拾影

黄公元

摘　要：历史上九江地区佛教兴盛，高僧辈出，其中贡献最著、影响最大者，非庐山慧远大师莫属。东林寺白莲结社的创举，在远公多方面贡献与影响中，最为令人瞩目。效法东林遗事的结社活动，历经诸朝，遍及各地，数不胜数。本文撷拾匡庐本山仿效东林遗事的净土结社活动，诸如宋代归宗寺青松社，元代东林寺莲社，明代五乳峰七贤峰下逸老社、开先寺丫山社、归宗寺莲社和东林寺重开之莲社，清代开先秀峰寺莲社、归宗寺梅社念佛会，近现代大林莲社、青莲寺莲社等，尝试从此侧面窥探远公东林结社对九江庐山佛教的深远影响。这些结社活动，或专修净业，或兼行念佛；或有较翔实的文献资料，或仅片言只语留下些微痕迹。相对而言，晚明是庐山净土结社活动最为活跃的时期，憨山大师是其中影响最广泛的一位高僧。

关键词：九江庐山佛教　东林遗事　净土结社活动　莲社拾影　憨山德清

作者简介：黄公元，杭州师范大学教授，从事佛教文化研究，重点是佛教净土法门研究、区域佛教研究（吴越地区佛教为主）。

历史上九江地区佛教兴盛，高僧辈出，其中贡献最著、影响最大的，非庐山慧远大师莫属。远公大师是佛教中国化和佛教化中国的一位杰出代表，他的贡献和影响广泛而深远，东林白莲结社的创举，在其多方面的贡献与影响中，是最为令人瞩目的。东晋之后中国佛教发展过程中数量众多、形式多样、名称不一的种种结社活动，尤其是净土结社活动，无不追溯到远公的东林遗事，悉皆效法庐山的莲社之盟。这方面的事例，历经诸朝，遍及各地，数不胜数。正如莲宗十三祖印光大师所言："溯自大教东来,远公首开莲社。一倡百和,无不率从。畅佛之本怀,唯此法为最。自兹厥后,代有高人,续焰传灯,光腾中外,迄至于今,宗风不坠。"①

效法远公白莲社故事的结社活动,就匡庐本山而言,后来似乎没有吴越等地来得活跃,其原因之一,当与东林祖庭在远公之后,除元代优昙普度住持时以及当代复兴为净土专修道场之外,相当长的历史时期里并非弥陀净土道场,而是与禅宗或律宗道场有关。尽管如此,在远公东林结社遗事的启示下,匡庐历史上还是有一些较有影响的净土结社活动。有些结社活动,或许因缺乏文献载录而消失于历史记忆之中;有文献记录可资考寻者,匡庐较有影响的结社活动,至少有如下一些:宋代时归宗寺青松社,元代时东林寺莲社,明代时五乳峰七贤峰下逸老社、开先寺丫山社、归宗寺莲社及东林寺重开之莲社,清代时开先秀峰寺莲社、归宗寺梅社念佛会,近现代则有大林莲社、青莲寺莲社。这些结社活动,或专修净土,或兼行念佛;或有较为详细的文字资料可资查考,或仅片言只语留下些微痕迹而已。这里仅就本人有限的了解,对此作些初步介绍,遗漏与不当在所难免,故只能说是"拾影"而已。本文尝试从这样一个侧面,窥探远公东林结社对九江庐山佛教的深远影响。

一 宋代归宗寺青松社

远公东林结社之后,在庐山"仿白莲社故事"的结社活动,较早的当数北宋著名禅僧佛印了元与著名理学家周敦颐所结之青松社。《庐山归宗寺志》中的"青松社"条目如是言:

> 青松社。创始于佛印禅师与周廉溪夫子,盖仿白莲社故事也。②

这段话虽然简单,且语焉不详,但要言不烦,直接明确地点出了结社的名称、创始者及其性质与特色,尤其是"仿白莲社故事也",指明了青松社与远公东林结社的渊源关系。《庐山归宗寺志》是晚明憨山大师编

---

① 释印光:《灵岩山笃修净土道场启建大殿记》,印光著述、张育英校注《印光法师文钞》下册,宗教文化出版社,2000,第1534页。
② (明)释德清纂,(清)周宗建增补《庐山归宗寺志》卷1,白化文、张智主编《中国佛寺志丛刊》第16册,扬州广陵书社,2006,第28页。

纂的，这一记载也反映了憨山大师对青松社及其与远公结社渊源关系的重视。

明朱时恩所辑《居士分灯录》，在"周敦颐（佛印了元禅师法嗣）"传录中，对此则有较此略详的记述。

> ……（颐）因游庐山，乐其幽胜，遂筑室焉。时佛印了元寓鸾溪，颐谒之，相与讲道。问曰：天命之谓性，率性之谓道，禅门何谓无心是道？元曰：疑则别参。颐曰：参则不无，毕竟以何为道？元曰：满目青山一任看。颐豁然有省。一日忽见窗前草生，乃曰：与自家意思一般。以偈呈元曰：昔本不迷今不悟，心融境会豁幽潜。草深窗外松当道，尽日令人看不厌。遂请元作青松社主，以媲白莲故事。①

周敦颐（1017～1073），字茂叔，谥号元公，定居庐山时怀念故乡而名居室旁之溪为"濂溪"，书屋名曰"濂溪书堂"，故号濂溪先生。他虽是理学大家，但与佛学佛教也有甚深因缘，《居士分灯录》将其视为佛印了元法嗣，即是明证。了元（1032～1098），云门宗得道高僧，兼擅诗文，与诸多文人学士有密切交往。濂溪夫子与佛印禅师在庐山的方外交，可谓千古佳话。此所谓"以媲白莲故事"，与《归宗寺志》所言"仿白莲社故事"，基本意思一样，但用词不同，略有差异，"媲"，含不亚于之意；"仿"，有效法参照之意；《居士分灯录》强调宗门禅心法的心心相印，故用"媲"；《归宗寺志》则强调远公白莲结社的榜样示范作用，故用"仿"。《居士分灯录》虽未直接提到归宗寺，但佛印寓鸾溪，即暗指归宗寺，因庐山归宗寺所在的金轮峰下有一条名为"鸾溪"的溪流，故佛印寓鸾溪，即驻锡归宗寺，茂叔虽居濂溪，青松社也是其发起，但因他恭请佛印为社主，结社活动当以鸾溪归宗寺为主，《归宗寺志》载录青松社，即有此意。

《归宗寺志》《居士分灯录》上述内容的有些情节，早在宋代释晓莹《云卧纪谭》之"周茂叔青松社"即有记载：

> 舂陵有水曰濂，周公茂叔先世所居。既乐庐山之幽胜而筑室，则以濂名其溪，盖识不忘本矣。于时佛印禅师元公寓鸾溪之上，相与讲

---

① （明）朱时恩：《居士分灯录》卷下，《卍续藏经》第147册，第908页下。

道，为方外友。由是命佛印作青松社主，追媲白莲故事。嘉祐中，公通守赣上。寻有谮公于部使者，临之甚威，公处之超然。佛印闻而述庐山移文寄之曰：仕路风波尽可惊，唯君心地坦然平。未谈世利眉先皱，才顾云山眼便明。湖宅近分堤柳色，田斋新占石溪声。青松已约为禅社，莫遣归时白发生。公未归，间复趣之曰：常思湖口绸缪别，又忆匡庐烂漫游。两地山川频在目，十年风月澹经秋。仙家丹药谁能致，佛国乾坤自可休。况有天池莲社约，何时携手话峰头。公虽为穷理之学，而推佛印为社主。苟道之不同，岂能相与为谋耶？①

感山晓莹所记，周敦颐与佛印参禅问道的具体情节与朱时恩所述有所不同，《居士分灯录》重法脉传嗣的内容，突出周敦颐是了元法嗣；《云卧纪谭》则重诗文交往及儒佛融通，突出两人道虽不同而能相与为谋的特色，这一点与远公结社颇有相通之处。

综合上述三份相关资料，可知青松社的宗派性质，实属禅社，正所谓"青松已约为禅社"，两人交流基本上皆是禅语，诗文亦充满禅意。但"以媲白莲故事"，又使其与净土结社（莲社）有了联系。"况有天池莲社约"，禅师密修净业亦是常事，周敦颐对远公等十八贤结莲社求生西方的高行也很心仪，其《爱莲说》及其在濂溪书院筑莲池，或多或少受到远公东林结白莲社的影响。故"以媲白莲故事"的青松社，既是禅社，也是儒佛交融的结社，在某种意义上将其视为禅净兼行的净土结社活动，亦未尝不可。

二　元代东林莲社和晚明东林寺重开莲社

（一）元代东林莲社

庐山东林寺在东晋之后相当长的历史时期里，未能接续远公白莲结社的传统，故在元代优昙宗主普度住锡之前，未见有净土结社活动的记载。普度入住东林祖庭后，致力于接续远公莲社的正统，使宋代慈照宗主茅子元创兴而后来出现诸多弊端屡遭朝廷禁断的白莲宗，回归远公之念佛正

---

① （宋）释晓莹：《云卧纪谭》卷上，《卍续藏经》第148册，第5页上—下。

系，他所撰写的《莲宗宝鉴》不仅得到元朝廷认可，也成为莲宗发展的重要文献。当年的东林寺，有念佛莲社的组织和活动，按理是不言而喻的，只是明确的文字记录却甚少，《莲宗宝鉴》中普度自己的文字似未直接言及当时的东林莲社，但在末后的"名德题跋"部分，荐福月而有"东林莲社度宗师述《莲宗宝鉴》"① 一说，赞普度为东林莲社的宗师，此一片言似乎透露了普度当年组织东林莲社的信息。

延祐四年（1317）入元的日僧澄圆，在东林寺依普度受教多年，至治元年（1321）得授《莲宗宝鉴》《龙舒净土文》等返回日本，即在堺市组建旭莲社，把庐山东林莲社之风引入日本净土宗。② 这也从一个侧面佐证普度为导师的东林莲社的存在，反映了《莲宗宝鉴》与东林莲社对日本净土宗的影响。

（二）晚明东林寺重开莲社

普度之后，东林莲社又中断甚久，直到晚明万历年间才重开莲社。此有憨山德清大师为证，《憨山老人梦游集》中明确述及：

> 丁巳夏，归匡山，作休老计，见东林莲社重开，石门禅期已结，予大欢喜。③

憨山大师晚年在庐山亲见"东林莲社重开"及"石门禅期已结"，而生大欢喜心，并以此殷切期待青原山七祖行思大师道场亦得以重兴。

丁巳年，即万历四十五年（1617），距普度时的东林莲社三百年左右。

"东林莲社重开"的具体情况，因憨山大师未予叙述，不得而知。

普度时的东林莲社，万历年间之东林寺重开莲社，笔者目前仅见只言片语的记录，欲知其详，显然还有待发掘历史资料予以进一步探究。

---

① 见（元）释普度《莲宗宝鉴》"名德题跋十一章"，《大正藏》第47卷，第352页中—下。
② 参见〔日〕竺沙雅章《关于白莲宗》，《世界宗教研究》1992年第2期。
③ （明）释德清：《〈重兴青原山七祖道场〉序》，《憨山老人梦游集》（上册），北京图书馆出版社，2005，第369页。

三 晚明五乳七贤峰下逸老莲社

禅净会通圆修,是憨山大师思想行持的重要特色之一。憨山大师(1546~1623)早年经远公故乡楼烦,即有效远公故事结莲社之愿;遂至五台山,与妙峰大师、幻住、镜亭等先后结莲社念佛。① 及至晚年时,他不仅注意到"东林莲社重开",而且休老于匡庐期间,亦曾在五乳峰、七贤峰下构建道场,集志同道合者结莲社念佛以逸老,故有称之为"逸老社"者。②

对此,憨山大师书信中多有提及,如《与顾履初明府》中如是言:

> 山野卜居匡庐之南,七贤峰下,与五老相对。揖让云中,吞吐彭蠡,波光云影,不减太湖。虽花果难争邓尉,而幽胜过之。山野幸托栖迟逸老,且愿效远公东林遗事。将期邀域内高贤,同修莲社之盟。居士肯留心此中,幸约同契胜友,各标志愿。俟结构道场落成,他日归来,如久客还家,共老烟霞,同归极乐,岂不为最上因缘乎。居士若果惠然以为先导,无俟山野饶舌也。③

这里,憨山大师将结社的缘起、宗旨、设想等讲得十分明确,并嘱顾履初为先导,"约同契胜友,各标志愿"。尤其是"愿效远公东林遗事","同修莲社之盟","共老烟霞,同归极乐"诸句,更把五乳峰、七贤峰下逸老结社之净土法门性质及其与远公东林遗事的渊源关系,交代得清清楚楚、明明白白。此时,道场尚未建成,大师即已预作筹谋矣。

与此相关的类似内容,在《与鲍中素仪部》《答钱受之太史》《与汪静峰司马》《与蕲州荆王》《答曹能始廉宪》等书简中亦屡有言及。试举三则:

---

① (明)释德清:《五台山观来石金莲社序》中言:"因游楼烦,忽自忆往事。乃曰:远公生于此,而结莲社于匡山,我何忘其故乡耶?遂愿结金莲社于五台。先闻妙峰大师,遂往归依,建静室于灵鹫以寄焉。既而欲自为念佛社。因五台僧幻住谈台山胜处,言观来石主人镜亭,有苦行,公遂归心。即捐赀嘱修莲社,效匡山故事,修念佛三昧。"《憨山老人梦游集》(上册),第376页。

② (明)释智明《七佛楼记》言及:"近有憨山大师归自岭表,开逸老社于五乳峰下,亦一时之胜。"(清)范昌治编《庐山秀峰寺志》卷3,《中国佛寺志丛刊》第17册,扬州广陵书社,2006,第273页。

③ (明)释德清:《与顾履初明府》,《憨山老人梦游集》(上册),第314页。

顷卜匡庐一壑，以送余年。幸陈赤石公作山门檀越。将邀海内高贤，重刻莲花之漏。书来云：荷长者为祇园首唱，念匡庐名胜，得高贤击节，岩壑生光。第山野有愧远公，不堪作东林社主耳。① （《与鲍中素仪部》）

切愿老居士，早遂归来之志，同究竟此生净土之愿。新岁闻法驾业已抵家，喜而不寐。……山野仰仗慈庇，山居不及三载，经营聊尔可栖。即将常住交首座为十方，独此一身，闭关绝缘，随众粥饭。自中秋至今，已及五月。三十年所求难得之缘，一旦遂之，余生岂忍轻放。将一切禅道佛法，置之度外，单修拙度，效远公六时刻香代漏，日持弥陀五万声，以送余生。所幸衰朽色力，尚可强行，夜坐不卧，精神觉无疲倦。即一日，皆老居士之惠我也。② （《与汪静峰司马》）

今关中一切禅道佛法，束之高阁，一味守拙。每想古人有昼夜弥陀十万声，今愧衰老，色力不充，自试常能强半。特效远公，六时莲漏，以香代花。数月以来，身心自臻极乐。知垂念之深，故敢以告。③ （《答钱受之太史》）

由上可知，陈赤石不仅是道场檀越，而且虔敬地推尊憨山大师为社主，但大师甚为谦谨，让曰："第山野有愧远公，不堪作东林社主耳。"大师曾诚邀蕲州荆王为社首。④ 大师念佛精进而大有受用的宗教体验，则在与助成道场的另一大檀越黄梅人汪可受（1559～1620）与相知甚深的江南文宗钱谦益（1582～1664）两位大居士的信中显露无遗，"将一切禅道佛法，置之度外，单修拙度，效远公六时刻香代漏，日持弥陀五万声"，"夜坐不卧，精神觉无疲倦"，如此专心的净业行持，是何等精进！而"数月

---

① （明）释德清：《与鲍中素仪部》，《憨山老人梦游集》（上册），第 323 页。
② （明）释德清：《与汪静峰司马又》，《憨山老人梦游集》（上册），第 298 页。
③ （明）释德清：《答钱受之太史又》，《憨山老人梦游集》（上册），第 328 页。
④ 憨山大师在《与蕲州荆王》书中曰："今夏复回匡山，拟休老计，幸故人汪司马公，以法眼相看，愿结十贤，同入莲社，欲贤王为上首。曾托左右致意，想未达睿听。然惟匡山即灵鹫，蕲黄即舍卫，岂舍贤王于法门乎？将期始终金汤耳。"（见《憨山老人梦游集》上册，第 311 页）言辞甚为恳切。

以来，身心自臻极乐"，岂非契入念佛三昧之境界！

《憨山老人自序年谱实录》中，也有相关的记录，如万历四十六年（1618），"予年七十三。是年修佛殿、禅堂。三月浮梁陈赤石公入山，结中素鲍公，我斋夏公，为十友。助修造资，冬十二月殿堂成。"四十七年（1619），"……秋七月，以五乳为十方养老常住。八月望，予闭关谢事，效远公六时刻香代漏，专心净业"①。

此与其书信中的相关内容，可以相互印证补充。逸老莲社共结十友，专心净业，可谓名副其实的净土结社。大师在《东林怀古》诗中抒发的"夙慕东林师""极乐为归期"的情怀与愿望，终于在庐山五乳峰、七贤峰下付诸实践。

憨山大师本拟终老匡庐，后因曹溪僧众与韶阳宰官多次坚请，情不获已，而于天启二年（1622）冬离匡庐赴曹溪，次年十月便圆寂于曹溪祖庭。因缘如此，唯有随顺之耳，大师肉身至今安奉于曹溪祖庭，亦一大胜事。这里笔者打个妄想，倘若大师不因此而南返，则匡庐五乳峰、七贤峰下的逸老莲社，定会有更多的净行胜事。

四 晚明开先寺丫山社、归宗寺莲社

差不多与憨山大师在五乳、七贤峰下结逸老莲社的同时或稍后，匡庐南麓之开先寺有若昧智明等结的丫山社，金轮峰下则有坚音修慈等结的莲社，如再加上东林寺重开之东林莲社，晚明可以说是匡庐净土结社活动的活跃时期。

（一）开先寺丫山社

庐山开先寺，清初康熙年间才改额为秀峰寺。明末开先寺七佛楼之净土结社，《庐山秀峰寺志》有明确记载，资料较为丰富。卷3"七佛楼"条目，先是一段扼要介绍的文字：

> 计五间，高四丈有奇，有明米万锺书额。若昧法师来庐山，先居黄岩，万历戊申住开先，郡人水部郎吴道长为之护法。天启辛酉建七

---

① 《憨山老人自序年谱实录》，《憨山老人梦游集》（下册），第584页。

佛楼，集有道之士而结社焉。①

由此可知，开先寺净土结社活动的一些基本信息：场地在米万锺书额的七佛楼，倡首或曰社主是若昧法师，起始于天启元年（1621）；而社名，此处未予交代。

随后，《庐山秀峰寺志》全文收录了释智明所撰《七佛楼记》，对结社活动有颇为翔实的叙述。智明，若昧之法名，此记标明所结之社名"丫山社"。文不太长，为便于把握丫山社的来龙去脉，不妨全文照录于下：

夫佛道一道也，孰为禅，孰为教，孰为律？然佛道虽一道，以入佛道者秉受难毕于一时，教诫遂裂为异议何者？昔能仁氏垂化天竺，观根授诀，则必先诵十法四分防修之典，是谓戒也。既律身成行而理性不明，何以造智证之阶？故次示之三乘十地顿渐之文，是谓教也。解行两圆契悟无爽，故末后拈花始付正法眼藏涅槃妙心，是谓禅也。盖非律不足以规初心之持犯，非教不足以阶至道之浅深，非禅不足以冥净果之玄奥。是知异议而同，三者一贯，不可偏废也。佛道之来支那，迄今千七百年所矣，虽代不乏人，传持有则，但隆替因时，盛衰不等。如教之兴于汉再盛于晋，历唐宋与不立文字之宗迭相标榜，虽间有学禅而不由讲者，其于开示悟入之功尚有不可胜记者。而律之来始盛于汉再盛于唐，至宋稍塞，时多改律寺为禅寺，始有学禅而不受戒者矣。惟禅宗之来始于梁大盛于唐再大盛于宋，古佛大菩萨出世圣迹隐显，神异莫测，祖庭之胜莫胜于此，至元稍塞，其教外别传之旨，亦变为名言矣。由此而言，三宗之在流行通塞之间，遂稍别为门户也。其后自元历明二百七十余载，禅律二宗寥寥不振，惟教独存，犹能持二宗之微。而三宗之法匠，虽不敢曰绝无其人，但不能复见古人之全盛也。今天下缁衣者流可谓众矣，护佛寺持法藏可谓隆矣，而率不能免髡首凡民之謷。学律者多以劣行自高不谙教观，业讲者多以劣语自尚不勤履践，惟宗禅者病莫甚焉，不亲师训不习教乘，大眼空人满腔狂慧，做祖师样行缙绅事，自欺欺人全无惭愧，佛道至此可不

---

① （清）范昌治编《庐山秀峰寺志》卷3，《中国佛寺志丛刊》第17册，广陵书社，2006，第268页。

痛哉。明自惭业根深重道力轻微，前不及睹马祖百丈临济诸老，所不幸者多矣。然静言思之，尚有自庆者三：少得滥次雪浪大师门墙之门一闻馀响，一幸也；长得受屈折于达观老人棒喝之下顿死偷心，二幸也；又得一问戒相于云栖和尚之堂亲纳戒体，三幸也。盖此三大老千古一时，不幸而幸亦多矣。昔东林远法师开白莲社于虎溪之上，一时从社之高贤十有其八，为百二十三人之冠。而今逆观当时之胜，盖可想见。近有憨山大师归自岭表，开逸老社于五乳峰下，亦一时之胜。明住匡南之开先既久，开先之胜甲庐山，乃南唐中主主相时所作也。风泉云壑，碧树丹崖，双剑插云，飞流接汉，高人逸士之题咏俱载传纪。且丛林为古今产佛之场，几欲邀同志潜修其间，尚未之逮也。庚申冬，因说法汉上，禅诵之暇，偶与老宿及门人辈语向上事不契，叹慨久之，时有以社事请者，深惬夙心，欢喜称赞，辄与诸净侣对佛发愿立丫山社之盟，期专心净业，虽不敢曰追远祖之愿，得借此以亲同志而遂初心耳。议鼎建七佛楼于摩崖佛偈之前，上奉七佛尊像，下奉开山祖为禅诵之堂，楼左立高贤堂以祀远祖，俾从事者怀高尚之志，请卒业焉。楼右立禅律讲之三堂，以奉三大师，如愿矢心从大师学者，请诸遂其己志之无穷，其余力亦得兼修远祖之大业。必使由戒入教，解不遗行，由教入禅，悟不防修，即一而三，即三而一，庶无坐偏枯使菩提心不圆满也。以其丫山名社者，尊开山和尚也。愿我同志，各遂初心，长养圣胎，增益佛道者矣。①

若昧智明先是发了一通契理契机的议论，既肯定禅、教、律的一致性，强调"三者一贯，不可偏废"；又直面千百年来禅、教、律的兴衰变化，痛切指出佛门末流的种种弊端，"学律者多以劣行自高不谙教观，业讲者多以劣语自尚不勤履践，惟宗禅者病莫甚焉，不亲师训不习教乘，大眼空人满腔狂慧，做祖师样行缙绅事，自欺欺人全无惭愧，佛道至此可不痛哉"。然后联系自身经历，发幸与不幸之感慨，一方面，"自惭业根深重道力轻微"，前不及见宗门诸大老龙象，故不幸多矣；另一方面，又自庆值遇三位千古一时的大老硕德，一是依雪浪洪恩听闻经教，二是

---

① （明）释智明：《七佛楼记》，《庐山秀峰寺志》卷3，《中国佛寺志丛刊》第17册，第269~275页。

得达观真可棒喝顿死偷心,三是在云栖莲池座下亲纳戒体,教、禅、律皆得名师传承,故不幸而又幸多矣。继而再转入净,由往昔东林远公开白莲社于虎溪之上,到近来憨山大师开逸老社于五乳峰下,慨叹与人语宗门向上事不契,遂结诸净侣于佛前发愿立丫山社之盟,以期专心净业。于是而鼎建七佛楼,上奉七佛尊像,下奉开山祖为禅诵之堂,楼左立高贤堂以祀远祖,楼右立禅、律、讲三堂以奉达观、云栖、雪浪三大师。随众之根机志向,或专修净业,或禅净、律净、教净兼修。社名丫山者,尊开山和尚也。

是知,开先寺之丫山社,亦是名副其实的净土结社,远效东林白莲社故事,近受憨山逸老社启发。丫山社之于净业修持,专兼并行,应与智明的学修经历有关。

智明(1569~1631),海陵毛氏子,字若昧,别号东隐。兼奉雪浪、达观、云栖诸师,禅、教、律、净无不熏习,既是教下贤首宗雪浪之法嗣,又接宗门禅之临济法脉[1],还秉戒于云栖座下,故诸法融合而导归净土。于《楞严》尤有深证,丛林有"昧楞严"之称。其卓锡匡庐,先居黄岩十年。万历三十六年(1608)始住开先,其寺久败,师复兴之。天启元年(1621),启建七佛楼,倡立丫山社,履践净土行,为一时之盛。崇祯四年(1631)夏,以开先殿事游西昌,忽示疾于净土兰若。至六月,自诣龛跏趺,笑谓众曰:"我且试耳。"遂奄然坐化。世寿六十三,僧腊五十八,弟子奉龛归开先建塔,葬于黄石岩前双剑峰下。[2]师能文善诗,此录一则:"住老匡南寺,何曾见远公。君来白日暮,一笑青山空。涧水依松曲,岩花篆壁工。长宵浑不寐,大畅古人风。"[3]虽不见远公,而效法远公

---

[1] 庐山开先若昧智明禅师,为临济下三十三世、鹅头下第九世;若昧智明又演十六字:佛道兴隆 有开必先 传灯绍祖 以永万年。见(清)守一空成重编《宗教律诸家演派》,《卍续藏经》第150册,第531页上;弘觉禅师木陈道忞,即是智明剃度弟子,故道忞《与介子黄居士》中曰:"开先明法师,忞受业先子也。"见《庐山秀峰寺志》卷4,《中国佛寺志丛刊》第17册,第367页;道忞赞师曰:"吾师孤婴托身萧寺,内无悦德,外有艰棘,不自殄灭足矣,乃能南走吴越,北走燕冀,掉臂于禅丛讲席,究明心性,竟为圆宗儿孙,坐匡庐,起废宫,说法三十年,驰走天下英灵,名振公卿,生死去来如脱,岂曰一代法杰,必再世现身者也。"见(清)了惪《贤首宗乘》,http://lrs.litphil.sinica.edu.tw/huayan/p3-2-4.php?pt=3。

[2] 若昧智明事迹,综合(清)范昌治《庐山秀峰寺志》、(清)释了惪《贤首宗乘》及(清)释道忞《开先若昧明和尚行状》的有关内容。

[3] (明)释智明:《开先喜石浪见过》,《庐山秀峰寺志》卷6,《中国佛寺志丛刊》第17册,第392页。

故事，岂非"大畅古人风"耶！

若昧智明，不仅是庐山开先秀峰寺历史上的一位硕德高僧，也是晚明佛教史上一位颇有影响的法门龙象。寺志有云："此寺自丫山住锡而后，若宋之清耀、行瑛，明之若昧、雪峤，皆所称法门龙象。"[1] 若昧效东林遗事结丫山莲社，是其上行下化高行中的一个重要方面。

（二）归宗寺莲社

与东林寺重开莲社、五乳峰七贤峰下憨山大师结逸老社、开先寺结丫山社等大体同时，庐山金轮峰下的归宗寺，则有坚音上人倡结之莲社。

《庐山归宗寺志》卷4，有"坚音上人莲社卷"，收录了相关的几首诗，透露了这方面的一些信息。此录其中二首，以见一斑。

与云栖莲池、憨山德清等晚明高僧皆有甚深法谊的广瀹居士吴应宾（1564～1635），其《题莲社卷》诗曰：

> 遁迹归空谷，清斋礼六时。
> 听经龙饮钵，念佛鸟栖枝。
> 漫作莲花想，宁攒粟里眉。
> 何当多病起，卜筑此山奇。[2]

星子人萧时中《题坚音上人莲社卷》诗云：

> 紫霄峰下玉嶙峋，几众高贤结净因。
> 十八风流看渐近，相逢谁是过溪人。[3]

坚音上人，即坚音修慈禅师，果清法湛高足，紫柏尊者法孙，与憨山大师也多有交往与合作。万历四十一年（1613）遵果清之命住持归宗，四

---

[1] （清）范昌治编《庐山秀峰寺志》卷首，《中国佛寺志丛刊》第17册，第62页。
[2] （明）吴应宾：《题莲社卷》，见（明）释德清纂，（清）周宗建增补《庐山归宗寺志》卷四，《中国佛寺志丛刊》第16册，第308页。
[3] （明）萧时中：《题坚音上人莲社卷》，《庐山归宗寺志》卷4，《中国佛寺志丛刊》第16册，第309页。

十三年（1615），冶铁重铸金轮峰顶释迦文佛舍利塔①，重新安藏佛舍利。憨山大师有《庐山金轮峰释迦文佛舍利塔记》，述此盛事与前因；还有《示归宗坚音慈长老行乞庄严佛土》，乃坚音为复塔庄严佛土而行乞募缘之前请憨山大师所作的开示。②吴应宾《金轮峰歌》亦言及"坚音受憨山大师付嘱，行乞吴越，作金轮歌以赠之"。③组织净土结社活动，也是坚音弘法利生事业的重要举措。他不仅在归宗寺结莲社，还在金沙东禅寺主持过青莲社，憨山大师《金沙重兴东禅寺缘起碑记》中，曾详言青莲社之缘起与经过。④

而坚音上人无论是复建金轮峰顶佛舍利塔，还是多处组织莲社活动，皆与庐山远公的东林遗事密切相关。

五 清初开先秀峰寺莲社

庐山鹤鸣峰下的秀峰寺，原名开先寺，直到清初康熙四十六年（1707）才改额为秀峰寺。莲社初结时，寺院尚称开先寺，故开先秀峰寺莲社，即使不是丫山社直接的延续，也明显受到丫山社的影响。

前述明天启元年（1621）若昧智明所启建的七佛楼，到清初康熙三十二年（1693）心壁超渊发心重修，并于此续开莲社，大扇莲风。康熙四十三年（1704），侍郎高士奇偕男翰林舆请《大藏经》供奉于上，以为镇寺之宝。

关于莲社的缘起，江西巡抚宋荦（1634~1713）撰写的《重修开先寺碑记》⑤多有述及，因碑记篇幅较长，这里主要择与莲社有关的内容，摘录于下：

---

① 金轮峰顶佛舍利塔，始建于东晋。义熙年间，远公至庐山，开莲社于东林，梵师耶舍尊者至，远公邀入社，乃以所携释迦佛舍利，建塔于金轮峰顶，身负铁以为浮屠。此西江塔寺之首焉。
② （明）释德清：《庐山金轮峰释迦文佛舍利塔记》、《示归宗坚音慈长老行乞庄严佛土》，分别见《憨山老人梦游集》（上册），第467~469页，第75~76页。
③ （明）吴应宾：《金轮峰歌》，《庐山归宗寺志》卷4，《中国佛寺志丛刊》第16册，第306页。
④ （明）释德清：《金沙重兴东禅寺缘起碑记》，《憨山老人梦游集》（上册），第476~478页。
⑤ （清）宋荦：《重修开先寺碑记》，《庐山秀峰寺志》卷3，《中国佛寺志丛刊》第17册，第230~234页。

……追东晋慧远居东林,始开白莲社於虎溪之上,一时入社得十八贤,而西方之教乃大兴于东南。鹤鸣下有开先寺……余昔自江西移节吴会,道过南康,因至其寺。青玉峡、聪明泉、招隐桥诸胜,一举足而毕揽其概,实为仙灵窟宅。而栋倾榱圮,风雨鸟鼠之所,剥蚀零落,无高僧以修复之,则莲社一灯几于中熄矣。时有开士超渊者,为天童昼公法嗣,妙德相承,莫之能最。余乃相延入寺,以主龙象,于是……焕然改观。……渊公道力无忝远公,余未知可附于陶渊明、周道祖、刘遗民之后尘否也?……康熙辛巳夏,渊公来吴请余记之。余记之将镌于石,余应请系之以颂曰:……肇启莲社,衍於开先。惟此开先,克敵法筵。远公之师弥天道安,所受佛图澄焉,今超渊者,弗替其传,戒董僧伽,夙夜揭虔,香花灿若,钟鼓铿然,空生大觉,海一沤观,东升朝旭,西散夕烟,须臾变灭,谁为不迁,白云升户,明月在天,敬作兹颂,以昭万年。

由此可知,开先秀峰寺清初肇启的莲社,实乃远绍远公东林遗事(白莲社),近续若昧开先结社(丫山社)。宋抚犖公具弥陀信仰,与心壁超渊为方外知交,乃开先寺的大护法,故对复兴开先而使"几于中熄"的"莲社一灯"续焰重启的超渊禅师大加赞叹。所谓"渊公道力无忝远公,余未知可附于陶渊明、周道祖、刘遗民之后尘否也?",虽是谦辞,却深含追媲东林白莲社遗风的意蕴。辛巳,即康熙四十年(1701),比康熙亲书"秀峰寺"匾额赐予心壁早六年。莲社活动时间跨越寺院易名前后,故这里称之为开先秀峰寺莲社。

莲社的倡首或社主,是心壁超渊,临济下三十三世。寺志称其为"中兴开先秀峰初代心壁超渊禅师",有篇幅不小的介绍。[1] 心壁不仅兴复殿宇,而且订立《丛林共住规约》十条,[2] 寺院道风清肃,法化大开,故寺志赞曰:"心壁之功应不在开山之丫山下也。"[3] 心壁是昆明人,事亲至孝,

---

[1] 见(清)范昌治编《庐山秀峰寺志》卷4,《中国佛寺志丛刊》第17册,第304~316页。
[2] 心壁所立的十条共住规约是:一敦本尚德约,二安贫乐道约,三省缘务本约,四奉公守正约,五柔和忍辱约,六威仪整肃约,七勤修善业约,八直心处众约,九安分小心约,十随顺规制约。见《庐山秀峰寺志》卷4,《中国佛寺志丛刊》第17册,第316~321页。
[3] (清)王翰:《庐山秀峰寺志·序》,《庐山秀峰寺志》卷首,《中国佛寺志丛刊》第17册,第6页。

自号愧蒲道人（蒲，取唐代睦州高僧陈尊宿织蒲鞋养母典故），曾一瓢一钵，沿途募化，万里省亲，故时人称之为"僧名而儒行"。心壁与数任江西巡抚宋荦、张志栋、郎廷极皆有交往，曾获康熙召见，御赐颇丰（包括康熙亲书"秀峰寺"额与《心经》等）。心壁圆寂后，塔在寺之东。

与心壁结莲社之盟，或与心壁有诗文唱酬的居士，除宋荦外，尚有梅先珩、罗鎤、乔寅、程之鵕、叶燮、吴允嘉、王翰、王思训、查慎行等等。另八大山人、石涛、本庆等画僧、诗僧，与心壁亦有交往。

这里仅录与莲社直接有关的几句诗，作为开先秀峰寺莲社的旁证：

> 欣逢今惠远，莲社许相从。（罗鎤《赠秀峰心壁禅师》）
> 还期开岁过莲社，已约陶公与谢公。（乔寅《送壁公还秀峰寺》）
> 好待秋高莲社约，鹤鸣峰顶快先登。（程之鵕《送心壁上人还庐山秀峰寺用查初白太史韵》）①

以上诗句皆为易额"秀峰寺"之后所作，恰可说明开先秀峰寺莲社的持续年代较长；罗鎤称心壁超渊为"今惠远"，乔寅所谓"已约陶公与谢公"，程之鵕则表达了期待莲社邀约急欲捷足先登的迫切心情，这些不仅表明心壁禅师道隆德盛，富有摄受力，从而吸引不少文人学士踊跃参与莲社活动，此乃开先秀峰寺莲社兴盛一时的生动体现；也表明开先秀峰寺结莲社修净业的活动，正是对庐山远公东林遗事的效仿。

六　清末归宗寺梅社念佛会

归宗寺的净土结社活动，在宋代有佛印了元与周敦颐的青松社，明代有坚音上人莲社，到清末则有梅社念佛会。

《庐山归宗寺志》卷2，有这样的记载：

> 光绪壬辰年……租谷尽管改为梅社庄收纳，为开结梅社念佛胜会因缘也。②

---

① 以上所录三人的诗，均见《庐山秀峰寺志》卷5，《中国佛寺志丛刊》第17册，第423页。
② 《庐山归宗寺志》卷2，《中国佛寺志丛刊》第16册，第189页。

文虽简短，但明确指出了归宗寺有梅社念佛胜会，为此寺田的租谷改由梅社庄收纳，以作梅社念佛胜会所需的净资。壬辰年，即光绪十八年（1892）。

《庐山归宗寺志》卷4，熊光瓒与释德梵的诗，则佐证了归宗寺梅社的存在。熊光瓒《题梅社》[①] 诗曰：

盟坛特立肩风雅，隃糜满匦供挥洒。
分明疏影落风前，仿佛幽芳问月下。
忆昔京华常过从，岭西何幸仍相逢。
酬对修然忘俗累，诙谐立地通禅宗。
榕城弹指流光换，梓乡回首浮云封。
手写虬枝将什载，众香国里春如海。
他时泐石留崖阿，软弦雅集名流多。
梅社名高应不朽，遐几莲社说无偈。
鹿苑深知缔造坚，鸿图终卜流传久。

熊光瓒，江西南昌冈上月池人。光绪二十四年（1898）进士，曾任广西淩云知县。该诗还有三处小注，"盟坛特立肩风雅"句下注曰"将起梅社上继远公莲社之胜"，"榕城弹指流光换"句下注曰"自夏徂秋又将三阅月矣"，"软弦雅集名流多"句下注曰"将来社中名人必盛"。

由此可知，梅社也是远绍远公东林遗事之净土结社，"隃糜满匦供挥洒"，正是以租谷作梅社净资的佐证。熊光瓒在广西任职（榕城即寓有此意），庐山属江西，故有"梓乡回首"之说。他乐观展望梅社必将名流雅集，名垂青史。

清释德梵《还归宗寺》诗后二句曰："何劳更结青松社，洗墨池中种白莲。"[②] 该诗虽未直接提到梅社，但运用宋代青松社的典故，又特别提到白莲池，似有暗指梅社念佛会之意。

梅社念佛会的组织者与具体活动情况，因寺志语焉不详，有待发掘资料进一步探究。

[①] （清）熊光瓒：《题梅社》，《庐山归宗寺志》卷4，《中国佛寺志丛刊》第16册，第319~320页。
[②] （清）释德梵：《还归宗寺》，《庐山归宗寺志》卷4，《中国佛寺志丛刊》第16册，第327页。

七　近现代大林莲社与青莲寺莲社

历史进入近现代，庐山又涌现出大林莲社和青莲寺莲社，前者与太虚大师大有关系，后者则得到印光大师的关怀指导。

（一）大林莲社

大林寺历史上曾是庐山名刹之一，但在岁月沧桑中几经兴废。清末太平天国运动使大林寺惨遭破坏，成为废墟。一直到民国年间因太虚大师的关注引领以及檀越信众的发心募修，大林寺才得以逐步复兴。1922 年，太虚大师偕竺庵长老造访庐山，见大林寺仅存荒址，而牯牛岭已成中外人士的避暑胜地，深感在此建置佛教暑期讲学所之意义重大，遂向当局倡议复修大林寺。太虚大师亲撰《庐山牯岭创设佛教讲演所募捐启》[1] 曰：

> 庐山为晋慧远法师创设莲社之地，历六朝、唐、宋、元、明、清，禅讲各宗，寺院林立，乃吾国佛化最昌盛之区也。比数十年来，钟梵寥落，刹幢残废，而入兹山者，辄不胜今昔之感！况牯岭辟为中外人士避暑之场，每当炎夏，东西士女之游止者，年数十万人，心旷神怡，正堪熏习胜义，资发元悟，竟于其中无一宣扬佛法之讲堂，是诚吾佛教四众之责也。……敬希诸上善人共发大心，襄成胜业，则此庐山之讲演所，可为宏传佛法于全球之嚆矢，其功德宁可思议欤！

此劝募文即从远公创莲社之东林遗事的深远影响说起，又深契时机因缘，依凭庐山胜地各国游客云集的有利条件，拟创设佛教讲演所而将佛法弘传于全球，可谓高瞻远瞩。是以得到广泛响应，开启了大林寺之复兴盛举。也正是基于此，世界佛教联合会在太虚大师主持下在此召开有中、日、英、法、德等诸多国家佛教代表参加的世界佛教徒首次会议，揭开了中国近代佛教史的重要一页。后来大林寺成为庐山佛教的重要讲学之地，广迎接引四方有缘者。

---

[1] 释太虚：《庐山牯岭创设佛教讲演所募捐启》，《太虚大师全书》第 33 卷，宗教文化出版社、全国图书馆文献缩微复制中心，2005，第 84~85 页。

1932年七月，太虚大师在《大林寺募修佛殿法堂序》[①] 中，深情回顾了大林寺复兴前期的难忘历程，不仅欣慰地述及世界佛教联合会大会举行，及讲学极盛等胜事"而大林寺遂名闻寰宇矣"，还特别提及"至民十八（1929），邀竺庵长老住持经理，乃集钟益亭、罗奉僧、彭绵城居士等建大林莲社其上"。于是，大林莲社遂成为大林寺的一个重要组成部分。大林莲社是庐山修学弘扬净土法门的重要基地，太虚大师亲自为大林莲社撰写《征集大林寺四十八愿文启》[②] 曰：

> 昔有远公，晋代高僧，匡庐遁迹，肇兴东林，殿曰神运，猛虎司阍，不拜王者，厥论宏深。卢桓虽横，犹仰高风，一时大法，如日初东！首创莲社，念佛为宗，刘陶宗雷，景然相从。嗣是以来，代有高贤，追怀芳躅，辉映后先，永明云栖，流风来迁，讫今末法，二千余年，沧海横流，百怪宣阗，兵燹盗贼，天灾蔓延，众生同业，嘘以慨焉！舍我佛法，孰解此悬？回头是岸，泥淖生莲。火宅匪安，极乐非遥，发愿往生，弥陀见招。
> 兹有竹庵老和尚来居大林，开榛举废，作苦辛劳，建筑莲社，远慕昔僧，冀招净侣，住舍持名，四十八愿。各宜兴起，追踪古人，分财布施，乐观厥成！

显然，大林莲社正是效法当年远公东林结社遗事，力倡力行的是信愿念佛往生极乐的弥陀大法。

复兴的大林寺和新建的大林莲社，成为民国时期庐山佛教的一大重地，八宗共弘的太虚大师在这里多次讲经说法，如《倒果觉之下化起因行之上求》，即是1933年八月在庐山大林莲社所讲。1936年八月，太虚大师更是在大林寺系统诠释天亲菩萨所造的《往生论》，记录稿《〈往生净土论〉讲要》发表于《海潮音》第17卷第9期，对净法门的弘扬产生了重要影响。

大林寺的复兴和大林莲社的建设，在太虚大师一生中是一段重要经历，所以他的《自传》中有专门的一部分（"十七庐山东林寺的复兴"）颇为细致详尽地回忆记述这一段难忘的历程。

---

① 释太虚：《大林寺募修佛殿法堂序》，《太虚大师全书》第33卷，第86~88页。
② 释太虚：《征集大林寺四十八愿文启》，《太虚大师全书》第33卷，第61页。

（二）青莲寺莲社

青莲寺莲社则得到莲宗十三祖印光大师法眼的关注和热心的指导，其缘起疏与宣言书皆由印祖所撰。

在《庐山青莲寺启建莲社缘起疏》中，印光大师写道：

> 庐山最胜之地，青莲寺适当其基。高踞山巅，其形势固天然一朵莲华。故晋之黄谷大师，继远公之宏猷，建寺其中，以阐扬莲宗也。自晋迄清，千五百余年，由高人相继住持，故莲风常得丕振。至洪杨之乱，悉成劫灰，法道式微，无人恢复，致令千余年选佛道场，竟成荒山，可不哀哉。爰有妙培大师，系微军老人之高足弟子，恪遵师训，笃修净业。特往红螺，参学多年，今春来游庐山，至其寺基，见其形如莲华，而复前临三叠之瀑布，后倚五老之雄峰，左右则有狮子、象鼻二峰，以为卫护，殆天造地设一净土道场，不忍永令湮没，遂发愿恢复，以宏莲宗。乃与上海诸大居士商榷，先募千余元，用建念佛堂一座，僧寮数间，安真心办道数人，六时行道，用继远公芳规。待后有大功德主，则随力扩充，以财力维艰，行道是急，故不得不随分随力，以期修持得益，而不致有碍净业也。其结社之法，一遵远公成规，人不论僧俗，必须具真信愿，决定求生西方。又须各持斋戒，清净身口意业，朝暮课诵，三时念佛，除有病，及公事外，概不得避懒偷安。暇则随意礼诵坐禅，但取其于道有益而已。唯不得习学诗文，泛览俗典，以及闲谈杂话，虚度光阴。[1]

由上可知，青莲寺处庐山最胜之地，形如莲华，高踞山巅。青莲寺从开山时起，即是净土道场，自晋黄谷大师起，莲风常得丕振。但遭"洪杨之乱"破坏，千余年之古刹，竟成荒山。幸得微军老人之高足弟子妙培，发愿恢复，以弘莲宗。上海诸大居士慷慨施资，建成念佛堂与僧寮，结真心办道者六时行道念佛。其结社之法，一遵远公成规，人不论僧俗，必须具真信愿，持戒念佛，决定求生西方。

---

[1] 释印光：《庐山青莲寺启建莲社缘起疏》，印光著、张育英校注《印光法师文钞》下册，宗教文化出版社，2000，第1435页。

《庐山青莲寺结社念佛宣言书》中,亦有相似内容。且进一步强调"为今之急务者,开莲社以行道耳"。并就"或谓念佛求生西方即已,何必结社?"之质难,释疑解惑,开示结社念佛的利益与意义。印祖剀切指出:世间万事,须待众缘相助,方得有成;学了生脱死之无上妙法,更是如此。人之常情,若无依倚,则多涉因循息忽之弊。大众同居,功课有定,虽欲懈怠亦不可得。功课之外,其奋发精进者,即可摄彼懈怠者勉力而行。人皆前进,谁甘后退,彼此相辅,其行易成。或有所疑,及有所见,有可抉择。又每日暇时,请诸耆宿略示净宗纲要,则邪正去取了了分明。有此诸益,故古人咸以结社为倡导。即身有职业,不能亲预,但依社章修持,待开会日,或亲往,或函告,明己修持之勤怠,利益之大小,亦与预修相去不远,以心冀社友,不敢怠荒故也。须知佛法,原不离世间法,凡诸社友,必须各各恪尽己分,如父慈子孝、兄友弟恭、夫唱妇随、主仁仆忠等。又须诸恶莫作,众善奉行,戒杀护生,不餐荤酒,闲邪存诚,克己复礼,自利利他,以为己任。如是则基址坚正,堪受法润,果具真信切愿,当必往生上品。①

印祖所言,可谓披肝沥胆。正因如此,历代皆有仿效远公东林遗事,结莲社念佛誓生西方之胜举。尤其是如今时丁末法,人根陋劣,更宜专修净业,结社念佛正是即生了脱最为便捷稳妥、行之有效的共修方式,东林遗事的影响势将历久弥彰。莲宗初祖道场庐山东林寺,当代自果一老和尚恢复以来,传印长老、大安大和尚续焰传灯,恪遵远公莲社芳规,继承发扬莲宗诸祖的思想行持,专修专弘弥陀净土法门,成为净业四众归仰的第一净土道场。东林白莲故事,不仅是值得永远缅怀的遗事,更已转化成为当下净业行者正在践行的胜事!

八　简要小结

效法远公东林遗事的净土结社活动,在匡庐本山,历代皆有,诸如宋代有归宗寺佛印了元与周濂溪所结之青松社,元代有优昙普度导正白莲宗回归远公念佛正系时之东林寺莲社,明代有五乳峰七贤峰下憨山大师倡结之逸老社、开先寺若昧智明倡结之丫山社、归宗寺坚音修慈为首之莲社及

---

① 参见释印光《庐山青莲寺结社念佛宣言书》,《印光法师文钞》下册,第1413~1314页。

东林寺重开之莲社,清代有开先秀峰寺心壁超渊为社主之莲社、归宗寺之梅社念佛会,近现代则有同太虚大师大有关系的大林莲社和得到印光大师关注与指导之青莲寺莲社等。这些结社活动,或专修净业,或兼行念佛;或有较翔实的文献资料,或仅片言只语留下些微痕迹。这些结社活动,正是庐山远公东林白莲社故事对庐山佛教、九江佛教以至中国佛教,特别是净土法门的发展,具有广泛深刻影响的具体表现。

就不同的历史时期而言,虽然宋、元、明、清直至近现代,匡庐都有效仿东林遗事的净土结社,相对而言,明末清初尤其是晚明,乃是庐山净土结社活动最为活跃的时期。

就净土结社的地点而言,归宗寺结社次数最多,有宋代的青松社、晚明的坚音上人莲社、清末的梅社念佛会;其次是开先秀峰寺和东林寺,各有二次;五乳峰七贤峰下憨山大师休老处和青莲寺、大林寺,各有一次。当然,很可能其他场所也会有,有待进一步寻觅发现。

就净土结社倡首或社主而言,每一位都是不能忽略的,其中晚明的憨山德清、若昧智明、坚音修慈和清初的心壁超渊四位高僧,尤其值得关注;而憨山大师更是影响最为广泛深远的一位,他不仅禅净圆修,亲自效仿东林遗事在五乳峰七贤峰下结逸老莲社,而且匡庐好多净土结社活动与其有着或多或少的联系,如其编纂的《庐山归宗寺志》载录了宋之青松社、明之坚音上人莲社,他同坚音修慈有密切交往与亲密合作;开先寺若昧智明之丫山社,也受到憨山逸老社的启发影响;他还特别提到亲见东林莲社重开而生大欢喜心,这一信息对研究晚明东林寺的净土法门开展情况具有重要价值。

莲宗十三祖印光大师虽未直接莅临匡庐参与净土结社活动,但他为庐山青莲寺莲社所写的缘起疏和宣言书,是庐山佛教净土法门的宝贵文献,而且他亲自确定并指导建设且圆寂于此的净土专修道场苏州灵岩山寺,与东林远公首开之莲社在思想上有着一脉相承的联系,故这里再次引述印光大师的一段法语作为本文的结束语:

> 溯自大教东来,远公首开莲社。一倡百和,无不率从。畅佛之本怀,唯此法为最。自兹厥后,代有高人,续焰传灯,光腾中外,迄至于今,宗风不坠。[①]

---

① 释印光:《灵岩山笃修净土道场启建大殿记》,《印光法师文钞》下册,第1534页。

憨山德清的《观老庄影响论》

韩焕忠

摘　要：憨山《观老庄影响论》站在佛教的立场上，对涉及《老子》与《庄子》的诸多问题进行了全面的论述。他在《叙意》中主要阐明了自己著述《观老庄影响论》的目的与方法，在《论教源》中将"妙悟"视为一切言教的根源，在《论心法》中论述了儒、道、佛三教都是从心生起的法门，在《论去取》中讨论了佛教界对《老子》与《庄子》的吸收与拒斥，在《论学问》中主张真正的学问应当通达儒道佛三教，在《论教乘》中运用佛教分乘判教的方式将儒道两家判为佛教的人天教门，在《论工夫》中运用佛教的五乘判教对儒道两家的修法进行了判释，在《论行本》中论述了儒道两家所倡导的人道是佛教展开修行的根基，在《论宗趣》中依据佛教唯识学对儒道两家的宗旨和归趣进行了评述。憨山在《观老庄影响论》中提出的对老庄思想的总看法，后来在对《老子》和《庄子》的注解和疏释中得到落实和体现。

关键词：憨山　《观老庄影响论》　老子　庄子

作者简介：韩焕忠，苏州大学宗教研究所教授，主要研究中国佛教与传统文化。

明末高僧憨山德清所著《观老庄影响论》（又名《三教源流异同论》，见释德清《道德经解》，华东师范大学出版社，2009，下引该书，仅注页码）一文，站在佛教的立场上，对涉及《老子》与《庄子》的诸多问题进行了全面的论述。

释德清（1546～1623），俗姓蔡氏，金陵全椒（今安徽全椒）人，年十二礼金陵大报恩寺西林禅师出家，西林为延师儒，教以四书、《周易》、时艺及古文辞诗赋等，年十九披剃，并受具戒，慕清凉澄观之为人，因以澄印为字。后大报恩寺毁于火，立志兴复，乃历游吉安、扬州、北京、五台山等地，慕五台山北台憨山之奇秀，遂以憨山自号，故世称憨山大师。憨山曾禅隐于五台山北台之龙门，因修道场为国祈储而深得皇太后归敬。38 岁时，憨山结庐于东海牢山（即今山东崂山）那罗延窟，皇太后赐金为造海印寺。50 岁，憨山受宫廷矛盾牵连被逮入京，后以"私创寺院"遣戍雷州。他以戴罪之身，著囚服而说法，创开岭南佛教之风气，振兴禅宗六祖之古曹溪道场，至 69 岁始得重新披剃，还其僧服。天启三年（1623），憨山以 78 岁高龄坐化于曹溪，其肉身至今仍供养于广东韶关南华禅寺。憨山著作众多，由门人辑为《憨山老人梦游集》40 卷（现流通本为 55 卷），收入明方册本《续藏经》中。憨山学问广博，不拘门户，虽为禅门宗匠，但却致意于《华严》经教，服膺清凉澄观学行，大力倡导禅、净一致，儒道佛三教调和，一时法化甚盛，与云栖袾宏、紫柏真可、蕅益智旭齐名，并称为明末四大高僧。

憨山《观老庄影响论》包括《叙意》，《论教源》，《论心法》，《论去取》，《论学问》，《论教乘》，《论工夫》，《论行本》，《论宗趣》，全文共有九个部分。

一 叙意

憨山在《叙意》中主要阐明了自己著作《观老庄影响论》的目的与方法。

憨山认为，作为一名杰出的佛教大德，必须"善自他宗"，即对自家的宗旨和对手的观点都非常熟悉和了解。憨山指出："西域诸祖，造论以破外道之执，须善自他宗。此方从古经论诸师，未有不善自他宗者。"（第1页）他环视周围，所看到的是："吾宗末学，安于孤陋，昧于同体，视为异物，不能融通教观，难于利俗。其有初信之士，不能深穷教典，苦于名相支离，难于理会。至于酷嗜老庄为文章渊薮，及其言论指归，莫不望洋而叹也。迨观诸家注释，各徇所见，难以折衷。及见《口义》、《副墨》，深引佛经，每一言有当，且谓一大藏教皆从此出，而惑者以为必当，深有慨焉。……且慨从古原教破敌者，发药居多，而启膏肓之疾者少，非不妙投，第未胗其病源耳。"（第1页）这表明，憨山注释老庄，是为了提高佛教徒的文化素质,增强他们弘法利俗的能力;帮助那些刚刚进入佛门的人们准确理解老庄的思想和义理,向那些欣赏和羡慕老庄文辞优美的人们阐明老庄的宗旨,以便使他们能够由此深入佛教的堂奥。同时憨山也不讳言,他注释老庄,还具有批驳道教界利用老庄曲解和压制佛教的目的,他感慨佛教界虽然有人对此进行过破斥,也指出过其错误所在,但却未能阐明这种错误观念的根源之所在。憨山指出,他要用佛教的"唯心识观",即从"三界唯心所造,万法唯识所现"的佛教立场来印证老庄思想,"苟唯心识而观诸法,则彼自不出影响间耳,故以名论"(第1~2页)。在憨山看来,无论老庄的文辞有多么美妙,老庄的义理多么精当,也都是佛教所说心与识的影子和声响而已,而这也是他将自己的著作命名为"观老庄影响论"的根本原因。

憨山对于老庄的文辞与义理虽然都很欣赏,但是他对老庄的注释和疏解却是站在非常严格的佛教立场上的,而这也是我们理解他对老庄进行佛学化解读的关键所在。

二　论教源

憨山在《论教源》中将"妙悟"视为一切言教的根源。

憨山指出,"大道之妙",是无法以"口耳授受语言文字而致"的,而是来自"心悟之妙"。在他看来,"不独参禅贵在妙悟,即世智辩聪、治世语言、资生之业,无有一法不悟而得其妙者,妙则非言可传也"(第2页)。世法尚且如此,佛法更是这样,世法与佛法既然具有共同的来源,也就具有相同的本质,因此那些证道的大德,如,"《华严》五地圣人,善能通达世间之学,至于阴阳术数、图书印玺、医方辞赋,靡不该练,然后可以涉俗利生。故等觉大士,现十界形,应以何身何法得度,即现何身何法而度脱之。由是观之,佛法岂绝无世谛,而世谛岂尽非佛法哉?"(第3页)憨山虽然从本源上充分肯定了世法与佛法的一致性,但由于他将世法视为"等觉大士"的现身说法,故而从源头上保证了佛法的超越一切和包容一切的优越性。以此为出发点,他对世法与佛法之间的相互攻讦十分不满,"窃观古今卫道藩篱者,在此则曰彼外道耳,在彼则曰此异端也。大而观之,其犹贵贱偶人、经界太虚、是非日月之光也,是皆不悟日月之妙而增益其戏论耳"(第3页)。在憨山看来,儒、道、佛三教之间的相互辩难不过是语言游戏而已,根本就没有什么实质的意义。古代的圣人之所以能创立各种各样的教法,"盖古之圣人无他,特悟心之妙者,一切言教,皆从妙悟心中流出,应机而示现浅深者也。故曰:'无不从此法界流,无不还归此法界。'"(第3页)憨山大师以"妙悟此心"为世出世法的源头,既为论证佛法超出世法理下了伏笔,又撤销了世法责难佛法的必要性,为他寻求三教一致奠定了坚实的理论基础。

从世出世间一切言教皆源于"心悟之妙"的立场出发,憨山主张学者必须"妙悟自心"。他指出:"吾人不悟自心,不知圣人之心;不知圣人之心,而拟圣人之言者,譬夫场人之欣戚,虽乐不乐,虽哀不哀,哀乐原不出于己有也。"(第3页)换言之,如果学者们不能妙悟自心的话,那么在学习儒、道、佛三教圣人的言教时就缺乏真实的感受和深刻的体会。

三 论心法

憨山在《论心法》中论述了儒、道、佛三教都是从心生起的法门。

憨山自述其求学经历云:"余幼师孔而不知孔,师老而不知老。既壮,师佛而不知佛。退而入于深山大泽,习静以观心焉,由是而知三界唯心,万法唯识。既唯心识观,则一切形,心之影也;一切声,心之响也,是则一切圣人乃影之端者,一切言教乃响之顺者。由万法唯心所现,故治世语言、资生业等,皆顺正法。以心外无法,故法法皆真。"(第3页)也就是说,憨山认为自己是由于坐禅习定,领悟了三界唯心、万法唯识的道理,才对儒道佛三教获得了真实的体验,明白了一切圣人都不过是妙悟之心的影像,一切言教都不过是妙悟之心的逸响,因此世间的一切法也无不具有正当性与合理性,都非常符合正法的标准。憨山大师通过将儒、道、佛三教都归结为心法的方式,既向儒、道两家证明了佛教的正确性,又向佛教信众论述了儒、道两家的真实性,无异于为儒、道、佛三教之间的相互联合找到了理论依据。

憨山认为,从觉悟者的立场来讲,世出世间的一切法都是非常奇妙的,但是,"迷者执之而不妙。若悟自心,则法无不妙。心法俱妙,唯圣者能之"(第3页)。也就是说,由于世人不明白万法唯心的道理,将世法执着为真实的,而未能领悟到其为自心变现的产物,因而无法体会到其中的奥妙。在憨山看来,只有圣人,当然是儒、道、佛三教的圣人都包括在内,才能对自心与万法的奥妙都有很深切真实的感受和体悟。

四 论去取

憨山在《论去取》中讨论了佛教界对《老子》和《庄子》的吸收与拒斥。

中国佛教历史上对老庄有所借重的有罗什、僧肇、澄观等,对老庄大加驳斥的则有宗密、延寿等,这些人都是彪炳僧史的高僧大德,对待老庄的态度为什么有这么大的差异呢?憨山认为,佛经皆为译文,其是否流行,除了与蕴含的义理有关之外,还与译文是否流畅、雅致大有关系,罗什译经之所以得以盛行中国,就在于他得到了雅善庄老之学的僧肇等人的帮助。在憨山大师看来,老庄之书在中国自有其独特的价值和地位,"盖中国圣人之言,除五经束于世教,此外载道之言者,唯老一书而已,然老言古简,深隐难明,发挥老氏之道者,唯庄一人而已。《笔乘》有言:'老之有庄,犹孔之有孟。'斯言信之。然孔称老氏'犹龙',假孟而见庄,岂不北面耶?间尝窃谓中国去圣人,即上下千古负超世之见者,去老唯庄一人而已。载道之言,广大自在,除佛经,即诸子百氏究天人之学者,唯庄一书而已。借令中国无此人,万世之下,不知有真人;中国无此书,万世之下,不知有妙论"(第5页)。憨山认为,僧肇在佐助罗什译经及撰写论著时对老庄之言的大量吸取,一方面借助老庄的文辞美妙以润饰佛经的译文,使其流畅通达,易于在中国获得广泛的接受,另一方面也非常符合《法华经》的说法。"盖肇宗《法华》所谓善说法者,世谛语言、资生业等,皆顺正法,乃深造实相者之所为也。"(第6页)憨山将清凉澄观推尊为"华严菩萨",认为他已经达到了"浑融法界"的境地,其对老庄的称引,乃是"无可无不可"(第6页)的事情。而对于宗密与延寿的驳斥老庄,憨山譬为孔子作《春秋》,是"操法王之权而行褒贬"(第5页),只是针对那些执着于老庄以为究竟而不肯进求于佛道的人来说的。憨山此论也彰显了佛、道两教在终极追求上具有不可调和的矛盾。

憨山认为,对待包括老庄在内的一切外学,都应当本着"圣人教人,但破其执,不破其法"(第6页)的基本原则。"破执"是佛教的理论优势,憨山拈出此点来,既为援道入佛预留了充足的思想空间,又保证了佛教对于老庄思想展开批评的义理优势。

五　论学问

憨山在《论学问》中批评了学佛者与士君子在学问上的偏颇，主张真正的学问应当通达儒、道、佛三教。

憨山注意到，有不少研读佛教经疏的学者们，一旦遇到经疏中引用诸子与史书的言论，就像遇到了拦路虎一样，惊讶疑惧，乃至裹足不前，如果要他们自己去学习一下诸子与史书，他们就会认为那是世俗外道的学问而不予理睬。同时，他还注意到，世间一些读书人在解释《庄子》的时候，如果遇到其中某一句话比较恰当，就说佛教全部藏经都出自此。从憨山当时的情况看，前者主要是指一些孤陋不学的出家法师，而后者则是指注解《庄子》的道士陆西星等人及受其影响的读书人。憨山认为，这两种情况都不能算是通达之论，他指出，"学佛而不通百氏，不但不知世法，而亦不知佛法；解庄而谓尽佛经，不但不知佛意，而亦不知庄意"（第6页）。而这也是造成佛法与老庄的真意很难获得阐明的原因。

有鉴于此，憨山在治学时，虽然以佛学为主，但对儒、道两家也非常关注。他曾说："不知《春秋》，不能涉世；不知老庄，不能忘世；不参禅，不能出世。"（第7页）他经常以此自勉，也是他身为出家僧人而能通达儒、道、佛三教经典的思想根源。

六　论教乘

憨山在《论教乘》中运用佛教分乘判教的方式，将儒、道两家判为佛教的人天教门。

憨山学宗华严，他认为，从圆融立场来看，三界唯心，万法唯识，法界平等，一切诸法无非自心之所建立，毗卢遮那海印三昧威神之所显现，染净融通，无障无碍；从教化角度来说，则必然会有十界、五乘、五教的差异。十界指佛、菩萨、缘觉、阿罗汉四种圣人的境界与天、人、阿修罗、畜生、饿鬼、地狱六种凡夫的境界，五教是指华严宗小、始、终、顿、圆五种教法，五乘是指佛分别以人、天、声闻、缘觉、菩萨为对象而讲说的五戒、十善、四谛、因缘、六度等法门。这基本上是华严宗判教的思想结构，也是憨山判释儒、道两家的理论框架。

憨山将这种判教学说运用到对儒、道、佛三教的判摄和概括上。他说:"孔子,人乘之圣也,故奉天以治人;老子,天乘之圣也,故清净无欲,离人而入天;声闻、缘觉,超人天之圣也,故高超三界,远越四生,弃人天而不入;菩萨,超二乘之圣也,出人天而入人天,故往来三界,救度四生,出真而入俗;佛则超圣凡之圣也,故能圣能凡,在天而天,在人而人,乃至异类分形,无往而不入。且夫能圣能凡者,岂圣凡所能哉?据实而观,则一切无非佛法,三教无非圣人。若人若法,统属一心,若事若理,无障无碍,是名为佛。故圆融不碍行布,十界森然;行布不碍圆融,一际平等,又何彼此之分、是非之辩哉?"(第8页)就这样,儒道两家都被纳入佛教的教乘之中,孔、老二圣也被视为受佛"密遣"来到中国的"佛法前导者"(第9页)。因此,相对于佛法而言,儒道两家只能算是佛教的方便法门,并不具有终极意义。

在憨山看来,儒家在教法上最为浅近。他说:"三教之学,皆防学者之心,缘浅以及深,由近以至远,是以孔子欲人不为虎狼禽兽之行也,故以仁义礼智援之,故使舍恶以从善,由物而入人,修先王之教!明赏罚之权,作《春秋》以明治乱之际,正人心,定上下,以立君臣父子之分,以定人伦之节。其法严,其教切,近人情而易行。但当人欲横流之际,故在彼汲汲犹难之。吾意中国非孔氏而人不为禽兽者几希矣。"(第9页)憨山对儒家的这种概括是准确的,评价是崇高的,我们甚至可以说,即便是儒家学者推尊孔子之道,也不过如此而已。但憨山对儒家的判释尚不止于此,他更看到了后世儒者违背孔子本心而使儒学异化为贪图功名利禄的工具,他指出,"孔氏之迹固然耳,其心岂尽然耶?况彼明言之曰:'毋意,毋必,毋固,毋我。'观其济世之心,岂非据菩萨乘,而说治世之法者耶?经称儒童,良有以也。而学者不见圣人之心,将谓其道如此而已矣,故执先王之迹以挂功名,坚固我执,肆贪欲而为生累,至操仁义而为盗贼之资,启攻斗之祸者有之矣"(第9页)。正是因为儒学在流传中有如此的异化,才使老子之学有了必要。

在憨山看来,道家就是针对儒家流弊而兴起的一种学说。他指出,正是由于儒学的各种流弊,"故老氏悯之曰:斯尊圣用智之过也,若绝圣弃智,则民利百倍,剖斗折衡,则民不争矣。甚矣,贪欲之害也。故曰:'不见可欲,使心不乱。'故其为教也,离欲清净。以静定持心,不事于物,淡泊无为,此天之行也。使人学此,离人而入于天"(第9页)。将老子之学的兴起，视为对儒学功利化的反动，在某种程度上揭示出儒、道两家具有对立互补的关系，因而是非常有道理的。但老子之言过于简明深奥，学者不易了解，幸好有了庄子的发挥，才得到真正的弘扬，庄子"因人之固执也深，故其言之也切。至于诽尧舜、薄汤武，非大言也，绝圣弃智之谓也。治推上古，道越羲皇，非漫谈也，甚言有为之害也。诋訾孔子，非诋孔子，诋学孔子之迹者也。且非实言，乃破执之言也。故曰：'寓言十九，重言十七。'诃教劝离，黜形去智，意使离人入天，去贪欲之累故耳。至若精研世故，曲尽人情，破我执之牢关，去生人之大累，寓言漫衍，比事类辞，精切著明，微妙玄通，深不可识"（第10页）。憨山赞叹庄子为"说人天法而具无碍之辩者"，认为他已达到了"秕糠尘世，幻化死生，解脱物累，逍遥自在"的境界，具备了"超世之量"，"当群雄吞噬之剧，举世颠暝，亡生于物欲，火驰而不返者众矣。若非此老崛起，攘臂其间，后世纵有高洁之士，将亦不知轩冕为桎梏矣"（第10页）。其功德之大，绝不下于孟子的弘扬孔子学说、高揭仁义之道。

憨山非常欣赏《庄子》，他从一位高僧特有的体验出发，认为庄子"其工夫由静定入，其文字从三昧出"，故而对"后人以一曲之见而窥其人，以浊乱之心而读其书，茫昧不知归趣"（第10页）深致不满。庄子曾说："万世之后，而一遇大圣，知其解者，是旦暮遇也。"憨山大师认为，此处庄子所说的大圣就是佛，而庄子本人也就成了"吾佛破执之前矛"。如此一来，憨山就将《庄子》一书的归趣引向了他所宗奉的佛教。

总的来看，憨山将儒家判为佛教中的人乘教法，将道家判为佛教中的天乘教法，似不及佛教小乘之高远，但又认为孔孟老庄以人天教门利益众生而为佛法前导，因而在圆教意义上皆为大权示现的菩萨，应当获得人们的尊重和敬仰。通过分乘判教，憨山在佛教的理论架构中为儒、道两家找到了适当的位置。

七 论工夫

憨山在《论工夫》中运用佛教的五乘判教对儒道两家的修法进行了判释。

憨山指出，止观作为佛教修行的基本法门，以其所依教理的不同而有深浅高下的差异，儒、道两家的修法可以在佛教止观体系中找到相对应的位置。如儒家主张"知止而后有定""自诚明"等，憨山大师认为这些修法都属于人乘止观的范畴。如《老子》提出"常无欲以观其妙，常有欲以观其徼"，"万物并作，吾以观其复"，《庄子》提出"莫若以明"，"圣人不由，而照之以天"，"人莫鉴于流水，而鉴于止水。唯止，能止众止也"。"大定持之"，"百骸九窍，赅而存焉，吾谁与为亲"，"咸其自取，怒者其谁耶"，以及"黄帝之退居，颜子之心斋，丈人承蜩之喻，仲尼梦觉之论"等，这些道家的"静定工夫"，其最终的目标，无非就是"释形去智，离欲清净，所谓厌下苦粗障，欣上净妙离，冀去人而入天"，如果依据佛教的教理加以判定的话，基本上属于天乘止观的范畴（第11页）。憨山将儒道两家的修法判为人天止观，与他将儒道两家的教法判为人天教门是一致的。

但是道家的修法自有其复杂的内涵，因而憨山对于道家的修法进行了更为深入的分判。他以《楞严》对照《老子》，指出："老氏之学，若谓大患莫若于有身，故灭身以归无；劳形莫先于有智，故释智以沦虚，此则有似二乘。且出无佛世，观化知无，有似独觉。原其所宗，虚无自然，即属外道。观其慈悲救世之心，人天交归，有无双照，又似菩萨。盖以权论，正所谓现婆罗门身而说法者；据实判之，乃人天乘修梵行而入空定者是也。……据《华严》地上菩萨为大梵王，至其梵众，皆实行天人，由人乘而修天行者，此其类也，无疑矣。吾故曰庄语纯究天人之际，非孟浪之言也。"（第12页）换言之，在憨山看来，道家修法以天乘为主而兼有声闻、缘觉、菩萨甚至外道的特征，有似于《华严经》中的地上菩萨，这可以说是佛教界对道家修法做出的最高判释。

八 论行本

憨山在《论行本》中论述了儒道两家所倡导的人道是佛教展开修行的根基。

憨山指出，虽然四圣六凡十界众生都是一心的显现，但是，"究论修进阶差，实自人乘而立，是知人为凡圣之本也。……舍人道无以立佛法，非佛法无以尽一心，是则佛法以人道为镃基，人道以佛法为究竟"（第13页）。人道对于佛教的修行既然如此重要，那么，什么是人道呢？他认为，

"所言人道者，乃君臣父子夫妇之间，民生日用之常也"（第13页）。换言之，所谓人道，就是人类在社会生活中所应遵循的伦理规范。但是人是一类有贪欲的生命形式，常常会在对财、色、名、食、睡的贪欲驱使下，"起贪爱之心，构攻斗之祸，以致君不君，臣不臣，父不父，子不子，虽先王之赏罚，不足以禁其心，适一己无厌之欲，以结未来无量之苦。"佛悲悯众生的痛苦，"故现身三界，与民同患，乃说离欲出苦之要道耳。且不居天上，而乃生于人间者，正示十界因果之相，皆从人道建立也"（第13~14页）。憨山认为，佛降生人间，有父母妻子、君臣上下，正是佛法以人道为根本的体现；佛舍弃父母妻子之亲、转轮王位之荣而出家，是修道必须舍弃贪爱的表征；而佛在成道之后，升天宫为母说法，返王宫为父抬棺，则是成就佛法并不妨碍人道的明证。在憨山看来，佛从人道出发成就佛道、成就佛道而不忘人道的事迹，是为后世佛弟子垂示的千秋仪范。在中国固有文化中，儒家重视人道而道家主张少私寡欲，憨山此论具有在佛教思想体系中为儒、道两家找到对应内容的意味。

憨山对佛教界的窳败深为不满。他颇有感慨地说："嗟乎，吾人为佛弟子，不知吾佛之心；处人间世，不知人伦之事；与之论佛法，则笼统真如、颠顶佛性；与之论世法，则触事面墙，几如梼昧；与之论教乘，则曰彼枝叶耳，不足尚也；与之言六度，则曰菩萨之行，非吾所敢为也；与之言四谛，则曰彼小乘耳，不足为也；与之言四禅八定，则曰彼外道所习耳，何足齿也；与之言人道，则茫不知君臣父子之分、仁义礼智之行也。嗟乎，吾人不知何物也，然而好高慕远，动以口耳为借资，竟不知吾佛教人出世，以离欲为第一之行也！"（第14~15页）这种状况，着实令他这位以弘扬佛法、续佛慧命为职志的出家僧人感到羞愧不已！他自述其求学经历："以余生人道，不越人乘，故幼师孔子；以知人欲为诸苦本，志离欲行，故少师老庄；以观三界唯心，万法唯识，知十界唯心之影响也，故皈命佛。"（第15页）也许，他希望以这种现身说法的方式，引导当时的僧众广学包括儒、道两家在内的各种法门。

在憨山看来，儒家大力倡导和积极实践人道，道家主张少私寡欲，无为自然。儒家两家的观点看似相反，实则共同促成了人道原则的实现；佛教从人道出发，修离欲之行，故而可以包容儒道两家，将儒道两家的观点、主张和修法转化成佛教的基本法门。这可以说是憨山希望从实践层面上融会儒、道、佛三教的尝试。

九　论宗趣

　　憨山在《论宗趣》中依据佛教唯识学对儒道两家的宗旨和归趣进行了评述。他认为，老庄道家最为推崇的"虚无大道"，实际上就是"《楞严》所谓晦昧为空，八识精明之体"（第15页），即佛教唯识学所说的阿赖耶识本体。由于阿赖耶识是佛教唯识学的终极根源和最终归宿，因此憨山的这一判定无疑具有高推老庄宗旨的意味。

　　首先，憨山阐述了儒家的终极境界。他指出，由于人们的迷执不觉，妙明一心转变成了阿赖耶识，依据阿赖耶识转变出的末那识就成为流浪生死的根源，依据末那识转变出来的意识就成为造作各种行为的主体，意识进一步转变，形成了前五识及其所对应的各种境界，于是就有了自身与外境以及生死流转的各种表现，概而论之，十界众生都是此识转变的结果，只是由执着与否及染净不同有了圣凡的差异；深受贪欲束缚的凡夫俗子无法理解外境六尘与内心五欲皆为阿赖耶识的转变，随顺前六识的分别作用，生起了非常固执、极其强烈的贪爱之心，造作了各种各样的行为，产生了强大的业力，形成了无边无际的痛苦，也造成了人欲横流的社会现实。"故孔子设仁义礼智教化为堤防，使思无邪，故舍恶而从善，至于定名分，正上下。然其道未离分别，即所言静定工夫，以唯识证之，斯乃断前六识分别邪妄之思，以祛斗诤之害，而要归所谓妙道者，乃以七识为指归之地，所谓生机道元，故曰'生生之谓易'是也。"（第15~16页）也就是说，在憨山看来，如果以唯识学作为判断标准的话，儒家所能诉及的终极境界可以达到降伏第七末那识之分别我执。憨山认为儒家的修养可以达到如此高深的境界，自然是对儒家教化的一种推崇和赞赏。

　　随后，憨山分析了道家的究竟归趣。他指出，"至若老氏以虚无为妙道，则曰谷神不死，又曰死而不亡者寿，又曰生生者不生，且其教以绝圣弃智、忘形去欲为行，以无为为宗极，而认八识精明之体，即《楞严》所谓罔象虚无微细精想者，以为妙道之源耳，故曰：'惚兮恍，其中有像。恍兮惚，其中有物。'以其此识乃全体无明，观之不透，故曰：'杳杳冥冥，其中有精。'以其识体不思议熏不思议变，故曰：'玄之又玄。'而称之曰妙道。以天地万物皆从此中变现，故曰：'天地之根，众妙之门。'不知其所以然而然，故庄称自然。且老乃中国之人也，未见佛法，而深观至此，可谓捷疾利根矣。借使一见吾佛而印决之，岂不顿证真无生耶？"（第16页）憨山认为，中土之有老庄道家，正如西天之有六师外道。六师解行都达到了非常高的程度，故而他们的弟子们一闻佛法，即刻开悟，只是六师对此阿赖耶识，或执之为冥谛，或执之为自然，或执之为因缘，或执之为神我，或执之为涅槃，或执之为四空定，故而不能成就无上正觉而已。如果相信佛性遍在的话，那么老庄道家的见解及工夫，无疑都是应当赞叹的，只不过是尚"未打破生死窠窟"（第18页）罢了！

憨山坚信，学习儒道二教将非常有助于佛教的修行，关键就在于无所执着。古德云："孔助于戒，以其严于治身；老助于定，以其精于忘我。二圣之学，与佛相须而为用。"他对此深信不疑，但同时又指出："执孔者涉因缘，执老者堕自然，要皆未离识性，不能究竟一心故也，佛则离心意识。……世人但见庄子诽尧舜、薄汤武，诋訾孔子之徒，以为惊异，若闻世尊呵斥二乘以为焦芽败种、悲重菩萨以为佛法阐提，又将何如耶？然而佛呵二乘，非呵二乘，呵执二乘之迹者，欲其舍小趣大也。所谓庄诋孔子，非诋孔子，诋学孔子之迹者，欲其绝圣弃智也。要皆遣情破执之谓也。"（第18页）在憨山看来，佛教既为儒道两家提供了更为高远的境界，同时也为老庄的宏大不经之论提供了证明。

憨山《观老庄影响论》作于万历十八年（1590）庚寅，时年他45岁。他在这部著作中提出的对老庄思想的总看法，后来在对《老子》和《庄子》的注解和疏释中得到进一步的落实和体现。万历三十五年（1607）丁未，憨山撰成《道德经解》，时年他62岁；万历四十八年（1620）庚申，憨山撰成《庄子内篇注》，时年他75岁。这三部著作构成了一个整体，标志着憨山对老庄进行佛学化解读的基本完成。

中国都市佛教发展的可行模式

——以慈氏文教基金的经验为例

王联章

摘 要：本文以慈氏文教基金为例，总结了本人砥砺发心，秉承师志，40余年深入探讨弘扬慈宗五学，并在香港创立"慈氏学会"（香港）、"慈氏文教基金"，传播与弘扬"慈氏学"的历程，其中包括以内地十多所高等院校客座教授身份遍设讲筵传播"慈氏学"，先后于海内外捐建30余所"慈氏图书馆"，出版慈宗专宗书籍、教材，主持编辑、翻译优秀文献，主持讲学修学课程，主办大型专宗论坛与各种交流活动，以严谨缜密系统的慈宗家法，培养大乘佛教讲学写作的弘法人才。以上种种方式给当代中国都市佛教的发展方向提供了值得参考的范例，为当代佛教在都市发展的不平衡性提供了借鉴作用。也希望凭借慈氏文教基金的成功经验，为中国都市佛教的发展提供可行性模式，为中国传统文化的发展与兴盛起到有益的推动作用。

关键词：慈氏学会（香港） 慈氏文教基金 中国都市佛教发展范例

作者简介：王联章，慈氏学会（香港）导师，慈氏文教基金董事长，清华大学伟伦特聘教授，北京大学深圳研究生院、陕西师范大学、浙江大学、南京大学、中国佛学院、杭州佛学院、四川尼众佛学院等多所学府客座教授。

一 从南京、厦门到香港不同模式的演进

1. 南京金陵刻经处（祇洹精舍模式）

杨仁山先生于1907年成立祇洹精舍，僧俗共学，讲授佛学以及文史地

理、汉梵英日语文,开近代新式佛学教育风气之先。门下有太虚、欧阳竟无、梅光曦等十数人,皆为法门龙象,特别是太虚日后更成为近代佛教革新的领袖人物,欧阳竟无则青出于蓝,成为一代佛学大师。众多门人各有独到造诣,源于杨仁山先生教学氛围之不强求一家之说,而采取类似玄奘大师求学时期那烂陀寺的宽容并包的态度,对弟子各就所长而引导之。既有擅长《华严》的谭嗣同等、擅长《三论》的黎端甫等,更有对法相唯识青出于蓝的欧阳竟无大师,以及民国僧教界的领袖人物太虚大师。

2. 南京支那内学院(法相大学模式)

近代佛学的复兴,得益于唯识经典自东瀛的取回重刻之外,国家的积弱难返,使中国知识精英对科学哲学思想系统生起探求的热情,积极发掘中国传统思想与西方思潮抗衡。唯识学被认为最具有体系化、组织化、系统化的特点,一时形成了研究高潮,而钻研唯识最为人称道者、影响知识分子最为深远的当属欧阳竟无大师。

欧阳竟无(1871~1943),初学佛以《大乘起信论》《楞严经》为主,很快便敏锐地察觉到,《大乘起信论》《楞严经》显然较之"理学""心学"有优势,可以探讨"生从何来、死往何去"的问题。40岁时,欧阳竟无入祇洹精舍师从杨仁山先生,在学生中脱颖而出,次年被杨仁山先生托以继承金陵刻经处,并期许"尔法事千百倍于我"。欧阳竟无亦不负师望,在后三十年间,刻成内典二千卷,"校勘周详,传播甚广"。

欧阳竟无在金陵刻经处时,以《瑜伽师地论》为研究中心,系统研究瑜伽行派思想,刻成《瑜伽师地论》后五十卷,并著《瑜伽师地论·序》,阐明"一本十支",可称唐代以来首次发扬慈宗宗义的中兴之举。将金陵刻经处研究部扩充为支那内学院后,着力培养唯识专门人才,后人赞为"胜军之后,幸有斯文,盛弘空有,自唐一人"。1922年,欧阳竟无出任支那内学院院长,又在内学院开研究部试学班及法相大学特科,此为法相大学的缘起。

3. 厦门南普陀寺慈宗学会模式

1932年12月25日,太虚大师于厦门南普陀寺闽南佛学院演说"法备五乘、义周十宗"的《大乘本生心地观经》。法会完毕后,厦门地区的信众来求受皈依者非常的众多,因此机缘乃发起成立"厦门慈宗学会",以宗奉慈氏菩萨，为上生兜率陀净土的修学处所。此乃世上第一个成立的慈宗学会，也开启了弥勒法门的复兴之路。

4. 香港佛教法相学会（加拿大安河佛教法相学会模式）

香港佛教法相学会由罗时宪教授（1914～1993）创立，罗先生少从宝静法师听讲，后皈依太虚大师，广习天台、唯识、中观之学。早年著作有《大乘掌中论略疏》《唯识学之源流》《唐五代之法难与中国佛教》。1949年抵香港，除教学外，更在香海莲社、三轮佛学社、香港大学及中文大学部等机构讲授《隋唐佛学》《成唯识论》《解深密经》《金刚经》《因明入正理论》等，达数十年之久，对佛法在香港之流布，贡献极大。1962年，应金刚乘学会之邀主编《佛经选要》。1965年创立法相学会，出版《法相学会集刊》。1984年移居加拿大，从此奔波于港、加两地，弘扬法相般若。1989年创立安河法相学会，使唯识、法相之学说，远播至北美。

5. 慈氏学会（香港）模式——2003年至今

慈氏学会（香港）的创立至今已有14年历程，早在2003年始，我就与一群信仰大乘佛法、欣慕慈氏学风的有志之士发起创立，希望带动志同道合的人士一起学习的非牟利学术性团体慈氏学会（香港）。学友中不乏解行并重、显密兼修之士，他们在世间法方面亦多为专业人士，在各领域具备专门知识，服务社会、利益人群，可谓世出世法，均有成就；同时亦有许多教界贤达、社会上的有识之士予以关心支持，影响所及，港台内地不少朋友均时加关注。希望透过学会的活动普及慈氏学说，并培养一批业余乃至专职的弘法人才于海内外推广大乘佛法。

6. 香港慈氏文教基金模式——2009年至今

到2009年9月底，我同一众有心之士成立慈氏文教基金，先后协助上海云翔寺、西安大慈恩寺、成都大慈寺、彭州四川尼众佛学院、大连横山寺、绍兴龙华寺、郑州洞林寺、清华大学、四川大学、南京大学、山东大学、陕西师范大学、咸阳西藏民族大学、南充西华师范大学、浙江大学、宁波大学、扬州大学、南京师范大学、德国汉堡大学等多所国内及海外佛寺与大专院校（高等院校），成立慈氏图书馆，并捐赠大量珍贵佛教文献，惠泽求道众生，玉成弘法善举。此外，更逐步出版《慈氏学丛书》，翻译与慈氏学有关的日文资料结集出版，更已成立"学术发展基金"，资助国内著名大学博士研究生、博士后研究生从事慈氏学的研究。

二 慈氏文教基金传播与弘扬慈宗理念及其实践

1. 慈氏文教基金的成立目的

物质文明虽然不断发展，但人类面对的困厄及苦恼并未因而减少。随着对物质文明的追求越多，人类心灵的空虚与迷惘反而相应增加，这说明即是近年探求佛法，希望了解宇宙人生真相、人类存在价值以至生命趣向的有志之士日益增加的原因。近代大德如欧阳竟无大师、太虚大师、韩清净老居士、罗时宪宗师均提出慈氏宗、慈氏学以作为统摄全体大乘佛学的简捷可行的研究方法与门径。

所谓"慈氏"，乃梵语"弥勒"——Maitreya 之意译。弥勒是未来佛，即娑婆世界的未来教主；当代佛学宗师罗时宪先生、印顺长老及宇井伯寿教授等海内外多位专家，则考证：除佛教经典中的未来佛外，古印度史上确有以弥勒为名的论师、瑜伽师，甚至不止一人。这些欣慕弥勒，以之为名的论师、瑜伽师活跃于公元 4~5 世纪，以唯识思想贯通佛家各种修道次第，授徒无着论师，无着论师修习瑜伽止观有成，感通兜率内院慈氏（弥勒）世尊，传出《瑜伽师地》等五部大论，无着再传其弟世亲论师。其学说风行印度，时人称之为"瑜伽行派"，即今之"慈氏学"。我国古代文化交流先锋玄奘大师，历尽艰辛前往印度，主要修学者即为慈氏学。大师回国后，即译述相关经论，将慈氏学发扬光大。早期译传中国、作者以慈氏（弥勒）为名的论典如《瑜伽师地论》等，以阐扬大乘有宗义理为主；后期译传西藏、作者以慈氏（弥勒）为名的论典如《现观庄严论》等，则以阐扬大乘空宗义理为主，故慈氏之学实不能单纯地称为"唯识学"，而是融合大乘、空有两大系统，兼包理论与实践的显学，博大精深，切实可行，影响印度、汉地、藏地以至日、韩等地的佛家各种主要思想、信仰以至修行方法至深至巨。

慈氏学会（香港）于 2003 年发起，2009 年成立"慈氏文教基金"，我率先把每年相当部分收入拨捐基金，主要成绩和方向包括：协助海内外高等院校、寺院、佛学院设立 36 家慈氏图书馆，赞助博士后研究，出版慈氏学书刊，举办慈氏学师资（远程）培训班、进修班等。

2. 弘传慈氏学的历程

我多年来以客座教授身份在内地十多所高等院校举办慈氏学专题讲座，举办"慈氏学师资远程培训班/进修班"课程。在中国内地和世界各地的大学、佛学院、寺庙、文化会所捐书成立"慈氏图书馆" 30 余家，刊印、主编、倡译多部专宗丛书，2013 年举办"第一届慈宗国际学术论坛"，2016 年举办的"第一届慈宗青年文化节""慈氏学青年师资培训班/营"等大小型论坛及培训班/营。

3. 著名大学、重点寺院讲座模式

近年来我以客座教授的身份在国内外多所大学进行定期授课，其中包括清华大学、四川大学、南京大学、陕西师范大学等知名大学，另外，在四川尼众佛学院、成都大慈寺、绍兴龙华寺等寺庙授课。期间得到了师生的热烈欢迎与一致好评。

4. 助建海内外慈氏图书馆

为弘扬中华传统文化，慈氏学会（香港）协助国内多家寺院、佛学院、大学成立"慈氏图书馆"共 30 多家。由学会捐赠或转赠南、北、藏传各版藏经，以及高水平之中、英、日文佛学书籍，让当地图书馆免费开放予各界人士借阅，提高佛法于内地之普及程度。未来中国大陆以至海外将有更多宗教及学术机构，在慈氏学会（香港）协助下成立佛学图书馆，国人学佛风气可望进一步加强。

5. 捐建奖助学金

慈氏文教基金除资助内地大学博士、博士后撰写与慈氏学相关论文题目研究，2016 年也为香港三家佛教中学提供优异佛学科成绩奖金，及拟设立清华大学西方心理学与佛教唯识学比较研究博士课程。

6. 刊印出版慈宗丛书、修学丛刊

我早年著有《佛学讲话》一书，该著作是以唯识学角度阐述佛家如何透视宇宙人生的教材;《佛教对中国学术的影响》——俯瞰佛教对中国多方面学术的影响,日本真言宗丰山派大德黄绳曾老居士曾对此文大表赞赏,誉为"平生碌碌轻余子,揩目为明喜遇君";《习定管窥》——深入浅出地介绍藏传佛教格鲁派鼻祖宗喀巴大师的止观学说,蒙当代唯识学宗师罗时宪先生鉴定并广为推介之作;《大乘成业论之研究》——唐代玄奘大师翻译的本论至今第一份正式研究论文,罗先生誉为"足以登那烂、慈恩之堂奥";重印、增刊多种书籍,包括欧阳竟无大师的《唯识讲义》、韩清净老居士的《唯识三十论略解》、罗时宪先生的《能断金刚般若波罗蜜多经纂释》及《唯识方隅》等,汇编成一套"慈氏学丛书"广为流通。此外,也出版唐代《慈悲三昧水忏》《瑜伽菩萨戒本、诵仪、摄颂合刊》,以供慈氏学入门者修持。

7. 出版珍贵版本佛经

基金刊印了多套珍贵版本的佛经,包括《能断金刚般若波罗蜜多经、心经合刊本》和《瑜伽菩萨戒戒本、摄颂、诵仪合刊本》,又重印清末扬州鸡园刻经处版 600 卷《大般若经》,此外,还将刊印《唐译华严经疏合刊》等珍贵版本的佛经。另外,慈氏学会(香港)更于 2007 年赞助南京金陵刻经处重修六百卷《大般若经》木刻经版。

8. 举办慈宗国际学术论坛——2013 年第一届,每五年一次

首届慈宗国际学术论坛由慈氏文教基金、慈氏学会(香港)举办,该国际学术论坛于 2013 年 8 月 23~25 日在香港理工大学赛马会综艺馆圆满举行。应邀出席论坛的团体超过 50 多家,当中多达 57 位来自海内外的学者参与其中,并提供 67 篇分别以中、英、日文撰写的学术论文。此次论坛为香港历史上首次由宗教学术文化机构自力举办的最大型专宗佛学国际论坛,对于弘扬慈宗思想和推动大乘佛学研究贡献良多,意义深远。

9. 举办慈宗青年文化节——2016 年第一届,每十年一次

2016 年 3 月 26 日,由慈氏学会(香港)和慈氏文教基金主办的"第一届慈宗青年文化节"(顺祝南京金陵刻经处成立 150 周年)在香港柴湾青年广场隆重举行。文化节广邀内地与亚洲高等院校、艺术文化团体青年来港作文化交流,内容包括"慈宗"经律论中英讲解交流及"慈宗"书

法、祖师画展、文艺演出等。文化节主旨在于通过青年学人之间的交流与互动,引导青年接触慈宗,深入了解、掌握纯正的大乘佛法。

10. 举办2018慈宗青年论坛暨第二届慈宗国际学术论坛,今后每五年一次

慈氏文教基金将于2018年举办第一届2018慈宗青年论坛暨第二届慈宗国际学术论坛,此次论坛同2013年论坛一样,邀请来自中国、日本、德国、奥地利、不丹、泰国、印度等地的著名学者参加。举办青年论坛不仅能够促进学者之间的交流,亦能在研究方面互相借鉴与学习,使大家共享学术最前沿动态,更希冀借此方式推动慈氏学发展。

11. 举办慈氏学青年师资培训营——2016年西安、2017年香港

2016年7月与2017年4月分别在西安与香港成功举办了慈氏学西安青年师资(普通话)培训营与慈氏学香港青年师资(广东话)培训营,两次培训营均由慈氏文教基金与陕西师范大学联合举办。我近年培养了一批学历高且优秀的青年师资,故举办两次师资培训营均由我主讲,学生担任助理讲师。培训营实践活动也有力地证明了基金的主导方针的正确性与其培养出师资的成功之处。

12. 举办慈氏学青年师资初阶/中阶/高阶培训班——2017年成都/厦门/杭州/新加坡

为继承玄奘大师精神,探求慈氏宗学要义,培养华西、华东、闽南等内地及海外地区学员,2017年初开始陆续举办慈氏学青年师资初阶/中阶/高阶培训班,着力培养慈氏学人才。

13. 举办2019年第一届慈氏学青年师资进修营

继2016年7月与2017年4月分别在西安与香港成功举办了慈氏学西安青年师资培训营与慈氏学香港青年师资培训营后,计划于2019年举办第一届慈氏学青年师资进修营,借此庆祝慈氏文教基金成立十周年,举办此次进修营的目的为慈氏学培训人才,传扬中华传统文化精粹,使青年学人更加奋进。

14. 举办《瑜伽师地论记》专修班，编撰现代语译本和英译本

《瑜伽师地论记》与编撰现代语译本、英译本专修班，采取共修方式，效仿国外大学博士生、博士后 Tutorial 方式，由极少数被严格筛选出来的资深学员接受我的指导，以业余时间上课，搜寻相关资料，后经当面研讨、初步敲定译文与注释。

15. 编撰《汉文大藏经教材选编》

继欧阳竟无大师《藏要》、罗时宪宗师《佛经选要》事业，本人发起的《汉文大藏经教材选编》旨在对汉译重要佛学著述提供现代语译注释。本人将亲自注释慈宗般若学——《心经幽赞》、慈宗唯识学——《瑜伽师地论·菩萨地》选要、《大乘成业论》等要籍，并广邀国内著名学者参与这项意义深远的佛教文化工程。

16. 出版《慈氏学研究》

弘扬慈宗学说，第一届慈宗国际论坛于 2013 年在香港成功举办，此次论坛有来自中国、美国、德国、加拿大、印度、日本等地的 57 位学者出席并做发言，征集 67 篇中、英、日语论文。论坛结束后将优秀论文编入 2014 年、2015 年《慈氏学研究》双年刊中。随后 2016 年、2017 年双年刊现在已征集完毕，即将出版；另外，慈氏文教基金将于 2018 年举办第一届慈宗青年论坛暨第二届慈宗国际学术论坛，论坛结束后也会征集其中的优秀论文编入 2018 年、2019 年《慈氏学研究》双年刊中。

17. 出版《瑜伽师地论汉译日语论文集》

慈氏文教基金拟在 2018 年出版的《瑜伽师地论汉译日语论文集》五册学术论文集，该著作由慧观法师及其学生翻译完成，由五大部分组成。国内研究唯识的专家学者虽然不少，研究成果也算丰硕，但研究唯识学也需要与国际接轨，而日本研究佛教或唯识学始终走在国际前列，为能够使国内研究与国际接轨，基金发起翻译并出版日文学术著作的先锋，此部著作已全部翻译完成，已在筹备出版工作中。相信此次出版该丛书对唯识学学术研究起到了不可估量的推动作用。

18. 建立"慈宗讲堂"(微信)公众平台

有兴趣的学习者可以及时报名参加慈宗开设的课程，及时地了解慈宗实时动态。通过此种方式，亦可更加广泛地将慈宗的思想发扬与传播出去。

三 慈氏学会及慈氏文教基金对中国都市佛教发展的启示意义

1. 慈氏文教事业的总结归类

如果尝试将慈氏学会及慈氏文教基金积极并广泛推进的各项文教事业作归类总结的话，可大致归为以下几类。

(1) 以"高校讲学、寺庙说法、城市内青年师资初中高阶培训班、经典论疏专修班"为核心的"法布施"。

(2) 以"'慈氏图书馆'捐建、博士及博士后助学助研、珍贵经典助刊助印"为核心的"财、法兼施"。

(3) 以"慈宗国际学术论坛""慈宗青年论坛""慈宗青年文化节"为核心的"具有深远国际影响力的专业学术活动"、"具有广泛普适性的传统文化复兴活动"以及"具有积极'入世'性的城市文化建设活动"。

(4) 以《汉文大藏经教材选编》编辑出版、《慈氏学研究》编辑出版、《瑜伽师地论汉译日语论文集》编辑出版等为核心的出版事业。

(5) 以"慈宗讲堂"（网络公众平台）为基础、进一步研究"慈宗学院"（网络教学机构）为核心的高度适应现代社会"网络化""电子化"的"文化弘扬的新媒体建设"。

2. 慈氏文教事业区别于宗教的特征

由以上的总结不难发现，以上几类事业，虽然性质和方向上各有不同，但都具有一个共同点，即作为非宗教的、公益性的文化组织、社会慈善组织，在很大程度上可以弥补宗教机构在现代、世俗社会中的种种限制和不足。

首先，因其非宗教的身份，更有利于与现代世俗社会的文化机构如"高等院校""科研机构"以各种形式建立密切联系，进行各种合作，比如

"慈氏文教基金"与陕西师范大学合作的"慈氏学青年师资培训营";比如向全国众多高校如四川大学、浙江大学、陕西师范大学捐建"慈氏图书馆",资助博士及博士后的科研工作及成果出版,等等。

其次,因其公益性、非宗教的身份,更能广泛地、以多样形式地涉及、参与现代社会的方方面面的事业,当然,因其"文教基金"的定位,则主要涉及的是"文教事业"。比如,因其公益性、非宗教的身份,则更能以"具有普适意义的""符合现代学术规范的"定位和要求,来举办"国际学术论坛""青年论坛"这种大型学术活动、文化活动;更能以积极的入世姿态参与现代世俗社会的"传统文化复兴""城市文化建设"等文化事业。

最后,因其公益性、非宗教但其文化资源又来源于与宗教有密切关系的身份,则更能够很好地担当起"现代世俗社会"与"宗教"的中介和联系纽带的作用,既能够敏感、及时地发现、捕捉到现代世俗社会的"文化缺失""精神困顿"等文化层面的严峻问题,又能够为这些问题的解决,及时、准确地提供、介绍、引入来自"传统文化""传统宗教"的"文化资源""精神资源",这种中介和纽带的作用,甚至可以说是不可替代的,至少在目前文化环境下是如此。

3. 慈氏文教事业对都市佛教发展的可能启示

上述慈氏学会(香港)及慈氏文教基金所推进的文教事业及其区别于宗教的重要特征,其对时下多有讨论的"都市佛教"发展的启示意义,也几乎昭然若揭了。都市是现代社会、现代文化或者说"现代性"的"文明成果"的集中反映之地,也是现代社会、现代文化或者说"现代性"的"负面影响"的集中反映之地。因此,"佛教"若要在此种"正负混杂"的现代都市中生存和发展,必然要有必要的定位和相应的方式。

一方面,其必然要适应"现代都市"的现实环境,吸收"现代文明"带来的优秀成果来为自身发展服务,以赢得其在现代都市环境中的生存空间。在"现代都市"环境下,其必然需要调整"宗教性"与"世俗性"之间的平衡,最大程度地将"宗教性"与"世俗性"之间的冲突,控制在合理、合法的范围内,同时可以更多地以"公益性"的身份或角色,以多样化的形式,比如社会慈善、社会救助,来积极参与、有效助缘都市的建设和发展,与此同时也即为自身开拓了生存和发展的空间。

同时更重要的另一方面是，要深入挖掘、发扬其所掌握、拥有的深厚的传统文化资源、宗教文化资源，来抵制现代文化带给现代都市中的"负面影响"，如都市人的"精神问题""心理问题"等，以多样化的手段，比如网络媒体、传统出版、学术研究活动、宗教文化普及活动等来引导、带动"都市文化""都市人"学习和发扬传统文化的优秀资源和宗教文化的深刻智慧，让古老的、传统的宗教资源、宗教智慧得到创造性的转化和创新性的运用，以使其服务于、造福于现代社会和现代人！

四 总结

欧阳竟无大师曾在《佛法非宗教非哲学而为今时所必需》中对佛教进行了界定："宗教、哲学二词，原系西洋名词，译过中国来，勉强比附在佛法上面。但彼二者、意义既各殊，范围又极隘，如何能包含得此最广大的佛法？正名定辞，所以宗教、哲学二名都用不着，佛法就是佛法，佛法就称佛法。"故佛教非宗教，非哲学，说明佛教不符合西方神本主义宗教定义，可勉强说为人本主义宗教或具有东方色彩的宗教，若说是东方智慧更为妥当，佛陀与孔子一样到处传道、授业、解惑，不蓄金钱，不许建寺，与墨子一样非乐，只是在后世弘传过程中被附上各地礼乐仪轨而已。

伴随着社会现代化乃至后现代化的急速前进，宗教世俗化的程度亦不断加深，一方面是以自身生存为目的的适应社会，另一方面是以改善社会为导向的建设社会，无论是太虚大师的"人生佛教"，还是之后的"人间佛教"，还是时下的"都市佛教"都是作为宗教的"佛教"在以上这两方面所做的尝试和探索，而作为"非宗教"的"慈氏学会（香港）"以及"慈氏文教基金"利用相同的文化资源、宗教资源，也努力做出了一些有意义的尝试和探索，希望其能够为"宗教"意义上的"都市佛教"的发展提供一些有价值的参考。让古老的宗教文化智慧焕发出新的生机，为中国文化乃至人类文明的未来提供有价值的启示！

"虎溪三笑"的文化成因与文化策略

李宁宁

摘 要:"虎溪三笑"的故事与传说是广为人们所关注的文化事件,其重要的象征寓意是我们考察佛教中国化与理解和诠释诸如"三教归一"与"三教汇通"等文化理念时非常重要的经典案例。尽管"虎溪三笑"的本事与历史真实有一定的距离,但深入地考察和分析形成这些历史虚构的文化成因,不仅有助于理解儒、释、道之间的文化共性,也是理解中国文化包容性特征的一个独特视角。"虎溪三笑"传说背后的历史成因和文化成因,既有跨文化交融的内在动因,也是非常重要的文化策略。慧远法师的僧俗实践,是形成这一文化事件的主导力量和文化语境,而这个传说被图像化和符号化后的文化影响力,尤其值得我们深思。

关键词: 虎溪三笑 文化成因 文化策略

作者简介: 李宁宁,九江学院庐山文化研究中心教授,主要研究方向为地域文化研究。

一 "虎溪三笑"的本事、图像与传说的象征寓意

"虎溪三笑"首先是一个文化跨界的经典故事。如果只关注和讨论"虎溪三笑"故事本身的象征寓意,而不去研判形成这个故事的时代和文化语境,恐怕就无从解读"虎溪三笑"的本事与虚构之间所以成立的内在缘由。同样,如果简单地质疑和否定其应有的历史"真实",我们也无法从这件极具典范意义的文化事件中,获得丰富的文化寓意和启示,从而给"虎溪三笑"这个故事传说应有的价值定位和评价。

从文化史的角度看，一个影响深远的文化事件的形成，既得益于原生地独特的历史文化积淀，也是由于不同的文化形态与文化观念之间产生深入碰撞与对话的结果。一方面，我们应该看到传统文化的形成与演变，有其相对稳定、封闭的地域特征和产生机制；另一方面，我们应该指出传统文化的承续和变革，也一定有其深刻的文化吸收和文化交融的过程。一种新的文化形态的形成，既需要不断的文化积淀以成其深厚的精神和价值传统，同样，也需要经历与各种异质文化与文明的对话与交融，以成就其不断的发展动力和创造活力。而考察佛教中国化的历史进程时我们发现，自魏晋以来，提出和讨论"三教归一"与"三教汇通"已成为中国思想文化界的核心话题之一，这既充分反映了儒、释、道三种不同的思想与精神信仰，在中国"天下一家，和合共存"的大语境下，由对立、冲突和辩难，逐渐趋向对话、吸收和交融的演变格局的形成，也昭示中国文化的精神特质与想象方式，有其强大的包容性和整一性。尽管，无论是"三教"的内涵界定，还是关于"融合"的形态和实质，在各种思想史或宗教学的通论中都还没有一个明确、清晰的论证和结论。甚至有学者提出"'三教归一''三教融合'是被'创造'出来的说法"①。但是，作为一种文化策略，"三教融合"的理念，既超越了诸如佛教中国、道教中国或儒教中国这样单一的社会信仰和价值形态，成为中国文化包容性的典型特征，同时，也为我们面向21世纪构建全新的人类文明，提供有益的借鉴。因此，我们认为无论"三教融合"还是"三教合一"的讨论，首先它是一个文化学的问题，而不是单纯的宗教学命题；其次，它一定是一个独特的中国问题，而很难进入西方的学理和逻辑的视域；最后，它更多的是一个民间的想象和实践的问题，而不是简单的学理界定和辨析的问题。而"虎溪三笑"的故事与传说的产生与演变的形态，无疑是极具中国特色的文化想象与文化信仰。

就"虎溪三笑"的本事来说，如果按照严格的学术规范和严谨的史料考证来看，无论宋代无名氏所撰的《莲社高贤传》中有关"庐山东林寺十八高贤的事迹"，还是宋人陈舜俞《庐山记》最早记载的"虎溪三笑"的传说，都有明显的存在诸多为后人人为杜撰和附会的因素。事实上，《庐山记》所载"虎溪三笑"故事在宋代广为流传的同时，其真实性也受到了

---

① 李为香：《"三教融合"质疑》，《古代文明》2013年第7卷第4期。

质疑，如宋人楼钥即在《又跋东坡三笑图赞》中有明晰的考辨："坡书《三笑图赞》不言为谁，山谷实以陶、陆、远公事。陈贤良舜俞《庐山记》亦云，举世信之。有宗室彦通，字叔达，作《庐岳独笑》一编，乃以为不然，谓远公不与修静同时。余曾因其言细考之《十八贤传》，远公卒于晋义熙之十二年丙辰（416），年八十三，而吴筠所撰《简寂陆君碑》，修静卒于宋明帝元徽五（四）年丙辰（476），去远公之亡正一甲子，而修静年七十有二，推而上之，生于义熙之三年丁未（407）。远之亡，修静才十岁，况修静宋元嘉末始来庐山，远之亡已三十余年，渊明之亡亦二十余年矣。渊明生于晋兴宁之乙丑（365），少远公三十一岁，卒于元嘉之四年丁卯（427）。远亡时，渊明年已五十矣，固宜相从。姑志之，以示好事者。"① 而20世纪30年代，汤用彤先生对莲社问题进行了深入的考证，其结论是："莲社"之名起于中唐以后，《莲社高贤传》"乃妄人杂取旧史、采摭无稽传说而成"。② 而任继愈先生主编的《中国道教史》中，对"虎溪三笑"的传说，也有一个定评："陆修静在宋孝武帝大明五年（461）至庐山隐居修道，后世传说之虎溪三笑，没有历史依据。"③ 对此，范子烨先生有一个明确的结论："东晋时代确实有一个以慧远为中心的庐山教团……后世关于'莲社'的传闻虽然不无某些历史的影像，但主要还是出于妄附和臆造，是古人虚构的历史，反映了人们模糊不清的群体性的历史记忆。"④ 但本文认为，指出这种虚构历史的事实固然重要，但同样重要的是能否以"同情的理解"（陈寅恪语），去探究人们所以虚构历史的动机，以及这种动机背后的文化样态。

因为，无论是"历史的虚构"还是"虚构的历史"，在故事和传说的语境中，都有其自身的合理性。也就是说除了"历史的真实"以外，仍然在历史的叙事和表达中存在诸多"想象的真实"。这就意味着，我们在作历史还原式的考证的同时，也应该为符合人们内心意愿的历史虚构，保留必要的解读理由与想象空间。正是在这个意义上，克罗齐提出"一切历史都是当代史"，其精神寓意恐怕亦在强调把握"历史真实"的多重维度。

---

① 楼钥：《攻媿集》卷77，四部丛刊缩印本，244册，717页。
② 汤用彤：《汉魏两晋南北朝佛教史》，北京大学出版社，1997，第258页。
③ 任继愈主编《中国道教史》，上海人民出版社，1990，第148页。
④ 范子烨：《历史的虚构与虚构的历史——说庐山"莲社"与"虎溪三笑"》，《文汇读书周报》2008年12月26日。

尤其是，当"虎溪三笑"的传说，由简要的言语叙事变为经典的绘画题材时，故事的"历史的真实"已退其次，而故事的象征寓意得以凸显。"虎溪三笑"已成为历代画家笔下乐意重现的理想情景，慧远、陶渊明、陆修静这三个形象，已成为呈现儒、释、道三家"和谐圆融"意境的代表和极具象征意义的符号。而故事和人物一旦成为具有象征寓意的符号，其含义便被相对固定并具有普遍的指代意义。也正因为如此，"'虎溪三笑'是传统中国画的重要题材之一，并由此产生了《虎溪三笑图》的题咏……元代是《虎溪三笑图》题咏的繁盛期，主题呈多样化，其中遗民情怀主题带有明显的时代烙印与个人情感。明代《虎溪三笑图》题咏渐呈式微，在佛教衰落、学术风气渐趋谨严的背景下，质疑画题失真的诗作渐多。入清后，题咏诗作主题渐呈单一，但在艺术上仍有独到之处。'虎溪三笑'故事虽为虚构，却象征着中国文化的圆融通达，蕴涵着和美喜悦、兼收并蓄的精神内核，千古之下仍令人追慕、神往。正因如此，《虎溪三笑图》的历代题咏不绝如缕，汇聚成中国传统文化中的一涓细流，寄托了无数文人雅士的高情远致，折射出历代诗人的思想情怀乃至学术精神"[①]。同样，范子烨在指出"虎溪三笑"是子虚乌有的"虚构历史"的同时，也认为"从宋代开始，历代画家皆有《三笑图》或《莲社图》一类的作品，可见诗人和艺术家们对莲社以及'虎溪三笑'的传说也是非常笃信和迷恋的，即使是现代的某些著名学者也不例外。如1928年，游国恩（1899～1978）就发表了《莲社成立年月考》一文"[②]。可见，"虎溪三笑"的故事及传说，已超出一般历史事件的认知意义和价值，而成为一个文化事件。其中的精神价值和象征寓意，已深刻乃至形塑了中国文人士大夫心中的文化格局和情致。

二 "虎溪三笑"传说背后的历史和文化成因

"虎溪三笑"传说的精神寓意，是呈现儒、释、道三家和谐共存的理想图景。而从大的文化变迁和文化格局的形成看，"虎溪三笑"传说背后的精神要义是佛教的中国化和中国化进程中的现实情境。与西方历史上出现的宗教战争不同，佛教与中国本土的儒家与道教具有文化上的亲缘性，

[①] 于淑娟：《〈虎溪三笑图〉题画诗考论》，《中华文史论丛》2013年第2期（总第110期）。
[②] 范子烨：《历史的虚构与虚构的历史——说庐山"莲社"与"虎溪三笑"》，《文汇读书周报》2008年12月26日。

尽管历史上也出现过"排佛"和"灭佛"的运动，但相互间的吸收和包容，要远远大于对立和对抗。尤其应该看到，佛教之所以能融入中国，既与中国本土文化巨大的文化包容度有关，也与中国文化内在的变革需求有关。尤其是到了魏晋时期，佛教所以逐渐被文人士大夫认同和接受，既反映出了战乱频仍、社会动荡的困苦中，人们期盼心灵安顿和精神抚慰的社会心理需求；同时，也深刻地反映了自"两汉以来中国文化对儒道和玄学异化进行自觉调整的重大努力"。① 一方面，就儒学的发展历程而言，先秦儒学经由董仲舒"天人感应"的教化思路的改造，两汉经学陷入注重外在教化形式的迷途：无论是偏向谶纬迷信的今文经学，还是沉迷于烦琐解经的古文经学。尤其是"天道""宿命"的教化语境，使得传统孔孟性善论的内在信念往往被遮蔽。所以，有学者指出，正是"两汉经学的异化，导致名教脱离自然本真从而失去了教化的鲜活生命力，中国文化开始了由外在教化到内在自觉的转型"。② 而另一方面，魏晋玄学的兴起，正是由外而内地自觉探求援道入儒的方法，积极开拓儒教的内圣之学。但魏晋玄学凭借对"自然"的本体论追问，从而期待使生命返归本真的存在状态，以成就个体生命的诗性与自由。但这种偏重个体感性经验的思想形态，以及这一时期道教注重修炼外丹以期长生的"外在执着"。同样，都不能从根本上解决个体修证的内在根由的探究和追问。因此，佛教进入中国，便有其深刻的文化和时代机缘。而佛教以其精深的性空智慧、博大的慈悲精神、谨严的修证实践以及建立在真俗不二基础上的方便善巧，填补了因儒家的现世指向和其他民间信仰的粗俗鄙陋所留下的精神空间，满足了社会各阶层内心的宗教需求。尤其是"佛教修证的彻底性和个体性"恰好契合当时中国儒道文化深入发展的内在要求。从这个意义上说，佛教的中国化，是中国文化精神版图上，不可或缺的一个部分。而慧远法师汇通儒、释、道三教，出入僧俗两界的实践和成就，不仅"开启了中国佛教的新时代"，也开启了一个文化自觉的新时代。

同时，也应该看到，任何异域文化融入本土的过程，大都经历由外在影响向主动探求的转变。而这其中文化精英们的态度和选择至为重要。魏晋时期本土出身的入佛高僧，大都经历由儒道转佛的心路历程。梁代僧人

---

① 李明：《慧远"双重感应"思想对儒家修养彻底化的探索》，《东岳论丛》2009年第5期。
② 李明：《慧远"双重感应"思想对儒家修养彻底化的探索》，《东岳论丛》2009年第5期。

慧皎（497～554）的《高僧传》中记载了一批由儒道转向佛教的高僧。《高僧传》载："释慧远……少为诸生，博览六经，尤善老庄。性度弘博，风览朗拔，虽宿儒英达，莫不服其深致。年二十一，欲渡江东，就范宣子（经学大师，尤擅三礼），共契嘉遁……后闻安讲《般若经》，豁然而悟，乃叹曰：'儒道九流，皆糠秕耳。'便与弟惠持，投簪落彩，委命受业。"① 同样，有关僧肇，有以下的描述："释僧肇，京兆人。家贫佣书为业，遂因缮写，乃历观经史，备尽坟籍。爱好玄微，每以老庄为心要。尝读老子德章，乃叹曰：'美则美矣，然期神冥累之方，犹未尽善也。'后见《旧维摩诘经》，欢喜顶受，披寻玩味，乃言始之所归矣。因此出家，善学方等，兼通三藏。"② 显然，《高僧传》中对那些由儒道转佛高僧的传记，大都突出从儒、释、道三家思想比较高下的视角来诠释他们转入佛家的主要原因，并以此彰显佛学的价值和吸引力。但应该指出的是，这些高僧所以服膺佛家之说，固然有佛家的思想更具思辨性和深刻性，以及他们心性中所具有的"慧根"，另外，也应该看到，这与他们身处世庶阶层的社会地位的状况与格局，亦有内在的关系。对于像慧远、僧肇这些年轻的知识分子群体来说，由于他们是介于门阀士族与社会最底层之间的庶民，因而他们这个身份，和促使他们转向佛教的最深层的原因，绝不仅仅是由于"政局动乱"和"家境贫寒"这些外显的因素。除了佛教本身的吸引力以外，其中潜在的、深层的原因，恐怕与这些庶民知识分子在与门阀士族和门阀士族文化的抗争中，寻找精神和身份这双重的出路有着必然的联系。"这个群体在这个时代中有不能处理的问题而又希望寻找到一种能解决现实问题的思想，同时在此方面能够选择投合自身并解决自身思想困难的佛教大乘空宗思想这个时期的在中国的传播也为其提供了思想资源，由此也就产生了他们在思想上主动地选择向佛教思想特别是大乘空宗思想靠拢的行为。"③ 也就是说，我们不是把儒、释、道三教之间的对话和影响，简单地看成相互否定和替代的关系，而是从整个社会思潮所以形成的综合因素看，魏晋时期所以形成儒释道并峙的格局，既有其内在的精神动因，也有其深刻的社会和时代的成因。

---

① 释慧皎撰，汤用彤校注《高僧传》，中华书局，1992，第211页。
② 释慧皎撰，汤用彤校注《高僧传》，中华书局，1992，第249页。
③ 徐路军：《〈高僧传〉中儒道转佛高僧的社会地位及转向原因分析》，《西安社会科学》2011年第29卷第2期。

三　"虎溪三笑"传说的精神实质是
"和而不同"（求同存异）

"虎溪三笑"的传说中，故事的主角是慧远。也正是慧远的远见和胸怀和他出入儒、释、道三家的切身经历，能在庐山脚下，引领一个时代的风尚。所以，"虎溪三笑"所昭示的是这些大师们的精神风采和境界。而慧远的僧俗实践，奠定了儒、释、道和谐共生的交往格局。

魏晋以后，儒、释、道三教的发展，离不开三教之间的由相互批判、质疑逐渐转向相互借鉴和求同的过程。但无论是理论上还是实践上，要实现所谓的"三教汇通"或"三教归一"，不仅是要深入地理解、辨析和沟通三教在观念、理论与方法上的异同，更重要的是如何面对三教所面临的共同困境，创造性地应对影响和决定自身发展的时代课题。事实上，在中国的历史文化语境中，所谓"三教汇通"或"三教合一"的精神实质，是在"和而不同"的文化共识下，寻求不同教派各自的发展空间。所以，"求同"的要义，是如何在三教间求得最大的公约数；而"存异"的价值，是在汲取对方的文化滋养的同时，让你自身的说教更具吸引力和说服力。而慧远法师的贡献，正是以深邃的眼光、宽阔的胸襟和超然的智慧，贯通儒释道三教，面对僧、俗两界，不仅为佛教的中国化（求同）奠定了坚实的理论和实践的基础，而且，为佛教在僧、俗两界树立巨大的威望（存异）献出了毕生的精力。对此元代普度在《庐山慧远法师文钞"辨远祖成道事"》中有一段评价："伏自佛教东流，凡三百年，而有远公，是时沙门寖盛，然未有特立独行、宪章懿范，为天下宗师如远公者，佛道由之始振。盖尝谓远公有大功于释氏，犹孔门之孟子焉！"

有学者指出："佛教在中国的发展，受三种关系之制约：第一，佛教与专制王权间的政教关系；第二，佛教与国教儒教间的教教关系；第三，佛教与宗法制社会的教俗关系。这三层关系可归结为真俗或权实关系。真不离俗而不退堕为俗，实应兼权而不依附于权。但在实际运作中，中国佛教徒经常面临的是'谈真则逆俗，顺俗则违真'的两难困局。"[①] 而慧远法师的僧俗实践，不仅将外在的压迫和制约化解为必要的理解与尊重，而且

---

① 王雷泉：《慧远建设庐山教团的理论与实践》，《佛学研究》创刊号，1992年。

将内在的目标和坚守彰显为积极的引领与归服；不仅将信仰的日常形态演绎为高尚的文化情趣，而且将内心的悲悯情怀编织成普适的事业，从而为佛教融入中国，赢得生存的空间和应有的尊重。

其中，最为人们称道的是慧远法师为化解"敬王之争"所表现出的远见卓识。应该说，表现为佛教与皇权之间发生的"敬王之争"，其背后纠结的矛盾因素是多重和复杂的，既涉及皇权与门阀氏族之间的政治博弈，也关乎佛教与儒家在意识形态上的矛盾与对立，同时，不同文化形态之间的隔膜和误读也是造成这场争论的主要因素。如何面对如此纷繁复杂、矛盾交织的局面？如何化解这迫在眼前的现实压力？这既需要有化解现实矛盾的政治智慧，也要有入情入理的说服技巧。而慧远法师则凭借其超人的勇气和胆识，外抗强权，内争僧格，最终赢得了理解与尊重。

在慧远看来，"沙门不敬王者"的核心是"存异求同"。"存异"是指佛教有不同于儒道的视域和目标，这是佛儒两家不同的思想体系造成的，而不是信徒们的个人态度所能决定和改变的。儒家以"万化"说天地，所以重"运通之功"，讲的是三界之内的有情人生；但是"天地虽以生生为大，而未能令生者不化；王侯虽以存存为功，而未能令存者无患"。而佛教的"泥洹"（涅槃）境界，则"泥洹不变以化尽为宅，三界流动以罪苦为场；化尽则因缘永息，流动则受苦无穷"。因此，佛教徒有"求宗不顺化"的确切理由。而"求同"则是表明"道法之与名教，如来之与尧孔，发致虽殊，潜相影响；出处诚异，终期则同"。因此，"求同"并不影响儒、佛两教各自保留各自的视域和各自不同的修证途径；而"存异"同样并不导致儒佛两教"教化人心"的终期目标的缺失。相反，也只有"求同存异"，才能实现"儒佛互补""政教分离"，僧、俗两界也才能各得其所，各有其功。所以，在今天看来，慧远所主张的沙门"抗礼万乘，高尚其事"的意义，正是能使佛教以方外之宾身份，不干预政治也不屈从政治，从而对社会的运作，起一种宣泄和解毒机制的作用。而这恰恰是佛教独到的净化人心、保持社会稳定的最佳方式。而慧远通过《与桓太尉论料简沙门书》《沙门不敬王者论》《沙门袒服论》等系列文章所阐发和以期建立的，维护政教各安其位、佛教与儒教保持若即若离、不卑不亢的超然模式，正是佛教中国化的进程中最为重要和影响深远的收获。

以慧远的远见卓识，他是把面对"敬王之争"的寓意，提升到关系佛教在中国社会存在的合法性，以及其存在的意义和价值的根本问题上来对待。这就是为什么慧远在"敬王之争"已得到桓玄"诏停沙门敬事"之后,仍然要如此用心地撰写《沙门不敬王者论》这五篇足以改变历史的雄文。五篇《沙门不敬王者论》不仅为以后的中国佛教如何处理政教关系、儒佛关系提供了一个相互理解和认同的模式,而且将僧、俗两界的关切和矛盾,提升为"模范社会""教化人心"的文化共识。

慧远认为儒、佛两教的根本宗旨在"教化民心"。"既涉乎教,则以因时为检。虽应世之见,优决万千,至于曲成在用,感即民心而通其分。分至,则止其智之所不知,而不开其外者也。若然,则非体极者之所不兼,兼之者不可并卸耳。"[①] 慧远认为应该用是否适应时代、是否符合时宜来检验教化的优劣,各种教化虽有不同但是其目的都是感化民心。教化的方式应该根据人们的思想认识不同而作相应的取舍,不能超出人们的思想认识之外。人们的思想方式千差万别,因此教化也就不能兼顾所有的人。世间的教化并不是一蹴而就的,人们的思想方式也是在不断变化的,因此不同的教化也是可以并存的。也正是抓住了"教化民心"这个核心,使得各有差异的儒、释、道三教,在中国文化主张"和而不同"的理念和语境中得到最大的共识。显然,慧远法师的这份坚守,以及从容化解僧俗两界质疑的睿智和底气,正是来自对中国文化的透彻了解和对人心向善这份情怀的坚定信念。

尽管,如何使得佛教既符合中国社会的实际情况,又能保持一种超然的地位,始终是佛教生存与发展必须面对的根本问题。但1600多年前慧远法师所提出的解读理念和他所践行的行为模式,至今仍然有非常重要的启示意义。仅就这一点,说慧远大师是中国佛教史上的一块丰碑,也不为过。

四 "虎溪三笑"传说的僧讲与俗讲问题

"虎溪三笑"传说的背景是依托于慧远在庐山脚下经营的"庐山教团"的建设和影响。而无论就儒、释、道汇通的意义上,去评价"庐山教团"在佛教史上的特殊地位,还是从僧俗两界的作用和影响看,"庐山教团"在思想史和文化史的价值和贡献都是令人赞叹的。庐山慧远教团的成功实

[①] 《沙门不敬王者论》,《大正藏》第49卷,第531页。

践,既成就了一个宗教领袖引领社会风尚的生命传奇,也留下了诸多供人敬仰和想象的民间佳话。特别是其精神上的创获和行为上的风范,历久弥新,直达人心。其有形与无形的影响,至今仍产生潜移默化的作用。对此,汤用彤先生曾有精辟的评价:"夫教化之礼,在能移风易俗。释慧远德行淳至,厉然不群。卜居庐阜,三十余年,不复出山。殷仲堪国之重臣,桓玄威震人主,谢灵运负才傲物,慧义强正不惮,乃俱各倾倒。非其精神卓绝,至德感人,曷能若此。"①

庐山慧远教团是指东晋时期,以慧远为中心而在庐山建立的一个佛教修行团体。在慧远教团中,以义解深明、戒行清高、禅思深入的僧人群体为核心,以好尚风流的居士群体为外围。其僧人群体则以慧远所居东林寺僧团为核心,以本山僧人为主,并包括东林寺之外的其他庐山僧团及游方僧人。其居士群体则既有希图与慧远"共契嘉遁"的隐士,如刘遗民、周续之等人,亦有前来"考寻文义"的学士,如宗炳、雷次宗等人,还有善谈玄理的名士,如王凝之、殷仲堪等人。慧远以其严谨自律的大德风范统帅僧团,而以经典学术征服"学士",以隐逸理想招徕"隐士",以儒雅风度吸引"名士",从而集合成一个强大的教团,一个以僧人为主的广大"统一战线组织"。正是凭借着这样一个有着广泛构成的强大教团,慧远和庐山才获得在当时僧、俗两界的崇高地位。② 需要指出的是,慧远的庐山教团,首先是道安教团的组织形式和传教理念的延伸和发展,但选择像庐山这样的山林修行,则既是慧远法师由个人经历和生命情怀导致的一份机缘,也是当时教团修行归隐山林的一个趋势。比如,"泰山一带有竺僧朗教团隐修,仰山一带的山林则为竺法潜、支遁、于法兰等高僧所栖居,钟山、豫章山、虎丘山、若耶山等当时名山尽皆已为高僧名僧所占领"。尽管作为东晋佛教的三个中心之一,慧远的庐山教团,所以离开长安、建康那样的中心都市,选择在庐山经营,并不表明佛教将会远离都市。"但它的确表明了中国佛教对僧俗关系的一种态度。从道安的'不依国主,则法事难立'到慧远'愿檀越安稳,使彼亦无他'的中立政策,是中国佛教企图脱离政治,追求独立的努力。"③ 而别具意味的是,在庐山这个极具隐逸传统和氛围中的慧远教团,既不遗世独立,拒绝凡俗,也不形影孤吊,阻

---

① 汤用彤:《汉魏两晋南北朝佛教史》(增订本),北京大学出版社,2011,第189页。
② 李勤合:《庐山慧远教团研究》,华中师范大学博士学位论文,2010,第157页。
③ 李勤合:《庐山慧远教团研究》,华中师范大学博士学位论文,2010,第157页。

断世情。不屈从权贵，哪怕你是皇帝、重臣；但不拒绝对话，不管你是僧俗哪界；既可以遵从真性，诚邀饮酒的陶渊明入社，但也会审定心志，拒绝名士谢灵运入籍；倾力组织佛经的翻译和传播，（经律）"出诸庐山，几至白卷"，但也有文人间的诗文唱和，留下山水文学的名篇《庐山记》。也正由慧远法师所引领的这份雄才大器与超拔圆融的精神境界，使得庐山僧团始终坚守"与世俗教权若即若离，与人间真情不离不弃"的"中道"理念与状态。

也诚如王雷泉指出的那样，慧远庐山教团"不同于西方中世纪时借助世俗权力的金字塔型教会，也不同于后世具有宗法性传法世系却又一盘散沙般的宗派，维系教团存在和发展，有三种如红线般贯穿始终的精神：一曰领袖人物身体力行的戒律精神。二曰维护教团地位和荣誉的团队精神。三曰广布教法的弘法精神"。在"京师竞其奢淫，荣观纷于朝市"的宫廷式佛教、贵族式佛教、商业化佛教的浊流中，庐山教团以与世法不共的修证实践证明了佛教存在于世的价值，对一切"信道怀真"的佛教徒形成了巨大凝聚力，也使所有不信佛教乃至迫害佛教者为真正佛教徒的人格感召力所慑服。[1] 当然，除了道德信仰和精神人格的感召以外，慧远法师"道业贞华，风才秀发"，"善属（著）文章，辞气清雅"（《高僧传》）以至不断引发后世诗人骚客的钦慕，如唐代杜牧有"诗学雁门僧"之句，近代吴宗慈赞叹"雁门大师善说法，吟咏亦复超群伦"。而慧远法师的文才，"不仅有利于他生动表露其信仰见解与热情，而且有利于他吸引'挥翰之宾'使庐山教团更富文采风流，如果忽略其'风才秀发'的一面，势必不能全面了解慧远及其庐山教团的文化性格，东晋时代玄理与文学的交涉渗透，已到了某种空前的程度"。[2] 同时，像慧远这样富于宗教体验与艺术体验的一代高僧，他在文学观方面的旨趣及其引导下的文咏活动，不仅对当时的文人群体有巨大的吸引力，对于后代的文人士大夫也产生了深远的影响力。而一代又一代儒生高僧，凭借他们各自的理解和想象，将对慧远庐山僧团的敬仰与缅怀之情，演绎出众多感人的诗文和故事传奇。其中，最为有名和流布最广的民间演绎，是以体现"三教交融"为主题的，有关"虎溪三笑"的传说。

---

[1] 王雷泉：《慧远建设庐山教团的理论与实践》，《佛学研究》创刊号，1992 年。
[2] 曹虹：《慧远及其庐山教团文学论》，《文学遗产》2001 年第 6 期。

而从"虎溪三笑"到明宪宗的"一团和气图",以及以后仿制的"三教混一图",其中陶渊明、慧远、陆修静三人,原本独立、自在的身影,被抽象和整合为僧在中、儒居左、道在右的大度和尚像。因为"合三人以为一,达一心之无二,忘彼此之是非,蔼一团之和气"(明·朱见深《一团和气图赞》)。是一个统治者最喜欢看到的和美气象。于是原本尊重、包容和相互欣赏的"三笑",变成了不分你我,归顺在皇家天下的"一心"。正如同,无论是"三教汇通"、"三教融合"还是"三教合一"的命题本身,都有诸多不同的解说。但我们今天的解说,是应该将它放到一个大的文化语境去考察和梳理,从而理解和把握那种普遍的民族文化心理和思维模式。当然,我们既需要理解那些有事实因由,却附会了诸多的主观愿望和想象的事迹和传说的诸多"俗讲",也要追求而把严格的事实考据和学理辨析融合的"僧讲"。尽管,在佛教的传播中有所谓体现"方便法门"的"俗讲",但其本义仍然是要把准确的经义,讲到人心中去。因此,"僧讲"和"俗讲"只是方法和途径的不同,而根本的宗旨是不变的。不过,作为文化传播的手段和途径,如何为各种文化经典,开启各种能深入人心的"方便法门",功莫大焉,善莫大焉!

海印老人与海会寺净土宗风

李勤合

摘　要： 清末，海印法师居庐山50余年，由《普贤行愿品》导归净土，继承莲社传统，结社以广度有缘，因应末法时代机缘，教人诚实念佛，高扬净土宗风，是近代卓越的净宗大德。法师中兴庐山海会寺，建成十方道场，使之成为近代著名的净土道场。

关键词： 海印　至善　海会寺　净土宗风

作者简介： 李勤合，九江学院庐山文化研究中心宗教研究所副教授。主要研究佛教（净土宗）史和佛教（净土宗）文献。

海印法师，字至善，江苏扬州人。法师居庐山50余年，中兴庐山海会寺，建成十方道场，阐扬净土宗风，使之成为近代净土宗重要寺院。法师由华严以入净土，因应庐山莲社宗风和末法时代机缘，教人老实念佛，高扬净土宗风，备受僧俗崇敬，是近代卓越的净宗大德。今不揣浅陋，略就至善法师与海会寺净土修持之宗风略做探讨，以就教于方家，盼能抛砖引玉。

一　中兴海会，高扬净土宗风

至善法师中兴庐山海会寺，高扬净土宗风，使之成为近代著名的净土道场。

海会寺位于今庐山市海会镇，背靠庐山五老峰，东望鄱阳湖，西南有白鹿洞书院，东北有三叠泉，为形胜之地，山南五大丛林之一。[①] 庐山海

[①] 庐山有两座海会寺，山南五老峰海会寺之外，山北石门沟五道河左岸亦有一座海会寺，二者之间关系不明。山北海会寺最早可追溯至唐代武则天时期，今尚存遗迹。一般所说庐山海会寺，皆指山南海会寺。

会寺见证了近代中国百年佛教和社会的巨大变迁，是近代中国从衰落走向复兴的历史见证，在中国佛教史上具有重要的地位。禅宗泰斗虚云老和尚曾慕名来此参加念佛法会，太虚法师弟子大愚曾在此闭关念佛，康有为、梁启超、黄侃等人多次访寺，题跋赠诗，1927 年刘少奇曾在此修养，1933 年蒋介石在此创办军官训练团。故国内海会寺虽多，而以庐山海会寺最为著名。1949 年后，政府利用原庐山军官训练团旧址先后建设了大型后方康复医院、江西共产主义劳动大学、海会师范学校等，为社会主义建设做出了巨大贡献。寺院则由释悟慧、释衍意等法师先后住持，延续不断。

庐山海会寺历史悠久，初名海会庵，由释西来始建于明万历年间。清嘉庆二十二年（1817）释旦云主持重修，咸丰年间遭兵毁。近代以来，庐山迭经兵燹，寺庙大多未能复兴，唯有海会寺经至善中兴，巍巍屹立于五老峰下。寺内僧人勤苦修行，道风纯正，一时成为东南名刹。

海会寺近代的中兴是与海印法师密不可分的。海印法师，俗姓唐，嘉庆二十四年（1819）出生于江苏扬州东台县（今江苏盐城东台市）。6 岁时礼观音堂秋水法师为师。年满二十，在南京宝华山隆昌寺受具足戒，体乾昌苍为戒和尚。从 22 岁开始，随秋水法师参学如皋定慧寺、黄山文殊院等地。1842 年夏，法师游九华，礼黄梅，入庐山，深得归宗寺慈舟和尚器重。1844 年，慈舟和尚付嘱衣法。

1845 年，法师参桐城慈济寺自省和尚，阅藏三年。1848 年，先礼普陀，冬入庐山，居黄崖石洞，面壁三年。1852 年，复居归宗，冬受秀峰寺请，充戒坛引赞师。1853 年春三月，法师拟回扬州，归宗寺诸法师相劝不止。法师坚意荷担而行，至秀峰寺门口，扁担忽然折断，恰好被秀峰寺法师看见，笑着说："庐山菩萨灵，留修行人住。"法师遂暂居秀峰寺。1854 年，龙云寺别尘法师请海印法师同居。1856 年，法师避乱于五老峰杜阁寨，终日危坐，旦夕面壁，恒日炉不生烟，钵不入唇。士民感附，皈依者数人。居十一年，掩关五载。1862 年，南康知府曾省三请主归宗，执意坚辞。

1865 年，法师结庐于五老峰前古华严寺基。1867 年，大风卷去茅棚，山下士民请迁海会寺基，为聚石为室。法师感悯兵劫数省，募铸常鸣钟以超度之。1869 年，南康知府王小初请主万杉寺，执意不允。本年初度弟子本源，字碧莲。1870 年，湖口总镇丁军门请主石钟山，力辞之。九江道景介臣之子景惠伦礼法师为师，赐名本然。1871年冬，常鸣钟铸成，悬归宗寺。

　　法师慈悲度众，得士民护法不已。1873年，景惠伦、王全泽等捐资修观音堂、吕祖殿。1875年，姑塘镇南昌弟子魏兴林请修关房。1876年，魏兴林建山门、客堂及东西寮房。1877年，魏兴林建东边屋及仓房。1878年，魏兴林建莲池。1879年，魏兴林建念佛堂。1880年，南康知府王凤池率眷属六人皈依门下。1881年，魏兴林居士建头山门。1882年魏兴林修方丈及官客堂、厨房。1883年，湖北弟子李源存修五观堂，富川弟子王鸿元修华严寺。魏兴林居士往生，法师谓大众："法筵主席本非吾愿，因魏居士之诚，十年布金万余，今丛林规章已立，居士已去，当付供十方僧众，不没众居士之善德也。"乃于十二月八日传付堂主清虚。

　　1885年，法师仿省庵大师立寸香斋，复掩关三年，专心念佛。宾客相见，非道不语，以寸香为度。① 1888年四月八日，以衣法付嘱豫章新圆通寺化寿和尚。星子弟子裴元建退隐堂。1889年，星子弟子裴飞云建韦天殿。1890年四月初八日，传授觉光和尚衣法。

　　1896年，法师迁居圆通寺，复往翠岩寺，每日静坐，悲愿双运，空有俱泯，自在观音。1898年六月，有疾，初九日度弟子本然。十五日，告徒众曰："宁取信佛说，勿信言玄妙。"二十六日，以手摸顶云："烦劳壳！若出烦劳壳，方可得安乐。"次日西时端坐而逝。

　　光绪二十六年（1900），弟子本源为刻年谱。宣统二年（1910）谛闲法师为撰塔铭。

　　至善法师剃度弟子36人，皈依弟子5000余人，七众弟子2万人。②

---

① 省庵大师有《寸香斋诗》："庚戌春三月，余禁足于梵天寺之西院右偏，额其室曰'寸香斋'。尊客相见，略叙道话数语，寸香之外，念佛而已。作诗以见志，并告众云：'省公鬻产构禅房，古寺重开净业堂。尽扫万缘如涕唾，凭将四字作资粮。同人共结三年社，对客空余一寸香。三昧未成功未熟，此生终不到城隍。'"

② 以上生平皆见于《庐山海印老人年谱》，《北京图书馆藏珍本年谱丛刊》第163册，北京图书馆出版社，1990。海印法师生平今所见者主要是《庐山海印老人年谱》，谛闲法师所作碑铭则参考年谱所作，至如吴宗慈《庐山志》、韩溥《江西佛教史之四佛教人士史略》又参考碑铭。《庐山海印老人年谱》原由海印法师大弟子南昌西山翠岩寺本源光绪二十六年所刻，今有北京图书馆编《北京图书馆藏珍本年谱丛刊》（第163册，北京图书馆出版社，1990）影印本，又有殷梦霞《佛教名人年谱》（北京图书馆出版社，2003）影印本。另有《佛教月报》（第3、4号连载）排印本，但因《佛教月报》第4号以后停刊，故此本不全。坊间著录多以《佛教月报》为据，故言年谱编至光绪三年，或云谱主卒年不详，辗转致误者不少，是皆不知有全本者，故赘言于此。

法师虽然接法禅宗，但他因应时代，结合庐山地方佛教特色，特从《华严经》普贤菩萨十大行愿出发，导归西方净土，尽形寿修习念佛。日常弘法常以《普贤行愿品》度人，教人念佛，高扬净土宗风！"逢请益者，善言引诱，指归极乐，常援十地圣人不离念佛为证。"①

至善法师在海会寺弘扬净土宗风，使之成为著名的净土道场，在近代佛教史上具有重要的地位和影响。光绪十二年，虚云法师自印度等地瞻礼佛迹回国，特到海会寺访海印老人，参加念佛法会。②光绪二十三年，四川清福和尚瞻礼印度及国内各地，亦到庐山海会寺访海印老人，问念佛一法。③1933年，德森法师④编辑《净土圣贤录》，其中《往生比丘第一》收录"至善及弟子锦峰"。1935年，守成法师编辑《历代净土高僧选集》，亦据以收录。谛闲大师曾赞云："东林一脉，为净土法道之源也，无何近代罕见其人乎？若夫远绍芳规，杰然师表者，惟我海会至公上人耳！"⑤

二 由华严以入净土：经典依据

至善法师的皈依净土，是从《华严经》特别是从《普贤行愿品》导入的，这是海会寺净土宗风的最重要特色。

由《普贤行愿品》导入净土，也是近代净土宗发展的一个重要趋势。早在唐宋时代就开始有大德指出《华严经》与弥陀净土的关系。净土宗六祖唐代永明延寿、七祖宋代省常、九祖明代蕅益等都很重视《华严经》。省常法师还特别重视《净行品》，曾血书《净行品》，所以他仿效慧远而结的白莲社，又称净行社。乾隆年间，彭际清著《华严念佛三昧论》，对《华严经》与念佛之间的关系多有阐述，并说《阿弥

---

① 释本源：《庐山海印老人年谱》，北京图书馆编《北京图书馆藏珍本年谱丛刊》第163册，北京图书馆出版社，1990，第665页。
② 岑学吕编《虚云法师年谱》，宗教文化出版社，1995，第19页。年谱第133页1951年又载：虚云法师病重时，跌坐入定，梦至兜率内院，见有江西会寺志（至）善和尚等人。
③ （清）清福和尚原著《源因略记》，普正和尚校注，四川美术出版社，2015，第117页。
④ 德森法师，江西兴国人，生于清光绪九年（1883），卒于1961年。1921年，与了然法师至普陀，于法雨寺遇印光大师，甚契；1925年再诣普陀，即成永久依止。后住上海法宝馆，1937年，卓锡苏州灵岩山，前后襄助校刊《净土全书》《净土十要》《净土圣贤录》《印光法师文钞》及大名山志等书。
⑤ 释谛闲：《庐山中兴海会寺至善和尚塔铭》，《时雨》1936年第1期。

陀经》是小本《华严》，《无量寿经》是中本《华严》。至咸丰四年（1854），魏源将《无量寿经》《观无量寿经》《阿弥陀经》《普贤菩萨行愿品》编集为《净土四经》，1858年由周诒朴刻行，正式将《普贤菩萨行愿品》列为净土根本经典之一。魏源在《净土四经总叙》中说："夫不读《无量寿（经）》，何以知法藏因地愿海之宏深，与果地之圆满？不次以《十六观经》，何以知极乐世界之庄严，与九品往生之品级？大心既发，观境亲历，然后要归于持名，非可以持名而废发愿、观想也。持名至一心不乱，决定往生，而后归宿于《普贤行愿品》。以十大愿王，括无量寿之二十四愿。以每愿末，'念念相续，无有间断，身语意业，无有疲厌'，括《弥陀经》之'一心不乱'。……盖入门必次第修而后圆修，圆莫圆于《普贤行愿品》，故为《华严》之归宿矣。此天然之次第，修持之定轨，故合刊四经，以广流通，普与含灵，同跻正觉。"①魏源从理论上阐述了《华严经》特别是《普贤菩萨行愿品》与净土法门的关系。后杨文会大德、灵岩印光大师刊行《净土四经》《净土五经》《净土五经一论》，进一步阐述了《华严经·普贤行愿品》与净土法门之间的关系。杨文会说："《华严经》末，普贤以十大愿王导归极乐，故净土宗应以普贤菩萨为初祖也。"②印光法师说："知此一卷经（《普贤行愿品》），为华严一经之归宿。华藏世界海，净土无量无边，而必以求生西方，为圆满佛果之行。可知念佛求生西方一法，原自肇起华严。"③

《华严经》中善财童子五十三参始终贯穿着念佛法门。善财童子广参善知识，第一个善知识德云比丘即修念佛三昧。次第所参解脱长者、鞞瑟胝罗居士皆修念佛三昧。最后是弥勒菩萨、文殊菩萨、普贤菩萨。普贤菩萨称为华严长子，代表修菩萨道的行力、行愿之力。大小乘佛法的结穴归根之处在《华严经》，《华严经》的结穴归根之处在《普贤菩萨行愿品》，而《普贤菩萨行愿品》经过普贤菩萨的导归告诉我们，《华严经》的结穴

---

① （清）魏源：《净土四经总叙》，《魏源全集》第12册，岳麓书社，2011，第125~126页。关于魏源净土四经版本，灵岩印光大师曾评说论："《弥陀经》，《无量寿经》，《观无量寿佛经》，亦名《十六观经》，此名《净土三经》，加《普贤行愿品》，名《净土四经》。仿单中有《净土四经》一本，其《无量寿经》，系魏承贯删削，又依余经增益，理虽有益，事实大错，不可依从。"（《印光法师文钞·复高邵麟居士书三》）
② 杨仁山：《十宗略说》，《杨仁山大德文汇》，华夏出版社，2012，第65页。
③ 释印光：《印光法师文钞三编》卷4，《大方广佛华严经普贤行愿品流通序》。

归根是在西方极乐世界。亦可说，西方极乐世界和华藏世界不二，阿弥陀佛与毗卢遮那佛是一。所以，古德有说，《华严经》即广本《阿弥陀经》，《阿弥陀经》即略本《华严经》。①

至善法师在魏源同时而稍后，他虽然没有对《华严经》的理论进行阐述，但他已经体认到"念佛三昧合华严法"，并且身体力行地践行着净土法门，为近代净土宗风的高扬做出了卓越贡献。

至善法师14岁时随侍秋水法师迁居甘泉慈荫庵，圆满僧相。师为取名曰海清，字至善。授读《华严》，请益蕴义，深契法界，秋水法师曰：尔与华严大法有缘，可更名海印。②可见至善法师自幼即与华严有契，种下了与华严的善缘。

己亥年，法师年满二十，乞戒于南京宝华山隆昌寺，戒坛诸师咸称"华严童子"。③是知法师年轻时即能以华严知名于当时。

癸卯年，有善知识授法师精持神妙章句，慈济众生病苦厄难，又有导以念佛三昧为末时要径者。法师疑团难决，不知该如何选择，便在佛前祈祷拈阄为决，三卜皆拈念佛三昧。法师说："念佛三昧合华严法，我尽形寿修习念佛！"④这是至善法师由华严导入净土的重要转折。自是以后，法师常书《普贤菩萨行愿品》与人，劝持求生西方，从者益广。

至善法师屡受归宗寺、万杉寺等请住寺而坚辞，最终住持兴复海会寺，也是他与华严、与净土的缘分。法师坚持不住寺院，苦行自修，至乙丑岁（1865），结庐于古华严寺基。丁卯（1867）初夏，大风卷去茅棚，山下士民请迁海会寺基，为聚石为室。法师初结庐华严，再迁海会，而"华严""海会"，本是二而一也！难道真的是冥冥之中有其定数吗？后海会寺基本建成后，癸未年（1883），富川弟子王鸿元特修华严寺，以示不忘。

至善法师日常教徒，亦多以《华严》开示。乙亥（1875）十二月初四，大弟子本源禀告，欲书《华严经》全部。法师开示："善。古德云：

---

① 释印光：《增广印光法师文钞》卷二《复永嘉某居士书三》。
② 释本源：《庐山海印老人年谱》，北京图书馆编《北京图书馆藏珍本年谱丛刊》第163册，北京图书馆出版社，1990，第642页。
③ 释本源：《庐山海印老人年谱》，第643页。
④ 释本源：《庐山海印老人年谱》，第644页。

假使顶戴经尘劫，身为床座遍三千，若不传法度众生，毕竟无能报恩者。"① 并劝本源募刊流通《华严经》，以广度人。本源乃出山募镌佛经，《华严经》以外，尚有《万善同归集》《净土切要》《净土要言》等书，并绘《华严法界》等图。

戊戌（1898）六月十五日，法师谕告徒众："发菩提心为资粮，礼佛忏悔为助道，普贤行愿为舟航，善结众缘为珍载。苟能如是，不愧吾门也。"良久又云："处默华藏，观音极乐。"弟子本源总结至善法师："我师平日恒书《行愿品》、弥陀像，其余笔墨置之高阁。逢请益者，善言引诱，指归极乐，常援十地圣人不离念佛为证。"②

净土法门很特殊，是佛陀无问自说，而且贯穿佛一代时教五时说法的始终。无论是最先宣说的《华严经》还是最后的法华涅槃时都宣说净土法门。净土法门是大乘十方三世诸佛，度化众生出离轮回生死之本怀的简易而究竟的法门。从净土法门在东土传播的历史来看，宋以前，净土法门隐藏于各宗，具有明显的"寓宗"特点，宋明以后，各宗都兼修净土，以导归净土为果，又具有明显的"归宗"特点。

《庐山海印老人年谱》以追溯的形式写至善法师与华严的缘分，显得似乎神奇了些，但从中亦可看出法师由华严以入净土的机缘。这是与近代各宗融合、诸宗导归净土的趋势相一致的。近代以来，不仅圆瑛等大禅师兼修净土，而且如天台宗谛闲大师、律宗弘一大师亦弘净土法门。尤其弘一大师，以华严为境，四分律为行，导归净土为果，与至善法师有许多相同之处。弘一大师在《净土法门大意》中说："修净土法门者，固应诵《阿弥陀经》，常念佛名。然亦可以读诵《普贤行愿品》，回向往生。因经中最胜者，《华严经》。《华严经》之大旨，不出《普贤行愿品》第四十卷之外。"这是与至善法师很相似的。

---

① 释本源：《庐山海印老人年谱》，第652页。"假使顶戴经尘劫"四句，见唐澄观《大方广佛华严经疏》卷十五，原文为："故经云：假使顶戴经尘劫，身为床座遍三千，若不传法利众生，毕竟无能申报者。"古德注释多引此。或云，原出龙树菩萨《大智度论》，未知究竟。观复《圆觉钞辨疑误》："钞引智论云，假使顶戴经尘劫四句偈，据华严大疏并演义，皆谓经说。然指何经，演义但谓引他经，今云智论。故两疑之。"

② 释本源：《庐山海印老人年谱》，第665页。

三　结莲社以导净土：地域背景

至善法师在海会寺弘扬净土宗风，很好地融合了庐山莲社的传统。

庐山是中国净土宗的发源地，东林寺是中国净土第一祖庭。庐山慧远大师东晋时期集合123人在庐山结白莲社，建斋立誓，共期西方，是中国历史上第一次旗帜鲜明地弘扬弥陀净土法门。后世修习净土，多以慧远大师等人为模范，结立莲社。如省常大师在杭州昭庆寺，省庵大师在杭州梵天寺皆曾结白莲社等，不胜枚举。慧远大师因而被尊为中国净土宗初祖，中国净土宗亦称莲宗。莲社和莲社十八高贤的故事流传至今，以莲社为题材的诗词、绘画作品充满了整个中国文学史和艺术史。莲社是古印度佛教净土法门思想与中华本土文化碰撞融合的产物，是佛教中国化的成功表现，影响深远。1928年4月，胡适考察庐山文化时，曾谈到庐山有三处史迹代表了中国文化的三大趋势，第一件就是"慧远的东林代表了中国佛教化与佛教中国化的大趋势"[1]。如果进一步为胡适的话下个注脚，或许可以说，慧远大师创建的"莲社"代表了中国佛教化和佛教中国化的大趋势。

慧远大师创建的莲社对庐山佛教产生了深远影响，也塑造了庐山文化的品格，成为庐山的文化基因。[2] 唐代白居易曾说："庐山自陶、谢洎十八贤已还，儒风绵绵，相续不绝。"[3] 庐山佛教中结社之事代代有之。宋代东林常总、佛印了元与周敦颐等人效仿白莲社结青松社。1929年，太虚大师等人在牯岭大林寺建莲社。[4] 可以说，凡至庐山者，无不怀远公，凡怀远公者，无不作结社想。故至善法师在山，地方官员和四众皆盼结社。年谱中记载同治壬戌（1862）南康府曾省三知府亲履至山，请主归宗，重结莲社。己巳年（1869），至善大师初度弟子，取名本源，字曰碧莲，疑亦与净土莲社有关。戊寅年（1878），魏兴林居士开筑莲池，构造念佛堂一区。庚辰（1880）仲夏，泗州弟子李贯之同魏兴林献"莲邦智烛"匾。辛巳年

---

[1] 胡适：《庐山游记》，《胡适文存三集》，亚东图书馆，1930，第248页。
[2] 参阅李勤合《慧远大师与庐山文化》，《净土》2014年第5期。
[3] （唐）白居易：《白居易集》卷43，中华书局，1979，第942页。
[4] 太虚大师多次登庐山，在庐山所作诗歌中，数次提到慧远白莲社，如："匡庐佛化欣重振，白社于今有远公。""几人白社赋招隐，佛日重光照大千！""濂溪雅化渊明溯，莲社风规慧远依。""何时莲社结，新句滴仙吟。""鸟语啁啾杂清梵，匡庐莲社有遗风"，并于1929年建"大林莲社"。参见李勤合整理《庐山学：太虚庐山诗文集》，宗教文化出版社，2016。

（1881），受江北众弟子请，撰《结莲社疏》。①

癸未年（1883），众弟子见海会寺初具规模，金曰："堂殿未备，俨若大刹。五老之秀色弥绚，匡庐之真面斯开。莲池既筑，昔东林之风在；堂殿未周，晋法师以重来。"于是请至善大师转法轮，推魏兴林为上首。四月初八日法师开堂，导众念佛，观想弥陀。二月所植红莲一枝到六月时开白莲三朵，红本单叶转为白色重瓣，叶边则有赤金一线。数年前所植红端阳花亦转为白色，为白莲之先导。本山诸寺赠"白莲重开"匾额。

至善大师在庐山海会寺弘扬净土法门，影响至广。经过咸丰兵燹，庐山佛教诸寺损毁殆尽。当时庐山诸刹中，山北东、西二林，上、中、下三大林，山南归宗、秀峰、栖贤、万杉皆未能振起，唯海会寺经由至善大师与魏兴林等居士重兴，成为当时庐山佛教的代表。海内佛教界已把海会寺当作庐山佛教的象征。故光绪十二年虚云法师自印度等地瞻礼佛迹回国，特到庐山海会寺访海印老人，参加念佛法会。太虚大师弟子大愚和尚修般舟三昧，特在海会寺闭关。庐山之外的许多人士甚至模糊了海会寺与东林寺莲社之间的关系，认为二者是同一关系。比如四川清福和尚光绪二十三年慕名到庐山海会寺访海印老人，问念佛一法，其自记正是把东林寺和海会寺看作一寺："又三十五里，至庐山海会寺。其地山川络绎，峰峦叠翠。大雄殿后背，壁立千仞。山顶有五老峰，庐山老姥成道之处。此寺创建（于）东晋时，慧远法师所集一百二十三人创建莲社之始，名为'东林'。至唐时会昌毁灭，已成涂炭。至清时咸丰初年，有德之僧名智朗和尚，再重兴庙貌数十间。"②

至善大师结莲社以弘净土，既因应了庐山净土传统，为广大居士共修

---

① 此《结莲社疏》稿受江北众弟子请而撰，然而莲社之结，究竟在江北还是在海会寺，尚不得而知。

② （清）清福和尚原著，普正和尚校注：《源因略记》，四川美术出版社，2015，第117页。《源因略记》载光绪二十三年（1897）三月初十从上海到九江拜访海会智朗和尚。从所记智朗和尚重兴海会寺及退居交清虚和尚住持庙宇来看，皆与《海印老人年谱》所载相符，则此智朗和尚显然即是至善和尚，但未闻至善大师有"智朗"之名。此点颇为费解。又，《年谱》载至善大师光绪八年将寺务交清虚，光绪十六年已由觉光和尚主席海会寺，光绪二十三年时，至善大师已在南昌翠岩寺，次年六月即往生。这些记载亦与《源因略记》不合。查《源因略记》（第48页）知清福和尚光绪十一年曾自汉口至九江，并访庐山，所记亦将东林寺、归宗寺相混，但未记访问过哪位和尚。《源因略记》为清福和尚1923年晚年回忆之作，不排除个别记忆错误。笔者因疑清福和尚访至善法师是在光绪十一年，而非二十三年，如此则与年谱完全相合。今暂依年谱记于二十三年，赘笔于此。

提供了机会，也为团结地方文化以及佛教同情者提供了方便，赢得了地方士绅的支持。我们可以从年谱中看到，地方士绅喜与至善大师结交的不少记录：同治壬戌（1862），南康知府曾省三亲履至山，请结莲社。同治己巳（1869），南康府知府王小初亲赍聘书，请主万杉。同治庚午（1870），湖口总镇丁军门请主石钟山；九江道景介臣命儿子景惠伦师事之。同治辛未（1871），魏兴林、王全泽、欧佩棠等三人来山拜访。同治癸酉（1873），星子耆绅余竹斋、李学裕、姜芝栢、杨祖章请度弟子。光绪丁丑（1877），湖南都戎陈昌运来访。光绪己卯（1879），南康知府王凤池来访，次年率眷属六人依拜门下。同治壬午（1882），督学使者洪钧入山叩访；奉新许必达入山，感而皈依。光绪癸未（1883），福建王仁堪、谢章铤来访。光绪庚寅（1890），南康府知府王延长与明府宋明辉偕高丽贡使赵玉坡来访；南康都戎高同科赠匾。光绪辛卯（1891），河督吴大澂来访。光绪壬辰（1892），白鹿书院主讲华祝三、南康知府王延长、教谕饶树荣来访，三儒一僧四老，坐对五老峰，恰成九老。华祝三比之为象山故事，改至善老人退隐堂为"天人九老堂"。

至善法师居庐山 50 余年，继承慧远大师莲社传统，集合绝尘清信之宾，谨律息心之士，共期西方，既为四众弟子修习净土法门提供了胜缘，也为团结地方士大夫、导引更多信众接入净土打开了方便之门，更好地弘扬了净土宗风。

四 处末法偏弘净土：时代因缘

至善法师因应末法时代，选择三根普被的净土法门，"偏弘西方"，契理契机，亦是一重要特色。

至善法师本人对华严、禅宗、天台止观皆有造诣。法师与华严的渊源已如上述，另外，法师所修念佛三昧，虽为净土法门，亦属禅观，仍是两宋以来禅净兼修的道路，寓禅于净，即净而禅，明心见性，西方为归。法师初入庐山，参归宗慈舟和尚，慈舟和尚即云：此子法季宝筏也！后嗣法慈舟老和尚，为禅宗临济一脉。当是时，战乱频仍，法师头陀苦行，多习禅定。31 岁时，曾入庐山黄崖石洞（黄岩洞）面壁三年。丙辰（1856）避乱于五老峰顶，四面石壁，只能攀绳可上，法师终日危坐，旦夕面壁，炉不生烟，钵不入唇，又掩关五载。丁巳（1857），有儒生因兵乱年荒，求仙判乩，判词中称："吾非神仙，乃僧了元（即佛印）。云游过此，见故友二人，龙云至（善）、别（尘）二僧也。昔在归宗共论法华，数夜达旦，依稀犹昨日事也。幸喜性光未昧，仍然清修。别尘孝敬克敦，至善抱素养性。"书赠铭联，联云："西方纵远心为径，苦海无涯善作舟。"[1] 壬午（1882），督学使者洪钧来问《坛经》宗旨，法师予以开示。四川清福和尚来访至善法师，询问念佛法门，法师答道："上座若问念佛三昧境界，惟证方知，如人饮水，冷暖自知。若论其法，必须当念佛时，即念返观，专注一境，毋使驰外。念念照顾心源，心心契合佛体。返念自念，返观自观，即念即观，即观即念，务使全念即观，全观即念，观外无念；观念虽同水乳，尚未鞠倒根尘，须向这一念'南无阿弥陀佛'上重重体究，切切提撕，越究越切，愈提愈亲，及至力极功纯，豁然和念脱落，证入无念无不念境界，所谓'根尘迥脱，体露真常，灵虚寂待，彻透清旷，心性无染，本自圆成，但离妄念，即如如佛'。此之谓也。"[2] 这都是法师精通宗门的表现。

至善法师年轻时亦曾学习天台止观法门。辛丑年（1841）23岁时，曾入黄山文殊院，修习天台止观。[3] 乙巳年（1845），法师27岁时，又在桐城慈济寺闭关，阅藏三年。[4] 所以，至善法师的偏弘净土，是在整体把握佛陀之教下因应时代、地域和个人际遇的一种偏重，而非割裂孤取。故至善法师虽偏弘净土，亦不废他教。寺院募刊经典，广度善信，《普贤菩萨行愿品》外，所刊尚有《金刚经》《沙弥律》《四分律》《菩萨戒》《地藏经》《四十二章经》《八大人觉经》《金刚决疑》《心经直说》《归元直指》《唯心诀心赋》《万善同归集》等。

至善法师末法时代偏弘净土法门的思想与印光大师等净宗大德是一致的。印光法师曾说："如来一代所说诸法，举其大宗，其名有五：曰律，曰教，曰禅，曰密，曰净。此五宗者，悉皆显示佛之身口意三业，戒定慧三学，与夫一切三昧万德，固无可轩轾抑扬，拣择取舍者。然在学者修习，当详审与自己根性相契之法而修。一门深入，较为省力。而此五宗，

---

[1] 释本源：《庐山海印老人年谱》，第646页。
[2] （清）清福和尚原著，普正和尚校注：《源因略记》，四川美术出版社，2015，第117~118页。
[3] 释本源：《庐山海印老人年谱》，第643页。
[4] 释本源：《庐山海印老人年谱》，第644页。

无不以律为根本，净为归宿。此在佛世已然，况今末法时代乎？以净土法门，彻上彻下，三根普被，凡圣同归。上之则等觉菩萨，不能超出其外。下之则五逆罪人，亦可预入其中。"①

至善法师偏弘净土，确有因应末法时代的一面。癸亥（1863），湖口、彭泽诸邑兵火横伤，至善法师礼大悲观音，运大悲心，发广大愿，哀叩洪慈，誓保南康、九江诸府。丁卯（1867），法师悯念兵劫数省，募造常鸣钟以超度亡者。

至善法师偏弘净土法门，正是考虑到末法时代世界未宁、人心不古、利根日少的现实。己卯（1879），魏兴林殷勤三请阄建堂殿，法师不允，告曰："世界未宁，人心不古，能受法束者鲜矣。"②

至善法师偏弘净土法门，也有考虑到末法时代出家弘法的不易。当时地方长者屡请法师住大刹，法师俱言不可，力辞婉谢，"凡请秉拂上堂等缘，师俱言不可轻学，恐难遇值百丈耳。"③乙亥（1875），弟子本源等求开示，法师曰："末法出家，当依教修行，利人为上。"④

戊戌（1898）六月十五日，谕告徒众："宁取信佛说，勿信言玄妙。末时修道，以培福为先，惜福为要。发菩提心为资粮，礼佛忏悔为助道。普贤行愿为舟航，善结众缘为珍载。苟能如是，不愧吾门也。"弟子叩问，法师又曰："若论最上乘，一念不生，万行圆修，是则名为菩提萨埵。如龙王宫，密藏珍宝，今日发露，光含大千。"良久又云："处默华藏，观音极乐。"⑤

由上法师行迹及开示，不难看出，法师因应末法时代人心，谨依佛教，不作玄妙之言，示以念佛法门。所以，当法师面临"精妙章句"与"念佛三昧"的抉择时，最后选择了念佛三昧。而其念佛法门简言之，即"处默华藏，观音极乐"，细言之，则"末时修道，以培福为先，惜福为要。发菩提心为资粮，礼佛忏悔为助道。普贤行愿为舟航，善结众缘为珍载"。语虽浅显，而实为"最上乘"，果能"一念不生"，则"万行圆修"也。

---

① 释印光：《印光法师文钞三编》卷4，《大方广佛华严经普贤行愿品流通序》。
② 释本源：《庐山海印老人年谱》，第656页。
③ 释本源：《庐山海印老人年谱》，第665页。
④ 释本源：《庐山海印老人年谱》，第652页。
⑤ 释本源：《庐山海印老人年谱》，第664~665页。

近代以来，全球日益一体化，国家间竞争激烈，国难日亟。当此末法时代，净土法门以其三根普被，凡圣同归之特点大化于时。诸宗归净土成为近代中国佛教的一大特色。庐山海会寺至善法师由《普贤行愿品》导入念佛法门，契合佛陀教法，显现净土教理；因应末法时代人心，选择念佛法门度人；融合庐山本土文化，继承远祖莲社传统，广阐净土宗风，厥功至伟！佛教作为世界三大宗教之一，自唐代后因印度佛教的衰落而由中国佛教承担起来。中国佛教具足汉传佛教、藏传佛教、南传佛教三系，已经与中华民族文化融会，演变成既符合佛陀本怀又具有本民族特色的佛教体系。历代佛教大德秉承佛陀本怀，以契理契机之方便，弘法利生，利乐有情，庄严国土，推动了中国佛教不断发展。回顾一代净宗大德海印老人的弘法历程，品味大师的净土宗风，对于我们在新时代条件下，寻找文化复兴之路、树立文化自信、推动佛教中国化和佛教化中国的进程，相信会有有益的启示！

普度众生与建立人类命运共同体

董子竹

习近平主席最近提出的"建设人类命运共同体"的伟大理论，是在建设有中国特色的社会主义条件下，对马克思主义、毛泽东思想以及中国古代国学的一个伟大发展和创造性运用。

关于这个理论的马克思主义性质是显而易见的，实际上是伟大的共产主义理想在现时代可以实现的一个雏形。

这是马克思主义理论家可以专述的课题，非我的本行，不敢过多的议论。只能在此提醒一下，提供专业理论家们参考。

我要说的是这个理论的中国国学特色和实践可行性。

这个理论在现代社会的价值首先是中国古代国学"实践理性"的现代精华，中国古文化从古至今都是在充分可行性的条件下，"摸着石头过河"的"实践理性"。

"实践理性"正是中国国学思维的核心思维方法，习近平主席"建设人类命运共同体"的理论，不但是结合当代中国的实践，也结合了今天世界一体化的实践。

对这个问题不想详述，报纸上有明确专论，世界经济的一体化是时代潮流，中国不仅融入了这个潮流，而且是这个一体化的龙头之一，这是全世界必须承认的现实。再加上信息的全球化，金融的全球化，都为建设人类命运共同体提供强大而坚固的物质基础。

习近平主席的"建设人类命运共同体"的核心是四个字："整合""分享"，现在这个世界政治、经济、文化不整合也已趋向整合了，"一带一路"的提出，各种互助贸易体的建立，本身就是强化这种"整合"，这种"整合"对世界有利，对世界人民有利，当然也是最好的"分享"。

我今天主要说的是习近平主席"建设人类命运共同体"的文化基石中所包括的国学内容，即中国国学的基础。可以说习近平主席是掌握了中国国学的最精华部分，也是彻底贯彻了中国文化独特的也是人类最先进的生命观。

在中国国学看来，我们人类这个世界看来万紫千红、千奇百怪，但是从来都是一个整体。儒家把这个整体称为"天""元"，也称为"乾元""仁"，道家称之为"道"，佛家称之为佛的法身本体。在理论各家歧义很大，但方向一致，我们不作学术分辨，但在生命的整体性和实践性这两点上，儒、释、道三家是完全一样的。三家的根本追求也是一致的。希望生命最后达于"明心见性"，就是达到生命的这个"整体大光明"的显露。只要生命走出各自分散的生死流浪迷宫，整体大光明就会显示出。生命就是一室千灯、灯灯互映的命运共同体。

而中国的儒、释、道，说是三教，实是一脉，这一脉的根本特点是突破眼耳鼻舌身意的束缚，超越眼耳鼻舌身意的分裂。比如佛家极乐世界的出现，就是使人完全超越现有的眼耳鼻舌身意，实现感知的大自由、大解放。生命无所谓一体也是一体，无所谓差别而各有新鲜。而儒家的大同世界则是孔子提出的勿意、勿必、勿固、勿我的产物，也同样是在较低层次中解放眼耳鼻舌身意，达到一个仁义礼智的大同世界。道家更绝，认为整个世界整体就是"道"的变异，就是"道"整体的丰富变化，最后必然回归本体，这就是老子说的"万物并作，吾以观复。夫物芸芸，各复归其根，归根曰静，静曰复命，复命曰常，知常曰明"。

一句话，儒释道都认为生命共同产生于一个大光明的整体，无所分别，分别只是为了觉悟，即"明心见性"。觉悟和回归生命共同本体是一回事。除了明心见性，生命根本没有另外的任何利益。

今天的人类矛盾冲突，说到底是利益的冲突，为国家、民族、教派的利益冲突与斗争。实际上和动物的掠夺分割没有什么两样。这对于中国国学来讲就是眼耳鼻舌身意主宰的虚假利益诱惑出的无聊、无用、无味的冲突。

这是从理论上，从儒释道基本理论上说。如果从中国传统文化的实践历史说，中华民族本身就是一个绝对的大包容的民族，这是人类世界的奇迹。谁也说不清，今天中华民族包容了多少民族、部族、种族，甚至不同的人种。几千年来一直存在，于远东这块近乎大和谐的土地上，详细的分析我就不讲了，是中国人就熟知这一点。

因此，我们认为今天的中国共产党人，建设有中国特色的社会主义的本身，就是在建设一个大和谐的人类运动的前奏，人类命运共同体的雏形，就应该是世界人类大和谐的模范，而且是现实的实践模范。

这个"人类命运共同体"蕴含着共产主义理想，也类似于儒家的大同世界，还类似于佛家的极乐世界。在这里提一句中国儒释道的大同世界与极乐世界，都不是人的意识的幻想，而是有实践证成的。中国西周以前的社会就有大同世界的雏形，不过是儒家把希望寄托在圣贤身上，希望五百年自有王者兴。佛家的极乐世界也不是空想，是阿弥陀佛游历了二百一十亿成功的佛国，把各自优点结合成一个极乐世界，所以极乐世界是十方诸佛证成的现实，入门的钥匙非常简单，南无阿弥陀佛，谁闻谁进入。

由此可见习主席"建设人类命运共同体"的伟大提法，总结全人类从古至今的智慧——尤其是中国国学智慧，并且在可实践的现实基础上的大结晶，并且还有一步步现实的步骤。今天中国特色的中国社会主义的建设，就是人类命运共同体的首先实践与摸索，扩而大之就是人类命运共同体，再扩而大之就是大同世界、共产主义，再扩而大之就有我们佛家的极乐世界的苗头。

西方的理想，东方的修行实践，让习主席在建设人类命运共同体一个论断熔为一炉了。

论坛学术总结

温金玉

各位学界先进、各位大德法师、各位领导,各位朋友,大家下午好!

今天是4月23日,世界读书日。书香九江,人文庐山。于此时节,进行论坛总结,无量庄严,赞叹欢喜。

人间四月芳菲尽,山寺桃花始盛开。长恨春归无觅处,不知转入此中来。因缘殊胜,天时地利人和,由中国文化院、北京三智文化书院、九江市佛教协会联合主办的"庐山论坛·佛教与中国文化峰会"经过两天的研讨,到现在已临近尾声。会议期间,大家聆听学者正见宣示,法师雷音狮吼。于此匡庐峰下,长江之滨,大会交流,分坛演教,紧紧围绕佛教与中国文化自信以及九江佛教演化的相关问题展开热烈的讨论,取得圆满成功。承蒙大会组委会之委托,我对本次学术会议进行学术总结,恳请各位学界先进与大德法师指教。

一 论坛研讨主旨与意义

提交本次会议的学术论文30篇,加上大会演讲与致辞在内,共有40多位领导、学者、法师发表了自己的高见。从研讨内容来看,所涉及的问题可以划分为以下四大单元。

第一单元是关于佛教与中国文化自信的研究。主要有许嘉璐先生在论坛预备会上的重要指示与此次论坛的贺信。许先生心系天下,高屋建瓴,从世界格局变迁和人类共同命运的高度,对中国佛教发展提出了建议。他在贺信中说:今天在佛教重地举行"佛教与中华文化峰会",峰会复冠以"首届庐山论坛"之名,实为择佳时、具远见、思深邃之盛会。论坛各个议题,无论是"佛教与文化自信""佛教与中华传统文化",还是"中国佛教的未来发展""九江佛教传统",都是中国佛教乃至中华传统文化当下所紧迫需要研究的课题。许先生在日前论坛的筹备会上曾经提到"中国是,起码应该是世界佛教的中心,因此中国佛教应该加快'走出去'的步伐。这不但是继续提高佛教对维护并促进中国社会主义社会和谐繁荣的需要,也是普度整个人类,引领人类走出种种风险与危机所需要的"。许先生说:"佛教所倡,乃在内求诸心,度己度人。'明心见性''度脱众生'二语,或可括其教理。而此尤为世界新格局所亟需者。世界此一巨变,正乃佛教之一大因缘;娑婆之浊乱,人欲之恣肆,远超中国汉、唐之末,我辈岂可不奋力为之?"梳理中国文化史,许先生更提出"继六朝佛学与玄学结合(包括慧远大师所倡'沙门不敬王者'等论),宋、明融三教而有理学、心学,以及近代太虚大师据地藏等菩萨法音而力倡人间佛教之一脉,则今之佛法顺应数百年来之思维自单极、二元对立转向因缘和合、大慈大悲、人人般若的新境界,则当为中国佛教之第四次思想解放之机。所谓思想解放,姑列我以为首要者数端,以供参考:一为佛理与当今科学发现相印证,以其时其地人人可解之语词表述佛之所说;一为回归佛教原初无神、且以言神说鬼为外道之论(不排斥世俗之以佛为神);一为可沿格义之经验,创造出新时代之'新格义',以便佛法广布;一为主动与世界其他宗教对话切磋"。许先生的两次讲话为此次论坛定基调,树纲领,明目标,指方向。

魏道儒教授《中国人对佛教文化的贡献》的主题演讲,指出"如果没有中国人对佛教文化的贡献,佛教就不可能从一个地方性宗教发展成为亚洲宗教,乃至世界性宗教;今天的世界佛教就不可能具有如此丰富多彩的内容以及如此诱人的外在风貌与内在精神,我们对漫长的佛教历史记忆会留下不可填补的巨大空白"。魏教授从"中国人保存了佛教资料""中国人弘扬了佛教""中国人直接参与佛教文化的丰富和发展进程"等方面,指出中国人提出新思想、倡导新教义、撰写新典籍、建立新宗派、打造新圣地、创造新艺术。"我们应该用世界的眼光审视中国佛教,从中国佛教的立场考察世界佛教,对中国佛教在世界佛教中的地位、作用、价值要有更全面、更深刻的认识。这有利于为中国新文化走向世界提供重要的历史借鉴和思路,有利于我们树立对本民族文化的自觉、自信和自尊,有利于深刻认识佛教在当前中国对内构建和谐社会,对外构建和谐世界方面的重要性。"杨曾文先生的《佛教中国化和禅宗》与董子竹先生《普度众生与建立人类命运共同体》的演讲也从文化交融演进、化世导俗功能的视角提出佛教对人类文明的重大意义。

本性法师《佛教伦理可为全球伦理构建之基石》从佛教伦理有构建全球伦理取之不尽的资源出发，提出了佛教伦理的中心主轴以及十大核心理念，即慈悲与智慧、忍让与包容、自省与忏悔、中道与圆融、和合与共生，以此十大理念为全球伦理的"金规则"。吕建福教授《佛教是中国文化自信的三大资源之一》明确提出佛教属于汉藏语系民族文化体系，因此中国是佛教的主人，佛教与儒道一样同是中国文化自信的三大资源之一，是中国优秀传统文化中必不可少的思想源泉。刘元春教授《走向世界：当代中国佛教应有的自信与担当》认为，"一带一路"的提出与推进，为当代中国佛教走向世界提供了难得的机遇，中国佛教界不仅要志存高远，还要有文化自信，更要提升自身素质，在"走出去"与"引进来"的"民间外交"中，将纯正的信仰转化成自立立世的实践，更好地发挥积极维护世界和平和发展的独特作用。李利安教授《认识中国特色的佛教文化——学习习近平系列讲话中有关佛教文化的论述》，从习近平主席于2014年3月27日在联合国教科文组织总部的演讲出发，深入探讨了中国特色佛教文化的精神底蕴，并提出中国特色的佛教文化的形成是中印多彩文明交流互鉴的结果，印证的是中印文明交流互鉴的平等性和包容性。邱高兴教授《佛教与中国文化自信》提出，佛教以圆融的思想、自信的精神植根在中华大地上，并以一种思想和信仰的力量在不断影响着现代人的观念与行为，这些佛教精神是建立当今中国文化自信的重要资源。王丽心先生《传承中华优秀传统文化，佛教界大有可为——谈谈佛教对九江区域文化、经济的促进作用》从中共中央办公厅、国务院办公厅印发的《关于实施中华优秀传统文化传承发展工程的意见》着手，详细地论证了佛教界在传承中华优秀传统文化的进程中所具有的重要作用，以及如何发挥宗教界的作用。在这一组讲演中，既有从世界格局的角度对中国佛教自身建设与走出去的反思，也有从全球伦理构建立场对佛教文化资源共享的展望，更有从传统文化弘扬的视角提出佛教文化对当前社会主义核心价值观构建的积极作用。这些论文标志着对佛教与中国文化自信这一主题研究的深化与拓展。

第二单元是九江佛教对中国佛教的影响。杨曾文教授《宋代在庐山的著名禅师》，对宋代云门宗善暹、居讷、了元和临济宗常总等著名禅僧在庐山传法事迹及他们与士大夫的交游进行了详细的介绍和研究，认为不少儒者、理学家皆有与佛僧或道士交往的经历，因此宋代文化的繁荣得益于儒释道三教的交流和会通。曹国庆先生《历史上的庐山佛教与文人们》主要从不同历史时期文人雅士与庐山高僧的交往情况进行论述。纯闻法师《九江禅宗法脉衍扬及历史》以五宗七家法脉衍演为主线,分述各宗门庭肇立弘传历史,褒扬历代祖师大德九江德化之盛隆。末后综述近代禅门泰斗虚云和尚中兴云居祖庭的伟绩丰功,以及当前云居丛林修学体系。徐文明教授《大觉怀琏禅师生平事迹略述》对大觉怀琏禅师的生平事迹进行了研究,认为他是当时政治地位最高的佛教大师,由圆通居讷推荐,自江州圆通赴东京,住持净因,是从庐山走出来的最为著名的禅师之一,也是宋代九江佛教的代表人物。陈剑锽教授《庐山慧远大师"结社念佛"对后世的影响》研究了慧远大师"结社念佛"的演变进程,以及对后世的影响,提出"结社念佛"不仅引领净土法门的发展方向,还逐渐演变成临终助念团体,成为净土法门特有的内涵,并成为临终助念的策源地。杨维中教授《庐山慧远的弟子考索》对庐山慧远的著名弟子道祖、僧迁、道流、昙顺、昙诜、僧翼、慧观、道温、昙邕、僧济、法安、僧彻、法庄、慧要等进行了系统研究。黄国清教授《九江佛教对佛经汉译的贡献》认为,东晋时代,九江地区的庐山与长安和建康并列三大译经中心,主要环绕着慧远在庐山推动的佛典汉译事业,包括经典的汉译、律典的汉译和论典的汉译,慧远对佛经汉译的贡献,除了在庐山的译经,其影响力更扩及庐山之外。王邦维教授《慧远与"南国律学道士":〈佛影铭〉撰写因缘新考》对慧远《佛影铭》涉及的一些问题进行了考证,从五个方面论证了慧远讲的"南国律学道士"就是东晋法显。麻天祥教授《偶然、必然与无尽因果,慧远的果报哲学》对慧远的果报哲学进行了深入细致的分析,认为无尽因果的三报论是慧远对中国佛教哲学的突出贡献。慧远的果报哲学不仅是对中国古代承负说的批判吸收,更是对佛教果报思想的丰富和细化。他把普遍的因果转换为人生的因果,由是而成为"扬善弃恶"的伦理依据,使它在中国社会的影响源远流长,家喻户晓。张雪松教授《梁〈高僧传〉作者慧皎与九江佛教——兼论六朝僧人的墓葬》对《高僧传》作者慧皎与九江佛教之间的因缘关系以及六朝僧人的墓葬进行了详细研究,认为慧皎因躲避侯景之乱,来到江西九江溢城,去世后葬在庐山。南朝北时,许多佛寺有专属墓地供该寺僧人亡故后安葬,并且出现了对名僧墓地的崇拜现象。以上研究紧紧围绕九江佛教的核心主题,多层面、全方位对九江进行梳理,既有对高僧影响力的破译,又有对民众佛教社团的解析;既有对宗派辐射圈的阐述，又有对义理教学的哲学解读；既有对典籍文本的分析，又有对译经事业的溯源。论文在强化问题意识凝望的同时，又折射出理性思辨的光彩。

第三单元是禅法与止观修习。普钰法师《白云守端生平及其禅法思想》对白云守端的禅法和思想进行了剖析与探讨，认为他在中国禅宗史上的地位和影响是不可忽视的，他上承杨岐开山宗祖方会禅师，居其十二位嗣法弟子之首，下启五祖法演禅师，为临济宗杨岐派在后世的发展奠定了基础。心皓法师《智者大师及其弟子在庐山的弘化和修行》对智者大师两次上庐山的因缘行迹进行了探讨，并对随同智者大师一起上庐山的弟子灌顶、普明、智锴、大志等人在庐山的弘化和修行活动进行了研究。陈坚教授《庐山烟雨浙江潮——智者大师庐山之行与天台宗的创立》从智者大师两次上庐山的行迹出发，深入研究了东林寺佛教社团模式对天台宗创立的根本性影响，并把天台宗与净土宗之间的关系界定为"教宗天台，行归净土"。彭瑞花博士《智顗菩萨戒思想研究》提出菩萨戒在中国的流传得益于天台宗的弘扬，天台宗祖师智顗之所以弘扬菩萨戒，思想根源在于他的止观思想体系，从一心三观发展出空观持戒、假观持戒、中观持戒的观心持戒理念。《菩萨戒义疏》集中体现了智顗的菩萨戒思想，奠定了天台宗弘扬菩萨戒的基础。龚隽教授《中国初期禅门中的〈维摩经〉》从思想史的视角探究了《维摩经》与中国初期禅学思想的关系，认为《维摩经》作为禅宗的方便通经之一，从早期达摩禅，再到北宗及其保唐禅系、南宗及其菏泽系，都对禅宗思想产生了影响。温金玉教授《庐山式咸与〈禅林备用清规〉》对丛林清规的演化、佛教制度建设的中国化推进进行了剖析，梳理了《禅林备用清规》的内容，揭示了清规之演变乃是印度戒律制度在中国本土化的变现。进而提出建立现代僧制，制定现代清规，是这一时代道风建设的一项迫切任务，应秉承契机契理之圣训，因应时代之机，创设新世纪的新清规。段玉明教授《东林常总与圆悟克勤禅法合论》对宋代的东林常总和圆悟克勤两人的禅法特点进行了深入研究，认为东林常总禅法以平常实在为基本特征，重点在于自悟。圆悟克勤的禅法是公案禅，特点在于汪洋恣肆而又和风细雨。常总和克勤两人的禅法特点反映了宋代庐山地区临济宗的特点。在这一组研究中，既有对禅法的解析，又有对天台谱系的追溯；既有对菩萨戒律的分析，又有对丛林清规的展望；既有对禅师个案解剖，又有对弟子团队的分析；既有思想史的跟进，又有文献学的辨析。

　　第四单元是净土、唯识与中国传统文化。大安法师《净土与中国文化》以恢宏的视域，开演净土法门三根普被、利钝全收的殊胜。世出世间思维遍，不念弥陀更念谁。黄公元教授《效法东林遗事的庐山净土结社活动拾影》分别对宋代归宗寺青松社、元代东林寺莲社、明代五乳峰七贤峰下逸老社、开先寺丫山社、归宗寺莲社和东林寺重开之莲社，清代开先秀峰寺莲社、归宗寺梅社念佛会，近现代青莲寺莲社等净土结社活动进行了系统研究，从侧面论证了东林结社对九江庐山佛教的深远影响。韩焕忠教授《憨山德清的〈观老庄影响论〉》认为，憨山《观老庄影响论》站在佛教的立场上，对涉及《老子》与《庄子》的诸多问题进行了全面的论述，具体包括叙意、论教源、论心法、论去取、论学问、论教乘、论工夫、论行本、论宗趣等九个方面，对老庄思想的总看法后来在对《老子》和《庄子》的注解和疏释中得到落实和体现。王联章教授《中国都市佛教发展的可行模式——以慈氏文教基金的经验为例》从慈氏文教基金的现实经验出发，探讨了慈氏文教基金传播与弘扬慈宗理念实践，总结了慈氏学会及慈氏文教基金对中国都市佛教发展所具有的启示意义。李宁宁教授《"虎溪三笑"的文化成因及文化策略》研究了"虎溪三笑"的本事、图像与传说的象征寓意，"虎溪三笑"传说背后的历史和文化成因，该传说的精神实质以及僧讲与俗讲等四大问题。李勤合博士《海印老人与海会寺净土宗风》认为，海印法师清末居庐山50余年，由《普贤菩萨行愿品》导归净土，继承莲社传统，结社以广度有缘，因应末法时代机缘，教人诚实念佛，高扬净土宗风，是近代卓越的净宗大德。海印法师中兴庐山海会寺，建成十方道场，使之成为近代著名的净土道场。九江禅净之风，天下翕从。以上论文多以净土影响入手，回应中国社会"家家弥陀佛，户户观世音"的信仰平台，以及佛教于外三教合一，于内诸宗融合的气象。这一组论文既有历史演进的审视，更有现实人生的关怀。

　　此次论坛有40余位来自大陆和港澳台等著名高校与研究机构的专家学者，以及著名寺院的高僧大德，围绕论坛主题展开对话与演讲。论坛旨在深入探讨佛教与中国文化的关系，佛教与文化自信，以及佛教在弘扬中国优秀传统文化方面的角色担当，对于唤醒中华民族文化认同、凝聚民族文化力量、确立文化自信、推动中华文化世界性传播、促进人类命运共同体建设，具有极其重要的意义和作用。正如纯一会长在开幕式上所言："这是九江佛教界的一件大事，江西佛教界的一件盛事，也是全国佛教界和文化界的一件喜事。对于促进庐山佛教与中国传统文化内涵的发掘与探索，展示庐山佛教的魅力，提升庐山佛教文化的自信，乃至多元文化资源的整合有着重要而深远的意义！"

在弘扬中华传统优秀文化，建设精神家园的历程中，佛教不能缺位，应有宽广的眼界与胸怀，从中华优秀传统文化中汲取营养，不断滋养和丰富自己，并自觉成为中华文化的传承者、弘扬者和守护者。深入挖掘佛教文化中有利于涵养社会主义核心价值观的内容，以自身特有的文化优势，营造培育和弘扬社会主义核心价值观的文化氛围，为弘扬中华传统文化提供坚强的思想保证、强大的精神力量、丰润的道德滋养。

二　论坛特色

两天来大家共聚一堂，畅所欲言，分享彼此研究心得，传递正知正见，法音宣流，成效显著，并呈现出以下五大"结合"的特点。

第一，政教学三界结合，携手并肩，共议中国佛教文化。

当前弘扬中华传统文化，实现中华民族伟大复兴的中国梦是时代主旋律，在这一历史进程中，中国佛教应以怎样的社会责任与历史担当，挖掘自身教义中济世利人的思想内涵，充分发挥历史悠久、资源丰富的文化优势，传递正能量，构建中华民族的精神家园，既是一个需要探讨的理论问题，更是一个现实的时代使命。从历史上看，中国佛教正是由于坚持中国化方向，将教义与中华文化相融合，才形成了具有独特民族特色的中国佛教文化，并成为中华优秀传统文化不可或缺的重要组成部分，丰富了中华优秀文化。宗教中国化的问题是宗教自身建设中一直在讨论与关注的问题，习近平总书记在2015年5月18日召开的中央统战工作会议上强调，"积极引导宗教与社会主义社会相适应，必须坚持中国化方向"。宗教坚持中国化方向，就是要做到社会适应、文化融合。宗教适应社会，就是要不断调整观念、制度、组织等内容，与具体国情相适应，与时代同呼吸、与社会共命运。文化融合，就是将外来宗教与中华民族的传统文化相结合，嵌入民族文化的基因，成为"中国宗教"，而不是"宗教在中国"。追溯中国佛教发展的历程，从东晋的道安、慧远到近现代的太虚、印光乃至今天的"人间佛教"运动，一直践行着与社会适应、与文化融合的指导方针。

佛教与中国传统文化的融合就是中国化最好的表达。王作安局长曾指出："宗教思想中国化，是宗教中国化的灵魂。"此次论坛的核心主旨就是佛教与中国文化自信，有政界、教界、学界的代表从不同视角、不同层次对这一主旨进行探究。

第二，学术演讲与教职人员培训的结合。

这一次论坛最大的亮点可以说是研讨与培训相结合，与以往研讨会不同，不仅仅是学界自身学理的辨析，历史的考究，而是佛教发展的现实关怀，僧才培养意义的落地。全国政协于4月13日下午在京召开第六十四次双周协商座谈会，围绕"培养爱国爱教的宗教界中青年代表人士"建言献策。全国政协主席俞正声主持会议并讲话。人才培养是做好新形势下宗教工作的一个关键问题。中共十八大以来，以习近平同志为核心的中共中央高度重视宗教工作，做出一系列决策部署，宗教界人士的培养得到不断加强，一批爱国爱教、年富力强的中青年代表人士已经成长起来。但总体上看，各宗教高素质有影响的代表人士仍很缺乏。努力培养更多政治上靠得住、宗教上有造诣、品德上能服众、关键时起作用的宗教界代表人士，发挥好他们在引导信教群众、推动宗教与社会主义社会相适应中的积极作用，是宗教界团体加强自身建设的重要基础，也是宗教团体的重要职责。此次在各级宗教部门领导下，在九江市宗教事务局具体指导支持下，由九江市佛教协会发起组织的论坛就是贯彻党和国家这一指导方针，加强佛教自身建设，加大对教职人员培训力度，倡导爱国爱教、正信正行。学诚会长曾指出："应深入研究佛教人才培养规律，建立健全佛教中青年代表人士培养机制。研究、把握佛教人才培养的客观规律，既借鉴现代院校教育优势资源集中、教学与研究紧密结合、专业性与综合性兼具的优势，又注重继承佛教传统丛林教育文化教育、道德教育与佛教修持并重、人才培养与僧团生活融为一体的精髓。建立健全以发现选拔为先导，以培养教育为核心，以人尽其才为目的，以监督管理为保障的中青年代表人士培养机制。明确党政主管部门与宗教团体各自的权责，既充分发挥宗教界的主体作用，又有效发挥党和政府的领导、支持、监督、管理作用。"这也是本次论坛的初心所在。

第三，主题演讲与分论坛讨论的结合。

此次会议既有主旨演讲，又有不同议题的分类研究，所以特别设计了三场大会主题演讲：杨曾文教授《佛教中国化和禅宗》、魏道儒教授《中国人对佛教文化的贡献》、董子竹先生《普度众生与建立人类命运共同体》。又按四大议题分出八场研讨。这样既照顾到主旨研讨的一以贯之，也考虑到分议题的充分展开。各种立场的呈现，各种视角的观察，各种理念的介入，各种方法的运用，将论坛主旨响鼓重锤展示，将各类分议题淋漓尽致讨论。

第四，阐述与提问互动交流的结合。

两天论坛研讨，安排得当，秩序井然，既有高屋建瓴、雄浑奔放的鸿篇大作，又有和风细雨、润物无声的微观透视，尽管观点不尽相同，见解各有所立，但众缘和合，在争论问答中始终洋溢着一派祥和气氛。论坛设计之初，就希望讲者言无不尽，听者即兴提问，相互激荡，彼此辩难，显示研讨会理性之美，辩论之雄，纵横捭阖，透显无尽活力。

第五，论坛研讨与田野考察的结合。

论坛设计两大环节：两天的研讨演讲，一天的寺院考察。考察内容既有被胡适先生赞为代表了中国"佛教化"与佛教"中国化"大趋势的慧远祖师道场东林寺，也有被誉为中国佛教"三大样板丛林"之一的"天上云居"真如寺，还有透显历史记忆、承载厚重信息的江西省四大汉传佛教全国重点寺院之一的能仁寺。今天虽然会议研讨即将结束，却又开启了明天的寺院巡礼、祖庭参访。希望与会者不仅有学术的交流、资讯的沟通，更有现场的感受与心性的体悟。

三　感恩与祝福

值得一提的是，2016 年 5 月 30 日，经过国务院批复，省政府发文，庐山市挂牌成立，这是九江发展史上的又一里程碑。中流见匡阜，势压九江雄。香炉初上日，瀑布喷成虹。九江自古文重法盛，人杰地灵，诸种文化荟萃，各派开宗演教，肇始于两汉，灿烂于唐宋，成熟于明清，成就了人文昌盛之地，学术汇合之渊。既是长江流域承东启西的中转站，也是华夏文明引南接北的承接点。山之魂，水之韵，佛之神，人之灵，演绎出文化与自然交融汇合的文明交响曲。这里走出了新中国佛教界的僧团领袖，从虚云和尚到一诚长老、传印法师。一地出三杰，人文百代雄。

这次论坛的研讨与巡礼，使九江所拥有的厚重佛教文化内涵、承载着祖师大德的遗风神韵，延续着千载春秋的历史记忆，以及百姓日用而不知的精神家园，集体亮相于我们的面前，让我们触摸、感知，让我们神往、敬畏。这是一次对古老文化释放时代活力的巨大推动，是一次地域传统文化的集中梳理，是一次丛林僧团素质教育的再提升，是一次九江文化核心竞争力的再塑造，更是吹响九江佛教走向全国、走向世界的集结号。

感恩为此次论坛的顺利举办给予支持的各级领导、大德法师、学术同人以及居士志愿者。

让我们共同祝愿九江佛教：法盛道隆，僧才辈出。庄严国土，利乐有情。

祝福九江：风景这边独好。

谢谢大家！

2017 年 4 月 23 日

图书在版编目(CIP)数据

庐山论坛：佛教与中国文化峰会论文集／九江市佛教协会主编.－－北京：社会科学文献出版社，2018.1
ISBN 978－7－5201－1757－9

Ⅰ.①庐… Ⅱ.①九… Ⅲ.①佛教－宗教文化－中国－文集 Ⅳ.①B948－53

中国版本图书馆CIP数据核字（2017）第273329号

庐山论坛
——佛教与中国文化峰会论文集

主　　编／九江市佛教协会

出 版 人／谢寿光
项目统筹／袁清湘
责任编辑／袁清湘

出　　版	／ 社会科学文献出版社·独立编辑工作室（010）59367202
	地址：北京市北三环中路甲29号院华龙大厦　邮编：100029
	网址：www.ssap.com.cn
发　　行	／ 市场营销中心（010）59367081　59367018
印　　装	／ 三河市尚艺印装有限公司
规　　格	／ 开本：787mm×1092mm　1/16
	印　张：25.5　插页：0.5　字数：425千字
版　　次	／ 2018年1月第1版　2018年1月第1次印刷
书　　号	／ ISBN 978－7－5201－1757－9
定　　价	／ 98.00元

本书如有印装质量问题，请与读者服务中心（010－59367028）联系

▲ 版权所有 翻印必究